库尔斯克战役

第二次世界大战最大坦克战

周明 李巍 著

上海社会科学院出版社

图书在版编目（CIP）数据

库尔斯克战役 ：第二次世界大战最大坦克战 / 周明，李巍著. -- 上海 ：上海社会科学院出版社，2019
ISBN 978-7-5520-2518-7

Ⅰ. ①库… Ⅱ. ①周… ②李… Ⅲ. ①库尔斯克会战（1943）—史料 Ⅳ. ①E512.9

中国版本图书馆CIP数据核字（2019）第117503号

库尔斯克战役：第二次世界大战最大坦克战

著　　者：周　明　李　巍
责任编辑：霍　覃
封面设计：舒正序
出版发行：上海社会科学院出版社
上海市顺昌路622号　邮编 200025
电话总机 021-63315900　销售热线 021-53063735
http://www.sassp.org.cn　E-mail:sassp@sass.org.cn
印　　刷：上海求知印刷厂
开　　本：710×1000毫米　1/16开
印　　张：24
字　　数：294千字
版　　次：2019年8月第1版　2019年8月第1次印刷

ISBN 978-7-5520-2518-7/E·022　　定价：69.80元

目录 CONTENTS

前　言

第二次世界大战的规模之大是人类历史上空前的，战争所波及的范围之广、国家之多，在战争中人员死伤之众，财产损失之巨都是史无前例的。在这场战争中欧洲战场的东部战线，也就是苏联和纳粹德国的苏德战场，更是规模最宏大、战况最激烈、死伤最惨重的子战场，在苏德战场上的历次重大战役，基辅战役、莫斯科战役、斯大林格勒战役……无一不是战争史上的著名战役，其中发生在1943年7月至8月的库尔斯克战役，更是以人类战争史上规模最大的坦克战而永载史册。

众所周知，纳粹德国在第二次世界大战初期能够横扫西欧大陆依仗的就是“闪击战”，而在“闪击战”中发挥主导作用和突击威力的就是装甲部队，在当时德军的装甲部队无疑是具有强大突击力的精锐部队，是全世界公认的最具战斗力的装甲突击力量，是纳粹德国四处征战最得力的马前卒。在苏德战场上，德军装甲部队也同样发挥了巨大作用，是战争初期一系列胜利的决定性力量。到了1943年，经过苏德战场两年多的消耗，德军装甲部队的实力已经有所削弱，但依然还是一支不可小觑的作战力量，在战场上依然还是德军地面部队的中流砥柱。不过在整体的战场形势上，纳粹德国在莫斯科战役和斯大林格勒战役两场关键性的战役中接连失利，不但损失了大量有生力量，而且开始逐渐丧失战略主动权，苏联也从最初的极端不利中逐渐恢复过来，整个国家转入了战时状态，军队的作战实力也开始稳步提升。眼看战争将要向着纳粹德国越来越不利的趋势发展，因此希特勒决定1943年夏季在库尔斯克地区发动一场决定性的进攻战役，来重新夺回战略主动权。

毫无疑问，在这场进攻战役中，德军装甲部队依然担当攻击矛头的重任，作为突破苏军防线合围苏军主力的拳头。而对手苏联红军通过两年来的战争实践经验，也开始认识到了坦克部队（苏军将装甲部队称为坦克部队）在作战中不可替代的重要价值，大力加强坦克部队的建设，在作战理论、部队编制、武器装备等各方面都有了长足的进步，再加上两年来的实战磨砺，苏军的坦克部队早已和战争初期不可同日而语。

库尔斯克战役的双方都将装甲部队（坦克部队）作为绝对主力来使用，因此也注定了这场战役其实就是两军装甲部队之间的对决——钢铁与钢铁的强硬对话。在这样的背景下，库尔斯克战役成为历史上规模最大的坦克战也就丝毫不奇怪了。

苏德双方在这场规模宏大的战役中总共投入了400万兵力、1.3万辆坦克和自行火炮、6.9万门火炮和1.2万架飞机，如此之多的兵力和技术兵器，谱写了机械化战争历史上最为壮观的一幕。

在战役期间的7月12日，苏德双方共有1 500余辆坦克和自行火炮（对于这个数字目前史学界还存在争议）在普罗霍罗夫卡展开激战，在如此狭小的地区投入如此之多的坦克，在战争史上都是空前的。坦克大决战的结果，虽然德军坦克的损失小于苏军，但是德军的进攻却被击退，再经过一个多月的激战，最终库尔斯克战役也以德军的完全失败而落幕。从此以后在苏德战场上，德军装甲部队就再也没有进行过如此大规模的进攻作战，因此库尔斯克之战也被认为是德军装甲部队的谢幕之战，有着“德军装甲部队这只天鹅在临终时的美妙歌声”的形象比喻。

在战略层面，德军在库尔斯克战役的失败，宣告了在苏德战场上彻底丧失了战略主动权，从此之后，德军在苏德战场再没有发动任何战略上的主动进攻，而苏军则越战越勇，随后转入了全面反攻，在经过两年的作战后，不但将德军赶出了苏联领土，还一路攻入了德国本土，并最后攻占了纳粹德国的首都柏林，彻底埋葬了纳粹德国，赢得了对德战争的全面胜利。

因此，在整个第二次世界大战中，库尔斯克战役不但作为最大的坦克战名垂青史，而且还是苏德战场上具有里程碑意义的关键战役，对于苏德战场乃至整个欧洲战场的进程和结局都具有极其重要的意义。

虽然这场战役已经过去了70多年，当年装甲洪流钢铁大撞击的炮火硝烟和坦克轰鸣早已经飘散在历史的尘烟中，但是正所谓“好战必亡，忘战必危”，现在虽然我们生活在和平环境，似乎战争的阴云离我们还很远，但是世界局势仍旧风起云涌，局部战争更是此起彼伏。所以回顾历史，从历史中总结经验教训，才能更为真切地了解战争的残酷，愈发珍惜眼下的和平岁月。

本书从1941年6月纳粹德国入侵苏联入手，对苏德战场在库尔斯克战役之前的发展脉络进行了一番简单扼要的介绍，以便让读者对库尔斯克战役的背景能有一个清晰的了解，随后对库尔斯克战役双方的决策、作战计划、战前准备、兵力部署、战役的发展经过进行了详细深入的介绍，同时对涉及的双方重要将领和主力装备也作了必要的介绍。因此本书堪称是全景式叙述库尔斯克战役的力作，对于研究这场著名的大会战和这段铁血历史是一本难得的史料。

第一章　惨烈的东线战场

让全世界屏息凝神的“巴巴罗萨”

在第二次世界大战的各个战场中，纳粹德国和苏联所在的欧洲东线战场——也叫苏德战场——无疑是最为惨烈的。这不但是国与国的较量，也是不共戴天的意识形态的对决，同时还是日耳曼民族和斯拉夫民族的种族之战，汇聚了这三种要素的战争自然格外血腥。从 1941 年 6 月到 1945 年 5 月，将近四年时间里，纳粹德国累计伤亡约 1 200 万人，其中最终死亡约 380 万人；苏联累计伤亡约 3 000 万人，其中最终死亡约 900 万人，死伤之惨重，高居第二次世界大战各战场之首。

希特勒早在 1925 年撰写的《我的奋斗》一书中就写到:“当我们今天谈到欧洲新领土的时候，我们必须想到俄国和它周围的附庸国家。”1938 年 11 月，纳粹德国和日本签署的同盟协定就叫“反共产国际协定”，可以说德国、意大利和日本成立轴心同盟的基础就是反共产主义和苏联。尽管 1939 年 8 月 23 日，德国和苏联签署了《苏德互不侵犯条约》（又称《莫洛托夫—里宾特洛甫条约》），根据这一条约，德国和苏联相互承诺互不侵犯，并在此基础上联手吞并了波兰，并展开了大量的贸易往来以及军事装备的技术交流，但是两国仍然对彼此都抱有强烈的猜疑心，希特勒更是从未放弃过对苏联的侵略野心，他在苏德条约签署后不久的一次会议上就明确提出：“现在俄国并不可怕，因为我们已经同俄国缔结了条约，但是条约只是在我们有用的时候才有遵守的必要。一旦我们在西方腾出手来，我们就会和俄国作战。”

▲ 从左到右，德国陆军总司令勃劳希契、希特勒、德国陆军总参谋长哈尔德在研究对苏作战。

1940 年 6 月，纳粹德国在击败法国，取得横扫西欧的重大胜利后，就已经开始着手准备对苏作战。此时德国直接占领的领土

▲ 德国坦克生产厂开足马力生产坦克。

和附庸的仆从国领土总面积已经达到约 900 万平方千米，控制的总人口约 1.2 亿。1941 年，纳粹德国的军费开支已经高达 710 亿帝国马克，占全部国民收入的 83%。在军备方面，德国不但利用所掌握的资源开足马力生产军事装备，而且在此前的战争中已经缴获了同盟国 150 个师（其中 6 个挪威师、18 个荷兰师、22 个比利时师、12 个英国师和 92 个法国师）部队的全部装备，因此到 1941 年 6 月时，纳粹德国武装力量特别是地面部队的总兵力、武器装备、实战经验和综合战斗力都已经超过了世界上任何其他国家：武装部队总兵力 723.4 万人，其中陆军约 500 万人，装备各型坦克约 5 600 辆、火炮约 6 万门；空军约 168 万人，飞机约 1 万架；海军约 40 万人，作战舰艇 217 艘。

1940 年 7 月，希特勒命令德军总参谋部（德语“Groer Generalstab”，缩写为 GG）开始制订进攻苏联的作战计划，德军总参谋长弗朗茨·哈尔德大将责成第 18 集团军参谋长马尔克斯中将具体负责计划的制订。8 月，马尔克斯提出了代号“奥托”的作战计划的草案，占领苏联西德维纳河—伏尔加河—顿河一线以西的全部领土，主攻目标是莫斯科，同时在列宁格勒和波罗的海方向也展开攻势，以掩护主攻方向的侧翼，另外还要在基辅方向发动辅助进攻。

▲ 德国陆军总参谋长哈尔德大将。

德军另一个指挥机构国防军最高统帅部（德语“Oberkommando der Wehrmacht”，缩写为 OKW)，是希特勒于 1938 年 2 月设立的最高指挥部，是只向他一个人负责的指挥机构。在战争中，希特勒经常通过最高统帅部跳过国防军陆军总司令部和总参谋部直接指挥部队。时任最高统帅部总参谋长威廉·凯特尔元帅也提出了一个进攻苏联的计划，那是一个兵分三路齐头并进的方案，同时进攻北面的列宁格勒、中间的莫斯科和南面的基辅，代号“弗利兹”。

两方面的意见尖锐对立，希特勒倾向最高统帅部的方案，因为他决定进攻苏联除了意识形态的对抗，还有夺取

德国陆军总参谋部和最高统帅部

德军总参谋部的雏形出现于17世纪中叶的普鲁士时代。1640年，勃兰登堡－普鲁士大选侯弗里德里希·威廉仿效当时备受推崇的瑞典军队，组建了一个军需总监部，这便是最早的总参谋部。19世纪初，由沙恩霍斯特和格奈泽瑙等人领导的“军事改革委员会”，在改善总参谋部的职能和确立其地位的斗争中，作出了巨大贡献。特别是提出总参谋长有权直接向最高当局呈送报告，并将此视为总参谋长的最重要的权力。1817年，普鲁士正式使用“总参谋部”这一称谓，但其地位和职能还远远不是现代意义上的总参谋部。

直到1857年毛奇担任总参谋长后，对总参谋部进行了全面改造，从而使总参谋部获得军队的指挥权，将普鲁士总参谋部推向全盛，成为当时欧洲乃至世界所效仿的样板。

1866年6月，普鲁士国王颁布命令，授予毛奇以指挥军队的全权，宣布总参谋长与战争部长保持平行的指导关系，从而使总参谋部第一次成了全军最高的、具有实权的指挥、协调机构，成了国家首脑的名副其实的军事顾问。开创了普鲁士军事史上第一次正式由总参谋长指挥作战行动的先例。也就是从这个时候开始，才算是成为现代意义上的总参谋部。

毛奇在总参谋部建设和运用，以及总参谋部军官的训练上付出了大量心血，使总参谋部在战争中发挥了军队大脑的职能。毛奇任总参谋长期间，普鲁士进行的对外战争基本上是在与对手势均力敌，甚至在某些方面处于劣势的情况下进行的。普鲁士最终赢得胜利主要应归功于指挥，归功于有一个由出色的总参谋长领导的出色的总参谋部。1868年2月，法国驻柏林的武官就向国内报告说：“假如战争爆发，在普鲁士所具有的一切优势因素之中，最重大和最难以否认的，就是其总参谋部军官团组织……我们无法与之相比……在下一次战争中，普鲁士的参谋组织，将在有利于普鲁士军队的优势因素中成为一个最难对付的因素。”此后普鲁士总参谋部已成为欧洲，乃至世界各国军队纷纷效法的样板，总参谋部的组成、编制、任务等已成为基本模式延续至今。

在第二次世界大战中，德国总参谋部依然延续普鲁士时代的传统，发挥了重要作用。

第二次世界大战期间历任总参谋长

1938年10月31日—1942年9月24日：弗朗茨·哈尔德大将

1942年9月24日—1944年7月20日：库特·蔡茨勒大将

1944年7月21日—1945年3月28日：海因茨·古德里安大将（代理）

1945年3月29日—1945年4月30日：汉斯·克雷布斯步兵上将（代理）

而希特勒上台后，德军总参谋部的职能渐渐发生了变化。1938年2月，希特勒对武装力量统帅机构的分工和职权进行了规定：原国防部下属的国防军局改为国防军最高统帅部，作为希特勒的军事参谋部直接隶属于希特勒。原国防军局局长就任国防军最高统帅部参谋长，是最高统帅部的首长，与国防部长同级。最高统帅部接管国防部的业务，最高统帅部参谋长行使原国防部长的职权。随后希特勒任命威廉·凯特尔元帅为最高统帅部（OKW）参谋长，最高统帅部下属单位有办公厅、武装部队总局、作战局（第一局）、谍报局（第二局）、通信局、经济与军备局、联络局等机构。

国防军最高统帅部负责管理国防军陆军总司令部（OKH）、国防军海军总司令部（OKM）和国防军空军总司令部（OKL）等机构。

由于希特勒喜欢干涉陆军事务，国防军最高统帅部总是跳过陆军总司令部直接指挥陆军，在1941年之后甚至全盘接手东线指挥权，使得陆军总司令部只能负责指挥西线。因为海军、空军都是技术专业军种，希特勒在具体事务上难以置喙，所以海军总司令部与空军总司令部享有较大的自主指挥权。

平时，最高统帅部根据希特勒的指令全面负责德国的战备工作。这样，德国军队传统的陆军总参谋部的地位和职权就处于一个微妙和尴尬的位置。

第二次世界大战爆发后，希特勒和陆军总部以及陆军总参谋部的矛盾逐渐显露出来。进攻法国时，在敦刻尔克战役，希特勒就首次迫使陆军总部接受其观点，在关键时刻将十分重要的决定权交给与他意见相同的下属司令部，这是导致德国传统军事指挥体系逐渐解体的第一步。而到了莫斯科战役期间，随着陆军总司令勃劳希契的辞职，希特勒对陆军总参谋部的不信任日趋明显，此后的陆军总部渐渐沦为希特勒“不折不扣的传令兵”。

国防军最高统帅部统帅
1938年2月—1945年4月30日：阿道夫·希特勒
1945年4月30日—1945年5月9日：卡尔·邓尼兹

国防军最高统帅部总参谋长
1938年2月—1945年5月：威廉·凯特尔

国防军最高统帅部作战部部长
1938年2月—1945年5月：阿尔弗雷德·约德尔

国防军最高统帅部情报部部长
1938年2月—1944年2月：威廉·弗兰茨·卡纳里斯

乌克兰的石油、粮食等战略资源的现实考虑，所以他更希望能同时夺取政治中心莫斯科、工业中心列宁格勒和资源中心基辅。

1940年12月18日，希特勒下达第21号训令，最终确定基本采纳最高统帅部

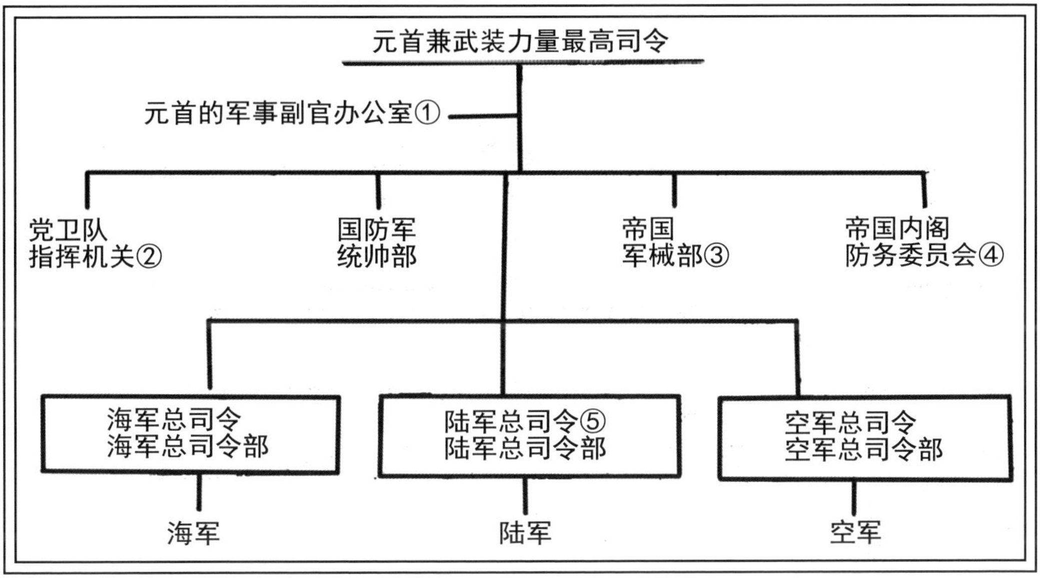

▲ 1938 — 1945 年德军最高指挥系统表。

①正式名称是“元首兼帝国总理的国防军副官办公室”，有时也被称为“元首兼国防军最高司令的副官办公室”或者“元首的国防军副官办公室”。希特勒的历任首席副官是：霍斯巴赫，1934 年 8 月 3 日— 1938 年 1 月 28 日；施蒙特，1938 年 1 月 28 日— 1944 年 7 月 20 日；布格多夫，1944 年 7 月 20 日— 1945 年 4 月 30 日。而且从 1942 年 9 月 30 日开始，希特勒的首席副官同时还兼任陆军人事局局长。

② 1929 年 1 月 29 日— 1945 年 4 月 25 日，党卫队指挥机关的负责人也叫党卫队帝国总司令，一直由希姆莱担任。

③帝国军械部于 1940 年 3 月设立，1943 年 9 月 2 日改名为“帝国军备与战时生产部”。历任部长是：托特，1940 年 3 月 17 日— 1942 年 2 月 8 日；施佩尔，1942 年 2 月 9 日— 1945 年 5 月 23 日。

④帝国内阁防务委员会于 1939 年 8 月 30 日设立，戈林任主席。

⑤从 1941 年 12 月 19 日起，希特勒兼任陆军总司令。

国防军最高统帅部（也被称为武装部队最高统帅部）从 1938 年 2 月成立到 1945 年 5 月德国战败而被取缔，组织机构几经扩充和调整，各机构的名称、任务和隶属关系也时有变化。

国防军最高统帅部的主要机构有：
一、国防军中央处；
二、国防军指挥局；
三、外国与谍报局；
四、国防军总务局；
五、国防经济局；
六、国防军法律处；
七、国防军最高统帅部参谋长司法办公室；
八、帝国军事法院；
九、国防军福利与供给法院。

的方案，但把作战计划代号改为“巴巴罗萨”。“巴巴罗萨”是神圣罗马帝国皇帝腓特烈一世的绰号“红胡子”的意思，腓特烈一世在12世纪曾率军取得击败斯拉夫民族的胜利，希特勒之所以用他的外号作为作战计划的代号，显然就是想给进攻苏联的战争蒙上一层圣战的色彩。

▲ 德军为进攻苏联而集结的装甲部队。

根据“巴巴罗萨”计划，德军将投入152个师又2个旅，再加上芬兰、罗马尼亚、意大利等仆从国的29个师又18个旅，总兵力约550万，装备约4 300辆坦克、4.7万门火炮和约5 000架飞机，分为三个集团军群，分别进攻列宁格勒、莫斯科和基辅。面对如此庞大的进攻阵容，希特勒不无得意地说:“全世界都将为之屏息凝神！”

本来“巴巴罗萨”计划是在1941年5月15日前开始，但为了支援意大利在巴尔干地区的作战，不得不抽调部分兵力参与入侵南斯拉夫和希腊，影响了进攻苏联部队的集结，最终将进攻时间推迟到了6月22日，而这延误的一个多月就直接导致后来德军未能在苏联寒冷的冬季到来前实现预期目标。

斯大林的误判

斯大林早就意识到纳粹德国的野心，也一直在各方面进行着反侵略的准备。

▲ 苏联在战争前就已经开始装备部队的新型坦克T-34，但数量太少。

继和德国签署互不侵犯条约之后，1941年4月，苏联又和日本签署《苏日中立条约》，解除了两线作战的隐患。另外，苏联还在1940年6月将爱沙尼亚、立陶宛、拉托维亚这三个波罗的海国家纳入版图，这样苏联将西部国界向西推进了数百千米，扩大了防御纵深。但是苏联此举也深深伤害了波罗的海三国人民

▲ 苏联领导人斯大林。

的情感，同时在国际上也遭致了很多谴责之声。

在工业上，苏联已经从建国初期的农业国实现了工业化。1940 年，苏联的机器制造业和石油工业的产值都已经跃居欧洲第一位，世界第二位。在此基础上，苏联的军事工业自然也得到了巨大发展，仅仅从 1939 年 1 月到 1941 年 6 月 22 日战争爆发这段时间里，苏联就生产了 7 000 辆坦克，但是新型坦克 T–34 只有 1 225 辆，威力更强的 KV 坦克就更少了，才 639 辆，新型坦克的比例只占到苏军装备坦克总数的四分之一。光从数量上看，苏联红军的武器装备数还是相当可观的，火炮约 3 万门，飞机约 1.8 万架，但是和坦克情况一样，性能先进的新型装备数量并不多，比如在 1.8 万架作战飞机中新型飞机才不过 3 700 架，只占飞机总数的五分之一。而且新装备的服役时间都很短，部队还没能真正熟悉新型装备的使用。

至 1941 年 6 月，苏军总兵力将近 500 万人，规模很庞大，但是陆军中的机械化军数量只有区区 9 个，就是普通的步兵师，也普遍存在人员和装备严重缺编的情况。更严峻的是由于在此前的大清洗运动中，大批富有经验的军官遭到迫害甚至被处决，所以此时苏军中的师、军级指挥员大部分都是从原来营、团级军官突击提拔上来，缺乏相应的指挥经验，这些都是苏联在战争初期遭受严重挫折的原因。

在战争爆发前的 1941 年 6 月，苏军在北起巴伦支海、南到黑海，正面宽达 4 500 千米，纵深 400 千米的西部边境共有 5 个军区，170 个师又 2 个旅（其中 32 个坦克师和 16 个摩托化步兵师），总兵力约 268 万人，装备 1 800 辆坦克（其中新型坦克 1 475 辆）、34 700 门火炮、3 200 架飞机（其中新型飞机 1 540 架）。这些兵力和技术兵器也并不少，但由于斯大林的误判，在战争爆发时都没能及时做好战争准备。

尽管从多个渠道的情报都显示，德国将在 1941 年 6 月向苏联发动全面进攻，但斯大林始终认为这是英国想把苏联拖入战争的阴谋，他判断德国即便要想进攻苏联也至少要到 1942 年以后，所

▲ 战争爆发前的苏军，虽然人数众多，但实际战斗力并不强。

苏军边境地区五个军区的兵力编成和任务

列宁格勒军区，司令波波夫中将，下辖第 7、第 14、第 33 集团军，总共 21 个师又 1 个旅，其中 1 个机械化军。任务是防御苏芬边境从雷巴奇半岛到芬兰湾一线正面宽约 1 200 千米地区，军区的基本兵力部署在拉多加湖以南地区。

波罗的海沿岸特别军区，司令库兹涅佐夫上将，下辖第 8、第 11、第 27 集团军，总共 25 个师又 1 个旅。任务是防御苏联与普鲁士边境从帕兰加到立陶宛以南正面宽约 300 千米地区。

西部特别军区，司令巴甫洛夫大将，下辖第 3、第 4、第 10、第 13 集团军，总共 44 个师，其中 2 个机械化军。任务是防御从立陶宛以南到乌克兰以北正面宽约 450 千米地区。

基辅特别军区，司令基尔波诺斯上将，下辖第 5、第 6、第 12、第 26 集团军，总共 58 个师，其中 4 个机械化军。任务是防御从多瑙切夫到利普卡纳正面宽约 820 千米边境地区。这是苏军五个边境军区中实力最强的军区。

敖德萨军区，司令切列维钦科中将，下辖第 9 集团军和独立步兵第 9 军，总共 22 个师。任务是防御滨海地区正面宽约 450 千米地区。

边境军区以三分之二部队，即 107 个师担负守备；以三分之一部队，即 53 个师为预备队。第一线守备部队中每个师的防御正面平均宽度为 60 千米，个别师甚至达到了 100 千米，而每个师都只是在边境防御工事部署 1 个团，主力则位于距离边境约 10 千米左右的兵营。同时防御纵深又很浅，预备队通常距离一线部队都在 200 千米以上，因此形成了正面宽大而薄弱，纵深难以及时支援的情况。

以现在的当务之急是尽可能不要刺激德国，争取时间生产新型武器装备，扩充军队，加强训练，做好充分的战争准备。基于这样的考虑，苏军即便是对于德军已经非常明显的集结、侦察等战备情况，都没有采取相应的应战措施，听任德军从容完成了开战准备。

6 月 13 日，苏联国防人民委员（相当于国防部长）铁木辛哥根据上报的各种情报判断战争已经迫在眉睫，向斯大林建议下令边境军区部队进入最高戒备，并按照掩护计划展开，但是斯大林担心这会引起德国借故挑起战争，所以拒绝了铁木辛哥的建议。直到 6 月 21 日午夜，面对大量的确切情报，已经可以确认德军就将在次日凌晨发起进攻，斯大林这才指示铁木辛哥命令边境军区部队进入战备，但为时已晚，有的部队还没接到命令，战争就已经打响了！

德军的全线突破

1941 年 6 月 22 日 4 时 30 分，德军先以大量航空兵对苏联西部地区的重要城市、交通枢纽、军事基地进行了猛烈轰炸，同时以数千门火炮向苏军边境地区的防御工事、交通枢纽和部队集结地进行了猛烈炮击，然后以坦克和摩托化步兵为前导，在从波罗的海到喀尔巴阡山宽约 1 500 千米的正面，兵分三路发起了全面进攻。

苏军在西部地区的 66 个机场遭到德军轰炸，仅仅在半天时间内，就损失了 1 200 架飞机，其中 800 架是根本没来得及起飞就被击毁在地面上。苏军边境地区的指挥机构、通信系统和交通枢纽也都遭到了严重破坏，整个指挥通信系统几乎完全瘫痪，第一线的边境守备部队虽然进行了抵抗，但终因实力相差悬殊，全线都被德军迅速突破，在开战第一天，德军就已经向苏联境内推进了 50—80 千米。

苏联国防人民委员铁木辛哥在 22 日 7 时 30 分下达了第二号命令，要求边境军区的部队实施猛烈反击，消灭入侵之敌。因为苏联一直都推崇主动进攻战略，很少有被动防御的战术思想和相关训练，对于遭到入侵也都是要求以攻为守，以反击手段来击退来犯之敌。但在德军预有充分准备的“闪击战”面前，连有效的防御都做不到，更别奢谈反击了，所以这个命令不但无法实现，而且还适得其反地造成了部队的混乱。当晚 21 时 15 分，铁木辛哥又根据“敌人已被击退”的不确切报告，下达了第三号命令，再次要求边境军区部队转入反击，粉碎德军在主要方向上的进攻，并向敌国领土进军。苏军根据这个命令发起反击，和进攻的德军正好是迎头相撞，损失惨重，进一步加剧了战局的恶化。

德军北方集团军群由莱布元帅任司令，下辖第 16、第 18 集团军和第 4 装甲集群，共 29 个师，由第 1 航空队的 1 070 架飞机负责空中支援。以攻占波罗的海沿岸地区，占领列宁格勒为目标。6 月 26 日，一支德军特种部队伪装成后送的苏军伤员，突袭了西德维纳河的渡口，从而为德军机械化部队迅速渡过西德维纳河创造了有利条件。6 月 29 日，德军主力就顺利渡过西德维纳河。7 月 1 日占领里加。7 月 5 日占领奥斯特罗夫。在 18 天里，就已经深入苏联境内 400—450 千

▲ 1941 年 6 月 22 日，德军全线突破苏军防线，大举入侵苏联领土。

▲ 1941 年 6—9 月，苏德战场态势图。

米，其前锋部队已经到达列宁格勒州。

德军中央集团军群由博克元帅任司令，下辖第4、第9集团军和第2、第3装甲集群，共50个师又2个旅，由第2航空队1 600架飞机负责空中支援，目标是白俄罗斯地区，德军从南北两翼实施钳形攻击。6月29日，南北两翼德军在明斯克会师，合围并重创了苏军2个集团军，苏军阵亡约3万人，被俘28.7万人。随后德军继续开展攻势，7月9日占领维捷布斯克。在18天里，几乎占领了整个白俄罗斯，其前锋部队已经逼近斯摩棱斯克。

▲ 德军步兵乘橡皮艇渡过苏德之间的界河。

德军南方集团军群由龙德施泰德元帅任司令，下辖第6、第11、第17集团军和第1装甲集群，以及罗马尼亚2个集团军、匈牙利1个军，共57个师又13个旅，由第4航空队和罗马尼亚空军1 300架飞机负责空中支援，以乌克兰为目标，并将乌克兰苏军主力消灭在第聂伯河以西。但在三个进攻方向中，这一路的进展是最缓慢的，直到6月24日才突破苏军防御正面，但随后又遭到了苏军反击，在卢茨克、杜布诺一线和苏军展开了战争初期规模最大的坦克战。苏军由于指挥不统一，也缺乏有效的空中掩护，反击最终失利。德军随即开始推进，7月3日攻占莫斯特罗格，7月9日攻占日托米尔。加上侧翼德军第11集团军和罗马尼亚军队也已进至奥吉廖夫地区，对苏军西南方面军主力构成了合围态势，迫使苏军不得不撤向科罗斯坚、卡缅涅茨一线。

从6月22日到7月9日，在短短18天里，德军在西北方向推进400—450千米，在西方方向推进550—600千米，在西南方向推进300—350千米，占领了拉托维亚、立陶宛的全部，白俄罗斯、乌克兰、摩尔达维亚的大部，逼近了列宁格勒、斯摩棱斯克和基辅，苏军有28个师被全歼，70个师损失过半，伤亡约20万人，被俘约30万人，损失火炮3 000门、坦克1 500辆、飞机2 000架。

苏军顽强抵抗的象征——布列斯特要塞

▲ 布列斯特要塞全景。

布列斯特位于白俄罗斯和波兰交界的布格河东岸，是连接华沙—莫斯科以及立陶宛—白俄罗斯—乌克兰的交通要道，1795 年并入俄罗斯，1833 年沙皇俄国在布列斯特开始修建要塞，1842 年基本建成，后来又多次进行扩建加固。1917 年，俄国在此和德国进行谈判，签定了《布列斯特和约》，俄国退出了第一次世界大战，布列斯特也就此闻名于世。

1919 年，波兰占领了布列斯特。1920 年，苏联将其收复，但很快又被波兰重新夺回。1939 年，德国入侵波兰，苏联也乘机出兵波兰，苏军与德军在布列斯特会师，根据《苏德互不侵犯条约》的秘密条款，已经占领该要塞的德军撤出，布列斯特又成为苏联领土，纳粹德国和苏联在这里以布格河为边界。

布列斯特要塞是一个庞大的筑垒防御工事体系，由布格河和人工运河分割开的四个独立小岛组成，中心城堡位于整个筑垒地域的中心。它是一座全长约 2 千米的环形全封闭堡垒，堡垒城墙厚 2 米，上有约 500 个炮塔，可以囤积 1.2 万人和所需的粮食弹药。中心城堡西南是捷列斯波尔要塞，正南方是沃伦要塞，北方则是科布林要塞，各个要塞四周均有河流包围，各要塞之间用桥梁连接。

这里的守备部队是苏联西部特别军区第 4 集团军第 28 步兵军第 42 步兵师和第 6 奥尔洛夫红旗师的 7 个步兵营、1 个侦察营和 2 个炮兵营，以及还有第 17 红旗布列斯特国境守备总队、第 33 独立工程建筑团和苏联内务人民委员部第 132 营，总兵力约 8 000 人。

▲ 德军进攻布列斯特要塞。

德军由第 2 装甲集群所属的第 12 军第 45 步兵师负责攻占，这是德军最先攻入华沙和巴黎的精锐部队。为了能迅速攻占这个要塞，德军为第 45 步兵师加强了 12 个炮兵营，甚至包括 600 毫米的超级臼炮，同时第 31 步兵师和第 34 步兵师将从要塞两翼进行辅助攻击，空军和装甲部队也为第 45 步兵师提供一切必要的支援。45

▲ 布列斯特要塞的中心堡垒。

师计划以第135团1营渡过布格河从北部科布林要塞攻入堡垒，第135团3营直接进攻捷列斯波尔要塞，并夺取捷列斯波尔要塞和中心堡垒的连接桥梁和中心堡垒的捷列斯波尔门；第130团1营则进攻沃伦要塞并夺取连接中心堡垒的桥梁和霍尔姆门，第130团3营则迂回到堡垒东部，阻击可能从东部来援的苏军。

1941年6月22日凌晨3时15分，德军在布列斯特要塞对岸集中了12个炮兵营开始猛烈炮火准备，同时，德国空军俯冲轰炸机也准时越过边境开始轰炸。德军炮击整整持续了一个半小时，许多苏军军需仓库被摧毁，最重要的是各个堡垒的供水系统遭到严重破坏而失去作用。

在强大的火力支援下，德军第45步兵师第一攻击波只用了4分钟，就于3时19分强渡到布格河对岸，3时23分，主要由工兵突击部队组成的第二攻击波也渡过布格河。两批突击分队相互配合，经过短促战斗，迅速穿过捷列斯波尔要塞和沃伦要塞，直扑中心堡垒。中心堡垒在德军猛烈炮击下依然完好无损，就是600毫米重炮的效果也不理想，因此被炮击惊醒的苏军迅速进入战斗位置，击退了德军的第一次进攻。

不过德军还是按照事先计划，首先完成了对四个堡垒的分割孤立。在此后德军向四个堡垒发动了多次猛攻，但直到天黑都没能占领任何一个堡垒。有2辆德军坦克一度冲入中心堡垒，但伴随的步兵被苏军击退后，1辆被反坦克炮击毁，1辆被苏军用炸药包炸毁。

苏军尽管遭到了突然进攻，并失去了统一指挥的不利情况，依然各自奋战，尤其是捷列斯波尔和沃伦要塞的苏军不但顽强防御，还主动出击，将德军突击力量的大部分都牵制在中心堡垒附近，为中心堡垒和北部科布林要塞的苏军赢得了宝贵的时间。这两个堡垒中的苏军在6月22日上午德军还没有完全封锁堡垒外廓的间隙里，已经有相当一部分勤杂人员和伤员成功撤离堡垒，到6月22日中午德军完全围困住堡垒时，留在堡垒中坚持战斗的苏军大约还有4 000人，但被分割在四个堡垒内，而且彼此之间无法联系，

▲ 布列斯特要塞保留至今的城墙。

▲ 苏军士兵在墙上刻下“我就要死了，但我绝不投降”。

都是由各堡垒内的军官主动进行指挥。虽然中心堡垒有电台，守军也想尽办法和上级联系，但都没有回音，因为当时苏军在整个边境线上都遭到了德军进攻，陷入了一片混乱，连莫斯科的总参谋部都无法和西部特别军区取得联系，更别说是这个小小的要塞了。

到 6 月 22 日晚，德军占领了捷列斯波尔要塞和沃伦要塞，并通过这两个要塞和中心堡垒连接的桥梁，占据了中心堡垒捷列斯波尔门和霍尔姆门之间的一段城墙。在捷列斯波尔要塞西部的布列斯特门附近的防御工事里，仍然还有大约 300 名苏军在坚持战斗。德军在一天的激战中阵亡了 310 人，大大超出了该师在 1939 年整个波兰战役中的阵亡人数，可见战斗的激烈程度。

23 日，苏军主要被分割在中心堡垒、科布林要塞和捷列斯波尔要塞西部三处，中心堡垒的军官们在 6 月 22 日晚推举出祖巴乔夫大尉担任最高指挥员，并发布了第一号作战命令，要求所有官兵继续战斗。23 日白天，德军向布列斯特要塞苏军还在守卫的地域发起了猛烈进攻，进攻的重点在北部科布林要塞，同时在中心堡垒进行分割，德军对中心堡垒连续发动了八次进攻都被守军击退。守军电台还在继续与上级联系，在始终没有回应的情况下，不得不使用明码发出电文：“这里是布列斯特要塞，这里是布列斯特要塞，我们仍在战斗！”

24 日，德军投入预备队第 135 团 2 营，主攻捷列斯波尔要塞西部，这里的苏军在顽强防御了一天之后不得不于当晚向沃伦要塞方向突围，但只有少数人突围到沃伦要塞，并一直坚持到 25 日下午。而留在捷列斯波尔堡垒中没有突围出去的苏军又坚持了五天，到 30 日眼看难以继续坚持，他们向捷列斯波尔门方向突然出击，在出击中还捣毁了德军第 135 团的团部。直到 7 月初，捷列斯波尔要塞战斗才结束，最后 15 名苏军被俘。

6 月 27 日，德军调来第 82 工兵营，用炸药来爆破苏军工事，同时用 540 毫米臼炮和 600 毫米臼炮在炮兵观察员的指引下炮击苏军占据的地区。29 日上午，德军甚至还向科布林要塞投下了 1 800 千克的超级炸弹。在猛烈炮火轰击后，德军在坦克支援下向中心堡垒和科布林要塞发起总攻。至 30 日，布列斯特要塞绝大多数地区被德军占领。尽管德军战报称 7 月 1 日占领布列斯特要塞，但还有

▲ 布列斯特要塞纪念馆。

苏军在继续抵抗，零星战斗一直持续到7月下旬，像苏军第44步兵团团长扎夫里洛夫少校就是在7月23日才被俘的，他在战俘营活到了战争结束。而他还不是最后的抵抗者！

▲布列斯特要塞的霍尔姆门和白俄罗斯50卢布正面图案。

布列斯特要塞保卫战，苏军约2 500人阵亡，还有约1 000人被俘，但他们也给德军造成了重大伤亡——1941年6月22日－30日，德军在整个苏德战场上总共才阵亡了8 886人，而在布列斯特要塞的德军第45步兵师就阵亡了462人！

战后，苏联军队回到布列斯特要塞。在上世纪50年代，在要塞内一共发掘出832具苏军遗体，这些遗体被统一安葬在他们当年保卫的要塞内。布列斯特要塞守卫战也成为苏军在战争中英勇不屈的象征，战争结束后得到苏联政府的高度赞扬。扎夫里洛夫少校和科兹瓦托夫中尉被授予苏联英雄称号，另外有200多位要塞守卫者得到各种荣誉奖励。1956年11月，在原来中心堡垒工程兵营房的旧址建起了布列斯特要塞保卫战纪念馆。1965年5月8日，在卫国战争胜利20周年时，布列斯特要塞被授予“英雄要塞”称号，同时授予列宁勋章和红星勋章。

白俄罗斯发行的50卢布正面图案就是布列斯特要塞的霍尔姆门，背面是布列斯特要塞纪念馆的星形入口。战场遗址能够作为货币的图案，这座英雄要塞的精神象征可见一斑。

摇摆不定的主攻方向

7月15日，德军攻占斯摩棱斯克，打开了通往莫斯科的门户。因此苏军迅速投入了20个师的预备队在斯摩棱斯克地区实施了反击，还在战争中第一次使用了喀秋莎火箭炮，反复的拉锯争夺一直持续到8月初，为强化莫斯科的防御赢得了宝贵的

▲进入苏联城镇的德军。

▲ 1941 年夏季，正在苏联平原上冒着酷暑行军的德军。

时间。

就在斯摩棱斯克地区的激战正在进行的时候，德军高层对下一步作战的战略方向产生了很大分歧，在“巴巴罗萨”计划中，德军尽管兵分三路，但还是有主次之分，中路是主要方向，因为集中了德军“闪击战”核心力量 4 个装甲集群中的 2 个。但是“巴巴罗萨”计划本来就是德国最高统帅部和总参谋部相互妥协的结果，既满足了最高统帅部三路进军的要求，也实现了总参谋部以莫斯科为主攻方向的愿望。但是希特勒的着眼点始终更多关注在经济上，所以他更想占领北部的列宁格勒和南部的乌克兰。当德军占领斯摩棱斯克之后，对主攻方向的矛盾终于爆发，希特勒最终不顾总参谋部的反对，将中央集团军群所辖的 2 个装甲集群抽调出来，古德里安上将指挥的第 2 装甲集群转向南线，霍特上将指挥的第 3 装甲集群转向北线，这样一来中央集团军群就没有了装甲集群，等于失去了进攻的矛头，下一步进攻也就无从谈起了。

几乎同时，苏联红军总参谋长朱可夫大将建议斯大林放弃基辅，将西南方面军主力撤到第聂伯河对岸，以避免被德军合围，然后全力保卫莫斯科。但这个正确建议被斯大林断然拒绝，朱可夫也因此被解除总参谋长职务，降职担任预备队方面军司令。

▲ 战争爆发时担任苏军总参谋长的朱可夫大将，他后来成为战争中苏军最著名的将领。

斯大林反而认为乌克兰是苏联最重要的产粮区，又是顿巴斯工业区和巴库油田的屏障，必定是德军的主攻方向，因此向乌克兰地区调集了大量部队，使西南方面军的实力增至 86 个师，其中 30 个坦克师和摩托化步兵师，并严令必须坚守基辅。

古德里安的第 2 装甲集群大举南下，9 月 16 日与南方集团军群所属由克莱斯特上将指挥的第 1 装甲集团军

▲ 基辅战役被德军俘虏的苏军多达 66.5 万人。

在基辅以东200千米的洛赫维察顺利会师，完成了对苏联西南方面军4个集团军的合围。随即德军向被围苏军发起了进攻，尽管被围苏军拼死抵抗，组织突围，但到了9月20日，除了约2万苏军成功突围，其余约66.5万人被俘，包括西南方面军司令基尔波诺斯上将、参谋长图皮科夫中将、政委布尔米什坚科在内约3.5万人阵亡，损失884辆坦克、3 718门火炮和3 500辆车辆，西南方面军几乎损失殆尽。需要指出的是，西南方面军是苏联当时最精锐的主力部队，机械化部队的比例几乎占总数的三分之一，所以基辅战役的惨重损失对战争初期的苏军来说，是极其沉重的。不过苏联适龄男青年有近2 000万，能够很快补充人员损失。另外，基辅也在9月19日被德军占领，德军的伤亡约10万。

虽然德军取得了人类历史上最大规模围歼战——基辅战役的胜利，如果仅仅从局部来说，确实是个不小的胜利。但是从战争的全局来看，却显然是个大昏着。将莫斯科和基辅相比，毫无疑问，莫斯科的重要性远远高于基辅，而希特勒却被所谓的“战争经济”理论所误导，将基辅的重要性排在了莫斯科之前，虽然占领了基辅，但是却失去了最宝贵的时间。本来由于进攻巴尔干半岛，德军已经将进攻苏联的时间推迟了一个月，现在再因为基辅作战又在莫斯科方向耽搁了两个月，在冬季到来前的时间已经不多了。要知道苏联的冬季气候是非常恶劣的，而德军原来计划在冬季到来前拿下列宁格勒、莫斯科和顿巴斯，结束战争，所以根本没有做好在苏联严寒的冬季作战的准备。

铩羽而归的台风

至1941年9月底，苏德战场上德军已经推进到摩尔曼斯克、安德烈阿波尔、布良斯克、波尔塔瓦、扎济罗热一线，北线已经合围了列宁格勒，中线已经进至距离莫斯科约400千米处，南线已逼近哈尔科夫、顿巴斯和克里木，苏军损失兵力已超过200万，德军也有53.4万人的伤亡，在整个兵力兵器和战略态势上，德军还是占

▲ 在战争初期一系列失利中被俘的苏军。

优势。重要的是，德军高层终于统一了认识，决定全力进攻莫斯科，德军总共投入了第2、第4、第9集团军和第2、第3、第4装甲集群——除了原来从中央集团军群中抽调出去增援南北两线的第2、第3装甲集群全部归建，还将本来隶属于北方集团军群的第4装甲集群也调到中央集团军群，这样德军的参战总兵力就达到了75个师（其中14个装甲师和8个摩托化步兵师），180万人，1 700辆坦克、1.4万门火炮和1 400架飞机，约占德军在苏德战场全部总兵力430万人的40%。德军计划10月2日开始向莫斯科发起全面进攻，作战行动代号“台风”。

苏军为了保卫莫斯科，集结了3个方面军，总共15个集团军和1个战役集群，共计125万人，1 000辆坦克、7 600门火炮和700架飞机，约占苏军总兵力325万人的38%。同时苏军充分利用德军在攻占斯摩棱斯克之后没有在莫斯科方向大举进攻的两个月时间，在正面750千米纵深300千米范围，修筑了多道防御地带，初步完成了防御准备。

9月30日，德军古德里安指挥的第2装甲集群从南线掉头北上，直取莫斯科的重要屏障布良斯克，揭开了莫斯科战役的序幕。10月2日，德军在安德烈阿波尔至谢夫斯克全线开始总攻。德军攻势相当凌厉，10月3日攻占澳廖尔，10月6日攻占布良斯克。

▲ 基辅会战中一个德军机枪小组正小心翼翼向前推进。

鉴于莫斯科方向局势严峻，斯大林于10月6日将正在列宁格勒指挥作战的朱可夫调任西方方面军司令，负责指挥莫斯科保卫战。朱可夫上任后立即着手调整指挥体系，并竭尽全力组建新的部队，但是战局依然在急剧恶化。10月7日，德军在布良斯克和维亚兹马分别合围了苏军两个重兵集团，激战至10月13

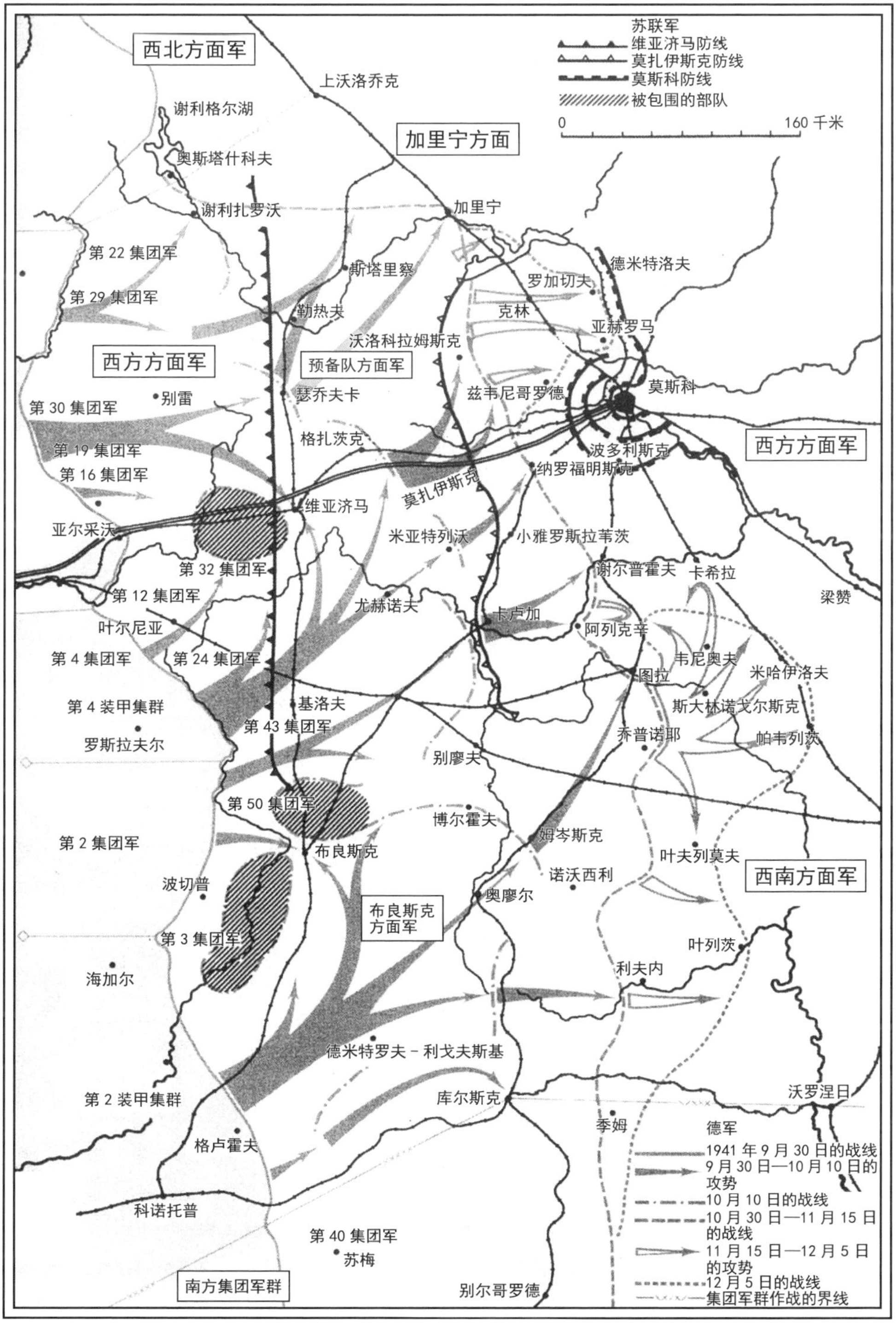

▲ 1941 年 9—12 月，苏德战场态势图。

▲ 苏联动员民众在莫斯科郊外挖掘防御工事。

日，这两处苏军除少数突围外，大部被歼。根据德军的统计，苏军又有约 65 万人被俘，损失坦克 1 242 辆，但是这些苏军并不是白白牺牲，他们的奋战又为莫斯科赢得了一周的宝贵时间。

10 月 13 日，距离莫斯科约 180 千米的卡卢加失守，德军沿着列宁格勒到莫斯科的铁路大举南下，还完好无损地夺取了伏尔加河大桥。随后德军猛扑距离莫斯科约 110 千米的咽喉重镇鲍罗季诺，1812 年拿破仑进攻俄国时就曾在这里遭到过迎头痛击，这次苏军投入了刚从西伯利亚调来的生力军，还有 2 个配有 T–34 中型坦克和 KV–2 重型坦克的坦克旅。苏军发起了战争中 T–34 坦克的第一次密集冲锋，给德军造成了很大损失，但最终德军还是凭借强大的空中支援和娴熟的坦克战术击退了苏军，并夺取了鲍罗季诺。

莫斯科陷入一片恐慌，政府机关开始销毁机密文件，外交使团也开始撤离，执法队一经发现有任何颠覆、抢劫或贪生怕死的行为，就可以就地处决。20 多万莫斯科人应征入伍，他们只经过四天的紧急训练就被派往前线，莫斯科妇女也被动员起来，在莫斯科郊外挖掘工事。

▲ 第二次世界大战时期苏联最著名的间谍佐尔格。

进入 10 月下旬，德军在正面的图拉和侧翼的加里宁两个方向的进攻都被苏军顽强防御所阻。苏军之所以能击退德军的“十月攻势”，关键原因在于组织并调来了大量预备队。因此德军尽管向莫斯科方向推进了 200–250 千米，但苏军防御越来越强，德军已经渐显疲态。而苏联方面因为著名的间谍佐尔格送来的日本不会北进的绝密情报，从而将原先驻扎在西伯利亚地区防范日军的部队大举西调，在莫斯科战役期间就有 12 个师约 20 万人被紧急调到莫斯科。

11 月 7 日，苏联的十月革命纪念日，按照惯例苏联都会在这天举行阅兵。在德军兵临城下的危急时刻，苏联还是照样举行了阅兵。而此时莫斯科外围的战斗还在紧张地进行着。斯大林在列宁墓上检阅了部队，并发表了演讲。这场阅兵极大鼓舞了苏联军民的士气和胜利信心，迅速稳定了几个月来一直弥漫的恐慌情绪。

▲ 1941 年 11 月 7 日，在德军重兵压境的危急关头，苏联仍在莫斯科举行了阅兵。

11 月 15 日，德军投入 51 个师（其中 13 个坦克师、7 个摩托化步兵师）对莫斯科发起新一轮总攻，计划以 2 个编有大量装甲部队的突击集团分别从南北两翼展开攻势，配合正面部队在莫斯科以西围歼苏军主力，然后再一举拿下莫斯科。

苏军也在全力加强西方方面军，在 11 月上半月就补充了 10 万人、300 辆坦克、2 000 门火炮和 1 000 架飞机，大大加强了莫斯科的防御力量。

北线德军于 23 日攻占克林，26 日攻占索尔涅奇诺戈尔斯克，但苏军死守图拉一线，阻止了德军的推进。南线德军于 26 日攻占顿河渡口的罗斯托夫，但苏军随即组织了猛烈反击，迫使德军后撤。从这几天的战况来看，德军已经是强弩之末了。更严重的是，11 月 27 日气温开始急剧下降，两小时就骤降 20 摄氏度，最低温度达到零下 40 摄氏度，德军几乎毫无冬季作战的准备，士兵缺少御寒被服，车辆和枪械没有冬季润滑油，导致德军大量冻伤，车辆无法发动，枪支无法正常使用，这对本来已经是在勉强硬撑的德军来说更是雪上加霜，战斗力和气温一样急剧下降。

12 月 1 日，德军拼尽全力发动最后总攻击，但已经是有心无力，进展迟缓。德军中央集团军群司令博克元帅只得无奈地哀叹“实在打不下去了”。12 月 2 日，德军第 258 步兵师侦察营进抵莫斯科近郊，已经能够从望远镜里看到克里姆林宫的尖顶，但是很快就被苏军的反击击退。这也是德军距离莫斯科最近的一次，此后就再没能见到过克里姆林宫的尖顶。

至 12 月 5 日，一线德军精疲力尽已经失去了进攻能力被迫转入防御。而此时苏军已经在后方集结了 15 个集团军约 100 万人的生力军准备从南北两翼发起反击。5 日，苏军首先在南线的加里宁开始反击，6 日在北线的克林、索尔涅奇诺戈尔斯克也开始了反击，德军疲惫不堪补给困难，在苏军的反击面前难以招架。至 1942 年 1 月 7

▲ 德军进攻斯大林格勒。

日，苏军胜利结束了反攻，将德军击退了 100—250 千米，将战线推进到勒热夫、博罗夫斯克、别廖夫一线，彻底解除了德军对莫斯科的直接威胁。历时两个多月的莫斯科保卫战，德军总共损失兵力 50 多万，坦克 1 300 辆、火炮 2 500 门。

随着德军“台风”作战的彻底失败，也宣告了苏德战场初期“闪击战”的终结。

最血腥的城市争夺战

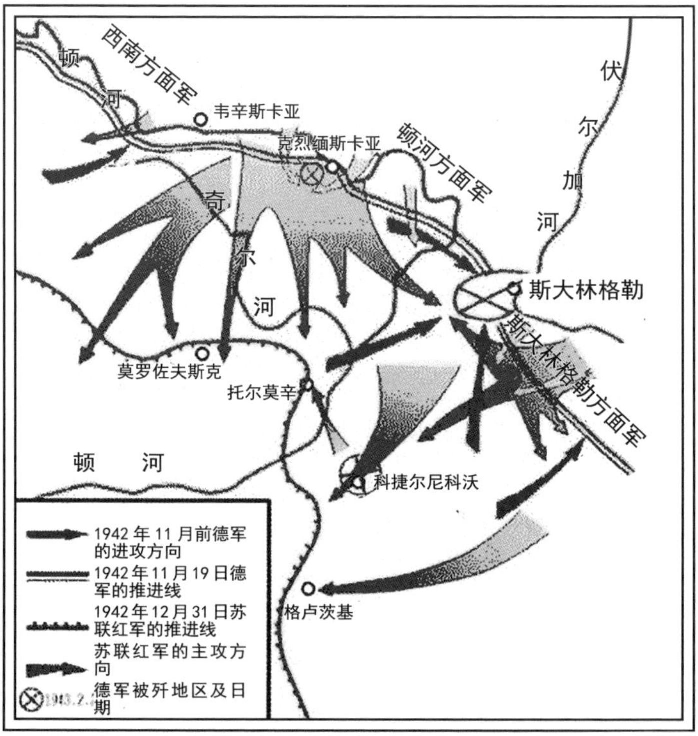

▲ 斯大林格勒战役示意图。

自从莫斯科保卫战之后，苏德战场就开始出现了每到夏季德军进攻，每到冬季苏军反攻的“规律”。1942 年初还是轴心国方面占据上风的时候，希特勒自然对于苏德战场的夏季攻势比较乐观，尽管在 1941 年德军损失不小，但在整体上德军依然还有一定优势，只是还要进行全面进攻已经力不从心了，所以 1942 年夏季攻势只能在一个方向实施进攻了。以巴库为中心的高加索油田一直是希特勒念念不忘的目标，所以这次希特勒将南线作为主攻方向，第一个目标就是斯大林格勒。斯大林格勒原名察里津，是苏联南部最重要的工业中心、交通枢纽和战略要冲。希特勒计划攻占斯大林格勒后再乘胜占领高加索，在军事上既可以北上进攻莫斯科也可以南下波斯湾；在经济上夺取至关重要的油田；在政治上不但占领以斯大林命名的城市能够打击苏联军民的士气，还能为拉拢日本和土耳其加入到对苏作战的阵营中增添筹码。

▲ 斯大林格勒战役中进行巷战的德军士兵。

1942 年 5 月和 6 月，德军先后对刻赤半岛和克里木半岛发起进攻，很快就占领了这两个半岛，为接下来进攻斯大林格勒扫清了侧翼威胁。几乎同时，苏军也在南线的哈尔科夫发起了进攻战役，经过激战苏军损失了约 25 万人。

6 月底，德军南方集团军群分为 A、B 集团军群，随即向沃罗涅日发起进攻。至 7 月下旬，苏军在沃罗涅日和顿巴斯一线在德军的突击下被迫后退了 100—400 千米，德军进入了顿河大弯曲部，攻占了战略要地罗斯托夫，对斯大林格勒形成了直接威胁。

7 月 13 日，德军决定由 A 集团军群负责进攻高加索，B 集团军群所属的第 6 集团军负责进攻斯大林格勒，第 6 集团军是德军实力比较强的部队，下辖 6 个军 18 个师，总兵力约 25 万人，坦克 740 辆、火炮 7 500 门，并由第 4 航空队的 1 200 架作战飞机负责空中支援。

苏军也意识到斯大林格勒方向已经成为一个独立的作战方向，因此在西南方面军的基础上组建了斯大林格勒方面军，下辖 7 个集团军、空军第 8 集团军和海军伏尔加河区舰队，从字面上看部队还不少，但这些部队刚刚经历了前一阶段的作战，损失很大，还没来得及补充，在 38 个步兵师中只有 18 个师是满员的，另外 6 个师的平均兵力只有 3 000 人，14 个师的平均兵力甚至只有 600 人，仅仅相当于正常情况下的 1 个营！所以斯大林格勒方面军真正还有战斗力能够迎击德军的只有第 62、第 63 集团

▲ 巷战中的苏军战士。

军，总共 12 个师 16 万人，坦克 200 辆、火炮 200 门。空中支援方面也不过只有 650 架飞机，和德军相比，兵力兵器都处于明显劣势。

7 月 17 日，德军第 6 集团军兵分两路开始进攻，经过一个月的作战，至 8 月 17 日，德军推进约 80 千米，接近了斯大林格勒的外围。

8 月 19 日，德军继续开展进攻，苏军全力投入防御，并于 8 月 25 日在斯大林格勒宣布戒严。8 月 26 日，斯大林任命朱可夫为最高副统帅，朱可夫于 8 月 29 日来到位于卡梅申的斯大林格勒方面军指挥部，直接指挥斯大林格勒地区的作战。但是德军的攻势依然难以抵挡，至 9 月 12 日，德军已经突破斯大林格勒的接近地，战线距离市区只有 2—10 千米。

9 月 12 日，德军以坦克第 4 集团军在斯大林格勒以南向伏尔加河右岸推进，罗马尼亚第 3 集团军在顿河右岸展开，以掩护第 6 集团军侧翼。同时将坦克第 4 集团军的第 48 装甲军和另外 9 个师加强给第 6 集团军，使第 6 集团军的实力增至 13 个师（其中 3 个装甲师和 1 个摩托化步兵师），总兵力达到约 17 万人，坦克约 500 辆、火炮 1 700 门，全力担负攻占斯大林格勒的任务。

苏军负责斯大林格勒市区防御的是第 62、第 64 集团军，共 2 个坦克军和 16 个步兵师，总兵力 9 万人，坦克 120 辆、火炮 1 000 门。同时苏军也在不断向斯大林格勒调集援军，至 9 月 15 日，仅仅三天的时间里就调来了 2 万人和 400 辆坦克。

9 月 13 日，德军投入 7 个师从东面和东北向斯大林格勒市区发动猛攻，到天黑前已经推进到了“堡垒”工厂和“红十月”工厂，并占领了萨多瓦亚车站。9 月 14 日，德军猛攻市中心制高点马马耶夫岗和 1 号车站，苏军顽强防御，并不断组织反击，双方在这一地区展开了反复拉锯争夺，战斗极为惨烈。至 9 月 26 日，德军占领了斯大林格勒的中部和南部地区。从 9 月 27 日起，北部的工厂区成为双方拼死争夺的焦点。苏军利用建筑物构筑成防御支撑点，根据每幢建筑的大小配置 1 个排到 1 个连，并储备粮食、弹药和医药用品，进行死守。其中最著名的就是近卫步兵第 13 师的巴甫洛夫中士率领 6 名战士来到“1 月 9 日”广场附近的一幢四层大楼，后来又陆续有 17 名官兵赶来增援，他们 24 人配置 3 支反坦克枪、1 挺重机枪和 2 门迫击炮，在大楼

▲ 马马耶夫岗塑像。

里30多名居民配合下，坚守这幢大楼整整58天，德军进行了多次进攻，付出了重大代价也始终没能夺取这幢大楼，战后这幢已经是断壁残垣的大楼被重建，并命名为“巴甫洛夫大楼”，以志纪念。同时苏军还以精干分队加强反坦克小组和工兵组成强击群，专门负责反击被德军占领的据点。因此，斯大林格勒的巷战极为血腥惨烈，以至于有人这样说：“在斯大林格勒战斗中，不是以米来计量，而是用尸体来计量。”德军一直以来无往而不利的“闪击战”在斯大林格勒却遇到了前所未有的挫折，德军最具威力的坦克部队在城市的街巷中难以施展，只能靠步兵一条条街道一幢幢建筑去争夺，而德军步兵显然缺乏专业的巷战训练，在如此残酷的巷战中举步维艰。

为了策应北部工厂区的战斗，苏军还从第51集团军和第57集团军中各抽调部队组成一个支队，总共有2个步兵团、3个坦克旅、1个反坦克炮兵团和3个火箭炮兵团向斯大林格勒南部展开突击，并占领了城区南部一块阵地，牵制了部分德军。

苏军开始反攻了

在北部工厂区的激烈争夺一直持续到11月18日，在此期间苏军不断向斯大林格勒增派预备队以加强防御，同时集结了西南方面军、顿河方面军和斯大林格勒方面军，总兵力110.6万人，坦克1 460辆、火炮1 559门、飞机1 350架，在这种情况下，苏军不但要守住斯大林格勒，还要发动决定性反击围歼进攻斯大林格勒的德军。

▲ 巴甫洛夫大楼。

11月19日，苏军西南方面军和顿河方面军在猛烈炮火准备之后发起了全面反击，主要突

▲ 苏军攻入斯大林格勒。

击方向选在战斗力最为薄弱的罗马尼亚第3集团军，因此迅速取得突破。11月20日，正面的斯大林格勒方面军也发起了反击，也很快突破德军防御。23日，斯大林格勒方面军和西南方面军在卡拉奇会师，合围了斯大林格勒地区的德军第6集团军22个师约33万人，随后苏军向被围德军发动了猛烈攻击，至30日将被围德军压缩到1 500平方千米的狭小区域。

从12月起，德军开始组织力量为被围部队解围，组建了由曼施坦因元帅任司令的顿河集团军群，尽管该集团军群编制有30个师，但大部分部队之前的战斗损失都没有得到补充，真正还具有战斗力的只有2个不满员的装甲军。加上苏军攻占卡拉奇，彻底切断了斯大林格勒被围德军的补给线，被围德军不得不完全依赖空运补给。而空运受到苏军战斗机的拦截和恶劣天气的影响，根本无法满足补给需要。被围德军缺粮少弹，在苏联严寒的冬季中迅速陷入了困境，因此曼施坦因和B集团军群司令魏克斯都认为在补给如此困难的情况下，只有允许被围德军突围才有一线生机。接替哈尔德担任德军总参谋长的蔡茨勒大将也向希特勒建议允许被围德军突围，但被希特勒拒绝。

12月12日，德军沿科捷尔尼科兹至斯大林格勒的铁路展开进攻，苏军顽强阻击后发起反击，至月底攻占科捷尔尼科兹，并重创了罗马尼亚第4集团军和德军装甲第57军，将合围的对外正面推进到距离斯大林格勒200—250千米，使被围德军彻底陷入孤立无援的困境，加上唯一的补给通道——空中运输也几乎被苏军切断，覆灭已成定局，但希特勒依然要求被围德军不得撤退。

▲ 斯大林格勒战役中的苏军炮兵部队。

1月10日，苏军向被围德

军发起攻势，德军粮尽弹绝，在苏军的打击下步步败退。15日，苏军突破德军第二道防线，进一步压缩德军阵地。22日，苏军发起了全线总攻，迅速攻入斯大林格勒南部，占领了德军全部机场，彻底切断了德军空运道路。德军第6集团军司令保卢斯见大势已去，急电希特勒请求突围，但还是被希特勒拒绝。25日，苏军继续发展进攻，将德军分割为南北两部分。27日，苏军向两部分德军同时展开猛攻，30日刚刚晋升为陆军元帅的第6集团军司令保卢斯被俘——希特勒晋升保卢斯为元帅本意是希望他在最后关头自杀，因为在德国历史上还从未有过陆军元帅成为俘虏——南部德军全部被歼。2月2日，北部德军的最后残部也被歼灭。被围的33万德军遭到全歼，整个战役苏联方面宣布德军总共损失了约150万人，而西方则认为德军损失约86万，但德军遭到了沉重打击是毫无疑问的，并因此开始丧失了在苏德战场上的战略主动权，正如德国陆军总参谋长蔡茨勒将军所说："我们在斯大林格勒损失的25万官兵，那就等于打断了我们在整个东线的脊梁骨。"

曼施坦因的回马枪

1943年1月，苏军挟斯大林格勒大捷的余威，集中沃罗涅日方面军、西南方面军、南方方面军和北高加索方面军等四个方面军，对德军防线最薄弱的兹米约夫和斯拉维扬斯克之间地区展开攻击。仅仅半个月就在100多千米正面上取得了突破，向德军战线纵深推进了近100千米。防守这一地段的匈牙利第2集团军和意大利第8集团军遭到重创，苏军一路突进势不可当，苏军最高统帅部希望能一举收复顿涅茨工业区，彻底解除德军对高加索地区的威胁。

▲ 1942年冬季，反攻中的苏军士兵。

2月初，西南方面军已经渡过了北顿涅茨河，沃罗涅日方面军也相继攻占了库尔斯克和别尔哥罗德，并于2月16日攻占了苏军西南地区的工业重镇哈尔科夫。2月19日，苏军进展最快的西南方面军逼近曼施坦因B集团军群（2月13日由顿河集团军群改称）的司令部所在

▲ 哈尔科夫战役中苏军一队T-34 坦克。

地扎波罗日，德军的整个防线在苏军的猛攻面前支离破碎，摇摇欲坠。

就在这样的危急时刻，希特勒居然来到扎波罗日，他表示将会增调援军，要求曼施坦因必须夺回哈尔科夫。但曼施坦因却提出先不去争夺哈尔科夫，而是继续后撤，吸引苏军西南方面军继续冒进，然后杀个回马枪围歼西南方面军，再掉头打击沃罗涅日方面军，最后夺回哈尔科夫。希特勒虽然极度不愿继续后撤，但在眼下也只能同意了曼施坦因的计划。

2 月 21 日，苏军西南方面军占领了扎罗波日，从表面上看似乎已经能够将德军的防线一切为二，但西南方面军的突进也使自己的两翼完全暴露在德军面前，和占领库尔斯克、哈尔科夫一线的沃罗涅日方面军之间已经出现了很大的空隙。曼施坦因等的就是这个时机——此时由于得到了从乌克兰和西欧调来的援军和装备，南方集团军群已经拥有了 30 个师（其中 13 个装甲师和摩托化步兵师），坦克数量也从 1 月底的约 500 辆迅速回升到 1 200 辆。而苏军则已经连续进行了三个多月的作战，人员、装备损失都没有得到补充，同时随着战线的延长，后勤补给线也越来越长，后勤供应的困难日益严重，已经开始呈现强弩之末的颓势，就以西南方面军为例，编制上虽然有 4 个坦克军又 2 个坦克旅，但实际上坦克数量却只有区区 53 辆，只不过相当于德军 1 个坦克营的实力。从战役态势上看，德军的第 1 装甲集团军（原第 1 装甲集群）、第 4 装甲集团军（原第 4 装甲集群）和“肯普夫”战役集群已经对西南方面军形成了三面夹击之势。其中担负主攻的第 4 装甲集团军下辖 3 个装甲军，特别是还编有 4 个“虎”式坦克连，装备了 38 辆最先进的“虎”式坦克。

▲ 德军在哈尔科夫战役中投入了最新型的“虎”式坦克。

2 月 28 日，德军的反击开始了！当天德军就在苏军第 6 集团军的战线上撕开了 50 千米的缺口，德军前锋部队更是一路急进，在苏军战线内推进了近 100 千米。苏军第 6 集团军和第 1 近卫集团军遭到重创，损失 1.5 万

第二次世界大战纳粹德国三大名将之一的曼施坦因

弗里茨·埃里希·冯·曼施坦因，原名埃里希·冯·莱温斯基，1887 年 11 月出身在柏林的军人世家，父亲是炮兵上将爱德华·冯·莱温斯基，因为他母亲海伦的小妹妹赫德韦格·冯·希普林和步兵上将乔治·曼施坦因结婚后一直没有子嗣，所以便过继给姨父，因此也就改姓曼施坦因。莱温斯基家族和曼施坦因家族都是东普鲁士的贵族，而且一直都有从军的传统。

1906 年，曼施坦因从柏林军官学校毕业后，被分配到第 3 近卫步兵团服役——很多著名将领都曾在该团服役。1913 年进入军事学院深造。参加过第一次世界大战，曾负过重伤，因表现出色而荣获一级铁十字勋章和霍亨索伦王室勋章。曼施坦因在第一次世界大战中最大的感受就是步兵伤亡太大，这也激发了他后来一直愿意采用全新战术的重要原因。战争结束后，曼施坦因参加德国国防军的重建，并继续留在军队。1927 年晋升为少校，1932 年晋升为中校，1933 年晋升为上校，并进入总参谋部任职。1936 年 10 月晋升为少将，出任德国陆军总参谋部首席军需部长，随后升任副总参谋长，开始进入德军的决策层，参与制定入侵奥地利、捷克斯洛伐克和法国的作战方案。1938 年 4 月调任第 18 步兵师师长，参加占领苏台德区的行动。1939 年 4 月晋升为中将，9 月担任南方集团军群参谋长，参加入侵波兰。10 月调任西线 A 集团军群参谋长，提出以装甲部队经阿登地区进攻法国的作战计划，为希特勒所采纳，最终德军就是从阿登地区突破，在六个月内打败法国。1941 年 6 月，德国入侵苏联，担任第 56 装甲军军长，率部参加对列宁格勒方向的进攻，在四天之内就推进 200 千米。9 月任第 11 集团军司令，率部参加克里木半岛作战。1942 年 7 月因为占领塞瓦斯托波尔，而晋升为元帅。8 月率部转战列宁格勒，11 月奉命指挥顿河集团军群救援被合围在斯大林格勒的第 6 集团军。

1943 年 2 月指挥德军对苏军发起反攻，攻占苏联南部重要工业城市哈尔科夫，并因此获得橡叶宝剑骑士铁十字勋章。1943 年 7 月参与指挥库尔斯克会战。曼施坦因指挥南线作战，尽管有所损失，但还是实现了他最初的目标。由于德军在北线失利，加上英美盟军在西西里岛登陆，希特勒下令终止作战，并不顾曼施坦因的强烈反对将他的部队撤离库尔斯克。

▲ 曼施坦因。

1943 年 10 月中旬—1944 年 1 月，曼施坦因成功稳定了苏德战场的南线战局。但由于 1944 年 2 月他违背希特勒“不惜一切代价守住战线”的命令，下令南方集团军群的第 11 和第 42 军后撤，尽管他的这次抗命成功将 2 个军逃脱了苏军的合围，但却因此在 1944 年 3 月被解职。不过希特勒为了表彰他的战功，还是授予了他橡叶宝剑骑士铁十字勋章。

被撤职后，他一直在德累斯顿休养，然后彻底退出现役。1945 年 8 月被英军逮捕。1949 年被英国军事法庭判处 18 年徒刑。1953 年获释，成为西德政府的高级顾问，后来担任西德国防军名誉参谋长。1973 年 6 月在慕尼黑附近的伊申豪森去世。

著有战争回忆录《失去的胜利》《士兵的一生：1887—1939》。

曼施坦因是第二次世界大战时期和古德里安、隆美尔齐名的德军著名将领，因为出身贵族，自幼就受过良好的军事教育，所以对战术、战役、战略都有自己比较成熟而独到的见解，特别是他参与制定的进攻法国的作战方案，取得巨大成功，因此在德军中享有“伟大战略家”的赞誉。他在战争中所策划的每一次战役几乎都可以堪称杰作，总是令对手举止失措，胆战心惊。他是那种能够将现代化的机动观念和传统的运动战思维巧妙地融为一体的专家，同时对于各种战术运用自如，是一位真正的军事天才，被公认为是德军最优秀的军事将领。

英国著名的军事历史学家利德尔·哈特评价他是“对作战的可能性独具慧眼……曼施坦因元帅已经证明了他是德国陆军中作战能力最强的军事指挥官，他们都希望他能够胜任德国陆军总司令一职”。

人，西南方面军主力在德军三面夹击的巨大压力下不得不向后败退，3 月 3 日已经退过了北顿涅茨河。在西南方面军遭到德军猛烈反击时，苏军最高统帅部和沃罗涅日方面军都没有认识到德军真实意图，以为这不过是德军为掩护主力后撤而进行的有限反击，这就让沃罗涅日方面军没能及时采取必要应对措施，甚至还在要求沃罗涅日方面军继续进攻。在德军击退了西南方面军之后，随即就展开了对沃罗涅日方面军的反击，而此时沃罗涅日方面军的坦克只剩下 70 辆，根本无力对抗德军汹涌而来的装甲狂潮。

形成了一个大突出部

3 月 4 日，沃罗涅日方面军在德军的猛攻前面终于不得不转入防御，只剩下 50 辆坦克的第 3 坦克集团军展开了顽强防御，以巨大的损失为代价阻滞了德军挺进的脚步，使德军两天总共才推进了 8 千米。曼施坦因便将主攻方向转到了第 3 坦克集团军和第 69 集团军的结合部，为此还投入了精锐的“大德意志”师。至 3 月 10 日，德军终于在苏军沃罗涅日方面军的战线上撕开了 60 千米的缺口，此时精疲力尽的沃罗涅日方面军已经再没有任何预备队能够前来堵塞缺口。为了挽救危在旦夕的沃罗涅日方面军，苏军最高统帅部紧急调集第 2 近卫步兵军、第 3 坦克军和第 18 坦克军前来增援，但已经远水救不了近火了。

坦克部队的编制和称谓

坦克师和装甲师都是装甲部队中以坦克作为主要作战兵器的师级单位，装备大量的坦克和一定数量的步兵、炮兵、工兵等部队。两者的区别在于坦克部队在全师中的比例，通常坦克师的编成是 2 个坦克团、1 个步兵团和 1 个炮兵团，而装甲师的编成则是 1 个坦克团、2 个步兵团和 1 个炮兵团，也就是说坦克师的编成中坦克部队的比例要高于装甲师。另外，西方国家更习惯于采用装甲师的名称，苏联则更多采用坦克师。

机械化步兵师是指以履带式车辆作为主要机动手段的步兵师。摩托化步兵师则是指以轮式车辆为主要机动手段的步兵师。在西方国家里，通常只有机械化步兵师而没有摩托化步兵师的叫法；而苏联则只有摩托化步兵师而没有机械化步兵师的叫法。在第二次世界大战中，德军则是沿用 17 世纪精锐部队掷弹兵的名称创立了装甲掷弹兵这个新的兵种，实际上装甲掷弹兵师就是装甲步兵，也就是一般所说的机械化步兵师。

在第二次世界大战中，德军的装甲师在不同时间曾有过好几种不同的编制，一般德军装甲师下辖 1 个两营制坦克团、2 个装甲掷弹兵团、1 个两营制装甲炮兵团、1 个装甲侦察营、1 个防空营、1 个坦克歼击营以及后勤、运输、维修等直属单位，总兵力约 1.5 万人，装备各型坦克约 300 辆。

德军装甲部队在最鼎盛时期总共有 27 个装甲师。以 1—2 个装甲师再加 1—2 个装甲掷弹兵师组成装甲军。再以 2—3 个装甲军组成装甲集群，在 1941 年 6 月入侵苏联时，德军总共有 4 个装甲集群。至 1941 年 10 月，这 4 个装甲集群全部升格为装甲集团军。这不但是番号上的改变，更重要的是原先装甲集群没有自己的后方兵站，因此弹药、燃料的补给完全要依赖友邻的集团军，由于装甲部队的弹药、燃料在作战中消耗十分巨大，所以装甲集群常常处于补给不继的状态。而升格为装甲集团军后，就有了自己独立的兵站（由中将军衔的“集团军后方地域主官”统一管理），作战部队也就可以最大限度地从补给、支援、行政管理等勤杂事务中解放出来，从而提高作战效率。

苏联坦克师下辖 2 个坦克团、1 个摩托化步兵团，总兵力约 8 000 人，装备各型坦克 350 辆。以 2 个坦克师和 1 个摩托化步兵师组成机械化军，每个机械化军总兵力约 2.5 万人，装备各型坦克约 1 000 辆。

1941 年 7 月，也就是在德国入侵苏联之后，由于坦克部队损失惨重，苏军不得不取消了机械化军的编制，坦克部队采用坦克师（装备坦克 217 辆）、坦克旅（装备坦克 93 辆）和坦克营（装备坦克 39 辆）的编制。

1942 年，苏军取消了坦克师的编制，改为坦克旅，1 个坦克旅下辖 2—3 个坦克营，总兵力约 3 000 人，装备各型坦克约 80 辆。

1942 年 10 月又恢复了机械化军的编制，每个机械化军下辖 3 个机械化旅（每个旅有 1 个坦克团）、1 个坦克旅、1 个高炮团和 1 个反坦克炮兵团，总兵力约 1.6 万人，装备各型坦克 246 辆。同时还以 2 个坦克旅、1 个摩托化步兵旅、1 个炮兵团组成坦克军，总兵力约 1.2 万人，装备各型坦克约 200 辆。另外还组建了独立坦克旅（装备 53 辆坦克）、独立坦克团（装备 39 辆坦克）和独立突破重型坦克团（装备 21 辆重型坦克）。

1942 年 12 月组建更大编制的坦克部队——坦克集团军，每个坦克集团军下辖 3 个坦克军、1 个独立坦克旅、1 个步兵师。1943 年 3 月改为下辖 2 个坦克军和 1 个机械化军，总兵力约 4 万人，装备各型坦克 700 辆。

至 1945 年 1 月，苏军坦克部队的发展达到顶峰，总共有 6 个坦克集团军、14 个坦克军、7 个机械化军和 27 个独立坦克旅、7 个自行火炮旅和大量独立坦克团与自行火炮团。

3 月 11 日，德军第 4 坦克集团军已经逼近了哈尔科夫，派出党卫军装甲军迂回到哈尔科夫北面，切断哈尔科夫守军退路，同时第 48 装甲军从东面进攻哈尔科夫。3 月 15 日，德军党卫军装甲军攻入了哈尔科夫，防守哈尔科夫的苏军第 17 步兵旅、第 19 步兵旅和第 179 坦克旅为避免被围，不得不放弃哈尔科夫向东突围。3 月 16 日，德军占领哈尔科夫，此时距离苏军在斯大林格勒战役之后的反攻中夺回该城市正好一个月。

哈尔科夫失守后，苏军的重点就转到了别尔哥罗德，调集第 21 集团军、第 64 集团军和第 1 坦克集团军驰援别尔哥罗德，接应在这一地区苦战多日的第 3 坦克集团军。至 3 月 17 日，疲惫不堪、残破不全的第 3 坦克集团军丢弃了绝大部分重装备后撤过北顿涅茨河，编入了西南方面军序列。3 月 18 日，赶来增援的第 21 集团军才在别尔哥罗德以北地区建立起了防御。

▲ 哈尔科夫成为双方反复争夺的要点。

曼施坦因此时的目标就是尽可能在冰雪消融之前抢占地盘，所以他一直督促部下全力突击，压迫苏军节节后退。但是 3 月 23 日，冰雪终于开始消融，道路开始泥泞难行，而苏军 3 个集团军的后援也陆续到达，德军只得停止了追击。在德军重压下退过北顿涅茨河的沃罗涅日方面军也在库尔斯克以南的奥博扬地区稳住了阵脚，建立起了防线。就这样，双方战线就形成了库尔斯克突出部。

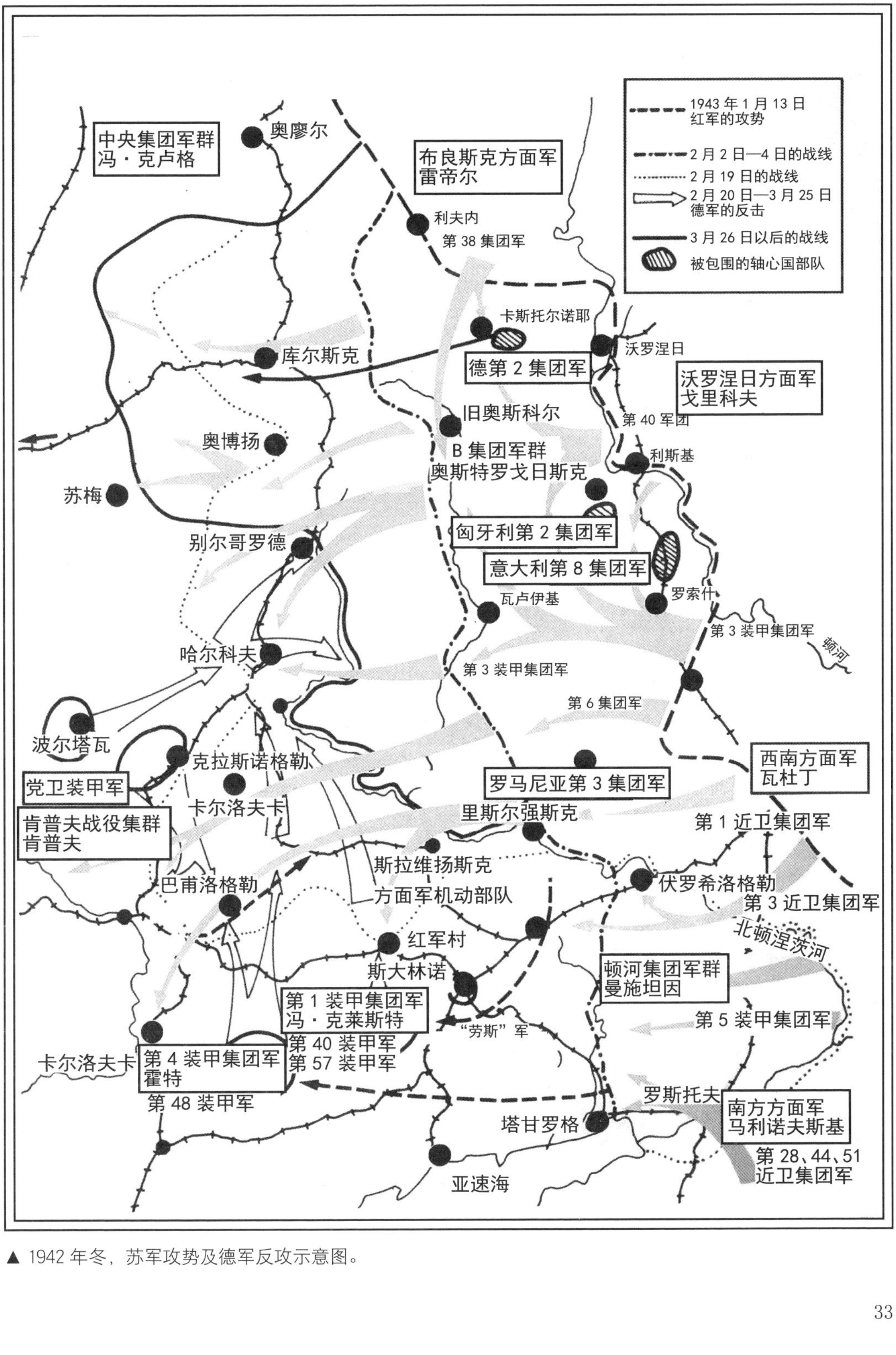

▲ 1942 年冬，苏军攻势及德军反攻示意图。

▲ 1943 年春，东线战场形势图。

第二章　德军的“堡垒”计划

库尔斯克成了焦点

1943 年 3 月，苏德战场上从 1942 年 7 月开始的将近半年之久的激烈搏杀终于平静了下来，但这只是短暂的宁静，苏德双方都在加紧调整和补充，酝酿和准备下一场战役。

进入 1943 年，对于德意日轴心国阵营来说，随着战争规模的进一步扩大，同盟国更加雄厚的资源、技术和工业优势逐渐开始发力，战争胜负的天平已经开始向同盟国倾斜。在欧洲战场，东线苏德战场德军在 1941 年的莫斯科战役和 1942 年的斯大林格勒战役两场关键性的大战中接连失利，不但损失了大量有生力量和技术装备，而且战场主动权也已然易手，开始出现了夏季作战德军获胜冬季作战苏军占据上风的规律性“魔咒”，战争陷入了对德国极为不利的胶着拉锯状态；西线英美盟军已经逐渐取得了制空权，对德国的战略轰炸投入的兵力逐渐增加，轰炸规模和强度稳步提升，德国的军事、经济和工业目标都遭到了越来越猛烈的轰炸，更令人不安的是，英美盟军在西欧登陆开辟第二战场的可能性也越来越大；北非战场上盟军已经在法属北非成功登陆，和突尼斯的盟军形成夹击之势，德意军队在北非的彻底失败已经为时不远；在大西洋战场德国潜艇的海上破交作战正进入最高潮，但是随着盟军反潜兵力的增加和战术的改进，德国潜艇的损失也在急剧增加，正开始走向低谷；在太平洋战场日本接连在中途岛海战和瓜达尔卡纳尔岛争夺战中遭到惨败，兵员和装备的损失难以弥补，盟军已经开始转入战略反攻。因此，轴心国阵营的一些仆从国如罗马尼亚、匈牙利、芬兰都已经开始出现动摇的迹象，土耳其也放弃了加入轴心国对苏宣战的打算。面对如此

▲ 北非战场被盟军俘虏的德军官兵。进入 1943 年，德意军在北非的彻底失败已经为时不远。

严峻的战局，希特勒自然迫切希望能在1943年的夏季攻势中赢得一场至关重要的胜利。

▲ 希特勒迫切希望在1943年的夏季攻势中赢得一场至关重要的胜利。

此时，只要打开苏德战场的态势图，就算稍有军事常识的人也都会被双方战线当中以库尔斯克为中心的巨大的突出部所吸引。所谓突出部，顾名思义就是突入对方战线的部分，在进攻时是非常有利的出发阵地，但同时突出部左右两翼都暴露在对方威胁下，很容易被对方从根部切断，从而导致突出部里的部队遭到合围。库尔斯克突出部呈反S形楔入德军战线，因此丝毫不出意外地引起了希特勒的关注。虽然希特勒在第一次世界大战中只不过是个下士，并没有受过正规系统的军事教育，但是在军事上却很有几分无师自通的能耐，第二次世界大战初期出兵吞并苏台德区，进攻波兰，闪击西欧，确实让自诩专业的德意志军官团也不得不折服。但是在还没有完全解决英国的情况下对苏联开战，使德国陷入了两线作战的困境，被认为是明显的失策而饱受诟病。在此后的“巴巴罗萨”行动中又将中央集团军群的2个装甲集群分别调往南北两线，从而影响了中央集团军群向莫斯科的突进，最终导致莫斯科战役的失败。斯大林格勒战役中也固执地坚持不让被围的第6集团军突围，使第6集团军遭到了全军覆没的厄运。所以现在德军将领对希特勒的军事指挥也是多有微词。

▲ 苏军在斯大林格勒的胜利使德军将领对希特勒的指挥多有微词。

那么这次希特勒的决策到底有没有道理呢？库尔斯克位于莫斯科以南约330千米，处在俄罗斯南部的大草原地带，靠近图斯卡里河和谢伊姆河交汇处，是个人口仅有12万的小镇。在此之前，除了因为地下蕴藏着大量磁铁甚至会让指南针失灵而为矿产地质的专业人士熟悉外，

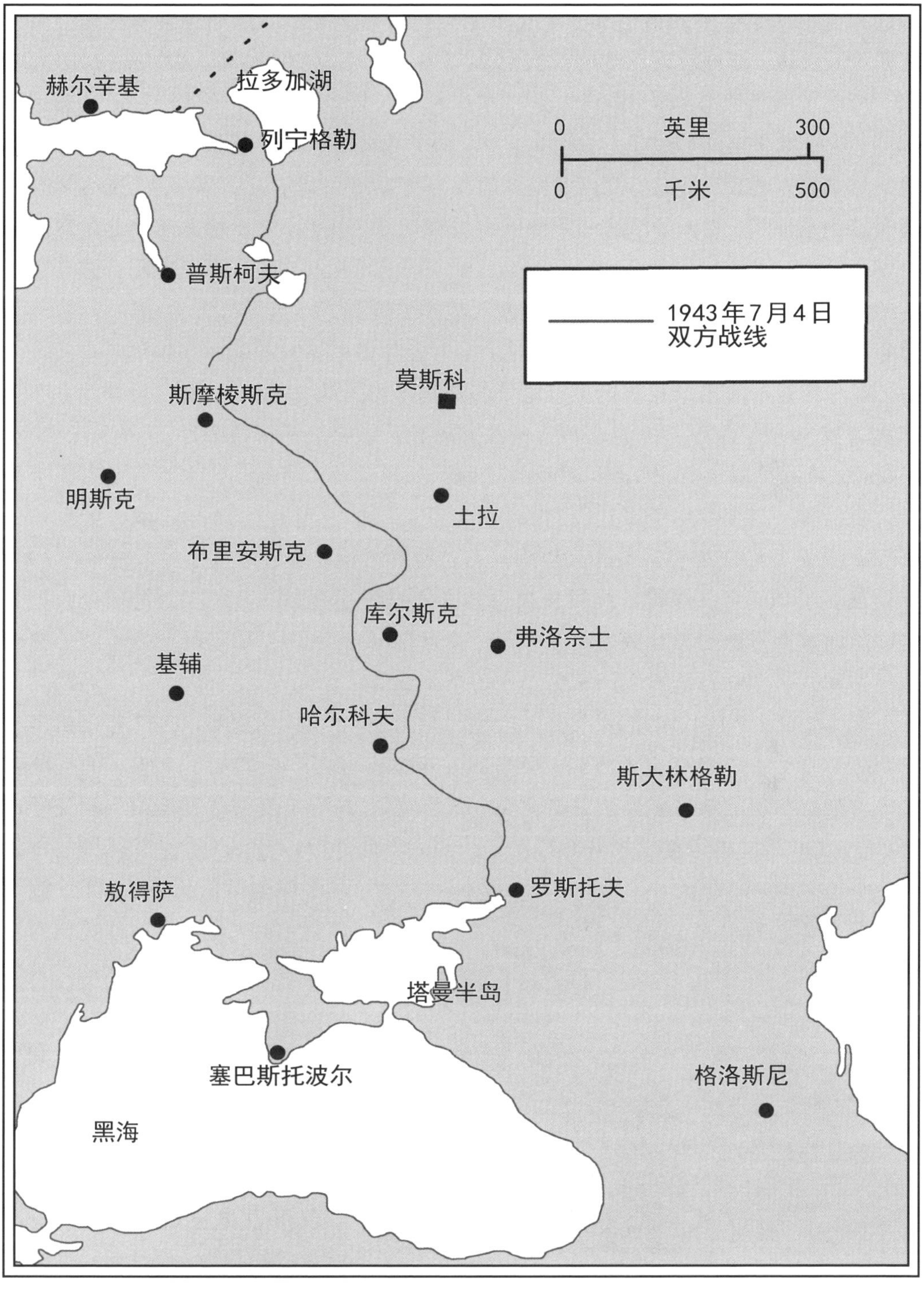

▲ 1943 年 7 月，苏德战场态势图。

普通人几乎从来都不知道这样一个名不见经传的小地方。库尔斯克突出部正面南北宽约 250 千米，而根部南北宽度只有约 70 千米，是个倒喇叭口形，东西纵深约 90 千米。西部正面是德军第 9 集团军，北部是德军第 2 装甲集团军，南部则是第 4 装甲集团军，对整个突出部形成了三面合击之势，加之地形平坦，很适合德军的装甲部队和机械化部队行动，而且突出部南北两翼的要点奥廖尔和别尔哥罗德都是交通枢纽，铁路公路交通便利，便于德军的装甲部队和机械化部队机动，对于德军从南北两翼的根部发动突击，是极有地理优势的。而一旦削平了这个突出部，不但可以围歼驻守突出部的大量苏军，再创造一次类似基辅围歼战的大胜利，而且能够大大缩短防线正面，节省下 18—20 个师的部队，这一点对于兵力已经捉襟见肘的德军来说更是重要。

让希特勒对库尔斯克战役更有底气的是纳粹德国从 1943 年 1 月 13 日开始宣布全国总动员——从 1939 年 9 月 1 日入侵波兰算起已经整整三年四个月，就是从 1941 年 6 月入侵苏联算起也有一年半，德国才刚刚开始总动员，所以动员太晚也是一直都受到质疑的——减少学生免服兵役的数量，征召范围扩大到男性 16—65 岁，女性 17—45 岁，甚至开始在外籍人员和战俘中征召志愿者服役，通过这些措施，德军在 1943 年新征召了 200 万人服役。同时从被占领国家强行征召 200 万劳工到德国企业里劳动，从而替换下德国青壮劳力参军服役，并且将每周工作时间延长到 80 小时。整个战争期间共有 700 万被占领国家劳工在德国企业劳动。

军工生产上，1943 年各种武器生产也因此比 1942 年大为提高，1943 年飞机产量为 24 947 架，比 1942 年的 15 574 架增加了 60%，坦克产量增加了 71%，而且还有很多性能更出色的新型武器装备如“虎”式坦克、“豹”式坦克、“斐迪南”坦克歼击车、Fw–190 战斗机等都陆续开始投产。正因为如此，1943 年 6 月，纳粹德国的军备和战时生产部长阿尔贝特·施佩尔就宣称“我们向前线提供的新武器，飞机、坦克和潜艇，其数量足以使我军不仅能赢得每次战斗，而且将获得最后的胜利”。德国国防军最高统帅部总参谋长凯特尔元帅也说：“德国拥有的军事工业实力和先进的装备，不仅可以弥补众所周知的情况所造成的损失，而且可以使德国军队的装备达到前所未有的水

▲ 库尔斯克荒凉的大草原，将成为 1943 年夏季苏德双方拼死掠杀的战场。

▲ 德国兵工厂生产车间里的“斐迪南”坦克歼击车。

平。”这样的描述并不夸张，由于当时纳粹德国几乎控制了大半个欧洲的资源和军事工业，而苏联则因为战争初期的严重损失和大量军事工业东迁，此消彼长之下，从 1942 年到 1943 年间，德国军事工业几乎是苏联的两倍！

此外，在希特勒的全盘考虑中，库尔斯克作战仅仅只是一个开始，在削平了库尔斯克突出部，拉平了战线之后，将马不停蹄地乘胜出击——对苏联西南方面军的后方展开突击，歼灭西南方面军主力，将战线尽可能向东推，这个后续的作战行动代号“金钱豹”。这当然还不够，希特勒的野心还不止在南线，在德军的预定计划中，1943 年的秋季攻势是以列宁格勒为重点，但是德国在 1943 年已经没有能力发动全线进攻，所以只能先在夏季进攻库尔斯克，得手之后再转移力量到列宁格勒方向发动代号“练兵场”的攻势作战。可见，希特勒对库尔斯克作战还是信心满满的，因为在苏德战场上，夏季作战的胜利者一直都是德军，所以希特勒充满信心地认为 1943 年夏季在库尔斯克，德军将以一次辉煌的胜利重新夺回苏德战场的战略主动权。

曼施坦因的正向和反向两项计划

库尔斯克突出部是曼施坦因指挥的哈尔科夫战役所造成的，所以曼施坦因对于库尔斯克突出部的情况是比较熟悉的。作为优秀的职业军人，他自然很清楚突出部对于整个战线的价值，在哈尔科夫战役最激烈的 1943 年 2 月，曼施坦因就开始考虑 1943 年夏季作战了。他从斯大林格勒战役中第 6 集团军的覆灭开始就已经意识到德军在苏德战场上将会陷入一场最不愿意的长期战争，而这种拼国力拼资源的消耗战争对于德国来说是毫无胜算的，所以曼施坦因认为既然不可能再像 1941 年 6 月那样发动全面攻势，来一场毕其功于一役的决定性战役，那么就只能不断发动局部攻势来消耗苏军的有生力量，直到苏联无法承受这样的损耗而与德国媾和，而库尔斯克显然

▲ 曼施坦因。

就是这种局部攻势最为有利的地点。同时曼施坦因还判断苏联很可能在英美盟军反攻欧洲南线的巴尔干半岛之前，抢先在苏德战场的南线发动大规模攻势。这场攻势极有可能就是在库尔斯克，因为库尔斯克突出部对于苏军来说，是绝好的攻击出发阵地，从库尔斯克对德军南方集团军群发动大规模攻势，攻占哈尔科夫，再强渡北顿涅茨河中游，攻击黑海沿岸地区，一举收复北顿涅茨盆地的工业区和乌克兰，然后打开通往巴尔干半岛的大门。把英美盟军在巴尔干半岛登陆的影响降到最低，尽量扩大苏联在巴尔干半岛的影响。所以曼施坦因很希望还能像斯大林格勒战役之后挫败苏军攻势那样，再在库尔斯克地区粉碎苏军的攻势，大量歼灭苏军有生力量，来扭转苏德战场上的不利态势。

为此，曼施坦因考虑了两个方案，第一个方案是在苏军进攻之前，抢先发动攻势，被称为“正向”计划；第二个方案是等待苏军发起进攻，在击退苏军进攻之后再展开反击，被称为“反向”计划。很显然，“反向”计划就是曼施坦因哈尔科夫作战的翻版，等待苏军进攻，诱使苏军深入，然后发挥内线作战的优势，利用苏德战场地域广阔的特点，再进行反攻。具体在库尔斯克地区，曼施坦因的打算是放弃顿涅茨盆地，引诱苏军逐渐深入到第聂伯河下游，然后将预备队集结在哈尔科夫以西，对深入的苏军从南北两面展开钳形攻击，予以合围。由于此前哈尔科夫战役的胜利，所以曼施坦因的本意是更倾向于防守反击的“反向”计划。

不过，这种先防守再反击的战术也有很大风险，首先是将主动权拱手让给苏军，而且对于苏军从何时对何地发动进攻也是很难准确判断，要知道此时德军兵力已经严重不足，根本无法对整个战线进行全面防御，一旦苏军从德军防御薄弱的地点发动猛攻，那么德军整个战线就很可能会全线崩溃！更重要的是如果坐等苏军进攻，必然会拖延时日，而眼下时间对于德军来说，

▲ 德军在 1942 年冬季的哈尔科夫战役中形成了库尔斯克突出部。

却是极为重要的。因为英美盟军在北非已经取得了全面胜利，接下来在巴尔干半岛甚至西欧大陆登陆，开辟第二战场也已经是必然的，一旦第二战场开辟，德军就将真正陷入两面作战的困境。同时苏军的力量也在逐渐恢复、增长，不但自身的军事工业已经结束了最初的混乱和搬迁，开始逐渐步入正轨，而且英美的援助也在陆续到达，在苏德战场上发现越来越多的英美装备就是明证。所以，苏联更愿意等待，德国却恰恰不能再等。与其坐以待毙，不如铤而走险，出于这样的考虑，自然也就使德军不得不选择“正向”计划。另一方面，由于德军在不久前的哈尔科夫战役中的胜利，也让德军上下重新拾起了在斯大林格勒战役之后曾经失落的自信，所以在哈尔科夫战役结束后，德军就基本放弃了“反向”计划转而采用更为主动的“正向”计划。

尽管曼施坦因后来在回忆录里竭力声称自己更支持“反向”计划，但实际上他对“正向”计划也相当热衷。早在3月10日，曼施坦因就向前来视察的希特勒建议，一旦冰雪消融的泥泞季节结束，就应当立即对库尔斯克突出部发起进攻。他提出的这个建议的出发点是库尔斯克突出部的苏军都是从哈尔科夫战役中败退下来的残兵败卒，建制残破，人员装备损失都很大，正是战斗力最薄弱的时候，应该抓住时机，在这些苏军没有得到补充、恢复战斗力之前，发动强力进攻将其一举击破。曼施坦因在回忆录里为自己开脱时就强调自己主张“正向”计划是希望在泥泞季节结束的5月就发动进攻，不让库尔斯克地区的苏军有喘息恢复的时间。但是在1943年5月，德军本身也是虚弱不堪，根本没有足够的实力能够一举解决库尔斯克突出部的苏军。在哈尔科夫战役尾声，曼施坦因的南方集团军群已经是精疲力竭，所以曾要求克卢格元帅的中央集团军群派出部队南下，协同南方集团军群夹击败退的苏军，但中央集团军群也是有心无力，根本抽不出部队来，最终错失了夹击苏军取得更大胜利的良机。5月泥泞季节结束时，哈尔科夫战役才刚结束两个月，德军自己也都没有能够恢复过来。而同一时期，苏军却已经将第21、第64、第68集团军和第1坦克集团

▲ 雪地中发起进攻的苏军。

军等生力军调到了库尔斯克地区，所以即便德军在 5 月发动攻势，也未必能够取得胜利。

德国高层的反对之声

3 月 13 日，希特勒指示陆军总参谋长蔡茨勒大将研究库尔斯克地区双方的军事形势，并着手制定相关的作战方案。蔡茨勒领受这个任务不由地大吃一惊，因为他认为这次作战的规模太大，以德军现有的情况来看，显然是有些力不从心，很难实现预期的目标。但是他深知希特勒的禀性，不敢直言反对，只能接受这个任务，立即安排人手开始制定作战方案。至 4 月初，他拿出了作战计划的草案，并提交德军高层讨论。这个基于曼施坦因最早提出的库尔斯克作战计划而拟定的草案一经公开，就立即在德军高层引起了巨大的争议。德军最高统帅部总参谋长凯特尔元帅和中央集团军群司令克卢格元帅表示支持，而时任德军装甲兵总监的古德里安大将和第 9 集团军司令的莫德尔上将都表示了强烈反对。

古德里安是和隆美尔、曼施坦因并称的第二次世界大战德军三大名将，“闪击战”理论的创始人，被誉为“闪击战之父”，更是德军装甲部队的缔造者，对于坦克战有着极其深刻的认识和丰富的实战指挥经验。他在 1943 年 2 月刚刚复出，担任德军装甲兵总监，成为德军装甲部队的掌门人。根据他最近对苏德战场前线装甲部队的视察，他发现此时的德军装甲部队和过去相比，简直是天壤之别，其战斗力之虚弱已经到了令人难以置信的地步：1940 年时，德军每个装甲师下辖 4 个坦克营，编制坦克总数约 400 辆；至 1942 年，每个装甲师所辖的坦克营已经减少到 2 个，编制坦克总数也下降到 200 辆；而到了 1943 年 4 月，在苏德战场上的 18 个装甲师由于作战消耗没有得到补充，完好的坦克数量加在一起总共也只有 495 辆，平均每个装甲师才只有区区 27 辆，甚至还不及正常情况下的一个坦克营！更严重的是，德军坦克的质量也比苏联落后，当时德军装甲师装备的主力坦克是 III 号和 IV 号坦克，在和苏军的主力坦克 T–34 的对抗中完全处在下风，甚至用不堪一击来形容也毫

▲ 德国陆军总参谋长蔡茨勒大将。

古德里安

海因茨·威廉·古德里安，第二次世界大战德军三大名将之一，“闪击战”理论的创始者，被誉为“闪击战之父”。

古德里安 1888 年出生在维斯瓦河边的库尔姆。虽然他的家族祖上都是地主或律师，但父亲却是一名职业军官，由于父亲的影响，古德里安于 1901 年进入巴登的卡尔斯鲁厄军官学校，1903 年转到柏林中央军官学校继续学习军事。1907 年 2 月，古德里安从军校毕业，被分配到第 10 汉诺威轻步营担任见习军官。1908 年又进入梅斯军事学院学习，并晋升为少尉。在第一次世界大战期间，他主要在骑兵部队里任职。1922 年，他调到陆军运输处，开始接触到当时还很先进的摩托化运输工具。古德里安素来富于创造性的想象力，从不满足于现有的战术和技术，加上他在骑兵部队和运输处的任职经历，使他对于机动作战和摩托化都有了全新的认识和理解。他经常在《军事周刊》杂志上发表对当代军事问题的文章，由此《军事周刊》的主编阿托克将军对他非常赏识。同时他经常利用演习和兵棋推演的机会，发表自己关于坦克将成为未来战场主宰的新观念。就这样，古德里安和他的新理念都逐渐被人所熟知。1931 年出任摩托化步兵部队总监部参谋长。

也正是在这一阶段，他逐渐提出了“闪击战”理论，强调“闪击战”三大要素：奇袭、快速和集中，认为在作战中应大量而集中使用坦克，同时坦克与飞机密切配合，突破对方的防线，其后由坦克和步兵的合成军队着手扫荡对方的阵地及据点，迅速扩大占领区域，实施包围、合围，歼灭对方部队，迅速向纵深发展胜利。古德里安很自信地认为这种战术对未来的战争将起到非常重要的作用。基于这一理论，他还建议成立一种装甲和装甲步兵混合的新型合成部队，日后德军的装甲师就是根据古德里安的理论创建和训练的这种新型部队。

1933 年，希特勒上台。在一次军事演习中，希特勒看到古德里安亲自指导训练的摩托化部队演练，不禁大叫起来：“这就是我所需要的东西！”从此，古德里安的军事理论和实践在德军中一路绿灯，得到了希特勒的全力支持。1934 年 7 月，德军正式组建装甲兵部队，古德里安当仁不让地出任装甲兵总监。古德里安的战略战术思想终于有了付诸实践的机会。1935 年，德国成立了第一批 3 个装甲师，古德里安任第 2 装甲师师长，并于 1936 年晋升少将。1937 年，古德里安出版了《注意，坦克！》一书，在书中阐明了德军以后将要在战争中运用的坦克战术。1938 年 2 月，古德里安升任机动部队总监，统一负责装甲兵部队的一切组织和训练事项，并晋升中将。不到一年就在同年 11 月晋升装甲兵上将。

▲ 古德里安。

1939 年，古德里安出任第 19 装甲军军长，下辖第 3 装甲师、第 2 和第 20 摩托化师。第 19 装甲军在闪击波兰的战

▲ 古德里安正在自己的指挥车上。

役中发挥了重要作用，在实战中古德里安验证了自己所提出的“闪击战”理论，并因为在波兰战役中的战功获得骑士铁十字勋章。

1940 年 5 月，古德里安率第 19 装甲军参加法国战役，作为进攻色当的主力，迅速在法军防线上撕开缺口，随即渡过马斯河，仅仅用六天的时间就突进到英吉利海峡沿岸。6 月，古德里安升任第 2 集团军司令，率部又取得了一系列的重大胜利，麾下的第 3 装甲师因为推进迅速获得了“铁甲尖刃”“装甲狂飙”的美誉，古德里安指挥的装甲部队创造了现代战争史上的奇迹。他也因此晋升大将。

1941 年 6 月，德国入侵苏联，古德里安担任隶属中央集团军群的第 2 装甲集群司令。他率部在“巴巴罗萨”行动中成为中央集团军群的尖刀，因战绩辉煌获得橡叶骑士铁十字勋章。后又奉命率部南下参加基辅会战，最后再转回中线参加莫斯科战役。但在 12 月上旬，由于冬季来临以及苏军的顽强抵抗等多种原因，莫斯科战役以德军失败告终。12 月 6 日，古德里安被撤职，转为预备役。

1943 年 2 月，希特勒又重新起用古德里安，任命他为装甲兵总监。古德里安上任后调整了装甲兵部队的编制，扩大了装甲师的编制，同时积极推动德国坦克的生产。1943 年 7 月，尽管古德里安一再反对，但德军还是发起了库尔斯克战役，结果遭到惨败。1944 年 7 月，升任德国陆军总参谋长。但这时德国的失败已成定局，古德里安已是独木难支。同时古德里安与希特勒在战略战术上的分歧也多次产生矛盾，最终希特勒于 1945 年 3 月免去了古德里安的职务，再次将他转为预备役。

1945 年 5 月，古德里安被美军逮捕，随后被关押了三年，由于他在战争期间并没有虐待战俘和屠杀平民的战争罪行，因此没有被列为战犯，于 1948 年无罪释放。1954 年因心脏病去世。

古德里安虽然没能获得元帅军衔，但是在第二次世界大战中，他卓越的军事才能已经得到人们的普遍认可，被认为是第二次世界大战中德军最优秀的将领，同时作为坦克专家，将坦克在战场上的威力充分发挥了出来，其意义之深远，一直影响到今天。

莫德尔

奥托·莫里茨·瓦尔特·莫德尔，在德国陆军元帅中算是后起之秀，但他在战争最后阶段德国最困难的时期所表现出的军事才干，特别是在防御方面更是出色，因此被誉为“防御大师”。莫德尔 1891 年出生在萨克森省，和纳粹德国的大多数元帅出身军官世家或是贵族不同，他的家庭相当贫寒，童年甚至有相当长一段时间是借住在教堂里。1909 年高中毕业后，他决定参军，但对于没有任何军事背景的家庭出身，要想在军队中获得军官任命是很不容易的。莫德尔在第 52 步兵团当预备军官的叔父马丁·莫德尔帮助下进入第 52 步兵团，成为一名军官候补生。经过八个月的基本训练后，晋升少尉并被派往尼斯的军校受训。1910 年回到第 52 步兵团担任连长，由于莫德尔在连长的职位上表现出色，于 1913 年 10 月升任营副官。

1914 年第一次世界大战爆发后，莫德尔随部队参战。1915 年 9 月，他率部在经受住了长达 75 小时的猛烈炮击之后，击退了法军最精锐的殖民地第 2 军团的猛攻，由此给旅长奥博斯坦亲王留下了深刻印象，还获得了一级铁十字勋章。但不久就被炮弹击中而身负重伤。伤愈后回到部队参加了凡尔登攻势，再次被弹片击中负伤。当他再次重返前线时，已经升任旅副官。由于作为参谋人员的出色表现在 1917 年 6 月被选入德军最高司令部任职，并在 1918 年 2 月参加了总参谋部培训，被派往色当参加了为期一个月的短期培训。随后他升任第 36 补充师的军需官，实际上是行使副参谋长的职权。

战争结束后，德军被限制为只保留十万人的规模，莫德尔很幸运地留在军队中，担任第 14 步兵团的连长。1921 年调任第六军区司令，1923 年进入总参谋部任职。正是在总参谋部，他从第一次世界大战著名的防御战术专家冯·劳勃格身上学到了很多宝贵的经验。在战争中，劳勃格最擅长的就是使用预备队进行反突击来恢复被突破的战线，在防御作战方面表现得极为出色，而且与其他德军将领不同，劳勃格反对弹性防御，强调坚强的战线是成功防御的基础。这些对于莫德尔在第二次世界大战中指挥防御作战至关重要。1925 年调往第三军区任职，1928 年调任第 3 步兵师参谋。1929 年 10 月晋升少校，并调到柏林军队局训练处工作，负责初级军官的训练，当时他的上司是沃尔特·冯·勃劳希契上校，后来的陆军总司令。莫德尔与勃劳希契的良好关系对他日后的仕途发展颇有帮助。

1933 年，希特勒上台，随即德国摆脱《凡尔赛和约》的限制，大力扩军备战，莫德尔也因此在 1934 年 10 月晋升上校。1935 年 10 月任陆军总部第 8 处（技术处）处长，负责监督、测试和评估新式武器。1938 年晋升少将，这一期间使他与古德里安一起成为装甲部队的积极倡导者。

1938 年 11 月调任第 4 军参谋长。1939 年 9 月率部参加了波兰战役，第 4 军参加了琴斯托霍瓦包围战，但在整个波兰战役中，第 4 军主要都是负责扫荡性的作战任务。1940 年初升任第 16 集团军参谋长，并晋升中将。在法国战役中，第 16 集团军穿越阿登森林在色当完成了关键性的突破，莫德尔的军事才干也开始逐渐展露。1940 年 10 月调任第 3 装甲师师长。1941 年 6 月率部参加入侵苏联的“巴巴罗萨”行动，作为古德里安第 2 装甲集群的突击力量，第 3

▲ 莫德尔。

装甲师两天就推进 250 千米，莫德尔因此获得了骑士铁十字勋章。随后又率部参加基辅会战，在这场有史以来最大规模的围歼战中扮演了关键性的角色。10 月升任第 41 装甲军军长，并晋升装甲兵上将。在随后的莫斯科战役中，莫德尔的第 41 装甲军成为德军撤退中的中流砥柱，他在后卫战斗中的卓越表现避免了德军的撤退恶化为溃逃，成为在这场失利中为数不多依然能够保持声誉的将领。

1942 年 1 月升任第 9 集团军司令，指挥热勒夫－瑟切夫卡－维亚济马突出部的防御。从 1942 年 1 月到 1943 年 3 月一年多时间里，莫德尔指挥总兵力只有 20 万人的第 9 集团军以坚韧的防御击退了苏军从 50 万人到 140 万人的四次大规模进攻战役，其中一次进攻战役还是苏军最著名的将领朱可夫所指挥的，这也是朱可夫在战争中唯一一次的失利，也让莫德尔赢得了“防御大师”的盛赞。

1943 年 3 月，莫德尔成功率领第 9 集团军从热勒夫突出部撤离，因为在热勒夫突出部的出色表现，获得了宝剑橡叶骑士铁十字勋章。在 1943 年 7 月的库尔斯克战役中，他是坚决反对发动这场战役的，结果德军进攻被苏军击退后，苏军发起反攻，他率部重创苏军的三个方面军，成功地避免了德军主力被歼灭的命运，不过 9 月仍因为库尔斯克战役的失利而被撤职。

1944 年 1 月，他再度复出，担任北方集团军群司令。面对苏军越来越猛烈的进攻，他采取防御消耗苏军有生力量，然后逐次后退，一旦援军到达就发动反击重新恢复防线的策略，不但在优势苏军的重压之下完成了撤退，还保持了相当完整的战斗力。因此 3 月晋升为陆军元帅，并且被希特勒评价为“东线的救星”。1944 年 3 月，莫德尔调任北乌克兰集团军群司令，当时该集团军群正在苏军的压力下步步后退，又是莫德尔的出色指挥，挽救了该集团军群崩溃的厄运。6 月调任中央集团军群司令，稳定住了岌岌可危的东线。因此于 8 月获得钻石宝剑银橡叶骑士铁十字勋章（整个战争期间总共只有 27 人获得这种勋章），同时被调往西线，出任 B 集团军群和德国西欧战区总司令。9 月，在他的指挥下，德军挫败了英美盟军的“市场花园”行动。1944 年 12 月，德军发动阿登反击战，莫德尔指挥的第 5 装甲集团军虽然深深地突入盟军防线，但由于缺乏燃料和弹药，这场德军最后的反击也宣告失利。随后指挥 B 集团军群撤回到鲁尔地区。至 1945 年 4 月，B 集团军群已经陷入了盟军的重围，眼看大势已去，莫德尔下令解散集团军群，让最年老和最年轻的士兵复员，其余士兵可以自行选择投降或突围。4 月 21 日，莫德尔自杀。莫德尔在战争后期特别是东线绝对称得上是力挽狂澜，在一系列极为不利的作战中组织了非常出色的防御，而且还是深得希特勒信任但又敢于犯颜顶撞的少数高级将领，而在战争最后时刻，他下令解散部队让士兵自己选择投降或突围，然后自己从容赴死，体现了一个军人真正的风范。

不过分。虽然德国已经研制出了最新型的V号“豹”式和VI号“虎”式坦克，在性能上能够压倒T–34，但是这两种坦克都刚刚投入生产，而且德国坦克一贯的复杂工艺导致产量非常低，“豹”式坦克的月产量不过50辆，而生产工艺更复杂的“虎”式坦克月产量更是只有25辆，在短时期内要想全面装备部队，根本就是不可能的。深谙坦克使用之道的古德里安更清楚，任何一种新坦克在使用初期都会遇到各种问题，坦克的乘员是需要时间来熟悉坦克性能以及磨合的过程。加上德军装甲部队久经战阵的老兵在之前的战争中损失惨重，人员素质也大幅下滑，所以他正在全力着手培养新鲜血液。根据他的整训恢复计划，德军装甲部队综合作战能力的恢复至少需要半年时间，因此他认为在整个1943年都不应该发动大规模的进攻作战，以便让已经虚弱不堪的装甲部队得到恢复。

▲（左）德国国防军最高统帅部总参谋长凯特尔元帅。
（右）中央集团军群司令克卢格元帅。

行伍出身的第9集团军司令莫德尔上将也对库尔斯克作战直言不讳地提出了异议，他的根据是德军空中侦察已经发现苏军在库尔斯克地区构筑了大量绵密的防御工事，因此进攻的时机已经过去了，如果装甲部队对拥有如此严密的防御体系实施强攻，必然会蒙受巨大损失，所以在库尔斯克地区展开大规模的攻势作战是非常愚蠢的。莫德尔甚至不惜得罪自己的顶头上司中央集团军群司令克卢格，越级向希特勒报告自己的意见。

▲ 被击毁的德军坦克残骸。

尽管存在强烈的反对意见，蔡茨勒还是于4月11日正式向希特勒提交了库尔斯克作战的备忘录，计划以第9集团军和第4装甲集团军对库尔斯克突出部实施钳形攻击，围歼这一地区的苏军。

“堡垒”计划还是出台了

▲ 克卢格强烈反对古德里安的意见，甚至提出了决斗。

尽管希特勒对库尔斯克突出部的作战也不是十分坚持，还有过犹豫，他就曾对古德里安说:“我只要一想到这次进攻（库尔斯克）就反胃。”但最终希特勒还是在 4 月 15 日签署了第六号作战指令，正式下达了库尔斯克突出部的进攻作战计划，行动代号“堡垒”（德语“Zitadelle”，英语“Citadel”，也有译作“城堡”或“卫城”）的 1943 年夏季作战，战役开始时间最初确定为 5 月 4 日。

5 月 3 日，德军在慕尼黑召开“堡垒”作战的高层军事会议，参加者包括德国陆军总参谋长蔡茨勒、国防军最高统帅部总参谋长凯特尔、装甲兵总监古德里安、中央集团军群司令克卢格、南方集团军群司令曼施坦因、第 9 集团军司令莫德尔和第 4 装甲集团军司令霍特等高级将领。在会议上不出意外地爆发了激烈的争议，凯特尔认为基于“政治因素”德军应当在夏季发动一场大规模的攻势，古德里安则予以了尖锐的反驳：“我们是不是能拿下库尔斯克，对于全世界而言，根本就是一件无人关心的事情。”针对蔡茨勒提出的新组建的“豹”式坦克和“虎”式坦克将使德军相对于苏军拥有绝对的技术优势，古德里安毫不客气地指出，这些新武器还存在不少技术问题，而且和所有新武器一样，都会在使用的初期出现难以克服的缺陷。莫德尔更是扔出一大叠侦察机拍摄的航空照片，明确指出苏军已经构筑了多道坚固防御工事，强攻这样严密的防御系统，绝对是件愚蠢的事情。

在会议上，以古德里安、莫德尔为一方，以蔡茨勒、凯特尔和克卢格为另一方，出现了非常激烈的争论，双方各不相让，分歧巨大，甚至争论最后演变成了掺杂个人恩怨的尖锐矛盾，以至于一向与古德里安不和的克卢格甚至提出了决斗，还邀请希特勒作为决斗的见证人。面对手下的高级将领之间出现的难以弥合的分歧，希特勒也难以决断，会议最终在没有取得任何结果的情况下草草结束，加

▲ 德军高级将领在研究库尔斯克作战。

▲ 苏联的道路状况非常恶劣，这是深陷泥潭的马车。

上当年的冰雪消融期比往年要长，原定行动开始的5月初大地依然是泥泞一片，装甲部队和机械化部队难以行动，“堡垒”行动也因此不得不推迟到了6月。

作为库尔斯克突出部作战的始作俑者，曼施坦因在这次会议上的态度却是耐人寻味，他在日后的回忆录中声称自己也是赞成取消这次作战的，但是在其他与会者的回忆中都没法予以证实，而在战役开始后他的积极和乐观的态度也明显和支持取消作战不相符合，显然他是想把“堡垒”行动最终失败的责任归咎到希特勒的错误决策，为自己开脱责任，这就有些不厚道了。

以古德里安和莫德尔为代表的反对之声，虽然最终没能劝说希特勒放弃“堡垒”行动，但却使希特勒再次推迟了进攻的发起时间。一方面，面对苏军严密而坚固的防御体系，希特勒不得不担心要花多大的代价才能突破苏军的防御，突破之后又能够消灭多少苏军部队，在取得战役胜利后，德军还有没有力量发动后续的进攻。另一方面，德军在苏德战场上从1942年5月以来已经连续作战十个月之久，人员伤亡和装备损失都相当严重。这十个月的持续作战，德军在苏德战场上的阵亡、失踪和负伤人数总共已经高达近200万之多，很多一线步兵师的实际兵员都只相当于团级水准。而历来是德军“闪击战”最锋利矛头的装甲部队，实力更是严重缩水，装甲师能够投入作战的坦克甚至还不到平时一个坦克营的标准，以这样羸弱的战斗力要想发动大规模攻势，那简直无异于自杀。所以德军的当务之急是将补充的兵员和装备送到前线，并且对新兵进行训练，对装备性能进行熟悉，囤积进攻所需要的弹药、粮食等物资，而这些工作在6月之前根本不可能完成。

▲ 曼施坦因。

另外，希特勒也希望能有更多的准备时间，让工厂生产出更多的“虎”式坦克、“豹”式坦克和“斐迪南”坦克歼击车，以进一步增强装甲部队的战斗力，为战役的胜利更增加一些实力的保证，甚至从某种角度说，希特勒将这三种新型装备视为取得“堡垒”作战胜利的保证，以至

▲ 满载“豹”式坦克的列车开往库尔斯克。

于后世有不少资料都把希特勒一再推迟“堡垒”作战的原因归结为增加这三种新型装备的数量。而实际上，导致希特勒一再推迟进攻的发起时间，原因是多方面的，增加三种新型装备的数量，不过是众多原因中的一个。即便希特勒再是怎样坚定的“唯武器论”者，推迟一两个月也就不过多增加了 200 辆“豹”式、130 辆“虎”式坦克和 90 辆“斐迪南”坦克歼击车而已，难道真的多了这点坦克就能改变这样一场投入上百万士兵数千辆坦克的大战役的胜负？

所以实际上希特勒不顾克卢格和曼施坦因一再催促尽快展开进攻的原因是多方面的，主要还是为了更充分地做好战役准备，以便能让“堡垒”作战成功的把握更大。就这样希特勒再次推迟了进攻发起时间，最后确定战役开始之日为 7 月 5 日。

第六号作战指令

1943 年 4 月 15 日，希特勒下达的第六号作战命令

第六号作战命令

元首 大本营

陆军总司令部 / 陆军总参谋部 / 作战处（一组）1943 年 4 月 15 日

1943 年第 430 246 号绝密文件
只传达到军官

第六号作战命令

我决定，一俟气候情况允许，就实施今年一系列进攻中的第一次进攻，即“堡垒”作战。因此，此次进攻具有决定性意义。它必须迅速和彻底地获得成功，必须为我们赢得今年春季和夏季的主动权。因此，应非常周密地大力做好一切准备工作。在主要突击方向上，应投入最精锐的部队、最精良的武器、最杰出的指挥官和大量弹药。每个指挥官、每个士兵都必须充分认识到此次进攻的决定性意义。库尔斯克的胜利必将使举世瞩目。

为此，我命令：

一、此次进攻的目的是，从别尔哥罗德地区和奥廖尔以南地区，分别以 1 个突击集团军实施密集的、勇猛的和迅速的突击，合围库尔斯克地区之敌，并通过向心突击将其歼灭。

在此次进攻过程中，应在涅斯海加－科罗恰地段－斯科罗德诺耶－季姆－希格雷以东－索斯纳河地段一线，建立一道较短的、节省兵力的新防线。

二、关键的是：

1. 应尽可能达成突然性，尤其不要让敌人获悉进攻的时间。

2. 应最大限度地将进攻兵力集中用在狭窄的正面上，以便以局部绝对优势的进攻兵器（坦克、突击火炮、火炮、化学火箭炮等）一举突贯敌人的阵地，实现两个突击集团军的会师，封闭合围圈。

3. 应尽快从纵深为先头突击部队前调用于掩护翼侧的兵力，以便先头突击部队能放心大胆地向前突击。

4. 应尽早从四面八方突入合围圈，不让敌人有喘息之机，从而加速它的灭亡。

5. 应快速实施进攻，使敌人既无法摆脱包围，又来不及从其他战线调来强大的预备队。

6. 应迅速建立新的防线，以便尽早腾出兵力特别是快速部队，用于遂行尔后任务。

三、南方集团军群，应以密集兵力从别尔哥罗德－托马罗夫卡一线发起进攻，越过普里列佩－奥博扬一线，在库尔斯克以东地区和库尔斯克地区与中央集团军群的突击集团军建立联系。为了掩护向东实施的进攻，应尽快进抵涅斯海加－科罗恰地段－斯科罗德诺耶－季姆一线，但是，不可因此而影响重点将兵力集中使用在普里列佩－奥博扬方向。应以部分兵力掩护向西实施的进攻，这部分兵力同时还担负突入正在形成的合围圈的任务。

四、中央集团军群的突击集团军，应高度集中兵力，从特罗斯纳－小阿尔汉格尔斯克以北一线发起进攻，越过法捷日－韦列伊捷诺沃一线（重点在东翼），与南方集团军群的突击集团军在库尔斯克地区和库尔斯克以东地区建立联系。为了掩护向东实施的进攻，应尽快进抵季姆－希格雷以东－索斯纳河地段一线，但不可因此而影响将兵力集中于主要突击方向。应派出部分兵力掩护向西实施的进攻。

中央集团军群部署在特罗斯纳以西至南方集团军群的分界线的兵力，在进攻开始时，应以专门组建的突击集群的局部进攻来牵制敌人，并尽早突入正在形成的合围圈。应不间断地实施地面侦察和空中侦察，防止敌人悄悄地溜走。如发现敌人企图逃走，应立即在整个正面上发起进攻。

五、两个集团军群的兵力，应尽可能地采取一切伪装、掩护和欺骗措施，在远离出发阵地的地方枕戈待旦，以便能够在从 4 月 28 日起的第 6 天根据陆军总司令部下达的命令发起进攻。因此，最早的进攻日期为 5 月 3 日。进入进攻出发阵地时，应采取各种伪装措施，并且只能在夜间行军。

六、为了欺骗敌人，在南方集团军群的战区内，应继续为“黑豹”（注：“黑豹”是 1943 年 4 月德军在南方集团军群的作战区域内实施反游击队行动的代号）行动做准备。应以各种手段（引人注目地进行勘察，显示坦克，准备渡河器材，进行无线电联络，派出特务，制造谣言，出动空军等）来突出这种准备活动，并尽可能把时间拖得长一些。这些欺骗措施会因为迟早要采取的增强顿涅茨河战线防御力量的措施而得到有力加强（参见第十一条）。在中央集团军群的战区内，无需采取大规模的欺骗措施，但应通过各种形式给敌人制造假象（进行逆向运动和佯动，在昼间进行运输，散布关于进攻日期将定在 6 月的假情报等）。在两个集团军群中，新配属给突击集团军的部队应实行无线电静默。

七、为了保密，只有绝对必要的人才可了解这一计划。这种限制应在尽可能晚的时候才能逐步放宽。这一次无论如何应做到，不能由于不谨慎或粗心大意而使计划泄露，应通过得到加强的反间谍机关不断地同敌人的间谍作斗争。

八、考虑到与过去的战役不同，这次进攻区域有限，目标非常明确，因此，进攻部队必须把不是进攻所绝对需要的各种车辆和一切会成为累赘的东西留下！所有这些东西只会严重地妨碍和影响进攻的锐势和后续部队的迅速跟进。因此，每一个指挥官都必须清楚地记住：只能携带实施战斗所需要的东西。军长和师长应极其严格认真地对此进行检查。必须设置强有力的交通指挥机构。交通指挥机构应严格地维持交通秩序。

九、关于补给的规定，关于抓获俘虏、居民和战利品的规定，关于对敌宣传的规定，见附件 1—3（注：即关于补给的规定，关于抓获战俘、劳工和战利品的规定和关于对敌宣传的规定。原书未附这 3 个附件）。

十、空军同样应有重点地使用其可以动用的全部兵力。应立即开始同空军的一些指挥机关进行磋商。应特别重视保密问题（参见第七条）。

十一、为了使进攻获得成功，具有决定性意义的是，应使敌人不能通过对我南方集团军群和中央集团军群的其他地段发起进攻来迫使我们推迟“堡垒”行动或提前调走进攻部队。

因此，在月底以前，两个集团军群应采取各种办法有计划地做好在其他主要受威胁地段上实施防御战役的准备工作。在这方面，主要是，应千方百计加速阵地构筑，应在受到坦克威胁的地段上大量配置反坦克武器，应组建地段预备队，应通过频繁的侦察尽早查明敌主要作战方向等。

十二、预计此次战役结束后要达到的最终目标是：

1. 将南方集团军群和中央集团军群的分界线大致移到科诺托普（属南方集团军群）- 库尔斯克（属南方集团军群）- 多尔戈耶（属中央集团军群）一线。

2. 将第 2 集团军总司令部及其所辖 3 个军司令部和 9 个步兵师以及尚未最后指定的中央集团军群直属部队，转隶南方集团军群。

3. 中央集团军群应另外提供 3 个步兵师，供陆军总司令部在库尔斯克西北地区使用。

4. 从前线调出全部快速部队，另作他用。

机动，特别是第 2 集团军部队的机动，应与上述计划相适应。

我有权在战役过程中根据作战行动的进展情况，逐步地将第十二条第 2 款规定的指挥机关和部队调给南方集团军群使用。

同样，我有权在战役按计划推进的情况下，让部队尽快从行进间向东南方向实施进攻（即“黑豹”行动），以便充分利用敌人的混乱状态。

十三、各集团军群应汇报根据本作战命令采取的进攻和防御措施，并且要附上比例尺为 1:30 万的地图，图上要标明陆军部队的部署情况，要注明与第 4 航空队或东线空军司令部达成的关于支援进攻和协助采取欺骗措施的协定。

日期：4 月 24 日

（签字）阿道夫·希特勒

证人：（签字）豪辛格中将

希特勒寄予厚望的新型装备

（一）“豹”式坦克

德军 V 号“豹”式坦克，也叫“黑豹”坦克，完全是为了对抗苏联的 T-34 坦克而研制，1942 年 11 月开始量产。

“豹”式坦克是纳粹德国在战争后期的经典之作，也是战争后期德国坦克产量最高的型号，“豹”式三个量产型的总产量达到了 6 042 辆。被认为是第二次世界大战中综合性能最出色的中型坦克，堪称坦克中的艺术品。

“豹”式比“虎”式晚问世一年，所以“豹”式在坦克技术上有了进一步的革新和升级，吸取了苏军坦克倾斜装甲的优点，在不增加装甲厚度的基础上能够极大增强防护性能，不仅大大缩短了炮弹实际需要穿透的距离，倾斜装甲也使炮弹打在坦克上更容易滑落或是跳弹。在动力系统上，700 马力的迈巴赫 230 型发动机使“豹”式成为战争中德军机动性最好的坦克。德国在精密仪器技术上的领先也完全地体现在“豹”式坦克上，所以“豹”式的射击命中率极高，甚至可以在运动中开火。还有红外夜视装置，使“豹”获得了夜战的技术优势。

“豹”式坦克第一个显著特点就是火力强劲，即使是和著名的“虎”式坦克的 KwK36 型 56 倍径 88 毫米炮相比，也是相差无几。“豹”式采用莱茵金属公司生产的 KwK42 型 70 倍径 75 毫米炮，可以发射爆炸装药穿甲弹和钢心弹头穿甲弹两种。其中爆炸装药穿甲弹的初速为 925

米／秒，在900米距离能够击穿90度倾角的133毫米厚度装甲，钢心穿甲弹的初速为1 120米／秒，在900米距离能够击穿90度倾角的170毫米厚度装甲。火炮瞄准镜为TZF12型双目瞄准镜，是当时最先进的瞄准具，所以“豹”式的射击精确性极高。

“豹”式的防护性能同样出色，T-34后期装备的85毫米炮使用钢心弹头穿甲弹的话，也只能在500米才能威胁到“豹”式的正面装甲，在实战中通常都要到300米以内才能击穿“豹”式的正面装甲；要是“豹”式使用强化装甲的话，T-34可能要到100米以内才能击穿，而且还是用钢心弹头穿甲弹；要是用普通的爆炸装药穿甲弹就是在零距离都无法击穿！而“豹”式则可以在1 500米距离轻松击穿T-34正面装甲的任何部位。

在西线，美军通过对缴获的“豹”式进行全面测试评估，发现美军装甲部队的主力装备M4“谢尔曼”坦克的40倍径短身管75毫米炮，就是在100米以内都根本无法击穿“豹”式的正面装甲。M10坦克歼击车的50倍径76毫米炮必须要在200米距离才可以击穿“豹”式的正面装甲，只有M36坦克歼击车的50倍径90毫米炮，才能在500米距离内击穿“豹”式的正面装甲。这一测试结果让美国人大惊失色，他们很快为M4“谢尔曼”换装53倍径长身管75毫米炮，但即便如此，M4“谢尔曼”对付有备而来的“豹”式也依然讨不到任何便宜，最多只能以伏击手段在“豹”毫无察觉的情况下抢先开火还有取胜的可能。好在美军掌握了西线的制空权，在美军大量战术轰炸机的威胁下，德军装甲部队很难有效展开作战，这才大大限制了“豹”式坦克发挥出应有的威力。

相比之下，在坦克的三大要素中，“豹”式只有在机动性方面还稍显不足，特别是早期的“豹”式动力系统的故障简直就是导致“豹”式损失的头号元凶。至1944年，这一问题才逐渐得到解决。“豹”式发动机的输出功率达到700马力，驱动45吨重的车体最大公路时速能够达到55千米，最大越野时速也可以达到30千米，最大公路行程为250千米，最大越野行程为100千米。和T-34相比，最大时速基本一样，只是在最大行程上差距较大，无论是公路行程还是越野行程，几乎都要差了一倍。不过，“豹”式采用宽履带和先进的悬挂系统，所以越野性能比较出色，给整体的机动性能增色不少。

“豹”式采用汽油发动机除了容易起火，续航能力较差外，还是有不少优点，比如震动小，噪声低，起步快。而在第二次世界大战中，坦克的作战模式主要是“一急停，二射击，三急速起步”，所以起步快的优势在实战中还是很有价值的。德国并不缺乏柴油机的技术，主要因为柴油需要从天然石油中提炼，而德国几乎没有天然石油，所以更多采用合成燃料，但是合成柴油的成本太高，产量也很低，所以德国只能将有限的柴油优先提供给海军的舰艇使用，陆军的装甲部队就只能用汽油了。这就是德国为坦克

▲德军的“豹”式坦克。

选择汽油发动机的客观原因。

在“豹”式首次亮相的库尔斯克战役中，“豹”式坦克可以在 2 000 米距离上击毁苏军德 T-34 坦克，甚至有 3 000 米距离摧毁 T-34 的非典型战例。随着战争的持续，熟练的“豹”式车组在 1 000 米距离首发命中率可以达到 90%，而同时代其他坦克的首发命中率，一般最多达到 50%。在实战中，“豹”式击毁了数量众多的苏军坦克，T-34 坦克在火力上根本不能和“豹”式相比。“豹”式可以在 1 000 米距离轻松击毁 T-34，而 T-34 必须要在 500 米距离以内，才可以击穿“豹”式的正面装甲。

（有关“豹”式坦克的详细情况请参见上海社会科学院出版社出版的《装甲雄风：二战十大坦克》一书）

（二）“虎”式坦克

IV 号“虎”式坦克比 V 号“豹”式坦克问世要早，型号的序号却排在了“豹”式坦克后面。

1937 年初，德国陆军军械局就向多家坦克生产企业发出了 30 吨重型坦克的研制招标计划。至 1941 年 11 月，只有亨舍尔公司和保时捷公司的原型车进行竞标，而且车重也已经发展到了 60 吨级别。最终以亨舍尔公司的原型车胜出，1942 年 5 月开始量产。

“虎”式坦克的优势首先在主炮，采用从克虏伯公司的 KwK36 型 88 毫米高射炮的基础上改进而来的 KwK36 型 56 倍径 88 毫米炮，配用四种炮弹：PzGr39 型被帽穿甲弹、PzGr 型 40 次口径钨芯穿甲弹、Gr39HL 型破甲弹和 Sprgr39 型曳光高爆弹。其中 Gr39HL 型破甲弹炮口初速为 600 米 / 秒，PzGr39 型被帽穿甲弹炮口初速为 773 米 / 秒，PzGr 型 40 次口径钨芯穿甲弹炮口初速更是达到了 930 米 / 秒。这样的初速自然就意味着极其强悍的穿甲威力，使用 PzGr39 型被帽穿甲弹可以在 1 000 米距离击穿 30 度倾角厚度 100 毫米的装甲，使用 PzGr 型 40 次口径钨芯穿甲弹可以在 1 000 米距离击穿 30 度倾角厚度 138 毫米的装甲。所以“虎”式被公认为是第二次世界大战中性能最出色的坦克炮之一。在 1 000 米到 1 500 米的距离，也就是战争期间坦克作战的最常见距离上，“虎”式坦克可以轻松击穿苏军 IS-2“斯大林 -2”坦克 140 毫米的正面装甲，其他包括苏军 T-34、美军 M4“谢尔曼”和英军“丘吉尔”坦克在内的绝大多数盟军坦克那就更不在话下了，甚至 1944 年 7 月德军第 506 独立重坦克营的 1 辆“虎”式就曾有过 3 900 米距离击毁 T-34 的极端战例。在 1943 年 2 月的第三次哈尔科夫战役中，2 辆“虎”式坦克向 2 000 米外的苏军一个坦克集群开火，转瞬之间就击毁了 16 辆 T-34，接着“虎”式坦克又在追击中击毁 18 辆 T-34，而且虎式坦克的 88 毫米主炮威力是如此巨大，有些中弹的 T-34 坦克整个炮塔都被炸飞，落到十几米以外，被德军士兵戏称为“这是 T-34 在向‘虎’式坦克脱帽致敬”。

“虎”式坦克携带的炮弹数量也很大，正常情况下可以装载 92 发。为了保证射击精准，“虎”式坦克装有蔡司公司 TZF 铰接式双筒镜炮塔射击瞄准具。在测试中，“虎”式曾有过在 1 200 米距离连续开炮五次，5 发炮弹都落在一个 16 英寸 ×18 英寸（约合 40.64 厘米 X 45.72 厘米）的范围之内，精度高，散布小，在实战中威力又大精度又高，绝对是令人畏惧的大杀器。

▲ 德军“虎”式坦克对苏军的坦克具有压倒性优势。

“虎”式坦克的装甲使用镍合金钢装甲，这是德国在第二次世界大战中质量最好的装甲材质，而且“虎”式坦克的装甲是采用冷轧锻造工艺而非铸造。“虎”式坦克的车体正面装甲有102毫米厚，炮塔正前方中间不重叠部分的装甲有135毫米厚，炮塔正前方两边重叠部分的装甲更是高达200毫米，相对薄弱的侧面和后部装甲也有82毫米厚。而且“虎”式坦克大部分的装甲是垂直与其他结构相连接的，并采用了榫合连接形式，拥有良好的结构性能。同时榫合连接的装甲块之间都采用了焊接，而不是铆接，焊缝质量很高，也大大强化了防护性能。所以要想在1 500米距离击穿“虎”式坦克的正面装甲是非常困难的，而要想击穿炮塔和火炮防盾重叠的防护最厚的地方，在当时来说几乎更是不可能完成的任务。

苏军早期T-34的76毫米主炮在任何距离上都无法击穿“虎”式的正面装甲，最多只能在200米距离之内击穿“虎”式的侧面装甲。后期T-34装备了85毫米主炮后也只能在800米击穿“虎”式坦克的侧面装甲，在600米击穿“虎”式炮塔的侧面，对“虎”式坚固的正面装甲依然束手无策。

美军早期的M4“谢尔曼”坦克的75毫米主炮只能在100米内击穿“虎”式的侧面装甲，在任何距离都无法击穿“虎”式的正面。后期的M4“谢尔曼”坦克换装76毫米主炮理论上如果使用HVAP钨芯穿甲弹的话，可以在1 200米距离击穿“虎”式的正面装甲，但在实战中通常只能在300米距离内才能达到击穿“虎”式正面装甲的效果。

英军给美制M4“谢尔曼”坦克换上17磅炮改装而成的“萤火虫”坦克是盟军火炮威力最强的坦克，理论上使用炮塔穿甲弹可以在1 500米击穿“虎”式正面装甲，在实战中，“萤火虫”坦克通常也要到800米距离之内才有击穿“虎”式的战例。

苏军IS-2“斯大林-2”坦克的122毫米主炮是第二次世界大战中口径最大的坦克炮，理论上可以在2 000米击穿“虎”式的正面装甲，但是在实战中却出现过IS-2“斯大林-2”坦克122毫米主炮发射的穿甲弹在100米距离上命中“虎”式正面装甲，居然被弹开的情况！

装备“虎”式坦克的德军第503独立重坦克营的一名车长曾经报告，在一次持续六小时的坦克大战中，他的坦克总共承受了227发反坦克步枪弹、14发45毫米穿甲弹、11发76毫米穿甲弹的打击，履带、轮轴、悬挂系统都受到严重破坏，但正面装甲却始终没被击穿，保证了5名乘员全都毫发无损。战斗结束，这辆浑身弹痕累累的“虎”式还能开60千米返回后方修理。

由此可见，“虎”式坦克的装甲防护力非常强悍，简直就是打不死的“小强”，无论是在东线的苏军，还是在西线的英美盟军中都引起了“‘虎’式恐惧症”，真正是谈虎色变。

▲ 德军的“虎”式坦克。

在坦克的三大要素中，“虎”式坦克的火力和防护可以用无敌来形容，但是在机动性方面却是饱受批评。“虎”式坦克的车重达到了 57 吨左右，如此重的重量要想实现机动灵活，确实也不太可能。

“虎”式坦克的发动机最初是一台输出功率 650 马力的迈巴赫 HL210 P30 汽油发动机，很快就换用输出功率 700 马力的迈巴赫 HL230 P45 发动机，使得“虎”式坦克的最大公路时速依然可以达到 38 千米，最大越野时速也有 21 千米，但是最大公路行程只有 140 千米，越野行程不过 80 千米。同时迈巴赫 HL230 P45 发动机理论上输出功率可以达到 700 马力，但这是在开足马力的 3 000 转的时候，而德军“虎”式坦克的使用手册里就明确建议不到万不得已发动机的转速不要超过 2 600 转，因为长时间以 3 000 转的满负荷状态工作，发动机会过热甚至起火。

而比较坦克的机动性，最直观的就是比较单位功率，“虎”式坦克全重 57 吨，发动机功率 700 马力，单位功率为 12.28 马力 / 吨。苏军 IS-2“斯大林 -2”重型坦克全重 46 吨，发动机功率 520 马力，单位功率只有 11.30 马力 / 吨；美军还能和“虎”式正面对抗的 M26“潘兴”重型坦克全重 42 吨，发动机功率 500 马力，单位功率也不过只有 11.9 马力 / 吨，还是不如“虎”式。虽然不如 T-34 的单位功率 19 马力 / 吨和 M4“谢尔曼”的 16 马力 / 吨，但“虎”式是重型坦克，和 T-34、M4 这样的中型坦克相比，显然是不太公平的。

（有关“虎”式坦克的详细情况请参见上海社会科学院出版社出版的《装甲雄风：二战十大坦克》一书）

（三）“斐迪南”坦克歼击车

在“虎”式坦克的竞标中，保时捷公司的 VK4 501（P）原型车落选，但此时保时捷公司工厂的生产线已经有 90 辆底盘在生产中，为了不浪费这些宝贵的原料，保时捷公司的创始人斐迪南·保时捷博士凭借和希特勒良好的私人关系，提出利用这些底盘改装成重型突击炮的建议，希特勒也很给保时捷博士面子，同意了这个建议。1943 年 2 月，德国军方正式决定由保时捷公司生产 90 辆重型突击炮，并以保时捷博士的名字命名为“斐迪南”重型突击炮，后来改为“斐迪南”坦克歼击车。

“斐迪南”坦克歼击车从 1942 年 11 月开始生产，至 1943 年 5 月，90 辆“斐迪南”坦克歼击车全部完工，并随即送往东线战场，参加即将开始的库尔斯克战役。

和第二次世界大战时期的绝大多数坦克歼击车不同，“斐迪南”坦克歼击车显得有些另类，采用电传动、主动轮后置、带齿轮的诱导轮、战斗室后置以及独特的成组纵向悬挂装置。在车体布置上，车体前部是驾驶舱，中间是动力舱，后部是空间比较大的战斗室。安装 1 门克虏伯公司的PaK43型71倍径88毫米炮，由于火炮身管比较长，尽管战斗室已经后移，但炮口仍然超出前装甲1.22米，这对于坦克歼击车越障是很不利的。主炮配用穿甲弹和榴弹两种，携带炮弹55发（后期改为50发），其中穿甲弹30发，榴弹25发（后期改为20发）。发射被帽穿甲弹时炮口初速为1 000米/秒，发射普通穿甲弹时炮口初速为1 130米/秒。被帽穿甲弹最大射程达到5 000米，在2 000米距离可以击穿30度倾角207毫米厚的装甲，在3 000米距离上可以轻松击穿M4“谢尔曼”坦克的正面装甲。

▲“斐迪南”坦克歼击车装备威力强大的88毫米炮。

“斐迪南”坦克歼击车的动力系统极具特色，2台迈巴赫HL120TRM型汽油发动机，然后再通过2台发电机和2台电动机，形成双动力传动装置，也就是1台发动机、1台发电机和1台电动机带动一侧主动轮。而在实际行驶中，两侧履带遇到的阻力是不可能完全一致的，也就是势必造成两侧履带的卷绕速度不同，不然就会出现类似“扭秧歌”的情况，这就是双动力传动的最大缺陷。但从现在保存下来的影像资料来看，“斐迪南”这种情况并不严重，可见“斐迪南”在当时的技术条件下还是很好地解决了这个问题。“斐迪南”的动力系统能够驱动65吨的车体达到30千米的最大公路时速和15千米的最大越野时速，最大公路行程为150千米，最大越野行程为120千米。

“斐迪南”的防护性能相当出色，战斗室的正面是一块厚200毫米的装甲板，驾驶舱的正面是两块厚100毫米的装甲板铆接而成，但侧面和后部的装甲只有80毫米，成为“斐迪南”的软肋，盟军的坦克和步兵就经常有针对性地攻击“斐迪南”的侧面和后部。

▲德军的“斐迪南”坦克歼击车。

在1943年7月的库尔斯克战役中，“斐迪南”坦克歼击车在初期的突破作战中发挥了巨大作用，但后期由于“斐迪南”坦克歼击车没有安装机枪，对于步兵的近距离攻击毫无办法，因此损失了40辆“斐迪南”坦克歼击车。

库尔斯克战役结束后，德军在剩下的50辆“斐迪南”坦克歼击车上加装2挺MG-34型7.92毫米机枪，同时在一些细节上进行了改进，改名

“象”式坦克歼击车。加装了机枪之后的“象”式坦克歼击车，在此后的东线战场和意大利战场表现都相当不错。

“斐迪南”/“象”式坦克歼击车主要缺陷是：发动机进排气口隔栅设计不合理，泥土和炮弹破片都很容易进入，从而导致设备故障；“斐迪南”的车重达到了65吨，发动机的输出功率明显不足，所以经常是满负荷运转，导致故障频繁；同样因为车重太重，行动部分磨损快故障多。尽管存在这样那样的缺陷，但“斐迪南”仍不失是第二次世界大战中一款极具特色的装甲战斗车辆，尤其是在传动系统更是远远走在时代的前面，因此在世界坦克装甲车辆的发展史上确立了相当高的地位。

（有关“斐迪南”坦克歼击车的详细情况请参见上海社会科学院出版社出版的《装甲雄风：二战十大坦克》一书）

德军的战前准备

自从1943年1月开始总动员之后，德国在半年时间里就征召了200万新兵入伍，但是从1941年6月入侵苏联开始，德军在苏德战场上的阵亡人数已经累计达到68.9万，而补充的兵员才只有37万人，远远难以补足缺额。因此德军只得调整了新兵的训练，新兵入驻后首先在新兵连接受8周的基础训练，然后编入新兵营再接受8周的训练，再编入担负占领区守备的预备役师，同时继续进行训练，为开赴一线做准备。同时在西线驻防的部队也经常轮换到东线作战，从东线撤到西线休整的部队也经常在结束休整后重新返回东线参战。利用刚征召的新兵，1943年上半年，德军重新组建了国防军50个师和党卫军4个师，主要用来补充在苏德战场和北非战场上被消灭的师级单

▲ 开往库尔斯克的德军Ⅲ号突击炮。在坦克数量不足的情况下，突击炮可以在一定程度上弥补坦克不足的缺陷。

位。但是由于伤亡实在太大，德军不得不缩减了师级单位的编制，每个步兵师从原来下辖 9 个步兵营缩减到 6 个步兵营，每个师的编制人数也从原来的 16 859 人减少到 12 708 人，整整减少了 30%。不过德军在武器装备方面大大加强了自动武器、迫击炮、反坦克炮和高射炮的数量，火力上反而比原来还有所增强。

至 1943 年 7 月，德军在苏德战场上的总兵力达到了 532.5 万，在陆军总共 253 个师又 2 个旅中就有 169 个师又 2 个旅在苏德战场，几乎占总兵力的三分之二，和苏德战场形成鲜明对比的是，德军在北非总共就 8 个师，在法国则更是只有 1 个师！在德军全部 27 个装甲师和 13 个摩托化步兵师中，在苏德战场就有 20 个装甲师和 6 个摩托化步兵师，占到全部装甲部队的 65%。另外还有罗马尼亚、匈牙利、意大利、芬兰等仆从国军队的 36 个师也被投入到苏德战场。在苏德战场的德军部队总共装备了 5.4 万门火炮、5 850 辆坦克和突击炮。

空军的补充远比陆军要困难得多，即便飞机能够得到补充，飞行员的训练也是需要大量时间的，所以德国空军飞行员的缺额情况比飞机的缺额更严重，至 1943 年 3 月还短缺 364 个机组乘员。不过为了保证库尔斯克作战时有足够的空中力量，德国和仆从国还是在苏德战场投入了 2 980 架飞机，其中轰炸机 2 041 架，战斗机 586 架，侦察机 353 架，并且特意调来了最新型的 Fw–190 战斗机和专门用来攻击坦克的 He–129 强击机。

在库尔斯克方向，德军主要投入了中央集团军群的第 2、第 9 集团军和南方集团军群的第 4 装甲集团军和肯普夫战役集群（英语“Armee–abteiluge”, 直译为“集团军级支队”，但是中文和俄文都翻译为“战役集群”）。

中央集团军群的第 9 集团军（下辖 23 个师）部署在奥廖尔以南地区，以 15 个师（其中 5 个装甲师）组成突击集团，担负从北面主攻库尔斯克的任务；

中央集团军群的第 2 集团军以 8 个师（其中 1 个装甲师）防守库尔斯克突出部的西部正面战线，并掩护第 9 集团军的侧翼；

南方集团军群的第 4 装甲集团军和肯普夫战役集群分别以 8 个师和 6 个师（各 3 个装甲师）组成突击集团，担负从南面助攻库尔斯克的任务；

▲ 德军党卫军“帝国”师的一辆“虎”式坦克。

另外还有 20 个师在突击集

德军“堡垒”行动参战部队序列

北线：中央集团军群（司令克卢格元帅）

第 9 集团军（司令莫德尔上将），33.5 万人，658 辆坦克，423 辆突击炮

第 20 军，下辖 4 个步兵师

第 45、第 72、第 137、第 251 步兵师

第 23 军，下辖 2 个步兵师

第 216、第 383 步兵师

第 41 装甲军（军长哈佩上将），下辖 2 个步兵师、1 个装甲师

第 86、第 292 步兵师，第 18 装甲师

第 46 装甲军（军长佐恩上将），下辖 3 个步兵师、1 个装甲师

第 31、第 102、第 258 步兵师，第 7 装甲师

第 47 装甲军（军长巴尔克上将），下辖 3 个装甲师、第 505 独立重坦克营（“虎”式坦克）

第 2、第 9、第 20 装甲师

第 2 集团军（司令鲁道夫·施密特上将），9.6 万人，100 辆突击炮

第 35 军，下辖 4 个步兵师

第 34、第 56、第 262、第 299 步兵师

第 53 军，下辖 3 个步兵师、1 个装甲师

第 208、第 211、第 293 步兵师，第 25 装甲掷弹兵师

第 55 军，下辖 4 个步兵师

第 110、第 134、第 296、第 339 步兵师

空军：第 6 航空队（司令冯·格莱姆空军上将），1 000 架飞机

南线：南方集团军群（司令曼施坦因元帅）

第 4 装甲集团军（司令赫尔曼·霍特上将），22.4 万人，1 063 辆坦克，172 辆突击炮

第 48 装甲军（军长奥托·冯·克诺贝尔斯多夫上将），下辖 1 个步兵师、3 个装甲师

第 167 步兵师，第 3、第 11 装甲师，“大德意志”装甲掷弹兵师

第 52 装甲军（军长欧根·奥特上将），下辖 3 个步兵师

第 57、第 235、第 332 步兵师

第 2 党卫军装甲军（军长保罗·豪塞尔党卫军上将），下辖 3 个装甲师

第 1“希特勒警卫旗队”党卫军装甲师、第 2“帝国”党卫军装甲师、第 3“骷髅”党卫军装甲师

肯普夫战役集群（司令维尔纳·肯普夫上将），12.6 万人，357 辆坦克，155 辆突击炮

第 3 装甲军（军长赫尔曼·布莱特上将），下辖 1 个步兵师、3 个装甲师、第 503 独

立重坦克营（“虎”式坦克）

第 168 步兵师，第 6、第 7、第 19 装甲师

劳斯军（军长埃尔哈德 · 劳斯上将），下辖 2 个步兵师

第 166、第 302 步兵师

第 42 军（军长弗朗茨 · 马滕克洛特上将），下辖 3 个步兵师

第 39、第 161、第 282 步兵师

空军：第 4 航空队（司令奥托 · 德斯洛赫空军上将），1 000 架飞机

团侧翼作为预备队。

德军的计划是北线第 9 集团军先投入第 41、第 46 装甲军猛攻苏军防线，打开突破口，然后将战斗力最强的第 47 装甲军从突破口投入作战，向库尔斯克以东迂回，而第 9 集团军的第 20 军和第 23 军负责掩护第 47 装甲军的侧翼，保证第 47 装甲军的主攻。同时南线的第 4 装甲集团军的第 2 党卫军装甲军和第 48 装甲军作为主攻，并肩向托马罗夫卡东南迂回，要求在战役发起后的第五天和第 9 集团军会师，在第十天占领库尔斯克，然后迅速肃清库尔斯克突出部的苏军。为了保证担负主要突击任务的装甲师的战斗力，德军竭尽全力为各装甲师补充坦克，终于在战役开始前使每个装甲师的坦克数量勉强达到 100 辆左右。

空中支援方面，由冯·格莱姆空军上将指挥的第 6 航空队的 1 000 架飞机负责掩护北部突击集团，由奥托·德斯洛赫空军上将指挥的第 4 航空队的 1 000 架飞机负责掩护南部突击集团。

▲ 德军性能最先进的 Fw-190 战斗机。

这样，德军在库尔斯克方向总共投入了约 50 个师，3 个独立重坦克营，8 个突击炮营，2 700 辆坦克和自行火炮，10 000 门火炮，2 000 架飞机，总兵力约 90 万人。

应该说，德军为了实施在库尔斯克突出部的“堡垒”进攻战役，确实是下了血本，完全是孤注一掷的豪赌。

第三章　严阵以待的苏军

苏军已经今非昔比

1941 年 6 月 22 日，纳粹德国入侵苏联，欧洲战场的东线，也就是苏德战场正式拉开大幕。由于种种原因，苏联在战争初期被打了个猝不及防，遭受了相当严重的损失，但好在苏联还是挺了过来，在 1941 年冬季的莫斯科保卫战中挫败了德军的攻势，从而遏止了德军“闪击战”一路高歌猛进的推进势头。接着在 1942 年下半年的斯大林格勒战役中，苏军不但粉碎了德军的攻势，而且还歼灭了德军的第 6 集团军，一举扭转了苏德战场上的被动局面，夺取了战略主动权。进入 1943 年之后，尽管德军在年初的哈尔科夫战役中赢得了上风，但对于整个全局，苏军终于走出了低谷，胜利的天平已经开始逐渐向苏联倾斜。

至 1943 年 6 月，苏军陆海空三军总兵力已超过 680 万人，军官队伍也经过严酷

▲ 德军“闪击战”在战争初期给苏军造成极大损失。

▲ 苏联兵工厂中正在建造中的坦克。

的战争洗礼，一批具有出色指挥能力的将领——最典型的自然就是朱可夫，担负起从师、军、军区直到军兵种总部、总参谋部的各级指挥岗位重任。苏军还要求各级参谋人员在每次战斗或战役之后必须撰写内容丰富翔实的战后总结，并将总结出的结论通报给各级指挥机关参考，从而在制度上保证了在战争中学习，及时充分汲取战争的经验教训。从1943年开始，苏军也陆续下达了野战条令以及一系列用来指导部队训练和作战的兵种条令和教令，部队建设逐步开始正规化。在编制上，基本完成了从单一的步兵过渡到步、坦、炮、工兵的合成化体制。

全军都开始建立起统一的军级建制，组建了装备大口径火炮的加农炮兵师和突破炮兵军——突破炮兵军下辖2个六旅制突破炮兵师和1个火箭炮兵师，总共装备496门大口径榴弹炮、216门迫击炮和108部“喀秋莎”火箭炮。还成立了全部由坦克军和机械化军组成的坦克集团军，进一步强化装甲突击力量的建设，而且坦克军已经全部淘汰了性能较差的老式轻型坦克，清一色装备T–34坦克，同时坦克军的坦克编制数量也从168辆提高到257辆。坦克军和机械化军编成内的炮兵也已经基本实现自行火炮化和摩托化。同时编组了独立坦克旅、独立自行火炮团等单位，在编制上实现了将坦克集中使用的原则。更重要的是苏军坦克部队在战争初期一系列的挫败中迅速成长起来，指挥和通信能力日益提高完善，步坦炮协同也逐渐默契，整体作战能力已经走向成熟。而且苏军还向驻莫斯科的英国军事代表团详细询问了在北非与德军装甲部队作战的经验教训，毋庸置疑，这些都为坦克部队在即将开始的库尔斯克战役中的成功运用打下了基础。

▲ 苏军最先进的SU–152自行火炮。

空军将最基本的战术单位战斗机航空兵团和强击机航空兵团的飞机编制数量从32架增加到40架，同时还组建了17个空军集团军，使得对空中力量的运用更加灵活。全军总共装备了10.6 万门火炮、10 200 辆坦克和10 500 架作战飞机，无论是总兵力，还是火炮、坦克和飞机的数量都已经全面超过了在苏德战场上的德军。

▲ 苏军装备的英制丘吉尔坦克。

装备上，经过战争初期的损失和大迁移，苏联的军事工业逐渐恢复，而且整体国民经济已经全面转入战时状态，军工生产更是得到了迅猛发展。1943 年上半年，苏联就生产了火炮 11.82 万门，坦克和自行火炮 11 189 辆，飞机 16 545 架。不但在生产数量上全面超过了德国，而且装备性能也在提升，例如自行火炮开始生产 SU–152、SU–122 和 SU–76 等全新型号，飞机则开始生产雅克 –7 战斗机、雅克 –9 战斗机、伊尔 –2 俯冲轰炸机和图 –2 轰炸机等新型号。轻武器方面，著名的波波沙冲锋枪开始大批量生产并装备部队，简洁轻便带有轮式枪架适合严寒气候使用的郭留诺夫重机枪也开始生产。弹药方面，已经能够生产具有强大穿甲性能的空心装药炮弹，1943 年全年总共生产了 8 580 万发炮弹和 7 670 万发迫击炮弹以及 1 000 多万枚航空炸弹。

同时，英美同盟国援助的各种武器装备和其他物资都源源不断运抵苏联，这些装备和物资对于维系和提高苏联的战争能力具有非常重要的意义，这些援助尤其在战争初期极度困难时期的苏联来说，就更是雪中送炭了。至 1943 年，越来越多的西方国家生产的武器出现在战场上，虽然被有些人批评为“价格昂贵的破烂”，但不可否认，这些援助对苏军而言，还是具有很大的作用。

▲ 装备美制 M3 侦察车的苏军。

完全可以这么说，经过两年的苦战，苏军不仅弥补了之前的损失，总体实力还开始稳步提升，和 1941 年 6 月战争开始时相比，确实已经能用今非昔比来形容。

T-34 坦克 ：战争胜利的保证

根据 20 世纪 30 年代西班牙战争的经验教训，苏联军方提出下一代坦克的装甲防护要达到能够在近距离抗击 37 毫米反坦克炮和中等距离抗击 75 毫米反坦克炮的射击。哈尔科夫共产国际机械厂（也就是后来的第 183 厂）在 BT 系列快速坦克的基础上强化装甲防护，并创造性地提出了在车体和炮塔上采用倾角装甲，通过改变装甲的防弹外形来提高防护力，并在 1937 年 10 月提出了 A-20 坦克计划，这就是 T-34 坦克最早的前身。后来又在 A-20 的基础上改装 76.2 毫米坦克炮和 30 毫米装甲，成为 A-30 坦克计划，不久改进为废除全负重轮驱动的 A-32 坦克计划。

A-20 和 A-32 坦克计划最早采用的还是成熟的 M-17 型汽油发动机，这时哈尔科夫机械厂研制成功了 V-2 型柴油发动机，V-2 型发动机是 V 型四冲程 12 缸水冷柴油发动机，本来是为 BT-7M 坦克设计的，T-34 坦克使用的是 3.8 升容量的型号，在每分钟 1 800 转的情况下输出功率可以达到 493 马力，称得上是马力强劲。功率重量比也很出色，达到了 18.8 马力 / 吨。越野百千米油耗为 184 升，公路行驶的油耗更低，百千米油耗只有 140 升，这样的油耗，几乎只有德国“虎”式坦克的三分之一，虽然柴油发动机和汽油发动机的油耗情况有所不同，但如此大的差距，也说明了 V-2 型发动机的油耗水平还是很低的。发动机安装在 T-34 坦克车身后部，两侧是散热器，中间则是冷却风扇，上面有螺栓固定的栅栏，可以方便地打开进行维护和修理。最重要的是柴油发动机比汽油发动机更为安全，不容易起火，大大提高了坦克的生存性。

1939 年 4 月，A-20 和 A-32 的原型车进行了各项测试对比，最终苏联最高国防委员会于 1939 年 12 月决定，新式中型坦克采用 A-32 的装甲强化型，正式定名为 T-34 坦克，并于 1940 年开始量产。之所以命名为 T-34，T 是坦克的首字母，34 则是为了纪念苏军在 1934 年下达的大力扩建装甲部队的训令。

1940 年 2 月，T-34 的 2 辆原型车坦克完工，开始进行各项测试，结果综合表现相当出色。因此苏联最高国防委员会于 6 月 5 日决定，在 1940 年年内生产 600 辆 T-34 坦克和 2 000 台 V-2 型发动机。由于苏军炮兵总局局长库利克元帅提出要安装 107 毫米坦克炮，虽然这个要求后来没有落实，但是经过这一番折腾，直到 9 月 15 日，第一辆生产型的 T-34 才完工，到年底总共才生产了 117 辆，远远低于最高国防委员会要求的 600 辆。

▲ 苏军的 T-34 坦克。

坦克三大要素就是火力、机动和防护，三大要素均衡才是好坦克的标准。T-34 这三大要素的结合堪称完美。

火力上，当时各国坦克的坦克炮口径还大都停留在 37 毫米，最多也就 50 毫米，而 T-34 就已经装备了 1

门 L-11 型 30.5 倍径 76.2 毫米坦克炮，至 1941 年又换装了 F-34 型 43 倍径 76.2 毫米坦克炮。F-34 型坦克炮使用普通穿甲弹时，可以在 500 米距离击穿 69 毫米均质装甲，在 1 000 米距离击穿 61 毫米均质装甲，当时德军现役坦克没有一样能够抵挡这样的穿甲威力。同时 F-34 型坦克炮还可发射高爆弹和破片弹攻击软目标，因此具备支援步兵进攻的能力。一辆 T-34 坦克通常备弹量 77 发，其中 19 发穿甲弹、53 发高爆弹和 5 发破甲弹。至 1943 年，T-34 的备弹量进一步增至 108 发。

机动性能上，T-34 采用 12 缸 39 升 V-2 型柴油发动机，最大输出功率 500 马力，使得 T-34 坦克的公路最大时速达到 55 千米。V-2 型柴油机体积为 1.87 立方米，整个动力系统体积为 4.4 立方米，发动机以及辅助装置比较紧凑。第二个优点是柴油挥发性差，所以常温下不太可能被引燃，在实战中就意味着即使中弹也不容易起火，具有很大的价值。而且柴油发动机动力强劲，车辆的实际功率来源于轮周马力，也就是扭矩，可以根据 9 500 倍功率再除以转速计算出，相同功率下，发动机转速越低，扭矩越大，动力越强。一般柴油发动机转速都低于汽油发动机，所以柴油发动机的动力就普遍强于汽油发动机。T-34 的发动机虽然功率只有 500 马力，但是转速只有 1 800 转 / 分钟，而德国“虎”式坦克的汽油发动机输出功率有 700 马力，转速却高达 3 000 转 / 分钟。所以 T-34 发动机 2 653 牛 · 米的扭矩大大超过了“虎”式的 2 228 牛 · 米。500 马力柴油发动机完胜 700 马力汽油发动机，事实就是如此。另外，柴油发动机也更为省油，T-34 坦克油箱容量 460 升，车身两边各挂一个容量 39 升的后备油箱，行程可以达到 540 千米。相比之下，德国 IV 号坦克最大行程只有 160 千米，而“虎”式坦克的行程就更小了，最多只有 100 千米。

和之前的 BT-7 一样，T-34 使用美国专利的克里斯蒂悬挂方式，这是一种拥有大直径负重轮，使用螺旋弹簧的独立式悬挂装置。这种悬挂方式是由前后两个互相连接的圆柱形螺旋弹簧构成。位于前面的是可调式水平螺旋弹簧，后面的则是垂直螺旋弹簧，这种设计有更长的避震行程，可承受剧烈的上下颠簸，越野性能出色。加上 T-34 的履带宽度达到 500 毫米，而德国坦克的履带宽度通常只有 300 毫米，更宽的履带就意味着可以更有效地分散坦克对地面的压强，就能更容易地在泥泞或雪地上通行。所以这些优势汇总在一起，使 T-34 拥有了卓越出众的越野机动能力。在冰天雪地的东线战场，T-34 的宽履带可以在积雪深度达到 1 米的冰原上自由驰骋，被德军称为“雪地之王”。

▲ T-34 实现了火力、机动和防护三大要素的完美结合。

防护性能上，车身装甲厚度 45 毫米，和德国的 III 号、IV 号坦克相当，但 T-34 正面装甲有 32 度斜角，侧面也有 49 度倾角。炮塔是铸造而成的六角形，正面装甲厚度 60 毫米，侧面 45 毫米，车身的斜角一直延伸

▲ T-34 坦克侧面图。

到炮塔，因此 T-34 从正面看几乎是一个直角三角形。倾角装甲有两大好处，首先炮弹击中后容易弹开，也就是俗称的“跳弹”；其次，根据穿甲弹的穿透力公式，当出现一定斜角时，穿甲弹穿透力与口径大小成正比。因此被德军 75 毫米炮射击时，T-34 坦克 45 毫米厚 32 度斜角的正面装甲，防护能力相当于 130 毫米，这样的正面防护力，让 1941 年德军坦克装备的任何火炮在 500 米距离上都无法击穿 T-34 的正面装甲，只有德军的 88 毫米高射炮平射才有效果。

T-34 坦克采用传统式布局，整个车体从前到后依次是驾驶室、战斗室和发动机室。驾驶室里，驾驶员在左，机枪手兼机电员在右。驾驶员位置两侧都有操纵杆，脚下是刹车、油门和离合器踏板。机枪手负责操纵 1 挺 7. 62 毫米 DP 机枪，机枪有装甲防盾。驾驶室有个很大的舱盖，前端以铰接方式连接在车体上，作为驾驶员出入的通道，舱盖上还有供驾驶员使用的潜望镜。早期的 T-34 坦克没有配备无线电台，只有连长车才装备 1 部 71-TK-3 型电台，所以普通坦克上的机枪手也就没有操作电台的任务，但后期的 T-34 坦克装备电台的越来越多，排长车也都装备了电台。

T-34 虽然在最初设计时，就已经考虑到安装无线电台的装置。但由于苏联电子工业的生产能力不足，车载电台的生产远远跟不上坦克的生产，T-34 坦克在最初一两年里配备无线电台只有极少数。由于缺乏无线电台的联系，T-34 坦克进行编队作战时，几乎无法贯彻有效的指挥，坦克之间甚至只能采用旗语通话。因此在车际通信能力低下的情况下，T-34 编队的作战方法非常呆板，只能跟着排长或连长的指挥坦克行动，缺乏行动的灵活性。

在遇到伏击战、遭遇战等没有预先准备的情况下，T-34 坦克缺乏无线电通信的缺陷就更为致命。少数发现目标的坦克无法通知整个编队，结果整个编队在来不及反应的情况下被各个击破。与大编队表现不佳相比，反倒是一些 T-34 坦克的小部队因为相互之间协同默契而常有出色发挥。

T-34-76 坦克的炮塔空间比较狭小，所以战斗室里只有两人，车长兼炮长在左，装填手在右，装填手还要负责操作同轴机枪。到 T-34-85 坦克时，炮塔空间扩大，就可以容纳三个人，所以车长就不再兼任炮长，而是新增加了一名炮长。车长同时兼任炮长，作战中负担很重，所以在实战中经常会影响战术发挥，最直接的就是 T-34 的射速只相当于采用三人炮塔的 IV 号坦克的三分之一，甚至四分之一。另外，由于车长舱盖是前端铰接连接在车体上，所以无法进行 360 度的全方位观察，要是车长想要进行 360 度全方位观察就必须整个人坐到炮塔顶部，这样不仅大大增加被击中的危险，而且还要时刻小心避免被沉重的舱盖砸到。后期型号的 T-34 坦克为车长和装填手提供了独立的进出舱口，直到最后的型号才出现了可以进行 360 度全方位观察的车长指挥塔。

和其他苏式坦克一样，T-34 的观瞄系统相比德国坦克要落后不少，早期型号只装备 TOD-6 瞄准具，后来才加装了 TMFD 瞄准具，但这两种瞄准具的性能都不够理想。甚至在斯大林格勒战役最紧张的时候，从斯大林格勒拖拉机厂生产的 T-34 来不及安装瞄准具就直接开赴战场，这样车长就只能从炮管里看出去进行瞄准。

发动机室位于车体后部，可以打开用螺钉固定的盖板对发动机和传动系统进行维护和保养。传动系统的故障率比较高，在 T-34 坦克的早期型号中这种情况更为突出，所以很多 T-34 坦克的乘员都会在发动机舱盖上再绑上备用的传动装置。

T-34 坦克车体是用锻造板焊接而成的，不是像以前那样先造出炮塔粗模，再加装装甲，而是直接用装甲板焊接成炮塔，所以可以大大节约建造工时。而且由于主动轮后置，变速箱位于车体后部，再加上弹簧式悬挂系统，整个车体高度较低。

炮塔则是铸造而成，位于车体中部上方。炮塔没有吊篮设计，所以炮塔下方的炮弹舱在炮塔旋转时也一起转动。由于炮塔高度很低，在战斗中自然是能够有效减少被弹面积，但是必然造成空间狭小，不仅设备简单，而且人体工程非常差，乘员舒适性也就因此很差。

从 1941 年开始，T-34 坦克就有了焊接式炮塔和铸造式炮塔以及 L-11 型坦克炮和 F-34 型坦克炮四种不同样式混杂在一起生产，再加上斯大林格勒拖拉机厂也加入到 T-34 坦克生产中，因此产量也逐渐开始稳步提升，至 1941 年 6 月 22 日战争爆发时，总共生产了 1 225 辆 T-34 坦克，其中 967 辆已经交付部队。但是除了弹药、后勤保障和零部件严重缺乏之外，人员的训练水平也很不够，大部分坦克乘员都是从各个部队抽调而来，平均训练时间还不到 4 小时。就这样在准备极不充分的情况下迎来了战争，即便如此，T-34 在战争初期的表现依然给德军留下了深刻印象。

6 月 29 日，基尔波诺斯上将指挥的西南军区集中了能够集中的全部坦克力量，对快速推进的德军展开反击。虽然地形崎岖以及德国空军的轰炸扫射严重影响了苏军坦克部队的集结和开进，最终只进行了零星的反击，而且乘员训练不足所带来的问题也很严重，但 T-34 自身性能在反击中依然表现出色，让德军非常震惊。比如德军的 37 毫米反坦克炮连续命中一辆 T-34 坦克 24 发炮弹，都毫无反应，直到第 24 发炮弹恰巧卡在炮塔底座上，才迫使这辆 T-34 坦克退出战斗。在苏军坦克部队的反击下，德军第 16 装甲师被迫溃退，这一天也成了德军装甲部队在 1941 年损失最惨重的一天。

1941 年 9 月，由卡图科夫上校指挥的苏军第 4 坦克旅虽然仅装备 19 辆 T-34 坦克，但他们在接收了 T-34 坦克后进行了 20 天的集中训练，使

▲ 苏军 T-34 坦克纵队。

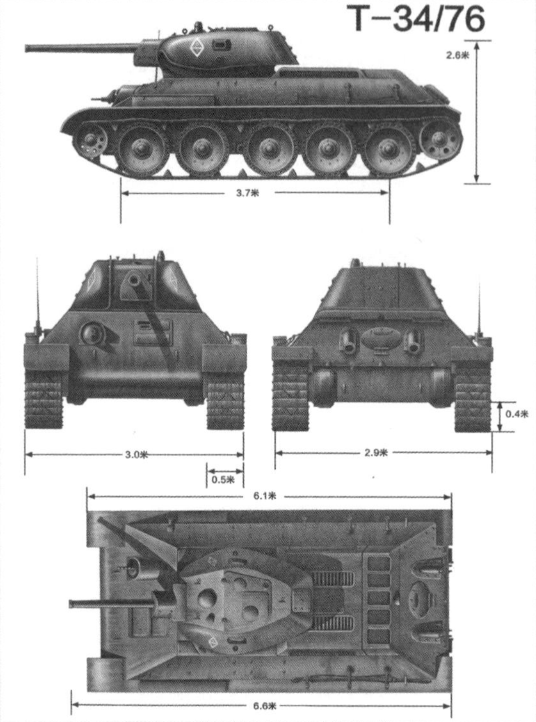

▲ T-34 坦克三视图。

该旅官兵掌握了 T-34 坦克的基本操纵技巧和战术，从而具备了很强的战斗力，在此后的作战中给予德军第 5 装甲师以重创，因此在 12 月获得了最高国防委员会授予坦克部队的第一个“近卫”荣誉称号，并改称第 1 近卫坦克旅。

至 1941 年 11 月，德军发起进攻莫斯科的“台风行动”，随着冬季的来临，T-34 的宽履带很适合在积雪的地面上行动，在机动性上又占得了先机。特别是在战役后期的苏军反击阶段，T-34 更是成为苏军反击的先锋，最大突击距离甚至超过了 100 千米，给德军以沉重打击。因此德军装甲部队的冯 · 梅林少将对于 T-34 在莫斯科战役中的表现这样描述 :“我们在 1941 年对 T-34 的装甲、76 毫米火炮、出色的机动和越野性能毫无办法。在我们逼近莫斯科之后，T-34 才开始大量出现在战场上，对于挽救苏联首都，T-34 发挥了重大作用。”如果说朱可夫元帅是战役指挥上的“莫斯科救星”，那么在武器装备上，T-34 坦克就是无可争议的“莫斯科救星”。

在取得了莫斯科保卫战的胜利后，苏军信心爆棚，随即在哈尔科夫发动了反击战役，但却遭到了惨痛的失利，毕竟此时的苏军坦克部队无论是对装备的熟练程度还是对战术的运用，都还远远不如德军。即便是在这场失利的战役中，T-34 的表现还是可圈可点。

1942 年夏季开始的斯大林格勒战役，由于苏军在南线的 T-34 坦克数量并不多，所以在德军优势装甲部队的冲击下，几乎被淹没在了德军装甲部队的进攻狂潮之中。至 11 月，苏军强大的后备部队发起了反击，以钳形攻势合围了德军第 6 集团军，并最终全歼了被围的德军，取得了苏联战场上第一次重大胜利，扭转了开战以来的被动局势。在反击作战中，T-34 坦克再次大展雄风。

1943 年 7 月的库尔斯克战役是整个战争期间规模最大的坦克战，德军投入了最先进的“豹”式和“虎”式坦克，T-34 坦克之前所拥有的性能优势正在逐步消退。但 T-34 坦克还是作为苏军坦克部队中无可争辩的中坚力量投入到了这场规模宏大的坦克大决战中。在伯克罗夫卡，850 辆苏军坦克与 600 辆德军坦克展开了殊死鏖战，尽管 T-34 坦克付出了巨大代价，但还是凭借着出色的机动性近距离对德军坦克进行攻击，甚至有的 T-34 在弹药耗尽后就直接撞击德军坦

▲ 每年5月9日的胜利日阅兵，T-34坦克都会登场亮相。

克，还有的T-34坦克乘员在坦克中弹起火后继续作为步兵坚持战斗。苏军遏制住了德军的猛烈突击，赢得了这场坦克大战的最终胜利，完全要归功于T-34坦克。

进入1944年，由于德军性能更先进的坦克陆续投入实战，苏联也随之对T-34进行了全面提升，换装85毫米炮的T-34-85这才应运而生。同时苏军对装甲的防护也进一步增强，车体上部的装甲厚度在各个方向都增加到45毫米。当然变化最大的就是炮塔，座圈直径增加到了1 600毫米，因此炮塔内部空间大大增加，从而使T-34-85的炮塔从之前T-34-76的双人炮塔改进为三人炮塔，增加了装填手，使得车长从原来身兼指挥和装填炮弹的双重任务中解放出来，专心于指挥，极大提高了作战效率。由于炮塔外观明显放大，因此T-34-85最著名的外号就是“大脑袋T-34”。

经过两年多战火的历练，苏军坦克部队官兵的技战术素质也有了长足的进步，而且性能全面提升的T-34-85更是让苏军如虎添翼。在进攻作战中，苏军通常是将T-34作为第二波，紧跟在KV或IS重型坦克之后，当重型坦克撕开德军防线缺口后，T-34就立即凭借出色的机动性迅速从突破口蜂拥而上，以数量上的绝对优势泰山压顶一般冲垮德军的整个防线。在防御作战时，则隐蔽在步兵防线后面，对于刚刚突破的德军坦克进行迎头拦截，成为苏军防线纵深防御的支柱力量。至1944年以后，以T-34坦克为核心的苏军坦克部队已经成为最具突击威力的打击力量，苏军可以很轻松地一次组织起200辆坦克以上的庞大编队投入作战。在接下来的大反攻中，T-34坦克更是成为苏军当之无愧的反击矛头，一路摧枯拉朽横扫东欧大地，最后攻入了德国本土。

在1945年4月的柏林战役中，T-34坦克的对手已经从过去的德军坦克变成了使用“铁拳”反坦克火箭筒和燃烧瓶的德军步兵，这说明曾经号称天下无敌的德军装甲部队已经彻底被打垮。在楼房林立的巷战中，坦克还是比较脆弱的，很容易遭到侧面楼房预伏火力的打击，为此T-34凭借威力强大的坦克炮通常会先发制人地轰塌有威胁的楼房，最终T-34的履带从柏林市区的废墟瓦砾上碾过，见证了战争的最后胜利。

T-34参加了整个苏联卫国战争中的历次重大战役，是名副其实打满全场的头号功臣，被赞誉为“战争胜利的保证”也是名至实归。

（有关T-34坦克的详细情况请参见上海社会科学院出版社出版的《装甲雄风：二战十大坦克》一书）

英美盟国援助苏联的物资

根据苏联社会科学院经济研究所编著的《苏联社会主义经济史》,在第二次世界大战期间,美国、英国、加拿大等西方同盟国援助苏联的物资包括：

飞机:18 865 架（其中美国提供 15 481 架飞机，英国提供 3 384 架，约为苏联战时总产量的 30%）

坦克装甲车：22 800 辆

运输车：501 660 辆（是苏联战时总产量的 1.5 倍）

摩托车：35 170 辆（是苏联战时总产量的 1.2 倍）

铁路机车：13 041 台（是苏联战时总产量的 2.4 倍）

高射炮：7 944 门

火炮：8 218 门

机枪：131 633 挺

冲锋枪：108 293 支

舰艇：672 艘

无烟火药：130 713 吨

炸药：132 237 吨

钢材：2 589 766 吨

石油：2 622 357 吨

航空汽油：2 586 000 吨

化学品：631 017 吨

汽车轮胎：5 606 000 个

橡胶：103 500 吨

铜：387 600 吨

铝：328 100 吨（其中美国提供 256 400 吨，英国提供 35 400 吨，加拿大提供 36 300 吨，是苏联战时总产量的 1.5 倍）

电话线：95 万英里

海底电缆：2 100 英里

无线电台：5 899 台

雷达：348 部

金属切削机床：38 100 台

棉花：106 893 000 吨

皮革制品：49 869 吨

军靴：15 417 001 双

各类食品：4 478 000 吨（其中肉罐头 732 595 吨，约为苏联战时总产量的 17%）

▲ 美国援助苏联的十轮卡，这些卡车对于保证苏军的机动和运输能力至关重要。

在这些援助中，航空汽油的高辛烷值添加剂、金属切削机床是苏联无法自行生产的，轮胎、铝、橡胶、卡车、食品等物资，苏联虽能生产一部分，但数量远远不足，所以对于苏联来说是极其重要的。

援助苏联的装备和物资主要都来自美国，美国根据租借法案，从 1941 年 10 月到 1945 年 9 月，美国实际运抵苏联的物资总价值为 102 亿美元，加上其他费用，共计 109 亿美元（苏联统计为 98 亿美元），约占美国向各同盟国援助总额的 23%。

战争结束后，美苏就开始进行战时租借法援助结算的谈判，美国要求苏联偿还 26 亿美元，但苏联认为英国获得的援助几乎是苏联的 1 倍，却只偿还 4. 72 亿美元，因此拒绝了美国的要求。冷战开始后，苏联同美国的关系日益恶化，有关援助偿还结算的谈判长期没有结果，直到 1972 年 10 月才达成协议，苏联同意在美国向苏提供贸易最惠国待遇和出口贷款及担保的条件下偿还 7. 22 亿美元，但最终也没有完全兑现。

朱可夫在谈到美国援助时说："如果从经济的角度出发，谈论我们对战争的准备情况，不能隐瞒从盟国一方获得援助这一因素……如果没有美国人的火药，我们就会处于很艰难的境地，我们不可能生产出战争所需的那么多的弹药。没有美国人的卡车，我们就没办法去运输我们的大炮，它们确实在相当大的程度上保证了我们的前线运输。战争各个方面都很需要的特种钢也是由美国提供的。"

锁定库尔斯克是目标

进入 1943 年，苏军虽然在苏德战场上已经掌握了战略主动权，但是德军依然还拥有强大的军事实力，丝毫不容小觑，苏军所面对的局势还是相当严峻。为此斯大林要求英美盟军能够于 1943 年在欧洲实施登陆，开辟第二战场，减轻苏德战场的压力。不过英美很乐见苏联和德国两虎相争，巴不得苏联和德国斗得两败俱伤，最好能让德国在苏德战场上受到极大削弱和消耗后才在欧洲登陆，以便坐收渔翁之利。而 1943 年显然还没有到这个火候，所以英美自然不会在 1943 年发起登陆。正所谓求人不如求己，一切最后还是只有靠自己，在 1943 年的欧洲战场上，苏联还是只能独立对抗德军。

▲ 朱可夫和苏军将领一起研究作战计划。

苏军非常清楚1943年夏秋季对于整个战争来说，意义重大。因此在1942年冬季作战刚刚结束的1943年3月就开始着手制定1943年夏秋季作战计划。最高统帅部大本营、总参谋部、各军兵种司令和部分军区司令参加了这一计划的制定。最初苏军计划夏秋季作战采取主动进攻，在宽大正面发起全面攻势，突击重点在西南方向。苏军之所以决心采取主动进攻，就是认为此时苏军不但在全局上掌握了战略主动权，而且在总兵力和火炮、坦克、飞机等主要技术兵器上都已经占据优势。

不过随后德军将在库尔斯克地区发起夏季战役的意图逐渐暴露，这其中最关键的是代号为“露西”的情报小组提供的准确情报。“露西”小组的负责人是一位出生在瑞士的德国人鲁道夫·罗斯勒，第一次世界大战期间他在德军服役，和十位志同道合的朋友交往密切。战争结束后，根据《凡尔赛条约》，德国只能保留十万人的军队，这十人中有八个人留在军队中并都得到了很好的发展。希特勒上台后，这些人都是反纳粹分子，他们认为纳粹将会把德国带入深渊，只有德国彻底战败之后才能得到真正的重生。加上他们分别在总参谋部、作战、后勤、通信等要害部门任职，其中包括德国最高统帅部通信部副部长菲力兹·希尔中将和德军中央集团军群情报主任鲁道夫·冯·格斯多夫上校，还有一位代号“维特”的神秘人物，只知道他肯定是希特勒身边的重要人物，有人认为是希特勒的私人秘书马丁·鲍曼。所以能够很轻易地获取机密程度很高的情报，于是他们和苏联情报部门取得了联系，向苏联源源不断地提供情报。他们传递情报的方式简单有效，罗斯勒就在德国最高统帅部通信部门任职，他把情报译成密码，堂而皇之地利用最高统帅部通信部门的电台发送出去，既方便迅捷又安全可靠。所以他们发出的情报都非常及时，有些情报德军野战部队都没收到，莫斯科就已经收到了。在1941年的莫斯科保卫战和1942年的斯大林格勒战役期间，“露西”小组送出的情报都发挥了很大作用，因此深得苏联最高统帅部的信任和器重。除了“露西”小组以外，苏军也通过其他渠道陆续获得了

▲ 鲁道夫·罗斯勒。

德军将在库尔斯克地区发动攻势的情报，甚至在希特勒下达第六号训令两周之前就已经获得了德军的计划。

在确切掌握了德军将在库尔斯克地区展开攻势的情报后，苏军也同样面临着两种选择，一是继续原先的主动进攻方案；二是采取防守反击方案，先以顽强防御挫败德军进攻，再转入反攻。围绕这两种选择，苏军高层也出现了激烈争议。

最高副统帅、被誉为苏军“战神”的朱可夫元帅和苏军总参谋长华西列夫斯基元帅在 3 月底就专门实地前往西南战线进行考察，在没有参考“露西”小组提供情报的情况下，朱可夫凭借一个优秀将领的敏锐观察和缜密分析，就确定库尔斯克地区必然会是德军在夏季发动攻势的目标。

苏军“战神”朱可夫

格奥尔吉·康斯坦丁诺维奇·朱可夫，1896 年 12 月出身在莫斯科郊外卢加省斯特列尔科夫村一户贫苦家庭。由于家里无法供养他读书，所以他小学毕业后就缀学来到莫斯科，在他舅舅米哈伊尔的毛皮作坊中当学徒。他在工作之余抓紧一切机会看书读报，并通过了市立中学的课程考试。

1914 年，第一次世界大战爆发。1915 年 8 月，朱可夫应征入伍，经过士官教导队的培训，被授予准军士的军衔。1916 年 8 月分配到第 10 骑兵师。在战争中朱可夫表现相当出色，不但升为下士，并两次获得乔治十字勋章。在医院养伤期间，他接受了布尔什维克思想。

1917 年 2 月，布尔什维克在彼得格勒举行总起义，并迅速波及到全国，最终推翻了罗曼诺夫王朝。革命成功后，原来秘密活动的由布尔什维克领导的士兵委员会掌握了军队的实际控制权，朱可夫被推选为连士兵委员会主席。但是孟什维克、社会革命党与布尔什维克之间的矛盾逐渐激化，朱可夫所在的骑兵新兵连被解散，他本人也受到孟什维克和社会革命党人的追捕，不得不离开部队辗转潜回家乡。就在朱可夫逃亡的时候，11 月 7 日，布尔什维克党发动了起义，建立了完全由布尔什维克掌握的苏维埃政权。而朱可夫在家乡先后患上斑疹伤寒和回归热，整整几个月都在病床上度过。1918 年 8 月，大病痊愈后的朱可夫加入红军骑兵第 1 师第 4 团，师长是布琼尼，团长是铁木辛哥，并于 1919 年 3 月 1 日加入布尔什维克。1919 年 9 月，朱可夫在察里津战役中受伤，伤愈后被选派到红军指挥员训

▲ 朱可夫标准像。

练班学习。1920 年 9 月提前毕业，分配到独立骑兵第 14 旅第 11 团任排长。由于在作战中身先士卒，指挥坚决果断，特别是在肃清缤河地区土匪战斗中，朱可夫指挥的骑兵排无一伤亡便全歼了土匪，此战后朱可夫便升任第 2 连连长。1921 年 2 月，国内战争基本结束，但朱可夫仍选择留在军队。1922 年 6 月，朱可夫调到骑兵 38 团任连长，不久升任骑兵第 40 团的副团长，1923 年 4 月升任骑兵第 39 团团长。

1925 年 7 月，朱可夫进入列宁格勒高级骑兵学校学习，和他同时入学的还有后来在第二次世界大战中战功显赫的罗科索夫斯基、巴格拉米扬、叶廖缅科等著名将领。1926 年 7 月，朱可夫毕业后回到老部队骑兵第 7 师，担任骑兵 39 团团长。不久根据苏联军事委员会组建常备机械化部队的决定，朱可夫的骑兵 39 团成为第一批改编为机械化部队的骑兵部队之一，朱可夫随即全身心投入到部队改编和建设工作中，使该团很快成为训练有素的机械化团，为苏军建立大规模机械化部队提供了宝贵的经验，他自己也成为苏军第一批机械化部队的主官，从此和以坦克为核心的机械化突击作战结下了不解之缘。

1929—1930 年，朱可夫进入著名的伏龙芝军事学院高级干部班深造，毕业后担任骑兵第 2 旅旅长。1932 年 2 月升任骑兵监察部部长助理，在这一期间，使朱可夫有机会接触到了苏军的杰出将领图哈切夫斯基元帅，并在图哈切夫斯基的帮助下拟制了《骑兵战斗条令草案》——特别要说明一点，图哈切夫斯基创立的大规模使用坦克、机械化步兵和航空兵的大纵深战役理论，对朱可夫日后在第二次世界大战中的战役指挥影响非常深远——更重要的是取得了总部机关的工作经验。

1933 年 3 月，朱可夫转任第 4 骑兵师师长，在 1935 年的军区大检阅中因为该师各项工作的出色成绩而获得苏联政府最高荣誉列宁勋章，朱可夫本人也被授予了列宁勋章。

1936 年 10 月，朱可夫作为苏联军事观察团的成员前往西班牙，这个团说是军事观察团，实际上却是军事顾问团。

1937 年 10 月，朱可夫从西班牙回国升任第 3 骑兵军军长。1938 年 5 月又调任第 6 骑兵军军长。1938 年 8 月，朱可夫作为苏联军事顾问来到中国，指导对日作战。1938 年 12 月从中国回国，升任白俄罗斯军区副司令。

▲ 朱可夫在诺门罕前线。

1939 年 5 月，日军和伪满洲军侵入中蒙边境的诺门罕，朱可夫奉命负责指挥苏蒙军反击日军。至 8 月 30 日，日军入侵被击退，伤亡高达近 6 万人，而苏军伤亡不过 1 万人。朱可夫不但因此获得苏联英雄称号，还得以进入了苏联高层的视野。

1940 年 6 月，朱可夫升任基辅特别军区司令，并晋升为大将军衔（注：在苏军军衔中，陆军的大将与军兵种

▲ 朱可夫在 1945 年 6 月的胜利阅兵上担任阅兵首长。

元帅同等级别）。基辅特别军区是当时苏军最大的一个军区，其指挥的部队很多都是苏军的精锐，朱可夫出任这样一个大军区的司令，可见斯大林对他的赏识与器重。

由于在 1940 年 12 月的战略演习中表现出色，1941 年 1 月 31 日朱可夫升任总参谋长。3 月，兼任副国防人民委员（即国防部副部长），除作为总参谋长领导总参谋部外，还直接领导通信部、油料部、防空军总部、总参谋部军事学院和伏龙芝军事学院。同时他还被授予了可以直接和苏联政府联系有关国防设施的权力，这一权力在 7 名副国防人民委员中只有 2 人——除朱可夫外就是苏军元老人物布琼尼元帅。

1941 年 6 月 22 日，苏德战争爆发。6 月 23 日，苏共中央宣布成立苏军统帅部，成员包括斯大林、莫洛托夫、铁木辛哥、朱可夫、布琼尼、伏罗希洛夫和库兹涅佐夫。

7 月中旬，德军南方集团军群主力向基辅推进，另一部向东南作深远的迂回，企图合围苏军西南方面军主力。朱可夫判断德军将先解决基辅方面的苏军之后，再向莫斯科突进，因此向斯大林提出放弃基辅，将西南方面军主力撤过第聂伯河的建议。但是这一正确建议却遭到了斯大林一口否决，并因此被解除了总参谋长之职，转任预备队方面军司令。朱可夫随即指挥预备队方面军向叶利尼亚发动反击，叶利尼亚一战苏军重创德军 5 个师，并于 9 月 6 日收复叶利尼亚，取得开战以来苏军第一场胜利。而在基辅的苏军遭到了惨败，损失约 66 万人。

叶利尼亚战役刚结束，朱可夫就被派往形势紧急的列宁格勒。在朱可夫的指挥下，列宁格勒方面军奋战至 9 月 23 日击退了德军的进攻，迫使德军将行进间夺占列宁格勒的计划改为久围长困。尽管朱可夫在列宁格勒的时间还不到一个月（9 月 9 日—10 月 7 日），但他部署的防御措施却对长达三年的列宁格勒保卫战起到了难以估量的作用——直到 1943 年 3 月，苏军才彻底打破了对列宁格勒的包围。

10 月 10 日，朱可夫调任西方方面军司令，负责指挥莫斯科保卫战。在他的出色指挥下，苏军取得了莫斯科保卫战的胜利，德军遭到了在第二次世界大战期间的第一个大失败，朱可夫也因此战赢得了“莫斯科保卫者”的赞誉。

1942 年 8 月，朱可夫被任命为最高副统帅，指挥斯大林格勒战役，最终取得了战役胜利，这是苏德战争乃至整个第二次世界大战欧洲战场的转折点，自此苏军掌握了战略主动。朱可夫因此于 1943 年 1 月 18 日晋升苏联元帅，成为苏

▲ 晚年朱可夫。

▲ 朱可夫塑像。

军在战争期间第一位晋升元帅的高级将领，并获得了第一号苏沃洛夫一级勋章。

1943 年 7 月，朱可夫来到沃罗涅日方面军坐镇指挥库尔斯克战役，苏军根据他提出的后发制人的防守反击策略最终赢得了胜利。1944 年 3 月，朱可夫出任乌克兰第 1 方面军司令。上任一个月，乌克兰第 1 方面军就取得了歼灭德军 20 万，击毁坦克 2 100 辆、火炮 4 600 门，解放了 4.2 万平方千米领土的辉煌战绩。因此他又获得了第一号胜利勋章。6 月，朱可夫指挥白俄罗斯战役，解放了白俄罗斯全部和立陶宛部分领土。随后又接连指挥了保加利亚战役、华沙战役。但因为和斯大林在白俄罗斯第 1 方面军是否应转入休整发生了争执，结果被取消了最高统帅部代表职位，于 11 月出任白俄罗斯第 1 方面军司令。接着朱可夫指挥了维斯瓦河战役和柏林战役，彻底战胜了纳粹德国。

1945 年 5 月 9 日，朱可夫作为苏军最高统帅部代表参加了德国投降签字仪式。6 月 24 日，苏联在莫斯科红场举行盛大的胜利阅兵，朱可夫担任阅兵首长。在受降仪式上，作为苏联最高统帅部的代表，在胜利阅兵式上担任阅兵首长，这样的殊荣，也只有胜利的象征朱可夫才最有资格领受。

1946 年 2 月，朱可夫在最高苏维埃代表大会上当选为最高苏维埃代表。1946 年 4 月 10 日，朱可夫回到苏联出任陆军总司令。

1946 年 7 月，朱可夫被突然免去陆军总司令，调任敖德萨军区司令。1949 年又被调任乌拉尔军区司令。与此同时，有关他的新闻报道也越来越少，似乎在一夜之间，朱可夫就从人们的视线中消失了。

1950 年 6 月，在苏共第 19 次代表大会上，朱可夫被选为候补中央委员，也逐渐开始在新闻报道中偶尔露面，但还是远远不及以前。

1953 年 3 月 5 日，斯大林去世。第二天，朱可夫就被任命为国防部副部长。随后因为全力支持赫鲁晓夫清除贝利亚，朱可夫成为中央委员，再度步入了苏联最高领导层，并于 1955 年出任国防部长。1957 年 6 月，马林科夫、莫洛托夫等人向赫鲁晓夫发难，朱可夫坚定地表示站在赫鲁晓夫一边，立即派出军用飞机将各地的中央委员连夜接到莫斯科，在第二天召开的苏共全体中央委员会议上，赫鲁晓夫继续掌握大权，反对派随即遭到了清除。但赫鲁晓夫却对在军队中拥有极高威望的朱可夫极为忌惮。1957 年 11 月，朱可夫明升暗降出任部长会议副主席，被剥夺了军权。

1963 年，接任国防部长的马林诺夫斯基逐渐巩固了自己的地位，开始和赫鲁晓夫分庭抗礼。赫鲁晓夫希望以恢复名誉作为朱可夫重新出山的交换条件，但朱可夫对这种肮脏的政治交易深恶痛绝，非常干脆地拒绝了。此时在政治上心灰意懒的朱可夫的心思都在自己的个人生活上了。他与原配妻子亚历山德拉离婚，和比他小 31 岁的格林娜结婚。婚后格林娜和他生了女儿玛莎，新婚妻子和晚年喜得千金使在政治上饱受挫折的朱可夫感到了家庭的温暖和慰藉。

▲ 朱可夫勋章。

赫鲁晓夫于 1964 年被解除了苏共总书记、苏共中央主席团成员和部长会议主席等职务。1965 年 5 月，在纪念第二次世界大战胜利 20 周年时，新上任的苏共总书记勃列日涅夫在讲话中公开肯定了朱可夫的历史功绩，朱可夫随即出现在阅兵式的观礼台上。1966 年 12 月 2 日，朱可夫 70 大寿，为了表彰朱可夫的卓越贡献，最高苏维埃再次授予他列宁勋章。

1974 年 6 月 18 日，朱可夫在莫斯科病逝，享年 78 岁。

朱可夫在从士兵到元帅的漫长军旅生涯中立下了举世公认的赫赫战功。四次荣膺苏联英雄称号（1939 年 8 月 29 日、1944 年 7 月 29 日、1945 年 6 月 1 日、1956 年 12 月 1 日），是四次荣膺苏联英雄荣誉称号的两人之一（另一人是勃列日涅夫），同时也是获得两次苏联最高荣誉勋章胜利勋章的三人之一（另两人是斯大林和华西列夫斯基），其他荣誉还有列宁勋章 6 枚、十月革命勋章 1 枚、红旗勋章 3 枚、一级苏沃洛夫勋章 2 枚。

但直到去世，他都没有得到真正的平反。直到 1995 年 5 月，朱可夫的名誉才被彻底恢复，他的大型青铜塑像被竖立在莫斯科红场附近的马涅什广场，俄罗斯总统叶利钦为塑像揭幕仪式剪彩，并以他的名字设立了朱可夫勋章。

苏军同样也有两种意见之争

4 月 8 日，朱可夫向斯大林发出了一份长电报，详细说明了自己对德军夏季行动的分析，以及苏军采取何种对策的建议。在这份电报里，朱可夫判断德军由于难以组建更多的预备队，1943 年夏季只能在狭窄正面展开进攻，而且进攻将会分阶段进行，第一阶段将会从东北、东南两个方向夹击库尔斯克；第二阶段则会从西南方向对西南方面军的侧翼和后方进行深远迂回，以此合围西南方面军；第三阶段将会向莫斯科方向推进。朱可夫估计德军将会在库尔斯克地区投入大约 15 个装甲师，坦克

▲ 斯大林。

总数约 2 500 辆。朱可夫认为苏军抢先发起进攻是不太明智的，不如先在防御中消耗了德军力量，特别是沉重打击了德军装甲部队之后，再投入新锐预备队转入反攻，彻底粉碎德军的夏季攻势。

无独有偶，4 月 10 日，苏军中央方面军参谋长马利宁中将也根据最高统帅部的要求提出了分析报告，他认为德军在 1943 年夏季的进攻方向主要将在库尔斯克地区，战役时间可能会在 5 月下半月。他建议由西方方面军、布良斯克方面军和中央方面军负责防御，在挫败德军进攻之后再由中央方面军、沃罗涅日方面军和预备队方面军转入反攻。显然马利宁的判断和朱可夫基本一致，所建议的对策也都是先防御再反攻。

只是，苏军还判断德军将在库尔斯克战役之后继续向莫斯科方向发展进攻。这一方面是因为苏军对德军战争初期的强悍作战能力记忆深刻，直到此时对德军作战能力的评价还是宁高勿低，不敢有丝毫大意，宁可从最坏的可能打算。另一方面是必须确保己方首都的想法实在太深入人心了，甚至已经有了必须绝对保证莫斯科安全的先入为主的思维。就以 1942 年夏季开始的斯大林格勒战役为例，苏军最高统帅部迟迟不肯调动预备队到南线，就是担心德军在进攻斯大林格勒的同时还有进攻莫斯科的能力，所以不敢轻易动用宝贵的预备队。直到确定德军的作战能力已经出现衰败之态，再没有能力进攻莫斯科之后，才调动预备队增援斯大林格勒。

4 月 12 日，最高统帅部大本营召开军事会议，斯大林、朱可夫、华西列夫斯基以及副总参谋长安东诺夫上将都出席了会议，专门讨论 1943 年夏季作战事宜。朱可夫详细介绍了前线的局势，并对双方的情况进行了深刻分析，最后提出采取后发制人的防守反击策略。此时的朱可夫已经是苏军中最优秀的将领，斯大林也从列宁格勒、莫斯科、斯大林格勒等一系列重大战役指挥中充分认识了朱可夫在军事上的卓越才干，并于 1942 年 8 月任命朱可夫为最高副统帅，深得斯大林的信任，所以经过充分讨论，最后斯大林采纳了朱可夫的意见，决定在库尔斯克战役中

▲ 朱可夫和苏军将领一起研究战局。

▲ 华西列夫斯基。

采取防守反击策略，先以大纵深多梯次防御阵地，在强大火力掩护下，辅以预备队反突击来组织顽强防御，在消耗和削弱了德军之后，再从别尔哥罗德和奥廖尔两个方向发动反攻，最后在整个战线的重要方向发动进攻战役，将战线大幅前推，计划解放顿巴斯第聂伯河左岸的乌克兰地区以及白俄罗斯东部地区。

防御阶段，别尔哥罗德方向的防御由沃罗涅日方面军负责，奥廖尔方向的防御由中央方面军负责。反攻阶段，别尔哥罗德—哈尔科夫方向反攻由沃罗涅日方面军、草原方面军在西南方面军配合下实施，作战代号“鲁缅采夫”；奥廖尔方向反攻由西方方面军、中央方面军右翼部队和布良斯克方面军左翼部队实施，作战代号“库图佐夫”。

草原方面军在整个战役中是要起到关键作用，本身草原方面军就是苏军一支实力强大的战略预备队，在防御阶段就是作为预备队，无论是别尔哥罗德还是奥廖尔，

苏军的最高统帅部

1941 年 6 月 23 日，也就是纳粹德国入侵苏联的第二天，苏联人民委员会和联共（布）中央就成立了以国防人民委员铁木辛哥元帅为主席，朱可夫、斯大林、莫洛托夫、布琼尼、伏罗希洛夫和库兹涅佐夫为成员的苏联武装力量统帅部，负责对苏联的所有武装力量实行战略领导。

6 月 30 日，根据苏共中央政治局的决定，成立国防委员会，斯大林任主席，这是集中了苏联全部最高权威的国防领导机关，可以看作是整个国家系统战时最高领导机关。

7 月 10 日，苏联武装力量统帅部进行了改组，由斯大林为主席，莫洛托夫为副主席，铁木辛哥、布琼尼、伏罗希洛夫、沙波什尼科夫和朱可夫为成员。

8 月 8 日，斯大林出任苏联武装力量最高统帅，同时武装力量统帅部改名为最高统帅部。也叫最高统帅部大本营。最高统帅部的办事机关是总参谋部，以及国防人民委员部司令部和海军人民委员部司令部。最高统帅部直接隶属于国防委员会，是对战争进行战略指挥的主要机构，由斯大林担任最高统帅，同时他又是国防委员会主席，这就使苏联最高统帅部享有很大威望，并能拥有解决一切作战问题的权力。

1945 年 2 月 7 日，最高统帅部进行了改组，斯大林为最高统帅，朱可夫为副最高统帅，成员有华西列夫斯基、安东诺夫、布尔加宁和库兹涅佐夫。

▲（左）瓦杜丁。
（右）罗科索夫斯基。

哪个方向出现防线被突破的危急情况，草原方面军就将立即投入作战，来阻止德军的推进。而在反攻阶段，更是要作为别尔哥罗德方向的反攻主力。

应该看到，苏军在库尔斯克的防御是主动性的，和之前在莫斯科、斯大林格勒的被动防御完全不同，是在兵力装备都占优势的情况下，采取有计划有组织的防御，并通过防御来消耗对手。这种后发制人的策略，就是为了充分发挥己方的长处，用最小的代价来换取最大的胜利。即便纵观人类的战争史，在兵力装备都占优势的情况下，主动选择防御也是相当罕见的。特别是战斗民族俄罗斯历来是推崇进攻，甚至在 1941 年 6 月 22 日德军入侵苏联时，发布的命令也是以进攻来挫败德军，现在能有这样的转变，实在难能可贵。因此也更能说明了苏军在库尔斯克战役中战略决策上的高明。《孙子兵法 · 始计篇》就说 :“夫未战而庙算胜者，得算多也 ；未战而庙算不胜者，得算少也。多算胜，少算不胜，而况于无算呼！”就从苏德双方战前的战略决策来看，库尔斯克战役的胜负结局就已经基本注定了。

在这次会议上，还讨论了另一种情况，如果德军没有主动进攻库尔斯克的话，那么苏军就将在整个战线上采取更为积极主动的行动。

要知道，4 月 12 日，苏军最高统帅部大本营会议确定在库尔斯克采取后发制人的先防御再反击策略，比希特勒下达进攻库尔斯克的第六号作战命令还早了三天！因此，后来朱可夫在回忆库尔斯克战役时就说 :“关于敌人想集中全力进攻沃罗涅日方面军和中央方面军的企图，我们早就知道了，连所有的细节都一清二楚。”在战略决策上，苏军不但是占了上风，而且还抢得了先机。

但是中央方面军司令罗科索夫斯基大将和沃罗涅日方面军司令瓦杜丁大将却认为应该在德军发动进攻前，先发制人地抢先展开主动进攻，以攻对攻来粉碎德军的攻势。听了这一建议，斯大林的态度也开始出现了摇摆，朱可夫向斯大林再次详细分析战局，但斯大林担心在防御阶段苏军难以顶住德军的进攻，不过他也担心如果苏军主动进攻的话，是否有把握突破德军的战线。经过整整一星期的犹豫和反复考虑，斯大林最终还是决定采取后发制人的先防御再反攻的战略决策。

苏军的作战计划

5 月 29 日，苏军最高统帅部正式下达了库尔斯克战役的作战计划，将动用 5 个方面军的庞大兵力，首先在库尔斯克地区组织顽强防御，挫败德军攻势，消耗和削弱德军力量后，转入反攻，再依次对第聂伯河左岸的乌克兰地区以及白俄罗斯东部地区展开大规模进攻，击退对莫斯科构成严重威胁的德军中央集团军群。

防御阶段，中央方面军负责防御库尔斯克北部地区，沃罗涅日方面军负责库尔斯克南部地区，草原方面军作为预备队。这 3 个方面军也是这次战役的主力，其中中央方面军总兵力 71.1 万人，1.1 万门火炮和迫击炮，1 785 辆坦克和自行火炮；沃罗涅日方面军总兵力 62.5 万人，8 718 门火炮和迫击炮，1 704 辆坦克和自行火炮；草原方面军总兵力为 57.3 万人，8 510 门火炮和迫击炮，1 639 辆坦克和自行火炮。苏军认为奥廖尔方向的库尔斯克北部将是德军的主攻方向，因此朱可夫亲自坐镇这一方向。

反攻阶段，除了这 3 个方面军，西方方面军的第 50 集团军和第 11 近卫集团军以及提供空中支援的第 1 空军集团军，布良斯克方面军的第 3、第 61、第 63 集团军以及提供空中支援的第 15 空军集团军也都将加入到反攻。另外，苏军最高统帅部直属预备队的第 11 集团军、第 3 近卫坦克集团军、第 4 坦克集团军、第 20 坦克军、第 23 坦克军和第 2 近卫骑兵军，也都调到库尔斯克，以加强反攻阶段的突击力量。

朱可夫和华西列夫斯基作为最高统帅部代表来到库尔斯克，亲自监督库尔斯克地区防御部署的落实，朱可夫判断库尔斯克北部的奥廖尔很可能是德军的主攻方向，因此负责这一地区防御的中央方面军第 13 集团军必然会承受德军进攻矛头的极大压力，为此苏军在 4 月和 5 月就给第 13 集团军补充了 3 个近卫步兵师和 3 个近卫空降师，还加强了配属的坦克和炮兵部队。至战役开始前，第 13 集团军共下辖 11 个步兵师、1 个坦克旅、5 个坦克团、2 个高炮师和 3 个炮兵师，总兵力达到 11.4 万人，火炮和迫击炮 2 940 门，坦克和自行火炮 270 辆，实力在各集团军中首屈一指，唯一不足的是第 13 集团军此前一直没有参加过较大规模的战斗，缺乏大兵团实战经验。

▲ 20 世纪 40 年代末的朱可夫。

空军方面，以 4 个空军集团军为 3 个主要的方面军提供空中支援，其中第 16 空军集团军负责支援中央方面军，第 2、第 17 空军集团军负责支援沃罗涅日方面军，第 5 空

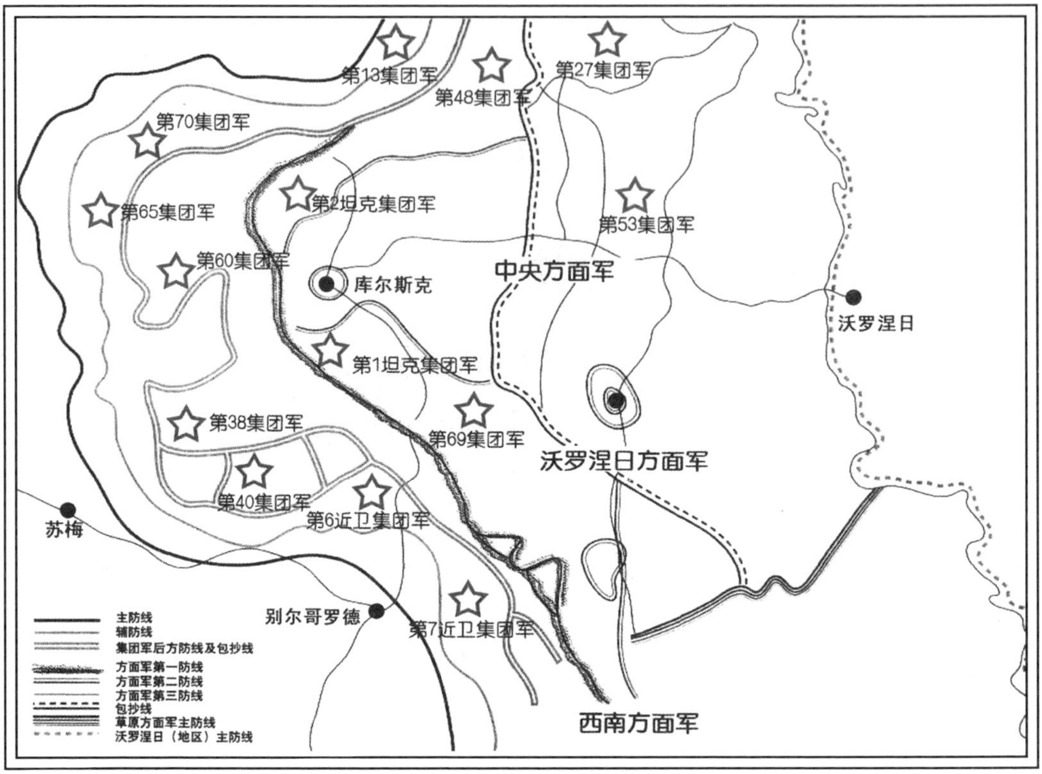

▲ 苏军库尔斯克防御态势。

军集团军负责支援草原方面军。另外，必要时，空军第 15 集团军也将视情况提供空中支援。1941 年 6 月，德国空军夺取了苏德战场的制空权，但至 1942 年，苏联空军已经从战争初期的重创中逐渐恢复，至 1943 年，德国空军曾经拥有的空中优势已经基本丧失。到了库尔斯克战役的反攻阶段，苏军作战飞机的数量是德军飞机的 5 倍，占有数量上的绝对优势。在整个战役期间，苏军虽然还没有掌握全面的制空权，但是德国空军独享制空权的情况已经不复存在，双方都只是掌握了局部的部分制空权，因此在这场战役中，围绕空中制空权争夺的激烈程度丝毫不比地面坦克部队之间的决斗逊色。

就战役准备而言，苏军库尔斯克战役比以往任何一次战役的准备都要充分，在莫斯科保卫战时，苏军只有 17 个不满员的诸兵种合成集团军，而且没有坦克集团军；在斯大林格勒战役时，苏军参战部队达到 14 个诸兵种合成集团军和 1 个坦克集团军；而在库尔斯克战役时，苏军共有 22 个强大的诸兵种合成集团军、5 个坦克集团军和 6 个空军集团军以及大量远程航空兵部队。而且每个师的兵员都得到了补充，近卫师普遍都达到了 8 000 人，普通师也至少有 7 000 人，基本都是满员状态。仅仅是防御阶段的 3 个方面军就有约 194 万部队，2.8 万门火炮和迫击炮，5 100 辆坦克和自行火炮，和德军参战部队相比，在兵力上为 2.4:1，在火炮数量上为 1.9:1，在坦克数量上为 1.2:1，都具有相当的优势。在兵力构成上，炮兵团的数量首次超过了步兵团。在威胁最大的中央方面军第 13 集团军的正面，平均每千米防御正面可以得到 92 门火炮支援，这样的炮火密度远远超过了德军。

在后勤保障方面，苏军深知这必是一场规模空前的大战，因此竭尽全力向库尔斯克突出部的部队囤积弹药、燃料和粮食。仅弹药方面，各方面军的平均储存量就达到 2.5 个基数，而且尽量为一线部队储备尽可能多的弹药，以避免战役开始后再向前线运输可能会出现的种种难以预料的意外状况。预见到战役的激烈和残酷，必然会出现大量伤亡，因此在医疗保障方面也进行了充分准备。在方面军和集团军后方都开设了战地医院，以便及时抢救伤员，其中中央方面军的医院就有 84 600 个床位，沃罗涅日方面军的医院更多达 94 600 个床位。

此外，苏军还大力抢修通往库尔斯克地区的铁路线。在战役过程中，向库尔斯克补充人员和物资方面，铁路运输就发挥了巨大作用，总共发送了 3 572 列军列，其中运送人员和坦克、火炮等装备的就有 1 410 列。

在苏军最高统帅部的全盘考虑中，除了正规军以外，还有一支活跃在敌后的“奇兵”——游击队。自从战争初期苏联大片国土沦陷后，在德军占领的后方就出现了游击队，最初游击队大都是自发的，规模也都比较小，更缺乏有组织的统一指挥。这些游击队有的是来不及后撤滞留在敌后的溃散部队，有的是民众自发组织起来的，还有的是空投到敌后的破坏小组。至 1941 年底，在敌后沦陷区的游击队和战斗小组发展到 2 000 多个，共约 9 万余人。但战争初期苏军在敌后的游击战规模小，发展慢，主要是缺乏统一的组织和领导，和正规军的配合也不好，苏联高层也忽视游击战，战前还撤销了 20 世纪 30 年代初对游击干部的训练，因此既没有给德军造成太大威胁，也没能对战局产生重大影响。

▲ 苏军 T-34 坦克正在补给炮弹。

苏军最高统帅部很快就意识到游击战的作用和价值，1941 年下半年，苏军就派遣了约 3 万名战斗骨干徒步渗透或空投到敌后游击区，加强游击队的领导，增强游击队的骨干力量。随着敌后游击战的蓬勃发展，游击队对有经验的领导干部、爆破专家、侦察员和无线电发报员的需求量急剧增加。为此苏联各加盟共和国以及方面军和集团军军事委员会，都举办了一些训练班或训练所。1942 年夏，中央方面军还成立了 4 个专业学校，至 1942 年底，受过游击战专业培训后进入敌后的人员就达 1.3 万人。

1942 年 5 月 30 日，最高统帅部成立了游击运动总司令部，下设加盟共和国、边疆区和各州的游击运动司令部，与此同时，在列宁格勒、加里宁、布良斯克等 6 个方面军的军事委员会成立游击司令部，在各集团军的军事委员会成立游击作战组，负责向游击队派出干部，提供武器和补给，并实行统一计划，统一指挥，这才为以后的游击战提供了必要的组织指挥和保证。

进入 1943 年，随着苏联物质条件日趋改善，游击队对武器、弹药、粮食和药品的需要已经能够得到比较充分的满足。1943 年 5 月—1944 年 1 月，游击运动中央司令部拨给游击队步枪和卡宾枪 32 867 支、冲锋枪 17 357 支、机枪 2 608 挺、反坦克枪 590 支、手枪 5 710 支、迫击炮 737 门、子弹 4 600 万发、手榴弹 21.9 万枚。对于游击队的物资补给主要依靠空运空投，1943 年为游击队执行空运空投任务的飞机架次就比 1942 年增加了 2.5 倍。根据乌克兰和白俄罗斯游击运动司令部的统计，仅向这两个共和国境内的游击队空运空投的飞机就达 2 600 架次，运来了 1 915 吨武器弹药、药品、粮食和其他物资，在返航时则带回伤病游击队员和地下工作者 5 710 名。

同时，敌后游击队与游击运动中央司令部的联系也有了显著提升，游击队的无线电台数量增加了 80%，87% 的游击队都和游击运动中央司令部保持无线电通信联系，各游击兵团和游击支队都与司令部建立了无线电通信，这就大大提高了对敌后游击队的指挥和协调，提高了作战效能。至库尔斯克战役开始前，在敌后的游击队总兵力已达到 13 万人，另有 50 余万非武装的游击队后备力量。迅速壮大的游击队，在库尔斯克战役准备和进行中，在敌后积极活动，特别是对德军铁路交通进行了大规模的破袭，给德军人员物资的运输造成了很大影响。

▲ 活跃在德军后方的苏联游击队。

为了配合库尔斯克战役，苏

苏军参战部队序列

基本兵力

中央方面军（司令康斯坦丁·罗科索夫斯基大将，71.1 万人，1.1 万门火炮，1 758 辆坦克）

第 13 集团军（司令普霍夫中将，11.4 万人，2 940 门火炮，270 辆坦克）

第 48 集团军（司令罗曼年科中将，8.6 万人，1 454 门火炮，178 辆坦克）

第 60 集团军（司令切尔尼亚霍夫斯基中将，9.6 万人，1 376 门火炮，67 辆坦克）

第 65 集团军（司令巴托夫中将，10 万人，1 837 门火炮，124 辆坦克）

第 70 集团军（司令加拉宁中将，9.6 万人，1 678 门火炮，125 辆坦克）

第 2 坦克集团军（司令阿列克谢·罗金中将，3.7 万人，477 辆坦克）

第 9 坦克军

第 19 坦克军

空军第 16 集团军（司令鲁坚科中将，450 架飞机）

沃罗涅日方面军（司令尼古拉·瓦杜丁大将，62.55 万人，6 718 门火炮，1 704 辆坦克）

第 6 近卫集团军（司令奇斯佳科夫中将，8 万人，1 682 门火炮，155 辆坦克）

第 7 近卫集团军（司令舒米洛夫中将，7.68 万人，1 573 门火炮，246 辆坦克）

第 38 集团军（司令奇比索夫中将，6 万人，1 168 门火炮，150 辆坦克）

第 40 集团军（司令莫斯卡连科中将，7.7 万人，1 636 门火炮，237 辆坦克）

第 69 集团军（司令克留乔金中将，5.2 万人，889 门火炮）

第 1 坦克集团军（司令卡图科夫中将，4 万人，419 门火炮，646 辆坦克）

第 35 近卫步兵军

第 2 近卫坦克军

第 5 近卫坦克军

空军第 2 集团军（司令克拉索夫斯基中将，400 架飞机）

空军第 17 集团军（司令萨德茨中将，400 架飞机，原隶属西南方面军）

草原方面军（司令科涅夫大将，57.3 万人，8 510 门火炮，1 639 辆坦克）

第 4 近卫集团军（司令库利克中将，7 万人，178 辆坦克）

第 5 近卫集团军（司令扎多夫中将，8 万人，1 953 门火炮，185 辆坦克）

第 27 集团军（司令卡沙克夫中将，7 万人，92 辆坦克）

第 47 集团军（司令雷若夫少将，6.5 万人）

第 53 集团军（司令马纳加罗夫中将，6.5 万人，78 辆坦克）

第 5 坦克集团军（司令罗特米斯罗特中将，3.7 万人，630 辆坦克）

第 3 近卫骑兵军
第 5 近卫骑兵军
第 7 近卫骑兵军
第 4 近卫坦克军
第 1 近卫机械化军
第 3 近卫机械化军
空军第 5 集团军（司令戈留诺夫，500 架飞机）

加强兵力

西方方面军（司令索科洛夫斯基上将）
第 11 近卫集团军（司令伊万 · 巴各拉米扬中将，3.7 万人，630 辆坦克）
第 50 集团军（司令波尔丁中将，5.4 万人，1 071 门火炮，87 辆坦克）
第 1 空军集团军（司令格罗莫夫中将，400 架飞机）

布良斯克方面军（马尔基安 · 波波夫上将）
第 3 集团军（司令戈尔巴托夫中将，5.4 万人，1 071 门火炮，87 辆坦克）
第 61 集团军（司令别洛夫中将，5.4 万人，1 071 门火炮，87 辆坦克）
第 63 集团军（司令科尔帕奇科中将，5.4 万人，1 071 门火炮，87 辆坦克）
第 15 空军集团军（司令瑙缅科中将，400 架飞机）

最高统帅部直属预备队
第 11 集团军（司令费久宁斯基中将，6.5 万人）
第 3 近卫坦克集团军（司令雷巴尔科中将，5.2 万人，731 辆坦克）
第 4 坦克集团军（司令瓦西里 · 巴达诺夫中将，3.8 万人，652 辆坦克）
第 20 坦克军
第 23 坦克军
第 2 近卫骑兵军
空军第 8 集团军（司令赫留金中将，400 架飞机）

联游击队从 1943 年 3 月炸毁了布良斯克至哥美尔铁路上的铁路桥开始，正式揭开了对德军后方铁路线的大规模破袭行动。根据德军的统计，在中央集团军群的后方铁路线遭到了约 400 次袭击，至 5 月就猛增到了约 1 000 次，至 7 月更是飙升到约 1 460 次！迫使德军中央集团军群从 5 月开始专门组织了针对游击队的四次大规模清剿行

▲ 正在破坏德军铁路线的苏联游击队。

动，虽然给游击队造成了 3 152 人阵亡，569 人被俘的严重损失，但是毋庸置疑，这些清剿行动也严重影响了中央集团军群库尔斯克战役的准备。而且，在 6 月，游击队对德军中央集团军群后方铁路线的破袭依然有增无减，有 298 列火车头和 1 223 节火车车厢被炸毁，损失了大量物资。同时由于铁路线接连遭到游击队的破坏，导致大量列车和物资滞留在各火车站，于是这些停满列车的车站又成了苏联空军集中轰炸的理想目标。虽然苏联空军的轰炸强度和规模不如美英空军在诺曼底登陆战役期间对德军铁路线的“空中绞杀战”，但也不乏 100 架次以上的大机群轰炸，给德军造成了巨大损失。

在战役后期的 1943 年 8—9 月，白俄罗斯、加里宁州、列宁格勒州、奥廖尔州和斯摩棱斯克州的 167 支游击队，约 9.6 万人，在苏军统一指挥下，实施了代号为“铁道战”的游击战战役，共破坏钢轨 214 705 根，极大破坏了德军铁路运输和后勤供给，阻止德军预备队的机动，迟滞德军主力的撤退，对苏军取得库尔斯克战役的胜利起到了重要作用。

构筑攻不破的堡垒

在苏军各种战前准备工作中，构筑攻不破的防御工事，自然就是重中之重。

兵力部署上，库尔斯克突出部北部地区部署了中央方面军的第 13、第 48、第 70 集团军，以第 13 集团军居中，第 70 集团军为左翼，第 48 集团军为右翼，主要用于抗击德军第 9 集团军的进攻；中部地区部署了中央方面军的第 60、第 65 集团军，主要用于抗击德军第 2 集团军的进攻；由第 2 坦克集团军、第 9 坦克军、第 19 坦克军为预备队。南部地区是沃罗涅日方面军的第 38、第 40、近卫第 6、近卫第 7 集团军负责防御，其中第 38、第 40 集团军负责抗击德军第 4 集团军的进攻，近卫第 6、近卫第 7 集团军负责抗击德军“肯普夫”战役集群的进攻，以第 69 集团军和第 1 坦克集团军为预备队。

▲ 苏军 45 毫米战防炮。

在中央方面军和沃罗涅日方面军的后面，展开了草原方面军的主力 5 个集团军，既作为防御时的纵深力量，更是反击时的突击力量。而在库尔克斯突出部以北奥廖尔西北地区，则是西方方面军的第 11、第 50 和近卫第 11 集团军以及布良斯克方面的第 3、第 61、第 63 集团军，作为反击时从北面转入进攻；在库尔斯克突出部以南地区，由西南方面军的第 67 集团军和第 2 坦克军作为助攻。

防御阵地上，苏军充分吸取了在莫斯科保卫战和斯大林格勒战役中以步兵师为单位建立的防御阵地容易被德军突破的教训，在库尔斯克改为以步兵军为单位建立防御阵地，每个步兵军都分为两个梯队展开，第一梯队以 2 个师组成第一道防线、第二道防线，第二梯队以 1 个师组成第三道防线，这样就将防御纵深扩大到 15—20 千米，是以往步兵师只有 5 千米防御纵深的 3—4 倍，不过步兵军的主要兵力都投入到了防线上，除了还保留 1 个反坦克预备队、1 个坦克预备队和 1 个机动障碍架设分队外，就没有更多的预备队。

每个集团军再构筑了三道防线，其中前两道为主防线和第二防线，共同组成纵深约 5 千米的战术防御地带，而第三防线则作为集团军的纵深防线，以加强防御的弹性。主防线是重点，构筑的工事最多，由五道战壕组成，每条战壕之间都有交通壕连接，形成了密如蛛网的防御阵地。在每道战壕上，还构筑了大量的机枪火力点和反坦克火力点，为了避免被德军炮火破坏，所有火力点都修建在地下，而且射界是环形开放的，能向各个方向开火，并且能和周围火力点构成交叉火网。

在主要威胁方向，步兵军的防线增加到五道，集团军防线为三道，方面军也增加了三道防线，形成了前后 11 道防线。

在每道防线之间以及防线的侧翼，则是大片雷区，平均每平方千米布设 2 000 枚人员杀伤地雷和 1 500 枚反坦克地雷，其中在第一道防线就布设了 64 304 枚人员杀伤地雷和 69 688 枚反坦克地雷，总共布设地雷的数量超过了 40 万枚，这个地雷密度是莫斯科保卫战的 6 倍，斯大林格勒战役的 2 倍。在重点地段，苏军还铺设了长达 112 千米的带刺铁丝网，其中 10.7 千米是带电铁丝网。

在中央方面军和沃罗涅日方面军后面，草原方面军也构筑了两道防线，这样在整

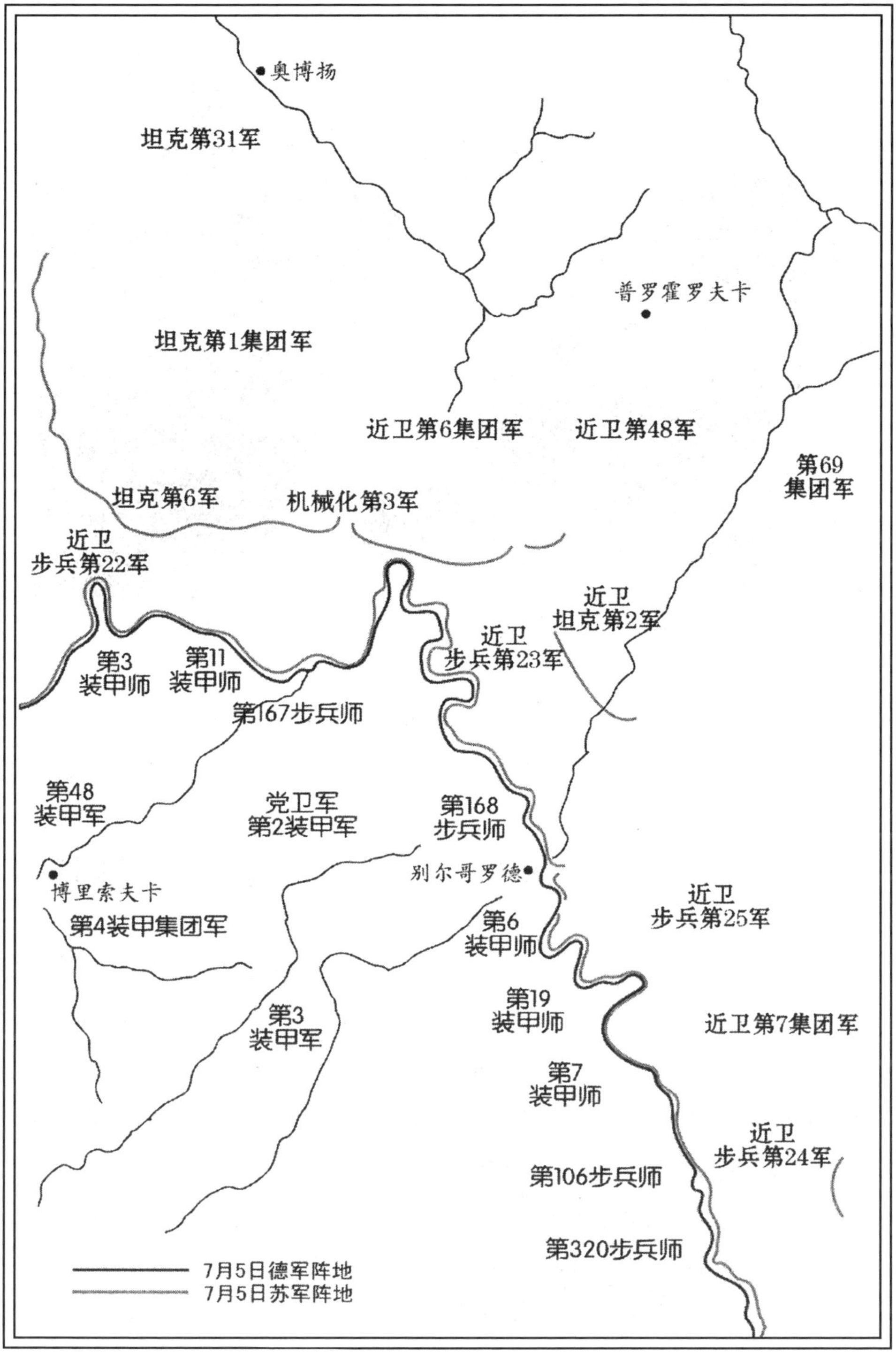

▲ 库尔斯克战役开始前苏德双方兵力部署图。

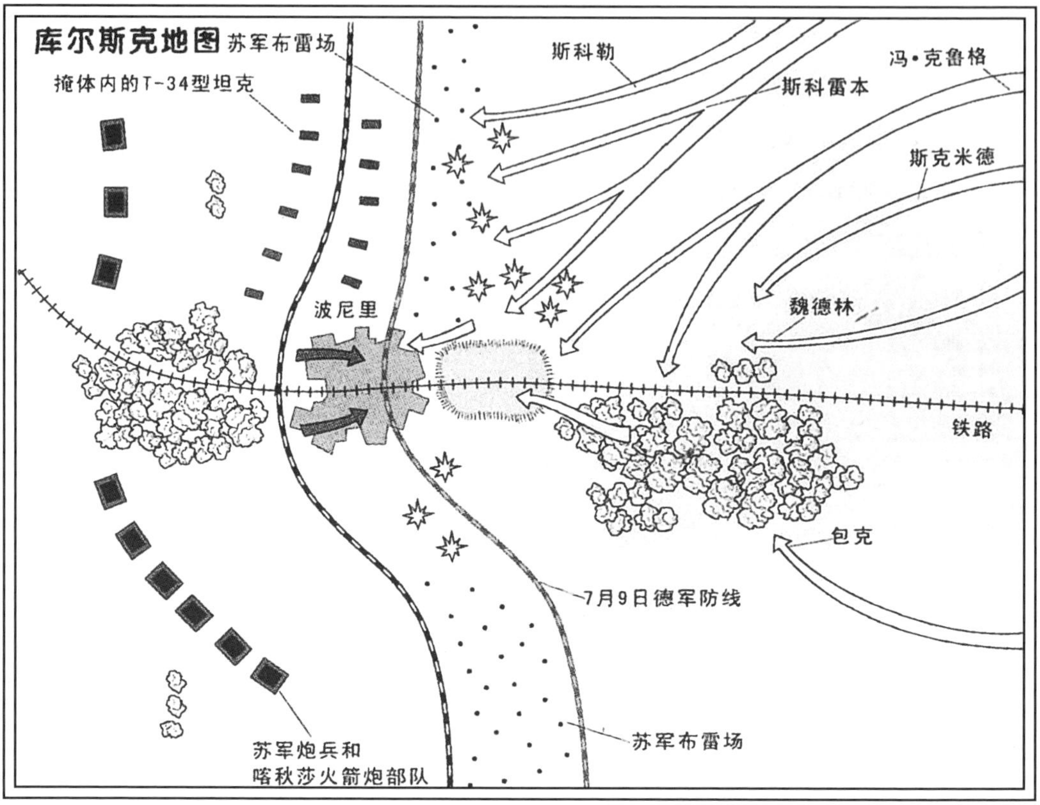

▲ 苏军防御阵地示意图。

个库尔斯克突出部，苏军从前到后总共构筑了八道防线，防御纵深超过了 100 千米。

苏军特别重视反坦克防御，因为经过三年的战争，苏军很清楚督军进攻的矛头就是坦克突击，因此在反坦克防御上很是下了功夫的。在反坦克火力点周围再辅以反坦克壕和反坦克地雷，形成被称为“坚固支撑点”的核心据点。每个“坚固支撑点”配置 5 门 76 毫米反坦克炮、5 支反坦克枪，由 1 个冲锋枪班和 1 个工兵班掩护配合，另外还部署机枪和迫击炮以对付德军步兵，有的还能得到坦克或自行火炮的支援。反坦克炮、迫击炮、机枪都经过周密伪装，很难发现。在防线上，平均

▲ 苏军火炮阵地。

约 5 000 米就有 1 个“坚固支撑点”，成为苏军抗击德军密集坦克突击的核心。在德军坦克威胁可能性大的地段，还部署了由摩托化工兵营在步兵掩护下组成的机动障碍架设分队，一旦发现德军坦克密集冲击，就迅速在德军坦克突击的前方紧急布设反坦克地雷，阻滞德军坦克推进。

苏军在构筑防御阵地时，特别重视充分利用地形，库尔斯克突出部里的普塞尔河、塞姆河、斯瓦帕河、北顿内茨河、蒂姆河、凯圣河都被纳入整体防御体系，这些小河最宽的也不过 130 米，最深也不过 3 米，而且河岸泥泞难行，但对德军来说，却是坦克快速推进的极大障碍，苏军更是依托河岸地形构筑了防御阵地。

同时苏军还布置了大量假目标，总共包括 883 辆假坦克和 220 架假飞机，布置成 3 个假坦克集结区域和 13 个假机场，以迷惑德军，起到示假隐真的效果。

整个库尔斯克突出部防御阵地工程相当浩大，仅仅是在沃罗涅日方面军的防线就挖掘了总长达到 4 240 千米的战壕和交通壕、28.5 万个步兵掩体、55 860 个反坦克炮和轻重机枪火力点、5 300 个观察所和指挥所、17 500 个地下隐蔽部……中央方面军的防御工事也和沃罗涅日方面军相差无几。因此苏联动员了奥廖尔州、库尔斯克州、哈尔科夫州、沃罗涅日州的民众，高达 220 万人，在工兵的指导下参加了修筑工作，挖掘的土方就有 150 万立方米。

除了防御工事的硬件建设，苏军还大力加强了部队的防御训练，各级司令部都进行了防御作战指挥、反击时各兵种协同等演练，对步兵则是强化反坦克战训练，建造了训练场进行针对性训练。在训练中，苏军的 T–34 坦克还专门碾压有步兵守备的战壕和交通壕，以消除对坦克的恐惧心理。炮兵则是强化了快速变换射击阵地和对坦克直接瞄准射击训练，这都是反坦克最有效的战术。坦克部队主要是进行了在炮兵和航空兵的掩护下实施反击的训练，对坦克乘员进行了在隐蔽掩体下进行精确射击和快速变换阵地的训练。航空兵重点进行领航、空中射击以及战斗机与轰炸机、攻击机的协同作战演练。

▲ 苏军正在构筑阵地。

同时苏军非常重视保密，有线通信进行了严格限制，无线通信只能使用以前开通的电台，所有战斗任务的下达都由指挥员对下属当面传达，严禁在通话里提到任何部队调动和战前准备

▲ 苏联动员了数以万计的民众参与修筑库尔斯克突出部的防御阵地。

的内容，所有部队的调动一律都在夜间进行。苏军对这次战役极为重视，除了最高统帅部代表朱可夫元帅、总参谋部代表华西列夫斯基元帅、各方面军司令都亲自到一线视察，苏军空军司令亚历山大·亚历山德罗维奇·诺维科夫空军元帅、炮兵司令尼古拉·尼古拉耶维奇·沃罗诺夫大将、装甲坦克和机械化部队司令雅科夫·尼古拉耶维奇·费多连科大将、远程航空兵司令亚历山大·叶夫根尼耶维奇·戈洛瓦诺夫大将、通信兵总部部长伊万·捷连季耶维奇·佩列舍普金大将、工程兵主任米哈伊尔·彼得罗维奇·沃罗比耶夫大将、后勤部长安德烈·瓦西里耶维奇·赫鲁廖夫大将等军兵种领导也都来到前线指导检查。

经过数月的努力，苏军在库尔斯克突出部的防御，已经相当坚固完备，这也是战争爆发以来，苏军准备最充分的一次战役。尽管准备工作是如此周密细致，但苏军上下对即将到来的大战依然没有必胜的坚定信心，因为德军自开战以来的“闪击战”实在太过凌厉，给苏军造成了极大的心理压力。5 月 2 日、5 月 8 日和 5 月 19 日，苏军最高统帅部三次发出了战役即将开始的最高等级警报，但每次都只是虚惊一场。库尔斯克地区，除了空中为了争夺制空权而展开的激烈空战正如火如荼，地面却反而异常平静。其实苏军的情报并没有错，德军本来就是准备在 5 月初发动“堡垒”作战的，只是为了这样那样的原因才推迟到了 7 月初。两个月的时间，对德军来说固然是进一步充分进行了战役准备，但对苏军来说何尝又不是呢？

时间终于走到了 1943 年 7 月，库尔斯克战役也进入了倒计时。

第四章　空中的殊死搏杀

最重要的是制空权

早在 1903 年莱特兄弟驾驶历史上第一架有动力飞机升空之前，人类就开始在战争中运用热气球，战争已经从陆地海上延展到了天空。随着飞机性能的提升，飞机在战争中发挥的作用也日益显著。到了第二次世界大战时期，制空权能对战争产生决定性的影响已经成为公认的战争法则。纳粹德国由于二号人物是空军总司令戈林元帅的缘故，对空军的发展历来比较重视。在西班牙内战期间，德国援助佛朗哥政权作战的秃鹰军团空军部队就对格尔尼卡镇进行了大轰炸，著名画家毕加索就以此为背景创作了传世名作《格尔尼卡》。

第二次世界大战爆发后，纳粹德国横扫西欧所向披靡的“闪击战”，最具威力的突击战术就是俯冲轰炸机和坦克的密切协同攻击。德军主力俯冲轰炸机 Ju-87“斯图卡”早期型号的机头冷却进气口装有绰号叫“耶利哥号角”的发音装置，听到“斯图卡”俯冲时发出的令人心悸的尖利啸叫，就成了盟军官兵最恐怖的梦魇。到库尔斯克战役时，“斯图卡”的性能已经落伍了，但德军在“斯图卡”上加装 37 毫米反坦克炮，成为一款成功的反坦克攻击机，在库尔斯克战役中也取得了相当不错的战绩。

▲ 毕加索以格尔尼卡轰炸为原型创作的名画《格尔尼卡》。

呼啸死神 Ju-87“斯图卡”俯冲轰炸机

1933 年，纳粹德国为了进行闪击战而开始招标支援地面部队的俯冲轰炸机，最后容克公司的 Ju-87V 原型机中标。在希特勒的大力支持下，容克公司的原型机于 1935 年 11 月试飞成功。而此时英国、法国等航空大国都还固执地认为现有技术无法实现俯冲轰炸，所以根本没有发展俯冲轰炸机。而德国却率先看到了俯冲轰炸的价值，大力发展 Ju-87。很快 Ju-87 就以垂直的俯冲角度、精准的投弹以及简便的操作，受到了飞行员及德国空军的青睐，甚至出现了俯冲轰炸万能论的观点。

1937 年 3 月，Ju-87 的生产型开始装备德国空军，并被称为“斯图卡”（Stuka），也就是俯冲轰炸机的德文“Sturzkampfflugzeug”的缩写。

Ju-87 的外形很有特色，倒海鸥形下单翼，这样的结构缩短了主起落架长度，也更便于在机翼上挂载炸弹。机翼后缘是容克公司独特的叠式襟翼，机头安装发动机，带整流罩的固定式起落架。Ju-87 机体非常牢固，能以 80 度的角度进行俯冲。装备有自动计算装置可正确计算开始俯冲和拉起机头的时机，在前翼梁下装有一对俯冲减速板，硕大的主起落架在飞机俯冲时也能起到减速的作用。这些特点使 Ju-87 具有极高的轰炸精度，投弹圆径误差在 25 米以内。在早期型号的机头冷却进气口装有一个空气驱动的发声装置，在俯冲时发出类似空袭警报的尖啸声，在进行对地攻击时带有很强的心理震慑。但后期型号为了改善飞行性能而予以拆除。

主要子型号有：Ju-87A 型是第一种生产型，载弹量 250 千克。Ju-87B 型是战争初期的主要型号，1938 年起装备部队，载弹量增加到 450 千克，如果只有 1 名飞行员时最大载弹量可以达到 1 000 千克。Ju-87R 型是增程型，可以携带 300 升副油箱，挂载 500 千克炸弹时航程增至 1 250 千米，主要用于攻击海上目标。Ju-87D 型是战争后期的主要型号，换装 1 700 马力发动机，外形完全流线型，续航力提高，防护装甲加厚，后座增设双联机枪。总体性能上最大速度只增加了 30 千米，但载弹量达到 1 800 千克，几乎就是轻型轰炸机了。

Ju-87G 型是反坦克型，1943 年开始装备部队，是在 D 型的基础上加装 2 门 37 毫米机炮，每门携带 12 发钨钢芯穿甲弹，专门用来攻击坦克薄弱的顶部装甲。但是飞行性能恶化，对飞行员的要求更高，一般不再进行大角度俯冲，并需要战斗机护航。

▲ Ju-87“斯图卡”轰炸机编队。

Ju-87 直到 1944 年 9 月才停产，各型号总生产量超过 5 700 架，基本上参加了第二次世界大战的全过程。

1939 年 9 月，Ju-87 参加了波兰战役，因为战绩出色而名声大噪。在挪威战役

▲“斯图卡”反坦克型，请注意机头下2门37毫米反坦克炮。

和西欧战役中，Ju-87同样表现出色，但在不列颠空战中，面对无法掌握制空权的情况，Ju-87遭到了很大损失。仅仅在1940年8月18日一天中，就有30架Ju-87被击落，从此德国空军被迫停止使用Ju-87轰炸英国。这也使德国空军认识到，Ju-87自卫能力弱，防护能力低下，只能在空中威胁不大的地区使用。1941年，Ju-87开始进驻地中海战区，取得了击沉“南安普敦”号巡洋舰、重创“光辉”号航母、击伤“格罗斯特”号巡洋舰等重大战果，迫使英军地中海舰队退回埃及的亚历山大港，而德军仅仅损失了7架Ju-87。在5月的克里特岛战役中，又击沉了英军3艘巡洋舰、6艘驱逐舰，击伤2艘战列舰、1艘航母、6艘巡洋舰、7艘驱逐舰，而德军投入的Ju-87只有区区30架！

1941年6月22日，德国入侵苏联，当天就有183架Ju-87参战，主要负责攻击地面部队指引的目标，坚固据点、通信指挥中心、仓库、桥梁、车站……都在Ju-87精准的攻击下被摧毁。由于德军掌握了制空权，所以Ju-87得以充分发挥其对地攻击的威力。由于苏军坦克威胁越来越大，德军只能希望借助空中力量来打击苏军坦克，但Ju-87对坦克的攻击成效并不明显，直到专门的反坦克型投入使用后，才让Ju-87具备了强悍的反坦克能力，从库尔斯克战役开始大量使用。随着战争的发展，Ju-87的性能日益落伍，最终逐渐被Fw-190F型战斗轰炸机取代，Fw-190F型的速度和机动性都更好，能够有效对抗战斗机，唯一不足的就是投弹精度不如Ju-87。

Ju-87D型基本性能

乘员：2人

机长：11.5米

翼展：13.8米

机高：3.88米

机翼面积：31.95平方米

空重：3 900千克

最大起飞重量：6 600千克

最大飞行时速：410千米

实用升限：7 285米

爬升率：4米/秒

最大载弹量：1 800千克

武备：2挺7.9毫米机枪

▲ 德军 Ju-87“斯图卡”俯冲轰炸机。

制空权对于纳粹德国来说，之前的战争已经有了正反两方面的经验和教训，在波兰战役、闪击西欧等作战中，因为确实掌握了制空权，所以都赢得了胜利。但在1940年7月的不列颠空战，由于德军无法掌握制空权，最终导致在英国登陆的“海狮”计划无限期推迟。

进入1943年，谁掌握了制空权谁就能赢得胜利的观点已经深入人心，所以库尔斯克战役的地面作战还没开始，在空中围绕制空权的激烈争夺就已经开始了。此时德军在空中的情况丝毫不比在地面上乐观，西线英军对德国的战略轰炸从1940年5月就开始了，美国从1942年8月也开始加入到对德国的战略轰炸。从1943年开始，英美盟军对德国的战略轰炸进入了新的阶段，轰炸的目标更为明确，轰炸的规模也逐渐扩大。从1943年3月开始，英美盟军就集中对德国鲁尔工业区进行了为期5个月的战略轰炸，总共进行了43次大规模轰炸，出动的轰炸机总数达到1.85万架次，不但对鲁尔工业区的工业城市，而且对水坝进行了轰炸，破坏水利发电系统，同时也造成洪水泛滥。至库尔斯克战役开始不久的1943年7月底，英美盟军又在10天时间里，总共出动轰炸机1.7万架次，投弹约1万吨，对汉堡进行了持续密集轰炸。英美盟军的这些战略轰炸不但严重影响了德国的军事工业，打击了德国的民心士气，更牵制了德军大量的航空兵力。

在苏德战场上，1943年4月，苏联空军和德国空军就在南部的库班地区上空围绕制空权展开了激烈较量，在两个月的时间里，双方连续进行了三次大规模的空中战役，经常在一天时间里就出现七八十次有数十架甚至上百架飞机参加的编队空战，整个库班空战期间，编队空战就有634次之多，仅苏军就出动飞机3.5万架次，击落击毁德军飞机833架，极大削弱了德军的空中力量，赢得了苏德战场南翼的制空权，为夺回整个苏德战场的战略制空权创造了有利条件。

双方都调集了精兵强将

希特勒很清楚制空权对于战争胜负的决定性作用，所以对于1943年夏季最关键的库尔斯克战役制空权也是高度关注，尽管德国空军此前在 1942 年的斯大林格勒战役和 1943 年 5 月的库班大空战中损失了大量的作战飞机和飞行人员，但是在希特勒全力加强东线战场空军力量的特别命令下，德国空军还是竭尽全力向库尔斯克地区调集空中力量。从 3 月 15 日到 7 月 1 日，就从法国、挪威和德国本土先后抽调了 13 个飞行大队到苏德战场，同时德国空军各训练中心也都开足马力培训新的飞行人员，以尽快补充此前空战中的损失。在这些努力下，德军投入在库尔斯克战场的第 4、第 6 航空队的实力迅速得到恢复和回升，负责为南线德军提供空中支援的是由奥托·德斯洛赫空军上将指挥的第 4 航空队，拥有各型作战飞机 1 100 架；负责为北线德军提供空中支援的是由冯·格莱姆空军上将指挥的第 6 航空队，拥有各型作战飞机 950 架，这样就使得德军在这一地区的作战飞机总数达到了 2 050 架，其中轰炸机 1 200 架，战斗机 600 架，攻击机 100 架，侦察机 150 架，投入的作战飞机总数几乎相当于德军在整个苏德战场飞机总数的 60%。在机型方面，战斗机有最先进的 Fw–190，就是已经使用多年的 Bf–109 也都是最新的 Bf–109G 型，轰炸机是 He–111 和 Ju–88，在攻击机方面原先主要是由 Ju–87“斯图卡”俯冲轰炸机来承担，但 Ju–87 在制空权还没有完全掌握的情况下，很难发挥应有的作用，而且考虑到库尔斯克战役中对地攻击主要是打击苏军的装甲力量，因此德军这次特意派出了专业的反坦克攻击机 Hs–129。不但在航空兵力的数量上，就是质量也相当高，在参战的航空部队中，战斗机部队就有击落敌机千架的王牌部队——第 3 战斗机联队（JG.3）、第 52 战斗机联队（JG.52），俯冲轰炸机部队有第 2“殷麦曼”俯冲轰炸机联队（StG.2）——在德国空军中轰炸机战果最高，并且唯一一位获得德国最高军事荣誉钻石金宝剑金橡叶骑士铁十字勋章的汉斯·乌尔里希·鲁德尔上校就是这个联队的。这几支部队都是当时德国空军中数一数二的精锐王牌。

▲ 德军王牌部队第 52 战斗机联队的 Bf–109 战斗机。

苏联同样很清楚制空权的重要性，1941 年 6 月 22 日，德国入侵苏联，开战之初苏联空军就遭到了严重失利，损失惨重，这也是苏联在战争初期接连失利的重要原因。进入 1943 年以后，随着军工生产的逐步恢复以及美英援助源源到来，苏联空军的实力已经恢复甚至超过了 1941 年 6 月开战前的水平，1943

Hs-129 反坦克攻击机

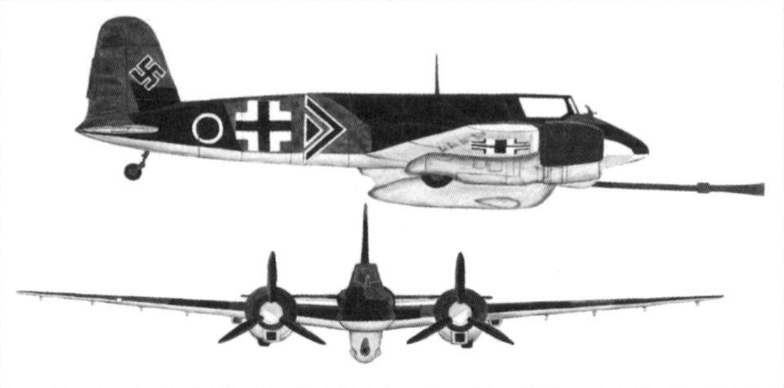

▲ Hs-129 反坦克攻击机侧视图。

德国从20世纪30年代就开始研制小型对地攻击机，亨舍尔公司推出了Hs-129原型机。这款飞机有两大特点，一是机身狭小，作为双发发动机，机翼面积仅有29平方米，甚至比单发发动机的Ju-87还小。第二个特点是重装甲防护，座舱地板有12毫米装甲，机舱两侧是6毫米装甲，发动机也有5毫米装甲保护，座舱玻璃也是防弹玻璃，飞行员简直就像是坐在“装甲澡盆”里，全机装甲重量达到1吨，几乎占起飞重量的20%。原型机于1939年3月首次试飞，由于重量过大，飞行性能并不令人满意，此后研制进度一直比较缓慢，直到1941年6月德国入侵苏联，德军对打击地面装甲目标的需求日益紧迫，Hs-129的研制进度才得以加快。

1942年3月，第一种量产型Hs-129B1开始装备部队，但是飞行员视野太小和发动机太过娇嫩在苏联夏季沙尘飞扬冬季严寒的气候下故障频繁，对Hs-129的使用影响很大。

1943年，Hs-129B2/Wa型开始装备部队，这款改型在机腹安装了30毫米机炮舱，可以发射钨芯穿甲弹，具有很强的反坦克威力。机头也用37毫米炮取代了原来的13毫米机枪，火力大为增强，可以轻松击穿苏军所有现役坦克的顶部、侧面和后部装甲，对坦克威胁极大，因此被称为“空中开罐器”和“坦克猎手”。

直到此时，Hs-129才算真正进入了反坦克的角色，立刻成为苏德战场上的救火队，四面出击，为稳定战场局势立下了汗马功劳。

在库尔斯克战役中，德军侦察机发现一支苏军的坦克集群，德军立即出动16架Hs-129，采用4机一组对苏军坦克进行轮番攻击，在不到一小时攻击中，就击毁苏军坦克50余辆。

随着苏军更先进的重型坦克出现，Hs-129的火力已经不足以击穿重型坦克的正面装甲，于是德军又研制出装备75毫米炮的Hs-129B3/Wa型，配备12发穿甲弹，能在500米距离上击穿苏军重型坦克的正面装甲。但是75毫米炮令人恐怖的后坐力和能使飞行员短暂失明的炮口火焰，加上飞机重量大幅增加而导致飞行性能严重恶化，因此Hs-129B3/Wa型只生产了25架。

至1944年9月停产，Hs-129系列总共生产879架。虽然拥有强大的反坦克能力，但飞行性能太差，一旦遇到对方战斗机，在空战中几乎难有生路，因此损失很大。但是作为人类历史上第一种专业的反坦克攻击机，Hs-129还是在飞机发展史上占有一席之地的。

Hs-129B2型基本性能

乘员：1人

机长：9.75 米

翼展：14.2 米

机高：3.25 米

机翼面积：29 平方米

空重：4 020 千克

最大起飞重量：5 250 千克

最大飞行时速：407 千米

最大航程：690 千米

实用升限：9 000 米

最大载弹量：250 千克

武备:2 挺 13 毫米机枪，2 门 30 毫米机炮

▲ 反映 Hs-129 攻击机进行对地攻击的绘画。

德国空军第 52 战斗机联队

德国空军第 52 战斗机联队（JG. 52），是第二次世界大战期间德国空军一支王牌战斗机部队，总战绩达到了惊人的 10 600 架。

1939 年 5 月，德国空军以第 433 战斗机联队第 1 大队为基础在伯布林根组建了第 52 联队第 1 大队。1939 年 10 月，以第 72 战斗机联队第 3 大队为基础在伯布林根组建了第 52 联队第 2 大队。1940 年 3 月，在斯特拉斯堡以第 28 战斗机联队第 1 大队为基础组建了第 52 联队第 3 大队。就这样，第 52 联队才组成了 3 个大队 9 个中队的基本结构。至 1944 年 8 月，每个大队都扩编到 4 个中队，再加上配属的捷克第 13 中队和克罗地亚第 15 中队，全联队总共 3 个大队 14 个中队，装备战斗机约 200 架，这也是第 52 联队最鼎盛的时期。在整个战争期间，第 52 联队就只装备了 Bf-109 一种机型。

▲ 第 52 战斗机联队徽章。

在战争初期，第 52 联队战绩平平，1939 年 9—12 月，总共才击落了 4 架敌机，其中在 10 月 6 日击落的一架法军侦察机，成了第 52 联队的第一个战果。

1941 年 6 月 22 日，德国入侵苏联，第 52 联队的第 2、第 3 大队参加了对苏作战，第 1 大队留在西线担负防空作战。1941 年 9 月，第 1 大队也被调往了东线，从这以后整个 52

联队大部分时间都在苏德战场作战，第 52 战斗机联队的战绩也迅速开始飙升。至 1943 年 7 月库尔斯克战役之前，52 联队的总战绩已经超过了 1 000 架，到了战争结束时，52 联队的总战绩更是超过了 10 600 架，几乎占德军击落苏军战机总战果的四分之一，同时还涌现了德国空军的前三位最高战绩王牌（也是世界历史上空战战绩最高的三位王牌）：埃里希·哈特曼（总战绩 352 架）、格尔哈德·巴克霍隆（总战绩 301 架）、京特·拉尔（总战绩 275 架）。此外，52 联队还有 31 位击落战绩超过 100 架的超级王牌、85 位击落 5 架以上敌机的王牌飞行员。其中埃里希·哈特曼和赫尔曼·格拉夫两人获得了钻石宝剑银橡叶骑士铁十字勋章，这是德国极高的军事荣誉，总共只有 27 人获得。

▲ 德军头号王牌飞行员哈特曼。

1944 年以后，随着德军在苏联战场的节节败退，52 联队也陆续撤回德国。1945 年 5 月 8 日，随着纳粹德国的战败投降，第 52 战斗机联队也彻底结束了其短暂的作战历史。

第 2“殷麦曼”俯冲轰炸机联队

德国空军第 2“殷麦曼”俯冲轰炸机联队是在第二次世界大战期间德国空军所有俯冲轰炸机联队中最著名的部队，是用德军在第一次世界大战中的传奇英雄殷麦曼命名的王牌部队。

1934 年，德国空军成立第 162 轰炸机联队，装备 He-50B 型飞机进行俯冲轰炸训练，但只下辖 2 个大队。

▲ 第 2“殷麦曼”俯冲轰炸机联队的“斯图卡”轰炸机编队。

1935 年 3 月，第 162 轰炸机联队正式以德军第一次世界大战著名空战王牌殷麦曼的名字命名为第 162“殷麦曼”俯冲轰炸机联队。

1937 年 3 月，第 162 俯冲轰炸机联队开始装备 Ju-87“斯图卡”俯冲轰炸机，9 月，组建第 3 大队，至此第 162 联队才拥有了 3 个大队。

1939 年 5 月 1 日，第

162“殷麦曼”俯冲轰炸机联队正式改称为第2“殷麦曼”俯冲轰炸机联队（StG. 2“Immelmann”），下辖3个大队。

从1939年9月第二次世界大战爆发开始，第2“殷麦曼”俯冲轰炸机联队就始终活跃在战争的最前线:从波兰、法国、英国、希腊、巴尔干，再到北非、苏联、东欧，可以说几乎就是整个纳粹德国兴衰史的缩影和再现。在六年战争中，第2联队南征北战，为纳粹德国鞍前马后，取得了骄人的战绩，涌现出像汉斯·鲁德尔、奥斯卡·迪诺特、鲍尔－维尔纳·霍泽尔这样的超级王牌。

到了战争后期，也只有第2联队在鲁德尔的率领下敢于在没有制空权而且缺少己方战斗机掩护的情况下，冒着密集的防空炮火在白天攻击东线的苏军的装甲铁流——然而这也只是螳臂挡车之举。1945年5月，随着德国战败投降，第2俯冲轰炸机联队也结束了征战历程。但是抛开意识形态的因素，单以第2联队的战术思想、作战经验都是非常一流的，因此战后德国空军依然保留了第2俯冲轰炸机联队这个番号。

“黑死神”伊尔-2攻击机

在第二次世界大战期间能和德国著名的Ju-87“斯图卡”俯冲轰炸机相提并论的，就只有苏联的伊尔-2攻击机了。“斯图卡”是德语俯冲轰炸机的意思，无独有偶，伊尔-2的外号“斯图莫维克”（Sturmovik）就是俄语“对地攻击机”的缩写。而且苏军也只用“斯图莫维克”来称呼伊尔-2这一种飞机。在战争中，伊尔-2对德军装甲部队大开杀戒，因此德军官兵给伊尔-2起了一个响亮的名号“黑死神”。

1938年，苏联中央设计局下属由谢尔盖·弗拉基米罗维奇·伊柳申领导的部门开始根据军方的要求研究“带装甲对地攻击机”。最初的设计要求为：单台发动机、双座、发动机和乘员合计重量不得超过700千克，另外还必须在重要部位加装4—7毫米（后加强为12毫米）装甲板。

▲ 苏军伊尔-2攻击机。

1940年1月，原型机通过鉴定，但军方并不满意这种看似笨重的飞机。10月改装更大马力的发动机，并进行了多项改进后再次试飞，但军方仍认为飞行性能不理想，要求改成单座。于是伊柳申只好上书斯大林，并得到了斯大林的首肯，这才以伊尔-2

的型号于 1941 年 3 月开始生产，但还是改为单座型。至 6 月战争爆发时，总共有 249 架装备部队。这些伊尔 -2 虽然数量不多，但战争初期在攻击德军装甲目标时表现出色，因此受到了苏军上下的一致好评。但由于飞机制造工厂内迁，伊尔 -2 的生产受到了一定影响，为此斯大林专门下达第 553 号令，严令在 1941 年下半年必须生产出 1 293 架，这一产量是 1941 年上半年的 4 倍！而 1942 年的全年产量更是要达到 7 500 架！正是在战场的实际表现，让伊尔 -2 终于成为苏军优先生产的机型。而且为了抗击德军战斗机的威胁，苏军也意识到必须给伊尔 -2 增加后座机枪手，以加强对后方的防御。

双座型的伊尔 -2M3 于 1942 年 3 月试飞，10 月开始装备部队，不仅后座增加 1 挺 12.7 毫米机枪，还加装了专门打击装甲目标的火箭弹，进一步提高了攻击威力。

伊尔 -2 总产量高达 36 163 架，占到战争期间苏军作战飞机总产量的三分之一，参加了苏德战场的全过程以及 1945 年 8 月的对日作战。苏军最高统帅部还专门组建了全部由伊尔 -2 攻击机组成的独立航空师和强击航空军。海军也将伊尔 -2 改装成鱼雷攻击机，组建了强击航空旅和强击航空师。在战争中，伊尔 -2 最常使用的战术是以 4—8 架飞机组成小编队在 100 米以下的超低空进行对地攻击，有时候也以上百架规模的大编队进行密集攻击，这就是著名的“剃刀攻击”，极具威力。

在库尔斯克战役中，伊尔 -2 大显身手，还首次使用了聚能破甲反坦克炸弹，6 架伊尔 -2 一次出击就摧毁了 15 辆坦克。7 月 7 日，仅仅 20 分钟时间，伊尔 -2 就击毁了 70 辆德军坦克，为赢得战役胜利立下了汗马功劳。

伊尔 -2M3 型基本性能

乘员：2 人

机长：11.65 米

翼展：14.6 米

机高：3.28 米

机翼面积：38.5 平方米

空重：4 360 千克

最大起飞重量：5 880 千克

最大飞行时速：420 千米

最大航程：800 千米

实用升限：6 500 米

最大载弹量：600 千克

武备：2 挺 7.62 毫米机枪，1 挺 12.7 毫米机枪，2 门 20 毫米机炮，8 枚 82 毫米或 4 枚 132 毫米火箭弹

▲ 德军最先进的 Fw-190 战斗机。

年5月的空战规模就已经比一年前增长了3倍。为了争夺库尔斯克战场的制空权，苏军最高统帅部也是尽其所能向库尔斯克调集空中力量。1943年6月，苏联空军总共有配属各方面军的18个空军集团军和直属最高统帅部的大本营预备队4个空军集团军，其中就有13个空军集团军部署在库尔斯克方向，其中直接配属在库尔斯克及其周边地区的就有7个空军集团军，分别是配属中央方面军的第16空军集团军，配属沃罗涅日方面军的第2、第17空军集团军，配属草原方面军的第5空军集团军以及配属西方方面军的第1空军集团军，配属布良斯克方面军的第15空军集团军和最高统帅部直属的第8空军集团军，这7个空军集团军拥有的各型作战飞机总数约2 600架（战役开始后又新增加了约2 000架，使参战飞机总数增至4 600架）。在数量上和德国空军相比，整个苏德战场是苏军8 000架对德军3 400架，2.35:1；在库尔斯克战场是苏军2 600架对德军2 050架，1.27:1。其中在战斗机数量上，苏军是1 200架对德军600架，比德军整整多了1倍，只有在轰炸机数量上，苏军仅有85架，德军占有较大优势。

在机型上，苏军也有了长足进步，战争初期的一些老旧型号基本被淘汰，现在都是全新的先进机型，战斗机主要型号已经换装成了雅克–9和拉–5，其中拉–5的性能已经完全能够和德军的Fw–190相抗衡。在攻击机方面，苏军的“黑死神”伊尔–2攻击机也是打击装甲目标的理想机型，给德军的装甲部队造成了巨大损失。

因此，在库尔斯克战场的空中力量对比上，双方是不相上下，在某些方面苏军还略占上风。

第一次空中战役

至1943年5月，苏军空中力量的部署已经基本到位，整个空军总共18个空军集团军和统帅部直接指挥的预备队方面军4个空军集团军，就有13个已经部署到了库尔斯克地区，而且歼击航空兵部队装备的也大部分都是新式战斗机，性能也已经能够和德军的战斗机一较高下了。因此苏军统帅部在对德军进行了严密侦察之后，仔细分析研究了德军情况，决定先发制人，首先发起空中战役，削弱德军的空中力量，为接下来的地面作战创造更有利的条件。

苏军计划在从斯摩棱斯克到亚速海海岸宽达 1 200 千米正面，对德军各主要机场同时实施攻击，特别是重点对谢沙、布良斯克、奥廖尔、哈尔科夫和斯大林诺等地区的德军机场进行突然袭击。因为在上述机场德军空中力量几乎占到第 4、第 6 航空队的 60%，如果能够对这些机场的德国空军以沉重打击，那么就将严重削弱德军在库尔斯克地区的空军实力，对夺取库尔斯克上空的制空权具有重大意义。

苏军侦察机对库尔斯克地区的德军战线进行了大量的航空侦察，查明了德军各机场、指挥部、通信中心、燃料库、弹药库等重要目标的情况，侦察行动完成得非常出色，德军各机场的活动规律、飞机和人员的数量都掌握得一清二楚。这就为苏军组织空中战役奠定了基础。

为了保证战役的突然性，苏军在战役准备阶段采取了极为严格的保密措施，所有和战役有关的内容一律不得利用有线和无线通信传送，只能依靠专人送达，了解战役详情的人只限制在极小范围内。

5 月 4 日，苏军最高统帅部向西方方面军、布良斯克方面军、中央方面军、沃罗涅日方面军、西南方面军和南方方面军下达了发起空中战役的正式命令，要求各方面军所属的空军集团军采取进攻行动，消灭德军在各机场上和空中的作战飞机，同时破坏德军铁路和公路运输。

▲ 苏军第一次空中战役就是打击德军机场。

空中战役定于 5 月 6 日凌晨开始，各空军集团军在 4 时 30 分—5 时的半小时里，集中对德军各机场进行密集突击。接下来，对德军机场进行持续三个昼夜不间断的突击，以尽可能压制德军空中力量，同时还将对德军的铁路公路交通进行连续十昼夜的袭击。因此，整个空中战役将持续十天。

5 月 5 日，苏军空军司令诺维科夫空军元帅向各参战空军集团军下达了具体的作战要求

▲ 苏联空军司令诺维科夫空军元帅。

和战术指导，例如第一波次空袭必须同时对已查明的德军机场发起攻击；在战役第一天要对德军机场进行全力压制，白天对机场进行反复突击，夜晚则以夜航轰炸机组织夜间空袭，继续保持对德军机场的压制。在战役开始后的两天，仍是以消灭机场为主要突击目标。诺维科夫在命令中还特别强调，必须要以大机群对德军机场进行突击，必须要抽调足够数量的飞机负责压制德军的防空火力。

苏军投入第一次空中战役的共有 6 个空军集团军，分别是：西方方面军的空军第 1 集团军、沃罗涅日方面军的空军第 2 集团军、南方方面军的空军第 8 集团军、布良斯克方面军的空军第 15 集团军、中央方面军的空军第 16 集团军和西南方面军的空军第 17 集团军，参战飞机总数超过 2 000 架。其中，空军第 1 集团军负责突击谢沙和布良斯克地区的德军 5 个机场，空军第 2 集团军负责突击哈尔科夫地区的德军 6 个机场，空军第 15 集团军负责突击奥廖尔地区的德军 5 个机场，这是苏军突击的主要方向，另外 3 个空军集团军由于距离较远，出动的兵力有限，因此分别突击了 2—3 个机场。

5 月 6 日凌晨，苏军按计划对德军十多个机场发起了突然袭击，苏军袭击行动完全出乎德军意料，德军根本没想到苏军会主动发起这样大规模的攻击，完全猝不及防，防范自然相当松懈，因此受到了很大损失。根据苏军的统计，仅仅在地面上就击毁了德军飞机 194 架，另外在空战中击落 21 架德军起飞迎战的飞机，而苏军自身总共只损失了 26 架。

从 5 月 6 日到 8 日，苏军连续三天对德军总共 26 个机场进行了反复的突击，不过德军虽然第一波次袭击被打了个措手不及，但历来惯于突击人家机场的德军，很快就回过神来，一方面将部分飞机疏散到后方机场，对留在前方机场的飞机进行了更仔细的伪装，另一方面加强了反击力量，地面增加了防空火力，机场值班戒备的战斗机数量也大为增加，因此苏军在接下来的几天中，尽管增加了担负空中掩护的战斗机数量，还加强了负责压制防空火力的飞机数量，但是战果还是明显不如第一波次空袭了。苏军考虑到战役的突然性已经不复存在，德军反击的力度也显著增强，因此便于 5 月 9 日下令停止了对德军机场的突击。

虽然第一次空中战役仅进行了三天就结束了，比原先计划进行十天大为缩短，但是作为苏德战场一次规模宏大的空中战役，依然极大振奋了苏军的士气。在这次空中战役中，苏军宣称总共出动约 1 400 架次，在地面和空中消灭德军飞机 373 架，差

▲ 苏军的轰炸机群。

不多每出动三架次就能消灭德军一架飞机，苏军自身损失 122 架。苏军战绩如此之大，显然是有水分的，但德军在这次空中战役中吃了亏，也是事实。

从战果上看，虽然没能给予德军的空中力量以毁灭性打击——在战役进行期间，德军不但能够出动飞机空袭苏军后方的交通枢纽和工业中心，还能对地面部队提供空中支援。不过苏军还是取得了一定成效，至少在苏德战场的中部和南部地区的空中形势大为改观。

第二次空中战役

在第一次空中战役中吃了亏的德军并不甘心示弱，马上就还以颜色。6 月 2 日，德军大举出动，287 架轰炸机在大批战斗机掩护下向库尔斯克地区的苏军铁路枢纽进行猛烈轰炸，苏军先后起飞了 386 架战斗机进行拦截，虽然取得了击落德军飞机 145 架的战果，但仍未能阻止德军的轰炸，铁路枢纽遭到了很大损失，整个库尔斯克地区的铁路运输因此而中断了 12 个小时。

因此，苏军最高统帅部决定再组织一次空中战役，主要目的是打击德军的轰炸机部队，以减少德军轰炸机对苏联后方军工企业和伏尔加河流域各城市的空袭。为此苏军统帅部调集了第 1、第 2 和第 15 空军集团军以及远程航空兵的轰炸机部队。

▲ 德军前进机场上的战斗机。

6 月 8 日黄昏，苏军对谢沙、布良斯克、卡拉切夫、奥廖尔和博罗夫斯科耶等地的德军机场突然发起了全面袭击，这些机场全部都是德军空袭库尔斯克地区铁路枢纽的轰炸机出发基地，所以苏军的战役意图也就非常明确。之所以选择在黄昏发起空袭，也是想一改过去凌晨空袭的惯例，起到出其不意的效果。但是，经过了第一次空中战役，德军对各机场都提高了戒备，大大增加了防空火力的配置和值班战斗机的数量，因此苏军的这个攻击时间的改变，效果并没有预期的那样显著。

▲ 遭到空袭的德军运输车队。

考虑到德军大大加强了防空火力，因此苏军也相应强调在空袭时对德军防空火力的压制，基本上要投入占到攻击机群总数一半左右的飞机来担负压制防空火力的任务。例如苏军第 1 空军集团军在对谢沙机场的空袭中，出动的 111 架飞机中就有 60 架来负责压制防空火力以及迎击德军拦截的战斗机，这样的兵力分配保证了突击机群能够放手攻击，取得了摧毁德军飞机 35 架的战果。

在此后的两天里，苏军各空军集团军不断对上述机场进行反复攻击，来自远程航空兵轰炸机部队则在夜间不断对谢沙、布良斯克、卡拉切夫、奥廖尔、博罗夫斯科耶、扎布罗热和克林等机场进行袭击，对德军各机场保持着 24 小时不间断的压力。

从 6 月 8 日到 6 月 10 日，苏军在第二次空中战役中总共出动 3 350 架次，袭击了德军 28 个机场，在地面击毁德机 168 架，在空中击落德机 77 架。这一战果和第一次空中战役时每出动三架次就能消灭一架德机相比，几乎下降近 5 倍，差不多每出动十四架次才能消灭一架德机。包括这三天的空中战役在内，整个 6 月，德军总共损失了超过 500 架飞机，可以说仍然大大削弱了德军的航空力量，在德军加强了戒备的情况，还能取得如此战果，已经很不容易了。

除了主动突击德军机场，削弱德军航空力量外，在库尔斯克战役的准备期间，苏联空军还担负着袭击德军后方的铁路和公路交通的重任，各空军集团军和远程航空兵都投入了对德军交通线的袭击，其中隶属于各方面军的空军集团军主要负责攻击方面军所在战线正面、纵深 200—250 千米范围内的德军交通线，远程航空兵则负责攻击德军纵深 350—400 千米范围的德军交通线。在战术上，每个空军集团军抽调 1 个强击机团和 1 个战斗机团组成突击机群，采取“游猎”方式对德军交通线上的机车、列车和汽车进行不间断攻击。苏军投入攻击交通线的航空兵力，仅仅第 2 和第 16 空军集团军就出动了约 2 000 架次。而远程航空兵更是全力出击，从 1 月 5 日到 5

月 5 日，四个月的时间出动飞机数量就超过了 1.5 万架次，对布良斯克、奥廖尔、戈梅利、奥尔沙、斯摩棱斯克、维亚兹马等地铁路枢纽进行了猛烈空袭，致使德军的后方交通经常中断，德军向库尔斯克调集人员和装备的战役准备工作受到很大影响。进入 5 月之后，远程航空兵还开始对德国本土的科尼斯堡、但泽、莫斯捷尔堡、提尔西特等城市的军工企业进行了轰炸，为了提高轰炸的效果，苏军甚至还使用了每枚重达 5 吨的超级炸弹。

苏军航空兵对德军后方交通线和军工企业的袭击，不但给德军造成了巨大的物质损失，沉重打击了德军的民心士气，而且迫使德军不得不在后方部署大量的高射炮、探照灯和战斗机部队，以加强对空防御，这样等于是在无形之中削弱了德军部署在库尔斯克前线地区的防空和航空力量，为苏军航空兵在前线的活动创造了有利条件。因此，对德军后方交通线和军工企业的空袭，表面上看对库尔斯克战役关系不大，但实际上还是对战役起到了相当重要的影响。

库尔斯克大空战

按照本书以时间为轴的写法，库尔斯克战役中的空战应该是后面几个章节中出现，但是考虑到都是空战，和地面作战毕竟有所不同，还是和空战合并在一起比较好，因此这部分内容就提前在本章中呈现。

7 月 5 日，库尔斯克战役拉开帷幕，由于苏军根据情报，准确判断出了德军发起进攻的时间，于是朱可夫果断下令抢在德军开始炮火准备之前进行炮火反准备，除了地面炮兵，苏军还出动了第 2、第 17 空军集团军的 417 架强击机和战斗机，对德军的 7 处前线机场进行空袭。这场炮火反准备完全出乎德军意料，前线机场更是处于大战在即的紧张备战状态，完全没有充分的戒备，因此被打了个措手不及，有 60 多架飞机在地面上被摧毁。如果不是德军的战斗机反应还算迅速，紧急起飞了一批战斗机进行拦截，

▲ 苏军使用的威力巨大的重磅炸弹。

德军轰炸机的损失还会更大。

天亮后，德军按计划发起进攻，在空中也和地面一样，同时爆发了激烈的战斗。

德军“闪击战”的一大原则就是先用航空兵力对攻击地区的目标进行“软化”，为地面部队的突破和推进创造条件。在库尔斯克战役中依然如此，德军在南北两线的主攻地段都投入了大量的轰炸机、俯冲轰炸机和强击机，用猛烈的航空火力对苏军的阵地、工事、火力点和坦克集群进行打击，为地面部队的突破扫清障碍，同时德军也出动大批战斗机，为轰炸机、强击机和地面部队提供空中掩护。

在北线，担负空中支援的德军第 6 航空队几乎倾巢而出，而且将全部的航空力量都集中在宽 25—30 千米，纵深 10—15 千米的主攻地段。因此每次担负空中突击任务的机群都达到 100—150 架轰炸机的规模，并有至少 60 架战斗机护航，空中支援的火力强度和密度都非常大。此外德军将 Ju–87G 和 Hs–129B2 这两种反坦克强击机集中编组成反坦克攻击大队或中队，作为空中反坦克的拳头力量来使用。德国空军在北线第一天就出动了 1 200 架次，其中轰炸机就达到了 800 架次。而苏军第 16 空军集团军当天总共出动才 520 架次，还不到德军出动架次的一半，因此让德军在空中占得了先机。

▲ 苏军战斗机在城市上空巡逻。

当天，德军轰炸机王牌飞行员汉斯·鲁德尔尝试用俯冲轰炸攻击坦克，第一次攻击就击毁了苏军 4 辆坦克，令他大为振奋，于是便如法炮制连连出击，当天总共击毁了苏军 12 辆坦克。

德军另一位王牌飞行员埃里希·哈特曼，最终战绩高达 352 架，是德军也是第二次世界大战各国的头号大王牌。他在库尔斯克战役中的表现也相当抢眼，仅仅在战役开始的第一天，就出动 4 次，击落 5 架苏军拉 –5 战斗机，此后哈特曼几乎每天都要出动，每战必有斩获，战绩急剧上升。至 8 月 17 日，哈特曼的战绩已经达到 80 架，打破了第一

▲ 苏军飞行员在进行出击前的战术研究。

次世界大战时德国头号王牌、著名空战英雄曼弗雷德·冯·里希特霍芬所创造的战果纪录。

苏联空军针锋相对，出动战斗机拦截德军轰炸机和强击机，同时以轰炸机和强击机对德军的地面部队进行攻击。这样，双方的战斗机和战斗机，战斗机和轰炸机强击机，轰炸机强击机和坦克之间都展开了激烈的战斗。战役的第一天，配属中央方面军的第16空军集团军就全力以赴投入空战，拥有著名的精锐王牌部队近卫歼击航空兵第1师的歼击航空兵第6军全天就和德军展开了67次编队空战，击落德机106架，自身损失98架。而第16空军集团军的轰炸机和强击机部队则以6—8架的小编队频频出击，对德军地面部队进行猛烈攻击，特别是还首次使用了威力巨大的聚能炸弹，强击航空兵第291师使用聚能炸弹在沃罗涅日附近地区一次出击就摧毁了德军30辆坦克。第一个使用聚能炸弹攻击德军坦克的是近卫第53强击航空兵团的戈别卢夫少校，他因此第二次荣获苏联英雄称号。第16空军集团军司令鲁坚科中将后来在回忆录中专门提到了聚能炸弹：“我们看到，强击机有了多么厉害的武器，重约2千克的炸弹，投到坦克上之后不反弹，好像黏在坦克上一样。定向空心爆炸能够击穿坦克的装甲，坦克立即就燃烧了起来。”面对苏联空军令人生畏的反坦克能力，德军第48装甲军的参谋长梅伦少将不禁哀叹：“许多坦克都成了苏联空军的牺牲品，俄军飞行员在战斗中的表现非常勇敢。”

尽管苏联空军在第一天的作战中表现不俗，但还是暴露了一些不足，例如战斗机只注意和德军战斗机作战，有时甚至对德军轰炸机视而不见；担负空中掩护任务的战斗机没有按高度作梯次配置，呆板地在己方部队上空巡逻待机；对于德军轰炸机群临近的情报不够准确，导致只能通过不间断的空中巡逻来被动地组织掩护，造成了航空兵力的大量无谓浪费。

7月6日，苏军就很注意改进第一天作战的不足，歼击航空兵第6军军长和近卫歼击航空兵第1师师长都亲临前线，在前沿指挥所就近指挥。他们比较注意监视空中

“大炮鸟”汉斯·乌尔里希·鲁德尔

▲ 鲁德尔。

汉斯·乌尔里希·鲁德尔是第二次世界大战中纳粹德国空军最著名的轰炸机飞行员。

鲁德尔 1916 年 7 月 2 日出身于德国东部施林津（现属波兰）的一个神职人员家庭。1936 年加入德国空军，1938 年完成飞行训练，被分配到俯冲轰炸机部队，但在战争前夕，他被临时调到侦察机部队。在 1939 年 8 月的波兰战役中，他因为出色完成了远距离侦察飞行而荣获二级铁十字勋章。

1940 年 5 月开始接受 Ju-87“斯图卡”俯冲轰炸机的飞行训练，训练结束后，鲁德尔被派往斯图加特的“斯图卡”训练学校，因此他没能参加法国战役。1941 年，他被调到第 2 俯冲轰炸联队第 1 中队，虽然参加了 1941 年 5 月的克里特岛战役，但仍未有机会执行战斗任务。

1941 年 6 月 22 日，德国入侵苏联，鲁德尔这才得以大显身手。9 月，他击沉了苏军排水量 26 700 吨的“马拉”号战列舰以及重巡洋舰、驱逐舰各一艘。1942 年 1 月，他因为出击次数达到 500 次，再加上击沉三艘苏联军舰的战绩获得骑士勋章。

1942 年 9 月，鲁德尔参加了斯大林格勒战役。1943 年 2 月 10 日，他的出击次数达到了 1 000 次。4 月晋升上尉并获得银橡叶骑士勋章。此后，他换装了安装 2 门 37 毫米炮的反坦克型 Ju-87G 型轰炸机，因此得到了“大炮鸟”的外号。

1943 年 7 月参加库尔斯克战役，在战役的第一天就取得了击毁苏军坦克 12 辆的战绩。到 11 月，他击毁坦克的数量已经达到 100 辆，因此获得宝剑银橡叶骑士勋章。

1944 年 3 月 1 日，鲁德尔晋升少校。3 月 20 日，他的僚机被高射炮击中迫降在顿涅伯河对岸的苏军战线附近，鲁德尔立即降落准备救援。没想到起落架陷入泥沼，眼看苏军士兵包抄上来，4 名飞行员只得跳进河里，但刺骨寒冷的河水让他们不得不上岸成了俘虏，好在这次鲁德尔运气不错，很快就趁看守不备而逃脱了。3 月 29 日，鲁德尔荣获了钻石宝剑银橡叶骑士勋章。6 月 3 日，他的出击纪录达到 2 000 次。9 月 1 日晋升中校。

▲ 外号“大炮鸟”的 Ju-87G 型俯冲轰炸机。

1945 年 1 月 1 日，希特勒授予鲁德尔钻石金宝剑金橡叶骑士勋章，这

▲ 1943 年以后，鲁德尔所使用的座机。

是德国最高荣誉，本来是计划战争胜利后授予 12 个战绩最优异的官兵，最后只授予鲁德尔一人。

2 月 9 日，鲁德尔的座机被击伤，他驾机迫降，但右腿因伤重截肢。但他在装上假肢后又于 4 月再次升空作战，并晋升上校担任第 2 俯冲轰炸机联队联队长。5 月 8 日，德国投降，鲁德尔也率部向美军投降。

在战争中，他执行了超过 2 530 次战斗任务（其中大约 400 次是在 Fw-190 战斗机上，取得过 11 次空战胜利），总共消耗了 500 万升航空汽油、100 万千克炸弹、100 万发机枪子弹、15 万发 20 毫米炮弹以及超过 5 000 发 37 毫米炮弹，飞行距离超过 60 万千米。在 Ju-87 轰炸机上，他的战绩令人瞠目结舌，摧毁了 150 个各类炮兵阵地，519 辆坦克，将近 1 000 辆各种车辆，70 艘舰艇，2 架拉 -3 战斗机，1 架伊尔 -2 强击机。而他也付出了相当的代价：一共被击落 30 次，负伤 5 次，失去右腿。

1946 年，鲁德尔成为一名公路运输承包商。

1948 年，鲁德尔移居阿根廷，成为阿根廷总统胡安 · 多明戈 · 庇隆的密友。虽然失去了右腿，他仍然是一个体育活动的热衷者，他打网球、滑雪，甚至攀登南美洲最高的阿空加瓜山，还三次登上安第斯山脉上全球最高的火山尤耶亚科火山。

1951 年，鲁德尔出版了两本书：《我们前线将士对德国重整军备的看法》和《戳进梦想的匕首》。1953 年又出版了他的战争日记《尽管如此》，同年他回到德国。

1982 年，鲁德尔在罗森海姆病逝，享年 66 岁。

情况，在必要时还果断调用在机场的值班战斗机分队来加入空中巡逻，并大胆地将空中巡逻区域前推到德军战线上空。当天苏军在北线的战斗机出动数量比第一天大为提高，总共进行了 92 次编队空战，击落德机 113 架。在苏联空军的全力抗击下，德军空中力量受到了很大损失，因此至 7 月 7 日，北线制空权就已经牢牢掌握在苏军手里，不少德军的轰炸机甚至还没飞到战场上空就遭到了苏军战斗机的拦截。

至 7 月 10 日，德军在北线的攻势逐渐被瓦解，不得不开始转入防御。7 月 12 日，苏军在奥廖尔地区开始反攻，为此苏联空军在库尔斯克地区集中了约 5 000 架飞机，而德军在这一地区仅有 2 200 架飞机，在飞机数量上苏军已经占有了 2.27:1 的绝对优势。在西方方面军进攻的地区，仅仅为支援第 11 近卫集团军苏军就出动了 70 架轰炸机和 48 架强击机，对德军防线进行猛烈空袭。入夜后，远程航空兵又出动 362 架次对德军进行彻夜不断的空袭，极大支援了地面部队。

在北线上空的空战中，苏军第 16 空军集团军总共出动约 7 600 架次，再加上远程航空兵的约 800 架次，共击落击毁德机 571 架，并有力支援了地面部队的战斗，因此得到了地面部队的高度赞誉。苏军第 13 集团军在作战报告中就专门向第 16 空军集团军表示感谢："请向第 16 空军集团军指战员转达我们第 13 集团军的衷心感谢，感谢他们从空中对我们的支援，第 13 集团军的全体官兵都怀着亲切爱戴的心情赞扬自己的战友在空中的英勇战斗！"

南线空战的规模比北线还要大，从战役开始的第一天起，配属沃罗涅日方面军的第 2 空军集团军就几乎将所有兵力都投入了德军主攻方向所在的奥博扬地段，在这个宽 20 千米纵深 60 千米的狭窄地区双方都投入了大量的航空兵力，参战飞机的数量之多，空战的频率之高，战况之激烈，都是苏德战场前所未有的。最高峰时，在奥博扬上空同时就有 2 000 架飞机在活动，100 架飞机规模的编队空战更是司空见惯、稀松平常的。就在 7 月 5 日一天，双方的编队空战就有 99 次之多。7 月 6 日，编队空战的次数更是猛增到了 205 次。两天的空战，苏军第 2 空军集团军击落德机 330 架，自身损失 153 架。其中近卫歼击航空兵第 8 师的战果更为突出，他们在第一天就取得击落德机 76 架的辉煌胜利。

苏军的轰炸机和强击机则全力打击德军的装甲集群，最初是以 6—8 架的小编队为单位，后来发现大编队轰炸机强击机的攻击更有利于相互之间的协同防御，也更便于战斗机提供掩护，因此很快就将出击的编队规模提高到30—40架，给德军进攻矛头的装甲部队造成了很大损失。苏联空军出击的规模之大，抗击的力度之强，让德军极为震惊，第 6 步兵师师长格罗斯曼少将就感叹道："俄国人使用如此大量的飞机，这是我们在东线战场前所未见的。"

▲ 苏军战斗机正在攻击德军轰炸机。

德军的轰炸机强击机对苏军地面部队的突击也极为凶猛。7 月 8 日，德军第一个全部由反坦克强击机组成的反坦克攻击大队——第 9 强击机联队第 4 大队在别尔哥罗德以北地区发现了苏军一支坦克部队，立即集中全大队所有兵力——56 架 Hs-129B2——倾巢而出。Hs-129B2 超低空飞行用 30 毫米机炮向苏军坦克倾泻穿甲弹，在短短几分钟里就摧毁苏军约 50 辆坦克！

7 月 12 日，苏军在南线开始反攻。进攻开始前，第 2 空军集团军出动 200 架飞机对德军进行了长达 40 分钟的航空火力准备。而在进攻前夜，远程航空兵更是大举出击，对德军战线支撑点、兵力集结地点进行了彻夜不停的空袭，总共出动约 600 架次，投弹约 550 吨。苏军进攻开始后，德军也出动大批轰炸机企图以空中火力来打击苏军的坦克集群，担负空中掩护的苏军战斗机随即展开迎击，将德军轰炸机群的队形打乱，使其无法进行瞄准轰炸。当天，苏联空军在南线总共出动了 2 174 架次，空战 72 次，击落德机 86 架，自身损失 59 架。

7 月 20 日，苏军最远已经推进了 70 千米，德军被迫从其他地区抽调援军来组织反击，以遏制苏军的攻势。苏军第 1、第 15 空军集团军全力出击，对德军反击部队进行猛烈突击，给德军造成了很大损失，大大减轻了地面部队的压力。至 28 日，德军在博尔霍夫方向的反击终于被粉碎。在南线反攻作战中，苏联空军总共出动 2.8 万架次，为地面部队的作战创造了有利的条件。

北线苏军也在 7 月 15 日开始反攻，第 16 空军集团军每天以 1 000 架次的出动规模掩护地面部队。至 8 月 18 日，苏军在北线奥廖尔方向的反攻胜利告终，苏联空军为这次反攻总共出动约 6.1 万架次，投弹约 5 000 吨，有力支援了地面部队的作战。

库尔斯克战役，不但是以坦克大决战而闻名于世，同时也是苏德战场空战作战的一个关键性的转折点。在整个战役期间，苏联空军总共出动各型作战飞机 11.6 万架次，宣称在空中和地面击落击毁德军飞机 3 700 架，德军方面承认在整个战役期间总共损失各种作战飞机总数超过了 2 000 架，这样惨重的损失是德军根本无法弥补的，正如德军步兵上将蒂佩尔斯基在战后编著的《第二次世界大战》一书中所说："从 1943 年起，无论用什么办法，都已经无法改变敌人空军在战斗地域上空的独霸局面。"正是从库尔斯克战役之后，·东线苏德战场上的战略制空权就开始被苏军所牢牢掌控，一直到战争结束。

第五章　大战来临前夕

千里之外的蝴蝶效应

5月8日，苏军统帅部发出了战役开始在即的警报，各部队都进入了最高戒备状态，但最终只是一场虚惊。其实苏军的情报并没有错，希特勒在4月15日签署了第六号作战指令，正式下达了进攻库尔斯克突出部的作战计划，战役开始时间最初确定为5月4日。“露西”情报小组得到了这一绝密作战计划，并在第一时间传递给了苏军。原本德军的进攻就是准备在5月初发动的，后来希特勒根据苏军正在大力加强库尔斯克突出部的防御以及德军战备还不充分的情况，下令将“堡垒”作战延期到6月12日。

就在德军推迟库尔斯克突出部作战期间，远在2 000千米之外的北非战区发生了重大变化：美英盟军继1942年11月发动代号“火炬”的北非登陆战役，并迅速占领了法属摩洛哥和阿尔及利亚，兵锋直逼突尼斯之后，1943年3月，蒙哥马利指挥的英军第8集团军也开始从西南进攻突尼斯的德意军，突破了德意军的马雷斯防线，将德意军压缩至突尼斯北部，与占领法属北非的盟军对德意军形成了夹击合围之势。4月，盟军第18集团军群从西向东，第8集团军从西南向东北，向突尼斯北部已成瓮中之鳖的德意军同时发起总攻，于5月7日攻占突尼斯城和比塞大港，25万德意军被迫投降，至此盟军彻底肃清了北非地区的德意军，取得了北非战场的全胜。

▲ 在北非向盟军投降的德意军战俘。

这样一来，英美盟军随时可以从北非横渡地中海，在欧洲南部开辟第二战场。只是盟军下一个进攻目标是地中海上的西西里岛、萨丁岛，还是意大利南部，

▲ 意大利法西斯首脑墨索里尼。

抑或是巴尔干半岛南部？由于盟军采取了严格的保密措施和广泛的欺骗以及佯动，德军实在无法判断。而德军由于兵力不足，根本无法在如此漫长的南欧防线处处设防，加上盟军又掌握着海空优势，一旦盟军在地中海方向开辟第二战场，德军就将很难应付。

5月20日，德军最高统帅部召开会议，研究地中海方向的战局。根据种种迹象，不但西西里岛、萨丁岛的民众都是心向盟军，就连意大利本土都已经人心动摇，墨索里尼的统治地位也已经摇摇欲坠，意大利倒向同盟国阵营的可能性显然大大增加了。此时德军部署在南欧的兵力非常单薄，根本无法应对盟军的下一步行动，因此希特勒提出从苏德战场抽调6个装甲师，其中至少3个精锐的党卫军师到意大利，这样一方面加强了在南欧的德军实力，另一方面也能鼓舞意大利国内的亲德派势力，稳定住意大利岌岌可危的局势。但是这个提议遭到了负责东线战场指挥的陆军总部的强烈反对，在陆军总部的计划里，这6个装甲师就是库尔斯克作战的进攻矛头，因此双方僵持不下，无法形成统一的意见。

不要以为和库尔斯克距离足足有2 000千米之遥的北非，和库尔斯克战役不会有什么关联，这就像“亚马逊雨林里的一只蝴蝶振动翅膀，也许两周后就会引起美国得克萨斯州的一场龙卷风”的蝴蝶效应，地中海战场的风云变幻直接影响到了库尔斯克战役，未来库尔斯克战役的落幕就和地中海战场上的变化密切相关。

延期延期，再延期

▲ 德军中央集团军群司令克卢格元帅。

此时，德军中央集团军群司令冯·克卢格和南方集团军群司令冯·曼施坦因都不约而同开始对库尔斯克作战感到担忧，因为无论苏军如何严加保密，在库尔斯克突出部加强防御的各种措施都无法完全掩人耳目，特别是动员数以十万计的老百姓参加构筑防御工事，如此之大的阵势更是无法瞒过德军的情报侦察。德军中央集团军群和南方集团军群的情报部门都已经发现库尔斯克突出部的苏军战斗力已经在稳步恢复，并且还在不断加强，各种防御措施也在强化。南方集团军群在4月25日的作战日志就

▲（左）德国总参谋长蔡茨勒大将。
（右）德军南方集团军群司令曼施坦因元帅。

写道："敌军在库尔斯克全力戒备和强力反击的攻势是可以预见的。"

德军这些侦察报告令希特勒也震惊不已，他随即决定6月12日的战役发起日期再次延期三个星期，推迟到7月3日，以便进一步加强德军的作战准备。但曼施坦因的担忧却与日俱增，他非常担心这样一再推迟，到发动库尔斯克战役时就很可能和盟军在地中海开辟第二战场的时间撞车，这样的话，德军就将要面对两线作战的严峻局面了，因此曼施坦因甚至提出放弃库尔斯克作战。但此时已经由不得他了，克卢格强烈主张继续进行库尔斯克作战，一方面他固然是希望能通过这次作战重创苏军主力，重新夺回苏德战场的主动权。另一方面是和反对发起库尔斯克作战的古德里安之间的个人恩怨，只要是古德里安反对的，克卢格就一定会赞同。

德国总参谋长库特·蔡茨勒大将认为既然苏军全力加强库尔斯克突出部的防御，并且在这一地区集中了大量兵力，那么对于苏军来说，库尔斯克的重要性就毋庸置疑了，所以这也正是发动库尔斯克作战的理由，正可以在库尔斯克和苏军展开决战。他的这个想法成功说服了希特勒，库尔斯克战役还是1943年夏季作战的重点。

6月18日，南方集团军群报告"库尔斯克的敌军正在增强战力，正准备对哈尔科夫发动攻势"。

▲ 德军高级将领正在研究苏德战场的战局。

6月19日，中央集团军群也提出了自己的评估报告："无论如何，敌军都会发动攻势，而发动'堡垒'作战是粉碎敌军攻势的最佳办法。"苏军在库尔斯克地区集中大量兵力和装备的情况，德军显然已经掌握了，由此德军判断苏军会在库尔斯克地区主动发起攻势，但是德军想不到苏军会采取防守战术，苏军准备的攻势是要在击退德军的进攻，大量消耗德军有生力量之后才会展开，这点德军就根本没有想到。

因此，德军依然还在紧锣密鼓加紧战役准备。6 月 21 日，希特勒最终确定 7 月 3 日为“堡垒”作战的战役发起日。6 月 25 日又再次推迟到 7 月 5 日。

朱可夫的报告

朱可夫作为最高统帅部代表一直在库尔斯克前线督促苏军加强防御准备，同时也在密切关注德军动向，并定时向斯大林报告。

5 月 21 日，朱可夫向斯大林报告:“中央方面军正面的德军第一线有 15 个师，第二线和预备队有 13 个师，其中 3 个装甲师。另外，德军第 2 装甲师和第 30 摩托化步兵师位于奥廖尔以南，但有待进一步确认。原在谢夫斯克以西的德军第 4 装甲师正在调动，在布良斯克、卡拉切夫地区还有 3 个师，其中 2 个装甲师。这样，德军目前在中央方面军正面共有 33 个师，其中 6 个装甲师。根据目视侦察和技术情报分析，这一地区德军共有 800 门火炮，大多是 105 毫米和 150 毫米火炮。德军炮兵主要集中在我方第 13 集团军、第 48 集团军左侧和第 70 集团军右侧的正面，也就是特罗斯诺、佩尔沃耶波茨杰耶沃地段，在德军炮兵后面的兹梅耶夫卡地区，德军还部署了约 600 辆坦克，主要集中在奥卡河以东。在奥廖尔、布良斯克地段，德军集结了 650 架飞机，机场主要在奥廖尔。但近日来，德军在地面和空中的活动都很消极，只有少量的空中侦察和稀疏的火力袭击。

在前沿和战术防御纵深，德军正在全力挖掘工事，在第 13 集团军正面的德军特别努力扩充防御阵地，在涅鲁河对岸已构筑了第二道防线，在涅鲁河以北 3 千米处，也开始构筑第三道防线。

▲ 视察前线的朱可夫。

根据俘虏供述，德军已经掌握了我军部署在奥廖尔地区的部队情况，以及正在准备进行发动攻势。被俘的德军飞行员也供称，德军正在积极准备进攻战役，并为此大举集结空军。

▲ 朱可深入一线，和基层官兵在一起。

朱可夫根据自己亲自在前线的观察以及和第13、第70集团军所属的师长沟通，认为德军将不会在最近发动大规模进攻，有可能是德军的进攻企图隐藏得太深，但是德军步兵、装甲部队尚未完成集结，也缺少足够的重炮，加上预备队配置分散，因此基本可以确定德军绝不可能在5月底前发动进攻。

对于苏军方面，朱可夫认为第13、第70集团军的防御准备已经基本完成，第48集团军炮兵密度较低，还没有完成防御准备。如果德军从东面发动侧翼攻击，第48集团军将很难能抗击德军的攻势，而中央方面军预备队都部署在第13和第70集团军后方，距离第48集团军较远，难以及时增援，因此建议最高统帅部向第48集团军增派2个步兵师、3个T-34坦克团、2个反坦克团和2个炮兵团，得到这些增援，第48集团军就能建立起坚固的防御。另外在第13、第70集团军防线上，反坦克力量也严重不足，第13集团军只有1个反坦克团，第70集团军也不过才2个反坦克团，而且由于缺乏牵引车，使得摩托化反坦克炮难以发挥应有作用。同时步兵营、团也大量缺少45毫米反坦克炮，导致一线部队的反坦克力量非常薄弱，因此要求向中央方面军再增派4个反坦克团和2个152毫米自行火炮团。

中央方面军也没有完成反击准备，在中央方面军正面的德军已经建立了防御阵地，要想突破德军防线，必须要给中央方面军再增加1个步兵军、1个坦克军和1个炮兵军。

▲ 苏军 SU-122 自行火炮。

在弹药方面，中央方面军现有弹药量是规定的1.5倍，但还远远不够，要求后勤在随后的两周时间里再运送储备3倍弹药。

另外，第13集团军下辖12个师，其中6个师组成2个军，另外6个师则由集团军司令普霍夫中将直接指挥，因此建议最高统帅部给中央方面军紧急组建3

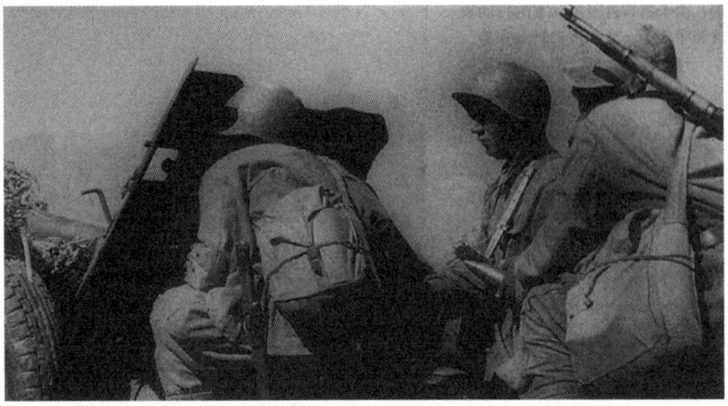

▲ 苏军 45 毫米战防炮是步兵营、团的主要反坦克武器。

个军部，2 个军部调给第 13 集团军，1 个军部调给第 70 集团军，以便于加强指挥。

从朱可夫的这些报告里可以看出，苏军各方面的准备还是比较充分的，但是苏军最大的问题是对德军的主攻方向判断错误，苏军判断德军主攻方向是在中央方面军正面的库尔斯克北部地区，而实际上德军的主攻方向却是在沃罗涅日方面军正面的库尔斯克南部地区。

如何突破大纵深防御

对于德军来说，如何突破苏军日益加强的防线，也是相当棘手的难题。尽管德军从战争爆发以来，始终都非常推崇进攻。但今非昔比，苏军在库尔斯克突出部采取的大纵深防御，对于德军最擅长的“闪击”作战而言，具有很强的克制作用，这也是苏军从战争初期一系列惨痛的失败中总结出来的宝贵经验。

德国的“闪击战”简单来说就是利用装甲集群的强劲突击力，在飞机和炮兵的火力掩护下，集中于对手防线上的一点实施最猛烈的冲击，在对手防线上硬生生砸开一个缺口，然后再利用装甲部队的快速机动力，迅速向纵深推进，从而穿透对手防线，再回过头和后续跟进的步兵围歼守军。德军的这一战术从 1939 年的波兰战役、1940 年的法国战役直到 1941 年的“巴巴罗萨”行动，都是屡试不爽，一路高奏凯歌。但是大纵深防御，能够凭借大纵深来有效减弱装甲部队的突击威力，随着装甲部队的突击距离越来越远，攻击的强度也就相应越来越弱，最终是以广阔的空间来逐步抵消装甲部队的突击，当然这也只能在拥有广袤领土的苏联才能采取这样的战术。事实也证明了，这种大纵深防御对于德

▲ 德军步坦协同攻击。

党卫队和武装党卫队

党卫队的德语“Schutzstaffel”是德文“护卫”（Schutz）和“团队”（Staffel）两个单词组合而成，字母缩写为SS，所以党卫队的标志就是从SS演变而来的两道闪电。

1925年4月，党卫队成立，最初只是希特勒的私人卫队，隶属于冲锋队，后来从冲锋队独立出来，专门担负保护纳粹党高官和反刺杀的安全保卫机构。1929年1月由希姆莱领导，成为纳粹党的宪兵单位，并得到很大发展。后来随着希姆莱兼任德国内政部长，党卫队更是成为德国实质上的国家安全机构。党卫队从成立之后不断地武装化。1933年3月成立柏林大本营警卫队（Stabswache Berlin），在党卫队中挑选出120人组成一支直属于希特勒的武装部队。这支小部队1933年9月被正式命名为希特勒警卫分队（LSSAH），这就是后来武装党卫军第1师最早的前身，也是党卫军最早成立的武装部队。

1935年3月，希特勒废除《凡尔赛条约》，开始全面扩军。党卫队也随之开始成立完全军事化的武装力量，这就是党卫队特别机动部队（SS-Verfügungstruppe，字母缩写SSVT），此时特别机动部队共有11个营，总兵力约8 500人。

1938年，纳粹德国明确国防军是国家的武装力量，而武装党卫队则是直接听命于希特勒的精锐部队。武装党卫队严格服从希特勒的命令，以忠心耿耿著称。在战场上更是以作战勇猛而闻名，因此经常被派到最关键的战场担负最艰巨的任务，成为德国最精锐最悍勇的王牌部队。

1940年11月正式开始采用武装党卫队（或叫党卫军，德文为“Die Waffen Schutzstaffel”，字母缩写Waffen-SS）的名称。党卫军也随即开始急剧扩张，总兵力从1940年的12万人发展到1942年的28万人，再到1943年的32万人，最终发展到1945年的120万人。

党卫军在最鼎盛时期发展到45个师：

党卫军第1“阿道夫·希特勒警卫旗队”装甲师

党卫军第2“帝国”装甲师

党卫军第3“骷髅”装甲师

党卫军第4“警察”装甲掷弹兵师

党卫军第5“维京”装甲师

党卫军第6“北方”山地师

党卫军第7“欧根亲王”志愿山地师

党卫军第8“弗洛里安·盖依”骑兵师

党卫军第9“霍亨斯陶芬”装甲师

党卫军第10“弗伦斯堡”装甲师

党卫军第11“北欧”志愿装甲掷弹兵师

党卫军第12“希特勒青年师”装甲师

党卫军第13“圣刀”武装山地师（第1

▲ 党卫军士兵。请注意他们钢盔上的双闪电标志。

克罗地亚）

党卫军第 14 武装掷弹兵师（第 1 乌克兰）

党卫军第 15 武装掷弹兵师（第 1 拉脱维亚）

党卫军第 16“党卫队全国领袖”装甲掷弹兵师

党卫军第 17“古兹·冯·伯利辛根”装甲掷弹兵师

党卫军第 18“霍斯特·维瑟尔”志愿装甲掷弹兵师

党卫军第 19 武装掷弹兵师（第 2 拉脱维亚）

党卫军第 20 武装掷弹兵师（第 1 爱沙尼亚）

党卫军第 21“斯坎德培”武装掷弹兵师（第 1 阿尔巴尼亚）

党卫军第 22“玛利亚·特雷西亚”志愿骑兵师

党卫军第 23“尼德兰”志愿装甲掷弹兵师（第 1 尼德兰）

党卫军第 24“卡斯特猎手”武装山地师

党卫军第 25“匈牙利”武装掷弹兵师（第 1 匈牙利）

党卫军第 26“匈牙利人”武装掷弹兵师（第 2 匈牙利）

党卫军第 27“兰格马克”志愿掷弹兵师（第 1 华洛尼）

党卫军第 28“瓦隆人”志愿装甲掷弹兵师

党卫军第 29 武装掷弹兵师（第 1 意大利）

党卫军第 30 武装掷弹师（第 1 白俄罗斯）

党卫军第 31 志愿掷弹师

党卫军第 32“1 月 30 日”志愿掷弹兵师

党卫军第 33 武装骑兵师（第 3 匈牙利，由匈牙利志愿者组成，但是由于人员以及装备的短缺，很快便被解散，番号 33 给予党卫军法国志愿者部队）

党卫军第 33“查理曼大帝”武装掷弹兵师（第 1 法兰西）

党卫军第 34“尼德兰国土风暴”志愿掷弹兵师

党卫军第 35“警察”掷弹兵师

党卫军第 36“德吕万格”武装掷弹兵师

党卫军第 37“吕佐”志愿骑兵师

党卫军第 38“尼伯龙格”装甲掷弹兵师

党卫军第 39“安德瑞斯·霍菲”山地师

党卫军第 40“统帅部”志愿装甲掷弹兵师

党卫军第 41“卡勒瓦拉”武装掷弹兵师（第 1 芬兰）

党卫军第 42“下萨克森”师

党卫军第 43“帝国元帅”装甲师

党卫军第 44“华伦斯坦”装甲掷弹兵师

党卫军第 45“瓦拉格”师

党卫军的军衔也和陆军军衔不同，以下是党卫军军衔和陆军军衔的对比

党卫军等级	国防军军衔
党卫军全国总指挥	元帅 / 一级上将
党卫军全国副总指挥	上将
党卫军地区总队长	中将
党卫军旅队长	少将
党卫军区队长	大校 / 准将
党卫军旗队长	上校
党卫军一级突击队大队长	中校
党卫军二级突击队大队长	少校
党卫军一级突击队中队长	上尉
党卫军二级突击队中队长	中尉
党卫军三级突击队中队长	少尉
党卫军突击队小队长	技术 / 参谋军士
党卫军一级小队长	技术军士长 / 一级上士
党卫军二级小队长	上士
党卫军三级小队长	中士
党卫军三级小队副	下士

1945 年 5 月，随着纳粹德国的战败，党卫队也随之烟消云散。1946 年由于党卫队在战争中犯下了大量战争罪行，因此被纽伦堡国际军事法庭宣判为犯罪组织。

党卫军师徽领章

武装党卫军中有很多部队的右领章并不一定采用 SS 闪电标志，而是绣有本师师徽。

普通 SS 领章

SS 第 5“维京”装甲师

SS 第 6“北方”山地师

SS 第 7“欧根亲王”志愿山地师

SS 第 11“北欧”志愿装甲掷弹兵师

SS 第 13“圣刀”武装山地师（第 1 克罗地亚）

SS 第 14 武装掷弹兵师（第 1 乌克兰）

SS 第 15 武装掷弹兵师（第 1 拉脱维亚）

SS 第 18“霍斯特·维瑟尔”志愿装甲掷弹兵师

SS 第 19 武装掷弹兵师（第 2 拉脱维亚）

SS 第 20 武装掷弹兵师（第 1 爱沙尼亚）

SS 第 21“斯坎德培”武装掷弹兵师（第 1 阿尔巴尼亚）

SS 第 22“玛利亚·特雷西亚”志愿骑兵师

SS 第 23 卡马山地师（第 2 克罗地亚）

SS 第 23“尼德兰”志愿装甲掷弹兵师（第 1 尼德兰）通用

SS 第 23“尼德兰”志愿装甲掷弹兵师（第 1 尼德兰）1941 年—1943 年 5 月

SS 第 25“匈牙利”武装掷弹兵师（第 1 匈牙利）

SS 第 27“兰格马克”志愿掷弹兵师（第 1 华洛尼）

SS 第 28“瓦隆人”志愿装甲掷弹兵师

SS 第 29 武装掷弹兵师（第 1 俄罗斯）

SS 第 29 武装掷弹兵师（第 1 意大利）

SS 第 30 武装掷弹兵师（第 1 白俄罗斯）

SS 第 30 武装掷弹兵师（第 1 白俄罗斯）

SS 第 30 武装掷弹兵师（第 1 白俄罗斯）

SS 第 30 武装掷弹兵师（第 1 白俄罗斯）

SS 第 33“查理曼大帝”武装掷弹兵师（第 1 法兰西）

SS 第 34“尼德兰国土风暴”志愿掷弹兵师

英格兰自由军团

印度志愿军

SS 全国总指挥（元帅 / 一级上将）

SS 全国副总指挥（上将）

SS 地区总队长（中将）

SS 旅队长（少将）

SS 区队长（大校 / 准将）

SS 旗队长（上校）

SS 一级突击队大队长（中校）

SS 二级突击队大队长（少校）

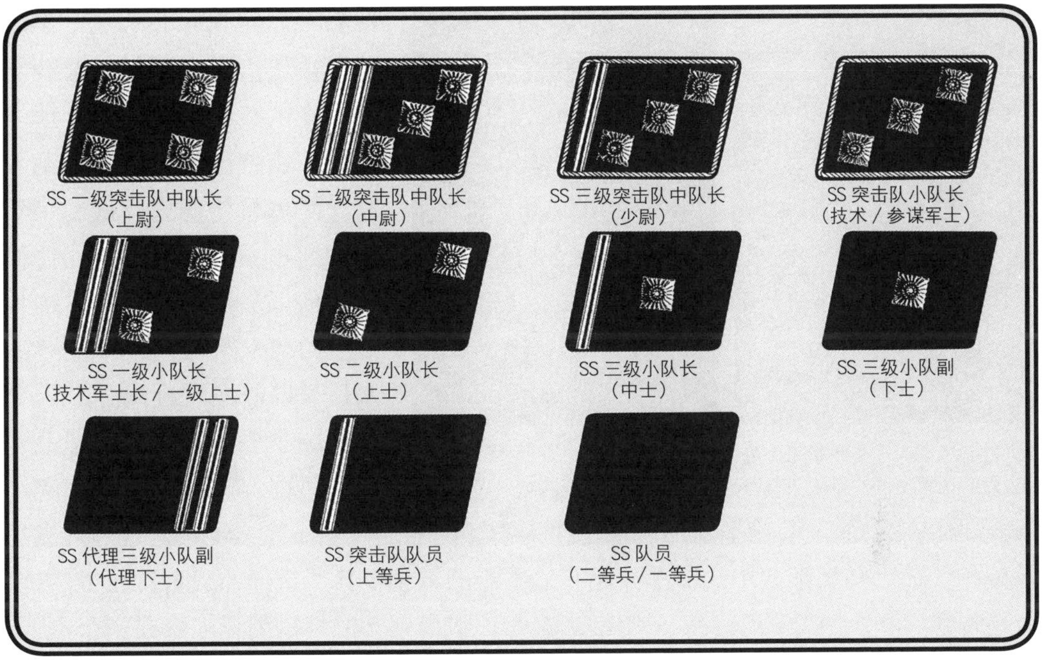

军的“闪击”确实具有非常显著的克制作用，而且在库尔斯克苏军投入了大量的反坦克力量，从反坦克炮、反坦克枪到反坦克地雷、反坦克壕，都将严重阻碍德军装甲部队的集群突击。

通过各种侦察手段，德军也已经了解到苏军构筑了大纵深的坚固防御，上到集团军司令下到坦克连连长，都意识到迎接他们的必将是一场空前惨烈的激战。在德军主攻的库尔斯克南部地区，德军还是采取集中装甲集群全力突破一点的老战术，计划投入 9 个装甲师（装甲掷弹兵师），总共有 1 500 辆坦克和突击炮，作为进攻的拳头，拼尽全力在苏军的坚固防线上砸出一个缺口。德军第 4 装甲集团军司令霍特上将在不到 50 千米的战线上投入了 9 个装甲师——从西到东依次是第 3 装甲师、“大德意志”师、第 11 装甲师、党卫军第 1“希特勒警卫旗队”师、党卫军第 2“帝国”师、党卫军第 3“骷髅”师、第 6 装

▲ 搭载步兵的德军坦克。

▲（左）德军第 9 集团军司令莫德尔大将。
（右）德军第 4 装甲集团军司令赫尔曼·霍特上将。

甲师、第 19 装甲师和第 7 装甲师，依然沿用集中装甲部队突破一点的战略，不过在具体战术上，霍特已经意识到苏军大纵深防御将会严重降低装甲部队的突击威力，因此把以往最常用的以装甲部队开路，步兵跟进的战术改为“装甲楔子”战术——以最强大的“虎”式坦克担任突击先锋，作为楔子最锐利的顶端，再以“豹”式坦克和 IV 号坦克在后面及两侧呈扇形展开，作为楔子的后端，然后轻装步兵跟进为坦克提供掩护，最后是搭乘装甲运输车并配有迫击炮的重装步兵。这样的战术意图很清楚，就是以坦克作为进攻的矛头，采用楔形突击，将最强大的打击力量汇聚在一个点上，以在苏军的防线上求得突破。面对苏军绵密的防御和强大的反坦克力量，德军的攻击必然会遭到顽强抗击，最终从疾如闪电的攻击演化为消耗战，将德军装甲力量的突击威力逐渐消耗殆尽。要想突破苏军的大纵深防御，唯一的对策就是集结庞大的兵力兵器，不断及时补充攻击矛头的损耗，始终保证强劲的突击威力，直到完全突破、穿透整个防御纵深，但是庞大的兵力兵器却正是德军此时最不可能实现的。而在库尔斯克北部地区，德军第 9 集团军司令莫德尔却一反德军装甲部队的传统战术，转而先以炮兵掩护步兵在苏军防线上展开攻击，寻找苏军防线的薄弱之处，再投入装甲部队猛攻薄弱之处来取得突破。其实这是德军“闪击”战术出现之前就有的老战术，只不过被德军所摒弃，而英军在 1942 年 8 月的阿拉曼战役中就是采用这种古法战术取得了成功，苏军也在战争中经常采用这种战术。不过这样的战术也要求进攻方拥有足够的兵力优势，这显然也是德军难以达到的前提条件，因此莫德尔从战役打响后就陷入了苦战。

▲ 德军一贯强调在进攻中坦克部队要保持不断运动。

不管是霍特，还是莫德尔，

虽然具体战术有所不同，但对于装甲部队的运用还是一致的，两人都对部下一再强调，一旦进攻开始，坦克部队就必须一路向前，中途无论出现什么情况，只要坦克还能开动，就绝对不能停下来。因为他们都清楚，只有坦克部队不断运动，才能突破苏军防线，而不被困在苏军防线内。但是苏军的反坦克能力非常强，德军装甲部队从进攻开始，就一直暴露在苏军猛烈的炮火下，因此，除了德军党卫军装甲集团军在战役开始后的第一周里还突破了苏军几处防御阵地外，其他德军装甲部队都很难在拥有巨大优势的苏军面前取得显著的进展。

一天之内要突破两道防线

希特勒虽然不是职业军人，但却对军事有着令人难以置信的深入分析和判断。他强调进攻必须迅速果断，“应尽快从四面八方攻入突出部，不让敌人有喘息之机……应快速实施进攻使敌人来不及从其他战线调来预备队”。希特勒的分析和判断确实很精准，因为只要德军开始进攻，苏军就会从后方调集大量预备队驰援，所以取得突破的关键就是时间，必须抢在苏军的增援部队赶来前突破苏军防线。

根据德军的情报，苏军在库尔斯克南部地区的坦克预备队第 1 坦克集团军就部署在普肖尔河以北，距离第一道防线很近，还不到一天的行程。也就是说德军必须在一天之内不但要突破苏军第一道防线，还要突破第二道防线，不然如果仅仅只突破了第一道防线，也会因纵深太浅难以立足而被苏军坦克部队的反击击退，如果德军突破了第一道防线，正在进攻第二道防线时就会遭到苏军第 1 坦克集团军和第二道防线守军的夹击，那么就相当被动了。

6 月 24 日，曼施坦因和霍特就如何迅速突破苏军防线交换了意见，曼施坦因认为突破的关键有三点，首先是要迅速突破第一道防线，其次在突破第一道防线后应该迅速收拢部队组织对第二道防线的进攻，最后也是最关键的，和希特勒的想法不谋而合，也就是必须要在一天之内突破第一、第二道防线，在普肖

▲ 曼施坦因在前线眺望苏军战线。

▲ 搭载步兵的德军 III 号坦克。

河以北和苏军坦克第1集团军交战。霍特对此观点也是赞同的，他在给党卫军第2装甲军的进攻命令中就明确提出，对于战役具有决定性的问题在于尽快打垮敌人的第二道防线的抵抗，在所有的行动中都必须坚定不移地抓住一切机会，并迅速向前集结步兵和炮兵。

第4装甲集团军为此还专门组织党卫军装甲掷弹兵部队进行了实兵演练，以检验如何快速突破苏军阵地，并据此提出了进攻时投入兵力的顺序，首先由炮兵进行火力准备，再由炮兵和步兵掩护工兵清除进攻线路上的雷区，然后步兵在坦克掩护下发起进攻，打开突破口后就向两边扩大突破口，等突破口达到一定宽度，就投入由装甲营加强自行火炮和摩托化步兵组成的装甲群向战线纵深突击。

在弹药准备方面，也能看出德军对突破第二道防线更为重视，第 4 装甲集团军为突破第一道防线准备了 1 625 吨炮弹和 530 吨步兵弹药，而为突破第二道防线准备了 4 300 吨炮弹、210 吨步兵弹药以及 800 吨反坦克炮高射炮弹药。

重点恢复装甲部队战斗力

德军“闪击战”摧枯拉朽的凌厉攻势全靠装甲部队的强悍突击力，所以装甲部队的战斗力一直是德军最为重视的。参加库尔斯克战役的德军装甲部队分别属于两大系统，武装党卫军和国防军。

▲ 党卫军的坦克部队。

武装党卫军是由希特勒的私人卫队发展而来，最初人数很少，很快就迅速扩充，人员和装备在希特勒的刻意关照下始终都是得到最优保证，但一直都被

德军第4装甲集团军作战序列

第4装甲集团军（司令赫尔曼·霍特上将）

第48装甲军（军长奥托·冯·克诺贝尔斯多夫装甲兵上将）

第3装甲师（师长弗朗茨·韦斯特霍芬中将）

第6装甲团

第3装甲掷弹兵团

第494装甲掷弹兵团

第75装甲炮兵团

第11装甲师（师长约翰·米克尔少将）

第15装甲团

第110装甲掷弹兵团

第111装甲掷弹兵团

第119装甲炮兵团

“大德意志”师（师长瓦尔特·赫恩莱因步兵上将）

“大德意志”装甲团

“大德意志”掷弹兵团

“大德意志”燧发枪团

“大德意志”炮兵团

第167步兵师（师长沃尔夫·特里贝恩格中将）

第311掷弹兵团

第315掷弹兵团

第339掷弹兵团

第238炮兵团

党卫军第2装甲军（军长保罗·豪塞尔党卫军全国副总指挥）

党卫军第1“阿道夫·希特勒警卫旗队”装甲掷弹兵师（师长特奥多尔·维斯党卫军区队长）

党卫军第1装甲团（欠第1营）

党卫军第1装甲掷弹兵团

党卫军第2装甲掷弹兵团

党卫军第1炮兵团

党卫军第2“帝国”装甲掷弹兵师（师长瓦尔特·克吕格尔党卫军地区总队长）

党卫军第2装甲团

党卫军“德意志”装甲掷弹兵团

党卫军“元首”装甲掷弹兵团
党卫军第 2 炮兵团
党卫军第 3“骷髅”装甲掷弹兵师（师长赫尔曼·普里斯党卫军旅队长）
党卫军第 3 装甲团
党卫军“骷髅”装甲掷弹兵团
党卫军“特奥多尔·艾克”装甲掷弹兵团
党卫军第 3 炮兵团

第 52 军（军长瓯根·奥特步兵上将）
第 57 步兵师（师长马克希米利安·弗雷特尔·皮科中将）
第 164 步兵团
第 199 步兵团
第 217 步兵团
第 157 炮兵团
第 255 步兵师（师长瓦尔特·波佩中将）
第 255 步兵团
第 265 步兵团
第 275 步兵团
第 255 炮兵团
第 332 步兵师（师长阿道夫·特罗维次中将）
第 676 步兵团
第 677 步兵团
第 678 步兵团
第 332 炮兵团

集团军直属
第 51 装甲营（编制装备“豹”式坦克 98 辆）
第 52 装甲营（编制装备“豹”式坦克 98 辆）
第 911 突击炮营

国防军看不起。不过这样一支在国防军眼里的“业余选手”，在战场上的表现却令人刮目相看，士气之高昂，作风之彪悍，战力之强劲，远远超过了一般的国防军。在战争中期以后，武装党卫军俨然就是德军最具战斗力的精锐部队。而武装党卫军的

▲ 党卫军第 2 装甲团的 III 号坦克。

装甲部队就更是成了精锐中的精锐，不过投入库尔斯克战役的党卫军第 2 装甲军所辖的 3 个师都只是装甲掷弹兵师，还不是装甲师。所谓掷弹兵是 17 世纪欧洲军队中专门担负投掷手榴弹的部队，通常都是挑选臂力过人作战勇敢的军人组建，纳粹德国沿用这个称谓，再加上“装甲”两字作为前缀，成了第二次世界大战期间德军独有的兵种，实际上也就是摩托化步兵。和装甲师不同的是，装甲掷弹兵师所辖的 3 个团中有 2 个是装甲掷弹兵团，只有 1 个是装甲团。但是党卫军装甲掷弹兵师优先装备最先进的坦克，人员素质也比较高，所以在德军中通常也都是被看作装甲师。不过这 3 个党卫军装甲掷弹兵师在库尔斯克战役后都增加了坦克的装备数量，并名正言顺地改称装甲师。

党卫军第 2 装甲军的 3 个师在 1942 年下半年时是实力最鼎盛的时候，在 1942 年冬季的哈尔科夫战役中，党卫军第 2 装甲军迭遭苦战，伤亡惨重，很多富有实战经验的军官和老兵或死或残，导致这 3 个师的作战骨干受到很大削弱。尽管 1943 年初得到了大批新兵补充，但这些新兵的身体、心理素质都大不如 1942 年以前的新兵，一方面由于 1942 年以来德军伤亡日益严重，兵员补充捉襟见肘，兵员素质自然大幅下降；另一方面武装党卫军也在急剧扩编，原来武装党卫军严格的招募标准也不得不相应下降。新兵中不但有来自空军和日耳曼裔的外籍人员，甚至还从苏军战俘中征用辅助人员，来担负运输补给物资、挖掘工事等杂役。

▲ 长身管 IV 号坦克是库尔斯克战役中德军的主力坦克。

1943 年春季哈尔科夫战役结束后，党卫军第 2 装甲军就一直驻扎在别尔哥罗得地区进行训练，经过几个月的强化训练和磨合，刚补充的新兵也算是勉强能够达到要求，步兵、炮兵、工兵和坦克兵的协同也逐渐默契。至1943年6月，3个党卫军掷弹兵师的兵员基本都达到了2万人以上，基本恢复了元气，但综合实力依然没能达到哈尔科夫战役时的全盛状态。

装备方面，大量新生产的和修复的坦克也陆续抵达。至库尔斯克战役前夕的7月4日，党卫军第2装甲军总共拥有356辆坦克（其中35辆“虎”式坦克）和95辆突击炮，在3个师里，党卫军第3“骷髅”师实力最强，拥有59辆III号、47辆IV号、8辆指挥坦克、11辆“虎”式坦克和28辆突击炮，总共153辆。“骷髅”师所装备的坦克从型号上来看，主要还是老旧的III号坦克，这也是党卫军第2装甲军坦克装备情况的现状，说是说党卫军装甲部队优先装备先进坦克，但实际上也没有比国防军装甲部队强多少。库尔斯克战役时，党卫军第1“阿道夫·希特勒警卫旗队”师和第2“帝国”师都各有1个装甲营回国接收最新型的“豹”式坦克，没来得及赶回来参战。

在库尔斯克战役中，国防军装甲部队主要是第48装甲军，下辖第3、第11装甲师和“大德意志”师，其中“大德意志”师是国防军装甲部队中的头号精锐主力，全师装备81辆坦克，其中49辆IV号和14辆“虎”式坦克，“大德意志”师也是国防军装甲部队中唯一装备“虎”式坦克的装甲师，可见其在德军高层中的重要性。第3装甲师也是国防军装甲部队中久经沙场的老牌精锐，直到开战前夕的1943年6月才刚刚从第1装甲集团军转归到第4装甲集团军建制，不过该师经过连续多日的战斗，装备和人员损失还没有得到补充，在战役开始时，全师能够投入作战的坦克才只有68辆。

▲德军“豹”式坦克编队。

在库尔斯克战役时，国防军装甲师主要装备III号和IV号坦克，III号坦克性能已经明显落后，50毫米坦克炮只能在500米距离击穿苏军T–34坦克的前装甲，而T–34坦克则能在1 000米以外轻松击穿III号坦克。IV号坦克采用42倍口径长身管75毫米炮，能够在更远距离击穿T–34的装甲。只有第48装甲军直属2个装甲营和“大德意志”师的直属重装甲连装备了性能最先进的“豹”式和“虎”式坦克。

由党卫军和国防军装甲部队混编的第 4 装甲集团军，无疑是德军战斗力最强的装甲铁拳，总共下辖 6 个装甲师和 2 个独立装甲营，装备 820 辆坦克和 184 辆突击炮，其中 204 辆“豹”式和 49 辆“虎”式坦克。总数达到近千辆坦克，看起来实力很强大，但分摊到 6 个装甲师，平均每师才不过 100 辆，还不到 1941 年 6 月“巴巴罗萨”行动时每个装甲师 125 辆的水准，距离古德里安要求的每个装甲师 400 辆坦克的标准，更是差得太多了。即便德军一再推迟库尔斯克作战的发起时间，竭尽全力补充坦克数量，但直到 1943 年 7 月战役开始时，各装甲师的坦克数量都未能达到满编，要是像曼施坦因那样在 1943 年 5 月就发起战役，那时各装甲师的坦克数量才只有 50 辆上下，就凭这点坦克，要想突破苏军防线，就更不可能了。

兵不厌诈的欺骗

英国首相丘吉尔有句名言 :“在战争中真理是如此宝贵，所以要用谎言来保卫。”除了采取严格的保密措施，战略欺骗也是常用的手段。无论是苏军还是德军，在库尔斯克战役前，都是绞尽脑汁，想尽办法来欺骗对手。相对来说，苏军的欺骗还只是战术层面，也就是修建几个假机场而已。但德军的欺骗就是带有战略性质的，德军想方设法要误导苏军，在库尔斯克北部地区，德军的主攻方向是在突出部西北的第 65 集团军防御正面，而不是直接从突出部的根部突入，一举切断整个突出部。如果苏军相信了德军的欺骗，就会全力加强防线正面的防御，这样一来不但会削弱突出部根部的防御，也不会在防御纵深上大费周章，更加便于德军装甲部队的突破。

不过苏军中央方面军司令罗科索夫斯基大将精明过人，根据苏军在前线的侦察以及来自“露西”情报小组的确切情报，他没有被德军散布的假信息所迷惑，准确判断出德军主攻方向必然是第 13 集团军正面，而不是第 65 集团军的正面，所以他还是全力加强第 13 集团军的兵力兵器和防御准备。

▲ 罗科索夫斯基（右二深色军服）正和部下交谈。

▲ 苏联空军第 16 集团军司令鲁坚科中将。

当发现德军装甲部队正向谢夫斯克移动，他就命令方面军所属的空军侦察机部队倾巢出动，对谢尔斯克地区进行严密的空中侦察，但却没有发现德军装甲部队在谢尔斯克地区重新集结的迹象，因此他又命令在德军中央集团军群后方活动的游击队加强侦察和监控。游击队随即报告德军装甲部队白天向谢尔斯克移动，天黑后又在夜色掩护下返回，显然这是德军进行的战略欺骗行动，目的就是让苏军相信德军装甲部队将在谢尔斯克地区集结，从而得出谢尔斯克地区才是德军主攻方向的错误结论。

在库尔斯克战役开始前大约两星期，苏军的空中侦察发现了德军的异常情况——德军第 9 集团军的装甲部队正在靠近前线的峡谷、树林中秘密集结，苏联空军第 16 集团军司令鲁坚科中将亲自将侦察机拍下的航空照片送给中央方面军司令罗科索夫斯基，并且表示可以出动轰炸机攻击德军毫无防范的装甲部队。不过罗科索夫斯基却没有同意，认为这样会打草惊蛇，让苏军精心准备的防御措施功亏一篑，所以他对鲁坚科说："就让德军朝我们预期的方向进行攻击吧。"因为，等战役开始后，德军装甲部队在向苏军由雷区、反坦克炮组成的坚固防线攻击时，才是最脆弱的，此时苏军飞机进行空中打击，自然将会取得更大的战果。

尽管德军想尽办法采取各种欺骗方法，但是苏军的战役准备却是非常充分，自从战争开始以来，苏军还从来没有如此充分的防守准备，所以无论德军玩什么花招，在如此充分的战备面前，都已经起不了什么作用了。

并不平静的战役前夜

按照德军的惯例，在战役开始前会进行较大规模的战斗侦察，以清除苏军防线上的连级、营级支撑点和观察哨，以便确定苏军防线的准确情况，并打开若干个缺口，为即将开始的主攻创造有利条件。

▲ 德军党卫军第 2 装甲军的军官在观察地形。

库尔斯克战役也是如此，第4装甲集团军在战役开始前一天7月4日就发动了大规模的战斗侦察，不过国防军系统的第48装甲军和党卫军系统的第2装甲军在战斗侦察上的风格却是迥然不同。

第48装甲军是在7月4日下午开始行动的，这样如果战斗侦察顺利的话，炮兵就能在天黑前推进到新的射击阵地，从而能够更好地支援第二天的主攻，不过这样的缺陷就是所有的战斗侦察都是在白天进行，完全暴露在苏军的视野下。

4日15时许，德军第57步兵师首先发起牵制性进攻，吸引苏军注意力，以掩护第48装甲军的行动。57步兵师的行动很顺利，一直向苏军防线推进了约1 000米之后才遭到苏军的火力拦阻，在交火开始不久，苏军预备队也迅速赶来，见达到预期目的，加上天色逐渐暗了下来，57步兵师就主动撤回。

16时，第48装甲军向斯特列列克茨耶、格尔措夫卡和布托茨一线开始攻击。第11装甲师的先头营迅速攻占了斯特列列克茨耶，守军近卫步兵第151团3营伤亡过半，残部被迫后撤。但在格尔措夫卡方向却遇到了不小的麻烦，在德军Ju–87斯图卡轰炸机的空中火力支援下，"大德意志"师的2个营冒着倾盆大雨开始攻击，结果在苏军预先布置的雷区遭到了很大损失，虽然最后攻占了格尔措夫

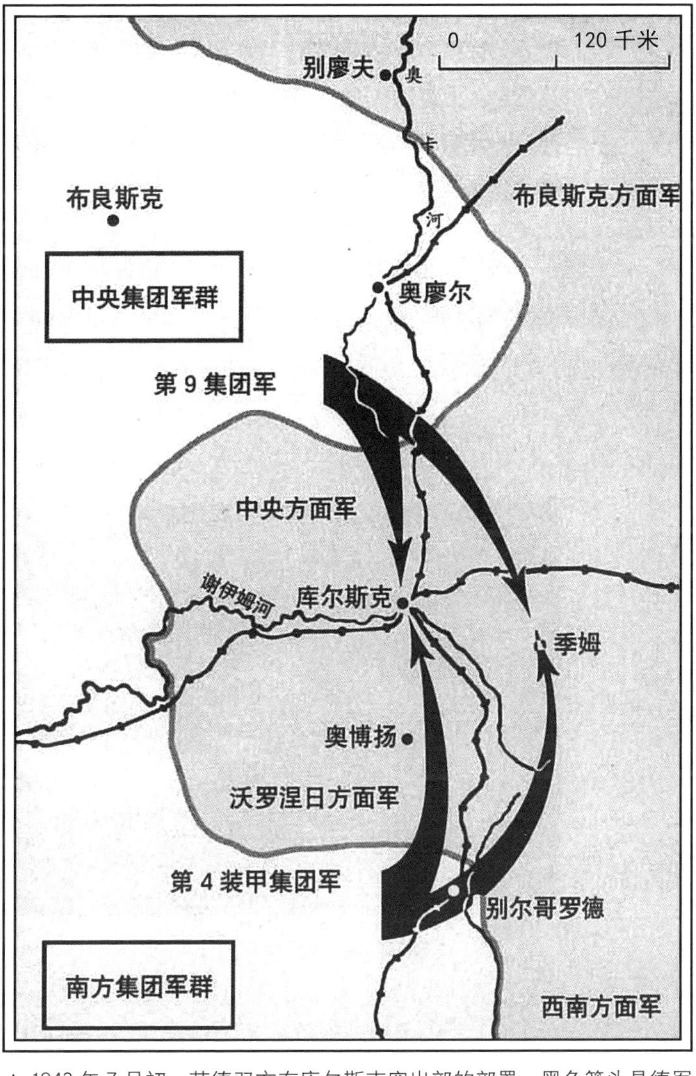

▲ 1943年7月初，苏德双方在库尔斯克突出部的部署。黑色箭头是德军计划中的进攻方向。

▲ 德军在 7 月 4 日就发起了战斗侦察。

卡，但伤亡超过三分之一。在布托茨，德军第 11 装甲师在飞机和炮兵掩护下一举占领布托茨东西两侧的山脊，控制了制高点，但被压制在山脊下的苏军近卫步兵第 199 团 3 营仍然奋力苦战，甚至和德军展开了白刃战，最后几乎全部战死。

第 48 装甲军的战斗侦察虽然取得了预期目标，但是代价不小，更严重的是浪费的时间太多，以至于炮兵来不及进入新的阵地，第 48 装甲军直属的 2 个“豹”式装甲营因为大雨导致道路泥泞而行军艰难，直到夜幕降临，距离前线还有数千米之遥。

党卫军第 2 装甲军和第 48 装甲军不同，他们选择在 5 日凌晨 1 时发动攻击，这样和凌晨 3 时开始的主攻距离很近，几乎是没有任何间隔就要紧接着开始主攻。党卫军的战斗侦察没有出动坦克，而是充分发挥“掷弹兵”的历史传统，借助夜色掩护悄无声息地接近苏军防线，先用机枪和火焰喷射器压制苏军火力点，再用密集的手榴弹解决战斗，因为手榴弹是夜战中最有效的武器，不会像枪械那样发出火光和声音暴露自己的位置，而且对于肃清战壕中的守军也非常有效，所以德军每个投弹手都携带了远远超过平时的手榴弹。对于德军这样的战术，苏军显然毫无防备，因此被打了个措手不及，贝科夫卡、亚洪托夫和叶里克三处预定目标都被德军攻占，而且德军伤亡还很轻微。

党卫军战斗侦察非常成功，他们采用夜战，避免了白天作战伤亡大而且耗费时间，和第 48 装甲军形成了鲜明对比。而且由于党卫军肃清了苏军的炮兵观察哨，使得苏军的炮火反准备失去了有效的引导，大大减轻了苏军炮兵反准备所造成的损失。

7 月 5 日凌晨的天空开始泛白，库尔斯克战役就要打响，德军士兵静静等待着进攻开始的信号，一场大战即将拉开帷幕。

第六章　德军在北线的攻势

希特勒不可违背的意志

进入 1943 年的 7 月，不论是一心进攻的德军，还是打定了防守反击策略的苏军，双方在库尔斯克地区的战役准备都已经就绪，上至统帅，下到普通士兵，都知道大战的爆发就在眼前。作为战役台风眼的库尔斯克地区，空气中都弥漫着紧张和焦虑，双方的态势都已经是箭在弦上，万事俱备，只等一声号令。而能够拨动这场规模宏大战役启动开关的，就是纳粹德国的元首希特勒。

7 月 2 日，希特勒在他坐落于东普鲁士拉斯滕堡（现属波兰肯特申）森林中的“狼穴”总部召开了库尔斯克战役开始前最后一次高级军事会议。出席这次会议的有：德国陆军总参谋长蔡茨勒大将、国防军最高统帅部总参谋长凯特尔元帅、装甲兵总监古德里安大将、中央集团军群司令克卢格元帅、南方集团军群司令曼施坦因元帅、第 9 集团军司令莫德尔上将、第 4 装甲集团军司令霍特上将、肯普夫战役集群司令肯普夫上将、第 6 航空队司令格莱姆空军上将以及第 4 航空队代表戴斯洛齐空军中将等人。和 5 月的军事会议一样，依然存在两种意见，希特勒这次没有再过多地纠结于分歧，而是开门见山单刀直入地直接宣布“堡垒”行动将在 7 月 5 日正式开始，接着就径直自顾自开始讲述他已经批准的作战计划：两个攻击集团分别从别尔哥罗德和奥廖尔南北对进，合围在库尔斯克地区的苏军部队，然后全力歼灭之。在库尔斯克的北线，第 9 集团军将投入 3 个装甲军，从奥廖尔以南向库尔斯克推进；在库尔斯克南线，第 4 装甲集团军将投入 2 个装甲军，从哈尔科夫以北向库尔斯克推进，与北线德军部队在库尔斯克以东地区会师，合力围歼被南北两路德军的钳形攻势包围在库尔斯克突出部的苏军。在第 4 装甲集团军进攻的同时，肯普夫

▲ 希特勒位于东普鲁士拉斯滕堡森林中的“狼穴”总部。

▲ 德军总参谋长凯特尔元帅。

战役集群不但要掩护第 4 装甲集团军的侧翼，还要攻击当面苏军沃罗涅日方面军的左翼。整个计划就如同 1941 年德军在明斯克和基辅战役那样进行的大纵深合围战法，但是现在已经今非昔比，德军已经不是当年的德军，苏军更不是当年的苏军，还要想赢得像当年那样的胜利，谈何容易啊。

听着希特勒的介绍，会场上一片寂静，大多数德军将领对这场战役都心存疑虑，他们担心的倒不是没能按时完成战役准备，而是顾虑战役发起的最佳时机已经错过了，担心苏军已经预见到了德军的攻势，并利用这几个月的时间，进行了充分的应对准备，现在正严阵以待。另外英吉利海峡对面的英美盟军也正在秣马厉兵地加紧进行反攻欧洲大陆的准备，在不久的将来，盟军就很可能会在欧洲登陆开辟第二战场，这样就将使德军陷入两线作战的困境。

在与会的高级将领中，只有蔡茨勒和凯特尔是明确表态支持这个计划的，蔡茨勒不但是希特勒的应声虫，对希特勒的意见历来都是坚决执行毫无自己的原则，而且他还是“堡垒”计划的制定者，他自然不会反对自己的计划。凯特尔则是更多从政治角度考虑，在 1943 年 7 月的时候，纳粹德国是迫切需要一场大胜利来稳定大局，不然轴心国阵营的盟友，从意大利到罗马尼亚、匈牙利都会离心离德，甚至会背弃德

▲ 希特勒和德军高级将领正在召开军事会议。

国投入同盟国的怀抱。而曼施坦因元帅的态度则更为耐人寻味，他在回忆录里为自己辩解，说自己更倾向于“反向”进攻，也就是先防御再反击。即便退一步同意主动的“正向”进攻，此时也已经错过了最理想的时机。但是他在战役中的实际表现，却证明他还是相当热衷于“正向”进攻的。

古德里安是从一开始就旗帜鲜明地反对“堡垒”作战，因为他深知面对苏军大纵深梯次配置的坚固防御，即便能够取得突破，也必然要付出巨大代价，这样的损失肯定是德军难以承受的，而且还会打乱他重建装甲部队的计划，进而影响整个战争的大局。

莫德尔作为德军中最著名的防御大师，他看到苏军防御体系的航空侦察照片，就很清楚“堡垒”作战必然是一场极其艰难的进攻，但他当时还远没有后来在希特勒心目中的重要地位，还是处在人微言轻的阶段，也就无法违背希特勒的想法。

最终的决定权还是握在希特勒手中，没有人能说服希特勒，因此最后希特勒一锤定音，“堡垒”作战将定于 7 月 5 日凌晨 3 时 30 分发起。

暴风雨终于要来了

德军方面大多数将领看到苏军大纵深的绵密防御，对于能否迅速突破苏军的防线都是心中没底。同样苏军方面也并没有能够自信满满，高枕无忧。毕竟战争初期德军装甲部队给人留下的一路狂飙突击、横扫千军如卷席的印象实在太深刻了，现在这样的坚固防线是否能够真正顶得住德军的凌厉攻势，大多数苏军将领也都不敢确定。虽然苏军在兵力和技术兵器等方面都占据了一定优势，但是再完美的防御都会有破绽，何况对手还是极具突击威力的德军，所以没有人敢拍胸脯担保绝对有把握粉碎德军的攻势。

▲ 坐镇南线的最高统帅部代表华西列夫斯基。

根据各方面各渠道的情报侦察和搜集，苏军已经基本能够确定德军即将发起的攻势地点就是在库尔斯克地区，应该说战争进行到了 1943 年 7 月，苏军的这些高级将领都是久经战阵，实战经验相当丰富，他们对德军主攻方向的判断非常准确。

负责库尔斯克北线防御的中央方面军司令罗科索夫斯基大将判断德军在自己方面军防线进攻的重点很可能

▲ 沃罗尼日方面军司令瓦杜丁大将。

是经波内里向库尔斯克，因此在这段占整个战线约 30% 的 95 千米地段上部署了占整个方面军 58% 的步兵、87% 的坦克和自行火炮以及 70% 的炮兵，在第一线展开了第 13、第 48、第 60、第 65 和第 70 等 5 个集团军，在第二线部署了第 2 坦克集团军，另外以第 9 和第 19 坦克军作为预备队。

负责库尔斯克南线防御的沃罗涅日方面军司令瓦杜丁大将判断德军在自己方面军进攻的重点很可能有两处，分别是奥博扬和别尔哥罗德—科罗恰方向，因此在这段占整个战线约 60% 的 164 千米地段上部署了占整个方面军 83% 的步兵、90% 的坦克和自行火炮以及 86% 的炮兵，在第一线展开了近卫第 6、近卫第 7、第 40 等 3 个集团军，在第二线部署了第 69 集团军和第 1 坦克集团军，另外以近卫第 35 步兵军、近卫第 2 坦克军和近卫第 5 坦克军为预备队。

在具体的战役发起时间上，苏军也已经有了一个初步的判断。7 月 2 日，也就是德军战役开始之前最后一次高级军事会议的同一天，苏军最高统帅部就向各方面军通报，在未来的三四天里，也就是从 7 月 3 日到 7 月 6 日，德军极有可能在库尔斯克发动进攻，各方面军务必提高戒备，做好充分的应战准备。可见，苏军在战役时间上的判断也是比较准确的，但要从 7 月 3 日到 7 月 6 日这几天的时间段里再更精准地确定到具体哪一天，还是需要做很多工作。斯大林为了加强对战役的指挥，同时能够及时掌握前线情况，将自己最得力的两位干将都派往了前线——朱可夫坐镇北线的中央方面军，华西列夫斯基坐镇南线的西南方面军。同时最高统帅部还决定在适当时候以猛烈的炮兵和航空火力反准备来破坏德军的进攻。

7 月 4 日下午 16 时，南线德军的第 48 装甲军以营级规模的兵力开始进攻苏军近卫第 6 集团军的前沿警戒阵地，经过约 5 小时激战占领了苏军几处警戒阵地，取得了第二天的进攻出发阵地后才转入防御。战斗中，德军第 168 步兵师的一个士兵被苏军俘虏，他供认德军将在第二天开始全面进攻。当晚，一名德军工兵叛逃到苏军战线，他向苏军报告自己所在的部队已经接到命令，必须在第二天凌晨之前清除阵地前的地雷和铁丝网，而且每个士兵都领到了五天份的干粮，特别是他还向苏军报告了进攻的准确时间——7 月 5 日凌晨 3 时。

子夜时分，在中央方面军的司令部里，电话铃声此起彼伏，参谋人员和通信兵不断地进进出出，已经完全是大战在即的紧张气氛。朱可夫和罗科索夫斯基、方面军参谋长马利宁中将正在一起研究当前战局，突然在西南方面军司令部的华西列夫斯基打来电话，向朱可夫通报情况，认为德军即将开始进攻的迹象越来越明显，最后两人一致同意对德军进行炮火反准备。

凌晨2时许，第13集团军报告该集团军第105步兵师的一支巡逻队发现德军第6步兵师的工兵小队正在防线前面的雷区悄悄地清除地雷开辟通道，便立即展开攻击，击毙了多名德军，还生俘了一名德军。根据这名德军俘虏的供述，德军各部队已经进入进攻出发阵地，预定进攻时间为7月5日凌晨3时。根据三个不同的情报渠道都不约而同地指向了同一个时间——7月5日凌晨3时，显然德军进攻发起时间基本可以确定了。

罗科索夫斯基因此询问朱可夫，是请示最高统帅部还是立即就开始炮火反准备？朱可夫表示眼下时间紧迫，容不得再有耽搁，而且最高统帅部早就有对德军进行炮火反准备的指示，所以让罗科索夫斯基按照方面军事先制定的预案着手进行布置炮火反准备，自己则立即向斯大林报告。斯大林完全同意朱可夫立即进行炮火反准备的决定，并告诉朱可夫自己就守候在最高统帅部，要求朱可夫随时报告最新情况。

在回忆录里朱可夫是这样回忆和斯大林的通话："我觉察到最高统帅也很紧张，我们大家也都一样。虽然我们已经构筑了纵深梯次配置的防御，而且我们还有对付德军突击的强有力的手段，但心情还是非常激动，极为紧张。已经是深夜了，却依然毫无睡意。"

先发制人的炮火反准备

7月5日凌晨2时18分，中央方面军炮兵参谋长纳德谢夫上校就向朱可夫报告，方面军炮兵司令卡扎科夫少将从炮兵第4军打来电话，炮火反准备的命令已经下达，方面军的炮兵部队已完成开火准备，将于2时20分开始炮火反准备。

▲ 苏军火箭炮阵地。

2时20分，北线的苏军第13集团军使用967门75毫米口径以上火炮和迫击炮、100门火箭炮开始炮火反准备，先是对德

▲ 进行炮击的苏军炮兵。

军阵地进行5分钟火力急袭，然后是对德军炮兵阵地的15分钟等速直瞄射，最后再是对德军坦克的集结地域进行10分钟火力急袭。苏军猛烈的炮火反准备完全出乎德军意料，除了人员伤亡和物资损失外，指挥和通信系统都遭到很大破坏，第19装甲军为装备“虎”式坦克的独立第503重装甲营架设的桥梁也遭到严重破坏。德军炮兵直到苏军炮击了20分钟之后的2时40分才开始还击。第13集团军的这次炮击重点是德军的炮兵阵地，针对德军炮兵阵地的射击时间就达到15分钟，占整个炮火反准备时间的一半，压制了德军90个炮兵连，摧毁了60个炮兵观察哨和6个弹药库。老谋深算的罗科索夫斯基还留了一手，刻意雪藏了部署在预定反坦克地域的炮兵，因为罗科索夫斯基深知，在接下来的作战中，德军进攻力量最强的就是装甲集群，反坦克作战必将是重头戏，所以在反坦克地域内的炮兵都没有参与炮火反准备，就是为了保留到最关键最残酷的反坦克战斗时才用。

南线苏军的近卫第6集团军炮火反准备的时间更早，7月4日22时许就已经对德军阵地进行了一次炮火急袭，只不过规模较小，持续时间也短，加上又紧接在德军进攻苏军警戒阵地的战斗之后，而不是在德军大规模进攻之前，所以有些人认为这其实不能真正算是炮火反准备。至7月5日凌晨2时30分左右，南线的沃罗涅日方面军也组织了696门火炮和迫击炮、47门火箭炮进行了半小时的炮火反准备，和中央方面军重点打击德军炮兵不同，沃罗涅日方面军的这次炮击主要打击德军的步兵和坦克集结地域。

▲ 苏军203毫米榴弹炮，这种大口径火炮威力极大。

炮火反准备，是个相当专业的军事术语，是指在敌方发动进攻之前，以突然而猛烈的火力突击即将开始进攻之敌，以破坏敌

▲ 德军防空雷达天线。借助雷达提供的预警，德军给来袭的苏军战机造成了很大损失。

方的进攻部署，削弱敌方的进攻力量，打乱敌方的进攻计划，从而粉碎敌方进攻的一种作战行动。和进攻时对防御方进行火力准备的情况正好相反，所以称为“反准备”。炮火反准备除了炮兵，还可以使用空中火力打击。苏军的这次炮火反准备，完全就是一次非常典型的炮火反准备，不但投入了 1 800 门各型火炮，总共消耗约 5.5 万发炮弹，而且第 2、第 17 空军集团军还出动了 132 架次强击机和 285 架次战斗机对德军 8 处前进机场进行了突击，苏军宣称取得了摧毁德军 60 架飞机的战果。

不过，德军方面宣称，对于苏联空军的空袭由于德军在库尔斯克地区已经部署了“芙雷亚”对空预警雷达，能够提前发出预警，为德军提供足够的应对时间，因此德国空军的战斗机能够及时起飞迎战，取得了击落苏军 432 架飞机自身损失仅 26 架的辉煌战果。以当时苏联空军装备的战机性能和飞行员技术水平看，不太可能会出现损失如此悬殊的结局，德军的战果显然有不少水分。但是这次苏联空军损失较大也是不争的事实。

斯大林对炮火反准备也很关注，曾主动打电话给朱可夫询问情况。虽然苏军早就有了实施炮火反准备的计划，但是在炮火实施计划的细节上还没有完全落实。特别是 7 月 4 日夜间，苏军还没能完全查清德军在进攻出发阵地上步兵、坦克和火炮集结的具体位置和数量，考虑到德军进攻在即，也就顾不上进一步查明情况和核实就开始进行炮火反准备，所以只能对估计的德军集结地域进行面积射击，而不是有明确目标的精准射击，效果自然也就没有预期的那样显著。苏军在库

▲ 苏军拉式战斗机。当时苏军战斗机的性能已经不比德军落后了。

尔斯克的南北两线都进行了炮火反准备，相比之下，南线的炮火反准备虽然使用的火炮没有北线的多，但却更为有效，因为南线重点是打击德军的步兵和坦克集结地域，给予德军造成的损失也就更大。尽管有不少资料都认为这次炮火反准备给德军造成了很大损失，但实际上并非如此。朱可夫在回忆录中就认为炮火反准备开始的时间还早了一点，当时德军步兵都在掩体和隐蔽所休息，坦克也都还在待机地区，所以损失相对来说还不严重，要是能再推迟30分钟，那么所取得的战果就可能大得多。

炮火反准备给德军造成的人员和装备损失不是太大，但却打乱了德军的进攻计划，原定凌晨3时开始的进攻不得不推迟了一到两小时，确确实实被苏军先发制人来了个下马威，这也说明德军进攻的突然性已经荡然无存，已经预示着德军的这次进攻肯定将会遭遇前所未有的迎头痛击。

第一天的激战

苏军的炮火反准备结束后，德军迅速进行了调整，但预定的作战发起时间还是被推迟了一至两小时。凌晨4时30分，德军的炮火准备开始了，所有的炮火全部集中在苏军防线4 000米范围之内，同时德军的轰炸机也在战斗机护卫下向苏军阵地进行

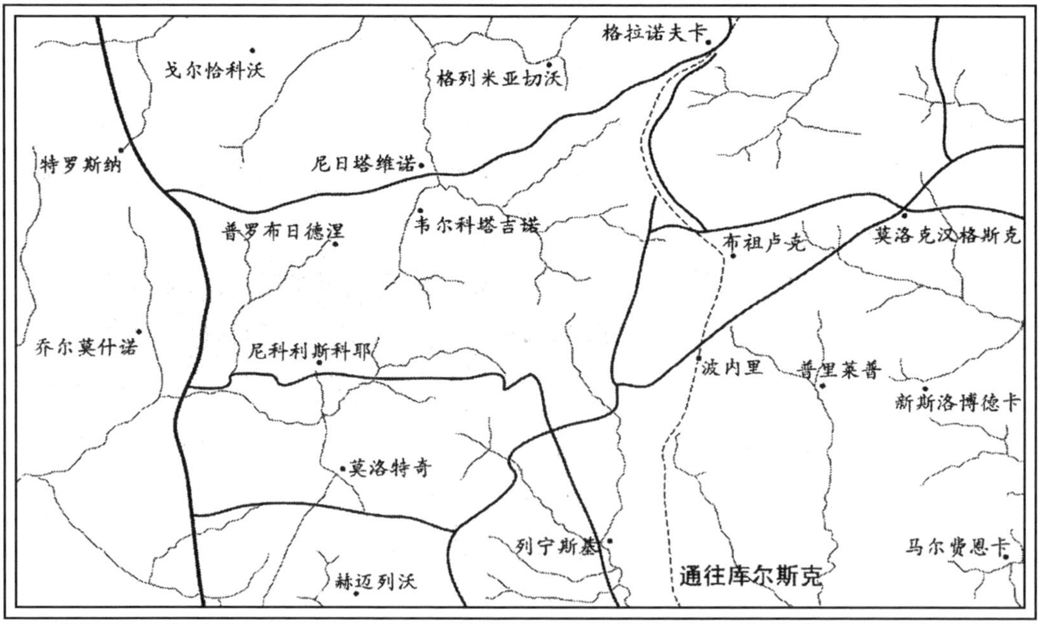

▲ 库尔斯克北部地区主要城镇图。

了空袭。苏军炮火也随即进行了反炮兵射击，和德军展开了炮战，德军的炮火准备持续了约 60 分钟。

5 时 30 分，德军的炮火准备刚一停，地面进攻就开始了。首先是第 23 军投入了第 36、第 78 和第 216 步兵师，向库尔斯克北部地区发起了进攻，进攻的矛头直指苏军中央方面军第 13 集团军和第 48 集团军的结合部莫洛克汉格斯克的十字路口——苏军负责库尔斯克突出部北部防御的罗科索夫斯基大将的中央方面军，罗科索夫斯基将所辖的 6 个集团军 3 个部署在一线，2 个部署在二线，还有 1 个坦克集团军则作为预备队。部署在一线的 3 个集团军中第 70 集团军在左，第 13 集团军居中，第 48 集团军在右，其中由普霍夫中将任司令的第 13 集团军处在防线正面，责任最为重大，因此罗科索夫斯基在 4 月和 5 月就给第 13 集团军加强了 3 个近卫步兵师和 3 个近卫空降师，使该集团军所辖部队增至 11 个步兵军、1 个炮兵军、1 个坦克旅又 5 个坦克团，成为整个方面军中实力最强的集团军。

不过，德军第 23 步兵军的进攻只是佯攻，目的就是要吸引苏军注意力，配合主力在主攻方面上的进攻。所以并没有倾注全力，在仅仅推进了大约 1 500 米后就遭到了苏军 3 个师——第 13 集团军的第 8、第 148 步兵师和第 48 集团军的第 16 步兵师的强力阻击，德军第 23 军也就没有继续强攻，苏军在这一方向的防线也就比较稳定。

德军第 9 集团军司令莫德尔上将在主攻方向上绝对是大手笔，投入了第 2 装甲师、第 9 装甲师、第 18 装甲师、第 20 装甲师和第 6 步兵师、第 86 步兵师、第 292 步兵师，总共 4 个装甲师和 3 个步兵师，向苏军第 13 集团军的第 15 步兵师和第 81

▲ 德军步兵开赴一线。

步兵师这两个步兵师的防区发动了猛攻。

在北线的主要突击方向奥廖尔至库尔斯克一线，德军以第 41、第 47 装甲军为主攻，第 46 装甲军为助攻，总共投入了 11 个步兵师、7 个装甲师和 2 个摩托化步兵师，其中在主攻地段的 32 千米正面就投入了 5 个步兵师、6 个装甲师和 1 个摩托化步兵师，总共 1 500 辆坦克和 3 000 门火炮，平均每个师的攻击正面只有 2.7 千米，每千米正面就投入了 46.8 辆坦克、93.7 门火炮，这样的兵力和装备密度可以说非常大了。

德军以独立第 505 重装甲营的“虎”式坦克为前导，IV 号坦克则以楔形队形紧随在“虎”式坦克之后展开，这样的装甲攻击矛头可谓极其锋利，苏军步兵师的防御自然受到了极大的压力，配属第 15 步兵师的第 540 轻型炮兵团向汹涌而来的德军坦克全力开火，540 团 5 连萨普诺夫中士指挥的炮班表现非常勇敢，在 20 分钟里就击毁了 3 辆德军坦克。在此后的战斗中，又相继击毁 5 辆德军坦克，但整个炮班也只剩下了萨普诺夫一人，而德军坦克还在源源而来，萨普诺夫抓起反坦克手雷冲向坦克，结果中弹牺牲。战后，萨普诺夫被追授“苏联英雄”的称号，并被安葬在库尔斯克的波内里火车站，而他炮班所使用的那门 F22 型 1 936 式 76.2 毫米反坦克炮被作为文物收藏在列宁格勒炮兵陈列馆。

尽管苏军不少官兵都像萨普诺夫那样浴血苦战，但德军装甲洪流的突击威力确实非常强劲，因此在经过一整天的激战之后，至晚上 21 时，德军已经在第 15 步兵师的防线上撕开了宽达 15 千米的缺口，并向苏军防线的纵深突进了约 6—8 千米，第 20 装甲师投入了 120 辆坦克进行集群突击，占领了博布里克村。但德军进一步的推进在苏军第 17 近卫步兵军第 6 近卫步兵师的阻击下被遏制了。

在第 15 步兵师右翼的第 81 步兵师也遭到了德军在“斐迪南”坦克歼击车直接支援下的第 6 步兵师、第 292 步兵师的进攻，防线虽然没有被突破，但也已经岌岌可危。整个第 13 集团军的一线防御已经到了崩溃的边缘。

▲ 德军步兵沿反坦克壕前进，工兵则指挥俘虏填平反坦克壕。

而在德军 292 步兵师的左翼，德军第 86 步兵师在第 18 装甲师的 1 个坦克团和 2 个“斐迪南”坦克歼击车营的支援下沿着铁路向库尔斯克北部的重镇也是铁路枢纽的波内里展开猛攻，这里正是 81 步兵师的防区，本来 81 师紧挨着 15 师的地段就已经相当困难了，再要抗击德军在

苏军第 13 集团军作战序列

第 13 集团军（司令普霍夫中将，下辖 5 个军）

第 15 步兵军

- 第 8 步兵师
- 第 74 步兵师
- 第 148 步兵师

第 29 步兵军

- 第 15 步兵师
- 第 81 步兵师
- 第 307 步兵师

第 17 近卫步兵军

- 第 6 近卫步兵师
- 第 70 近卫步兵师
- 第 75 近卫步兵师

第 18 近卫步兵军

- 第 2 近卫空降师
- 第 3 近卫空降师
- 第 4 近卫空降师
- 第 254 步兵师

第 4 突击炮兵军

- 第 5 突击火炮师
- 第 12 突击火炮师
- 第 5 近卫火箭炮兵师

集团军直属部队

- 第 2 坦克歼击师
- 第 294 步兵师
- 第 129 坦克旅
- 第 1 反坦克旅
- 第 13 反坦克旅
- 第 1 142 重型自行火炮团
- 第 43 坦克团
- 第 48 坦克团
- 第 58 坦克团

第 237 坦克团
第 27 近卫坦克团
第 30 近卫坦克团

这个方向的进攻，显然有些力不从心。而波内里的意义又非常重要，因此普霍夫立即向 81 师派出了集团军直接掌握的机动力量——第 129 反坦克旅和第 1 142 重型自行火炮团。在得到增援部队后，81 师接连击退了德军四次进攻，直到第五次进攻才因人员和技术装备损失过半，战斗力损耗太大而不得不向后撤退。由于 81 师的后退也导致了侧翼的 148 师态势孤立突出，也不得不向后撤退。

随后德军乘胜推进，担负助攻的第 46 装甲军也在第 41、第 47 装甲军的西侧开始进攻，企图一举突破第 15 军的防线，占领小阿夫汉格尔斯基。普霍夫迅速将位于二线的第 74 步兵师紧急调往前线，以封闭德军的突破口，同时投入集团军的预备队第 27 近卫坦克团和战斗工兵部队从突破口的侧翼攻击突入苏军战线的德军，以减轻正面防御的压力。始终密切关注第 13 集团军方向的罗科索夫斯基也知道此刻普霍夫已经到了最紧张的关头，向第 13 集团军派出了 1 个炮兵旅、1 个迫击炮旅和 2 个反坦克旅，并要求为方面军提供空中掩护的空军第 16 集团军全力出动，支援第 13 集团军。空军第 16 集团军确实全力以赴，向第 13 集团军的作战地区出动了 350 架次，有力支援了地面作战。

面对德军的凶猛攻势，苏军感受到了极大的压力，但德军自己也并不轻松，并没有预料中那样一举取得突破，而是似乎陷入了看不到尽头的消耗战，付出了不小的代价。虽然突破了第 15 步兵师的防线，并造成了 15 步兵师的很大伤亡，但 15 步兵师并未被歼灭，依然保持着建制，向波内里且战且退。由于第 13 集团军的防线被突破，也导致友邻的第 70 集团军侧翼暴露，但 70 集团军并没有立即崩溃或退却，而是投入 2 个师发动了相当猛烈的反冲锋，给德军造成了不小的伤亡，之后才向后撤退。

▲ 苏军 76.2 毫米反坦克炮。

▲ 被击毁的苏军坦克残骸。

尽管德军在第一天取得了突破，但代价不小，而且夜幕降临后，在德军已经占领的苏军战线范围里，还有一些苏军的小部队在活动，不断袭扰德军后方。更严重的是还有不少在白天战斗中负伤的坦克处在双方火线之间，无法回收修理。这些遗弃在战场上的坦克中，真正彻底报废的只有 20% 左右，另外 80% 都是能够通过修理恢复战斗力的，其中甚至不乏有因为燃料耗尽而无法返回的，此时这些坦克全部都被遗弃在战场上，这对于坦克数量本来就不足的德军来说，实在是无法弥补的损失。

苏军以攻对攻

第一天的战斗，苏军中央方面军损失很大，第 15 师的防线已经被突破，整个一线防御危在旦夕。当晚，方面军司令罗科索夫斯基大将将战况向斯大林进行了详细报告，并汇报了自己对第二天战斗的判断，他认为第二天德军还将继续发动进攻，如果还像第一天那样单纯防御，实在太被动，所以提出以攻对攻的建议，准备在第二天展开反击，以进攻手段来遏制德军的进攻。开始斯大林还同意将第 27 集团军调拨给中央方面军，但由于南线沃罗涅日方面军方向的情况也非常危急，27 集团军又被转调到南线，这样一来，罗科索夫斯基就只能依靠自己方面军的力量来展开反击。于是罗科索夫斯基连夜调整部署，他命令原先部署在后方的方面军直属的第 19 坦克军和第 2 坦克集团军的第 3 坦克军火速开赴一线，会同第 2 坦克集团军的第 16 坦克军和第 7 机械化军作为这场反击的主力。

▲ 苏军 T-34 坦克搭载步兵开赴前线。

7 月 6 日凌晨 3 时 50 分，第

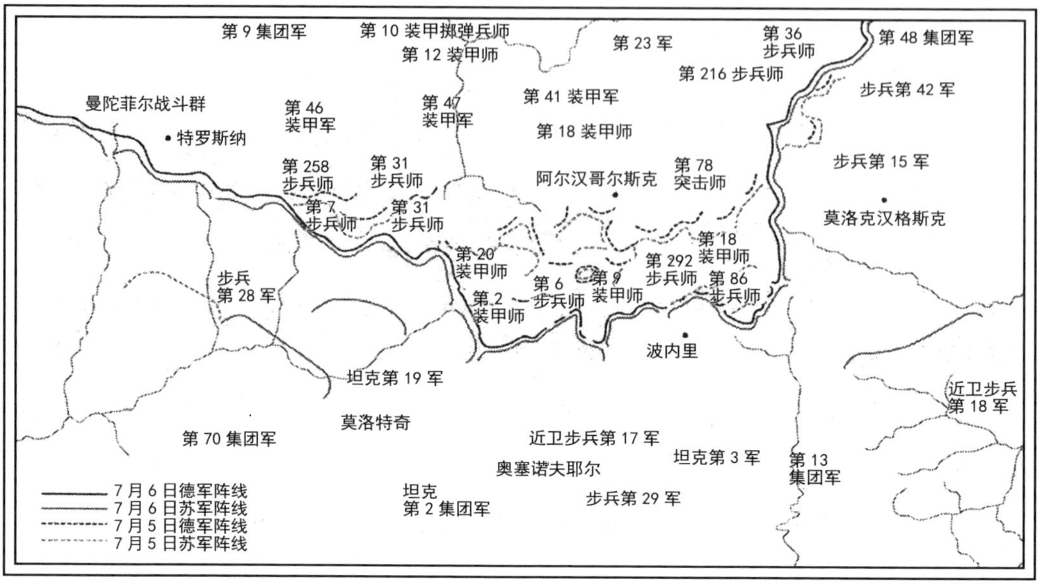

▲ 7 月 6 日，双方态势图。

4 突击炮兵军对德军开始猛烈炮击，10 分钟后，配属中央方面军的空军第 16 集团军也大举出动，向德军目标进行轰炸。德国空军随即全力出动，和苏军战机在空中展开了激战。4 时 30 分，苏军开始发动地面反击，尽管第 3 坦克军和第 19 坦克军都没能及时赶到，但第 16 坦克军还是按计划独自发起了反击。几乎同时，在第一线的 3 个集团军也分别组织力量展开了反击，如第 15 集团军就投入了 3 个师。

苏军的反击确实出乎德军意料，德军本以为在经过第一天的猛攻之后，苏军的防御应该岌岌可危，第二天恐怕只能继续全力组织防御，根本没想到苏军还有力量进行反击，因此被打得有些猝不及防。苏军的反击一开始还取得了一定进展，突破了德军的战线，但很快德军就稳住了阵脚，并调集了 250 辆坦克迎击苏军的攻势。

▲ 苏军构筑了大纵深的坚固防御阵地。

库尔斯克战役中的第一场坦克大战就此爆发，苏军第16坦克军的先头部队第107坦克旅一头撞上了德军第 505 重装甲营，德军“虎”式坦克以逸待劳，等于是伏击了行进中的苏军坦克，在短短几分钟里，107 坦克旅的 50 辆 T–34 坦克就被击毁了 46 辆。在其左翼跟进的第 164 坦克旅也在德军重型坦克的交战中损失惨重。经过激战，苏军的反击被德军击退，德军随即恢复了原来的战线。

战场上的攻守转换非常迅速，在击退苏军进攻后，第 2 装甲师、第 9 装甲师和第 505 独立重装甲营开始了进攻，但遭到了第 17 近卫步兵军的顽强抵抗，德军虽然拼尽全力，也没有能歼灭第 17 近卫步兵军，只是迫使第 17 近卫步兵军退守集团军的第二道防线，而且自身进攻的力量也几乎耗尽，攻势不得不停顿下来。罗科索夫斯基深知德军的装甲部队突击力量很强，整个方面军的防线随时有崩溃的可能，为了稳定住战线，他紧急从二线的第 60 和第 65 集团军中抽调 1 个步兵师和 2 个坦克团驰援前线。

黄昏时分，苏军的第 19 坦克军才姗姗赶到，没能赶得上当天的反击，只能在波内里以西展开，继续阻击德军的攻势。而德军前一天在 81 师侧翼沿铁路向波内里突进，在当天下午也恢复了进攻，但此时苏军第 29 步兵军已经调来了生力军第 307 步兵师，协同 81 步兵师展开了顽强阻击，成功遏制了德军的攻势。

尽管苏军在第二天的反击没能取得预期的效果，但是却大大迟滞了德军的进攻，使得德军第二天的进攻进展迟缓，远远没有达到希特勒所要求的进度，因此第 9 集团军司令莫德尔上将不得不提前动用了预备队中的 4 个师——而预备队本来是计划在突破苏军防线之后用来扩张战果的第 18 装甲师、第 10 装甲掷弹兵师、第 12 装甲掷弹兵师和第 36 摩托化步兵师调往一线，准备强化第三天也就是 7 月 7 日的进攻力量。

7 月 6 日天黑后，罗科索夫斯基也在忙着调兵遣将。他从这两天的作战中充分认识到德军重型坦克的突击威力，为了应对德军再次以重型坦克充当进攻的尖刀来实施突破，决定将手上的坦克部队转攻为守，全部转入防御态势，并特别命令深挖坦克工事，务必对坦克进行严密隐蔽，最多只允许炮塔露出地面，以这种方式在近距离伏击德军重型坦克，为此他还强调只能对德军的轻型坦克和步兵展开主动攻击。

同时将第 81 步兵师调到第 17 近卫步兵军防线后面，作为近卫步兵军的后援，尽一切努力进一步巩固 15 集团军的防御。罗科索夫斯基也没有单纯防御，他很清楚一味防守既被动效果也并不一定好，7 月 6 日的反击已经充分说明了以攻对攻还是很有效的，至少大大迟滞了德军的

▲ 苏军防御阵地上的反坦克枪手。

苏军第 2 坦克集团军作战序列

第 2 坦克集团军（司令阿列克谢·罗金中将，下辖 3 个军）

第 3 坦克军

- 第 50 坦克旅
- 第 51 坦克旅
- 第 103 坦克旅
- 第 57 摩托化步兵旅
- 第 881 反坦克炮团
- 第 234 迫击炮团
- 第 121 高射炮团

第 16 坦克军

- 第 107 坦克旅
- 第 109 坦克旅
- 第 164 坦克旅
- 第 15 摩托化步兵旅
- 第 614 反坦克炮团
- 第 226 迫击炮团
- 第 1 441 重型自行火炮团（后配属第 17 近卫步兵军）

第 7 近卫机械化军

- 第 24 近卫机械化旅
- 第 25 近卫机械化旅
- 第 26 近卫机械化旅
- 第 57 近卫坦克旅
- 第 12 坦克团
- 第 13 坦克团
- 第 215 坦克团

集团军直属部队：

- 第 11 近卫坦克旅
- 第 130 反坦克炮团
- 第 563 反坦克炮团

攻势。所以他将刚刚赶到前线的第3坦克军准备部署在库尔斯克北线最关键的锁钥位置——交通枢纽波内里发动反击，第18近卫步兵军也将配合第3坦克军展开进攻。

战事进入白热化

波内里，处在奥廖尔到库尔斯克的铁路线的枢纽位置，只要控制了波内里，就能够控制整个库尔斯克北部地区的铁路交通，所以很自然就成了双方在库尔斯克北部争夺的焦点。随着前两天德军的攻势，苏军已经退守第二道防线，距离波内里已经不远了，所以罗科索夫斯基未雨绸缪，在7月6日的夜里就将第21迫击炮旅、第46轻型炮兵旅和第12炮兵团调到了波内里，以加强防御力量。

7月7日凌晨，夜幕还未完全褪去，德军的进攻就开始了。由于前两天的战事进展缓慢，所以这一天莫德尔是志在必得，上来就投入了10个步兵师和4个装甲师，几乎是倾尽全力的猛攻。主攻方向就是沿着波内里到奥利霍瓦特卡的铁路线，同时也在萨莫杜罗夫卡到莫罗特奇的铁路线方向发动了辅助攻击。莫德尔的意图很明确，就是希望用这种泰山压顶的强大突击一举突破苏军防线拿下波内里。苏军深知波内里的重要性，因此也拼尽全力进行抗击，激战就此在波内里外围展开，战况是如此激烈，以至于被参战的德军称为“库尔斯克的斯大林格勒”。

德军第41装甲军所属的第18装甲师和第292步兵师从西北方向逼近波内里，以坦克掩护步兵展开一轮又一轮猛攻。但德军坦克在苏军预先埋设的反坦克地雷和反坦克炮的双重打击下损失很大，因此连续五次强攻都被苏军击退。

中午过后，德军从西、北、东三面都逼近了波内里，随即开始展开三面围攻，但遭到了苏军第307步兵师的顽强抗击，苦战数小时都未能攻破苏军的防御。黄昏时分，莫德尔投入了预备队60辆坦克和2个步兵师，直到19时才突破了苏军的防御，攻入了波内里。苏军第307步兵师已经苦苦坚持了一天，自然无法再顶得住德军生力军的猛攻，但也没有完全放弃波内里，而是退守波内里南部，继续抵抗。德军虽然占领了北部半个波内里，但也付出

▲ 苏军在波内里村与德军展开巷战。

▲ 德军投入波内里方向作战的“虎”式重型坦克。

了很大代价。

就在双方争夺波内里的同时，德军在奥利霍瓦特卡方向的进攻也有了进展，在这个方向投入了第47装甲军，这是莫德尔第9集团军中3个装甲军中实力最强的1个军，其他2个装甲军都是只有1个装甲师，唯独第47装甲军拥有3个装甲师。之所以莫德尔会将实力最强的第47装甲军部署在这个方向，因为莫德尔认为在某种意义上说，奥利霍瓦特卡比波内里更有价值，因为奥利霍瓦特卡附近的247高地是库尔斯克北部的制高点，只要拿下了奥利霍瓦特卡和247高地，就能打开通往库尔斯克的大门。莫德尔能看到这点，罗科索夫斯基也看到了，他已经在6日晚将第2坦克集团军的第16坦克军和方面军直属的第19坦克军都调到了奥利霍瓦特卡，鉴于第16坦克军在前一天的作战损失惨重还未及补充，所以他还向奥利霍瓦特卡增派了第3重型自行火炮旅。这样双方装甲部队的精锐就在奥利霍瓦特卡展开了激战。下午战斗进入白热化，德军集中了第2装甲师、第20装甲师的近200辆坦克和坦克歼击车以及第505独立重装甲营的“虎”式坦克实施装甲集群突击，但苏军的抵抗极其顽强，在奥利霍瓦特卡和萨莫杜罗夫卡之间的广阔区域，双方的装甲部队展开了库尔斯克战役中的第一场坦克大战。战斗最高潮时，双方投入的坦克总数超过了2 000辆，场面非常惨烈，到处都是坦克起火燃烧产生的烈焰浓烟，放眼望去，田野上遍地都是死尸和坦克残骸，硝烟几乎遮蔽了太阳。

▲ 反映库尔斯克战役激战场面的油画。

在两翼的战斗同样激烈，德军右翼第46装甲军的2个步兵师进攻苏军第70集团军的防区，主要目标是索洛施恩基附近的高地。德军一开始的进攻很顺利，很快就攻下了高地，但苏军立即组织反击，将立足未稳的德军赶下了高地。此后德军对高地

▲ 苏军中央方面司令罗科索夫斯基察看缴获的德军“斐迪南”坦克歼击车。

连续几次猛攻，都被苏军击退。

德军左翼，却是苏军主动发起进攻，第 13 集团军 15 军的 74 步兵师向德军的 78 突击步兵师先后进行了 11 次冲锋。78 突击步兵师疲于应付，防线岌岌可危，而要是 78 师的防线被突破，那么德军在波内里方向的进攻部队侧翼就会受到严重威胁，因此莫德尔只好抽出 1 个“斐迪南”坦克歼击车营紧急增援，才算稳定住了战线。

7 月 7 日的战斗，德军虽然取得了一定进展，占领了半个波内里，但整体战局并未实现预期的进展，而且还付出了很大代价，当天伤亡人数就超过了 1 万，而第 9 集团军前三天总共得到了补充兵员才只有 5 000 人。至于坦克的损失更是难以得到补充，最严重的是从 7 月 7 日开始，苏联空军取得了库尔斯克北部地区的制空权，德军不但得不到己方空军的空中支援，而且在白天的活动都会遭到苏联空军的空中打击。这也意味着德军在库尔斯克北部的作战越来越被动，但即便如此，莫德尔还是决定在 7 月 8 日继续进攻。为此他在 7 日晚上再次动用了预备队，将 400 辆坦克和 2 个步兵师调到了斯诺瓦、波德索罗夫卡和索博罗夫卡三个波内里以西的小村庄，准备在 8 日强化对波内里方向的攻势。

罗科索夫斯基也在积极调整部署，他将左翼的 70 集团军的 2 个师调到特普鲁，作为机动力量，以便及时根据战局变化投入战场；另外还抽调了 2 个坦克团加强第 13 集团军。第 70 集团军也将第 181 步兵师前调，进一步加强一线的防御力量。

莫德尔的最后努力

对于莫德尔来说，7 月 8 日的进攻显然就是最后的努力了，所以他拿出了最后的预备队，将开战三天来一直雪藏的第 4 装甲师加强给了 47 装甲军全力向奥利霍瓦特卡和萨莫杜罗夫卡方向发动猛攻，第 4 装甲师的进攻重点就是奥利霍瓦特卡附近的 247 高地。按照德军最擅长的“闪击战”战术，装甲部队的强攻应该得到空军——主要是“斯图卡”俯冲轰炸机以及炮兵、工兵的大力支援，但是由于天气原因以及

▲ 冒着猛烈炮火冲击的苏军坦克。

苏联空军已经掌握了制空权，德国空军的对地支援远远没能达到预期的效果，根本没能起到压制苏军的目的。因此遭到了实力几乎完整的苏军顽强抵抗，伤亡很大。但德军第 4 装甲师是刚刚投入作战的生力军，锐气正盛，因此并不顾惜伤亡始终保持着强悍的突击势头。在德军巨大的压力之下，苏军尽管奋力抗击，但也很难维持战线，不得不退到 247 高地附近重新组织防御。罗科索夫斯基对此早有准备，事先已经将第 3 反坦克炮兵旅调到了 247 高地，鲁克苏耶夫上校指挥的第 3 反坦克旅的 40 门 76 毫米反坦克炮早已利用地形地貌进行了伪装，正严阵以待德军的攻击。德军的装甲洪流汹涌而来，遇到了第 3 反坦克旅的迎头痛击，再有附近苏军 T–34 坦克的交叉火力配合，确实让德军吃了大亏，在第 3 反坦克旅的阵地前损失了 146 辆坦克。当然德军也不是等闲之辈，第 3 反坦克旅也在激战中损失殆尽，伊吉舍夫大尉的炮连击毁了德军 19 辆坦克，但炮连的 4 门反坦克炮也全部被德军炮火摧毁。但当德军步兵开始冲锋后，伊吉舍夫大尉就率领炮连的幸存官兵和附近担负掩护的步兵一起向德军发动反冲锋，将德军的冲锋击退，而伊吉舍夫大尉也在战斗中英勇牺牲，被追授“苏联英雄”称号。

德军以 60—100 辆坦克组成数个坦克集群，掩护步兵向奥利霍瓦特卡、247 高地、萨莫杜罗夫卡一线突进，接连发动了四次猛攻，与防御这一地区的苏军第 17 近卫步兵军展开了激战。尤其是围绕 247 高地的争夺更为激烈，双方多次易手，反复拉锯争夺，战况极为惨烈，如苏军第 70 近卫步兵师 230 团就击退了德军的 16 次攻击，直到下午 17 时过

▲ 德军“斯图卡”轰炸机为地面部队提供空中支援。

▲ 苏军步兵紧随着坦克发起冲锋。

后，德军才占领了 247 高地。

另外，德军第 4 装甲师还以一波接一波的凶悍攻势，突破了苏军第 17 近卫步兵军的防线，攻占了特普鲁村。罗科索夫斯基接到特普鲁村失守、第 17 近卫步兵军防线被撕开了口子的报告之后，立即命令第 13 集团军投入预备队第 148 步兵师，同时还给 13 集团军增派了第 2 坦克集团军的预备队第 11 近卫坦克旅，共同前去封闭德军的突破口。德军在 247 高地和特普鲁村的争夺中已经付出了很大的损失，虽然取得了突破，但已经无力继续利用这个突破口扩张战果。而随着苏军预备队相继赶来，德军的突破口也很快被苏军封闭，苏军重新稳定住战线。

在波内里方向，苏军的兵力相对比较雄厚，不但第 16 坦克军和第 19 坦克军都部署在这个地区，罗科索夫斯基还将第 129 近卫坦克旅和第 4 近卫空降团调到这里，进一步增强了防御力量。8 日凌晨，苏军第 307 步兵师就在波内里城区发起了反击，收复了部分城区，但还是没能将德军彻底逐出波内里。双方在波内里的争夺持续了一整天，最终还是各自控制部分城区。而在波内里外围，德军也只取得了少许战果。

这样，到了 8 日晚上，德军虽然取得了占领 247 高地的战果，但在其他方向都没有太大的进展。莫德尔意识到即便占领了 247 高地，也很难继续在苏军战线取得大范围的突破，而且发现苏军在这一地区埋设了大量地雷，并组织了非常坚固的防御。

▲ 苏军反坦克阵地给德军坦克造成很大损失。

以第9集团军目前的情况来看，经过四天的战斗，人员和装备损失很大，战斗力的损耗已经超过了10%，如果不能得到人员和装备补充，在短时间里是无法完成预定突进到库尔斯克的计划。

因此，莫德尔在8日晚间向中央集团军群司令克卢格元帅报告，由于第9集团军损失严重，加之燃料即将耗尽，已经无力继续进攻，请求转入防御，但遭到了克卢格的拒绝，克卢格仍命令莫德尔继续组织进攻。所以莫德尔只能硬着头皮在9日继续发动进攻，但他很清楚，以第9集团军的实力再想要取得重大战果几乎是不可能的，所以他将9日进攻的目标定为奥利霍瓦特卡。不过对于莫德尔来说，拿下奥利霍瓦特卡，并不是为了继续向库尔斯克突进，只是为了在停止进攻前挽回一些颜面而已，莫德尔知道停止进攻是早晚的事情。

进攻最后还是停顿了

9日凌晨，德军努力组织了一次空地协同的火力准备，“斯图卡”俯冲轰炸机和地面炮兵向苏军阵地进行了火力准备，不过美中不足的是，火力准备的时间短了一点，倾泻的弹药量和以往德军“闪击战”的火力准备相比，还是有一定距离。随后，德军投入了第2、第4、第9、第20装甲师和第6步兵师共5个师发动了进攻，其中3个装甲师都是隶属47装甲军的，这次进攻47装甲军也确实没有保留，投入了500辆坦克，这几乎是47装甲军目前的全部装甲力量了。4个装甲师并肩突进，第6步兵师在后跟进，攻势还是相当猛烈，终于在萨莫杜罗夫卡方向取得了一定成果，攻占了萨莫杜罗夫卡以南的一处山头。但是很快苏军的防御就越来越顽强，德军再难以有大的进展，双方在萨莫杜罗夫卡地区陷入了胶着。

在奥利霍瓦特卡方向，由于苏军顽强而坚韧的阻击，德军的推进速度非常缓慢，可以说是举步维艰。激战一整天，德军的进展十分有限，而苏军由于得到了第162步兵师的增援，苏军第6近卫步兵师甚至有力量在当晚22时许，还向奥利霍瓦特卡以西的德军发动了反击。

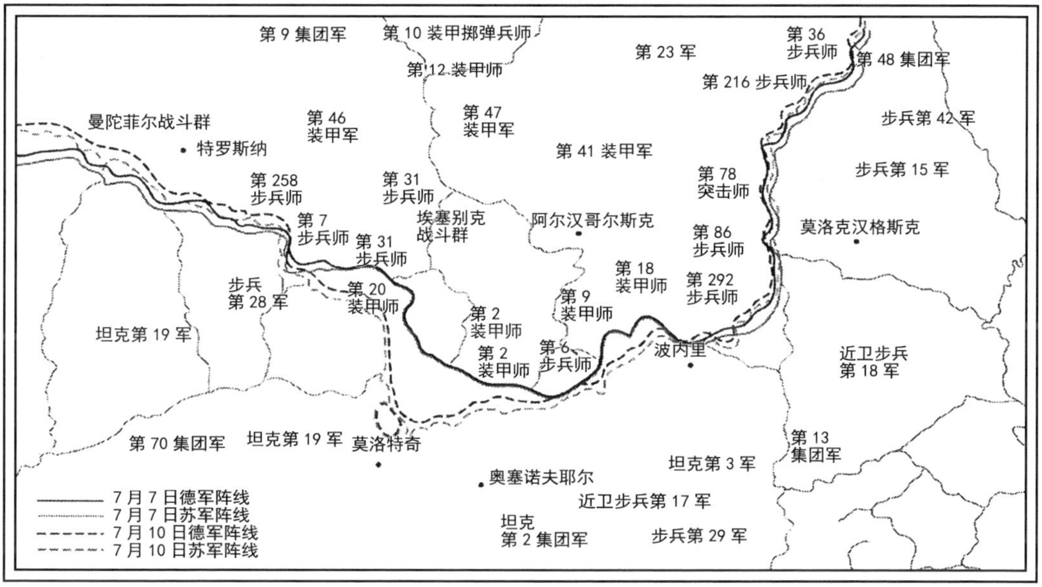

▲ 7月7—10日，库尔斯克北部地区战线变化。

在波内里，德军第18装甲师和第292步兵师从清晨6时30分就开始进攻，但波内里城区的苏军力量较强，所以经过一上午的苦战才推进了500米，而中午过后，苏军的反击就开始了，很快就将德军上午的进展化为乌有。

从中午时分起，德军的进攻就开始露出了颓势，而苏军却在不断得到人员和装备的补充，力量反而在逐渐增强，因此能够同时在几个地段上发动反攻。在波内里反击的同时，苏军第70集团军向右翼的德军第46装甲军发起了猛攻反击，本来46装甲军是要掩护47装甲军的侧翼，并策应47装甲军的主攻，但刚刚在苏军防线上撕开了一个小口子，就被苏军的反击封闭了缺口，随后由于苏军的攻势相当凌厉，德军46装甲军完全只有招架之力而没有还手之功，不得不转入防御，能维持住战线，为主攻的47装甲军保障侧翼安全，已经很不容易了。

德军左翼的第23步兵军也遭到了苏军的猛烈进攻，战役开始前才刚刚调拨给23军的第78突击步兵师在前两天的作战中已经遭受了不小的损失，所以面对苏军的猛攻，要想保持住战线还是有不小的困难，迫使德军不得不将第216步兵师派去增援。但这个方向的苏军炮火相当猛烈，德军战线基本上都被苏军火力所压制，能够守住战线已经相当不容易了，发动进攻就完全成了泡影。

等到9日太阳落山时，莫德尔已经很清楚，第9集团军能够一路突进，杀到库尔斯克的希望是非常渺茫的，因为第9集团在连续五天的战斗中损失了大量的人员和装备，而得到的补充远远不能弥补损失。何况部队连续作战多日，已经非常疲惫，再加上弹药、燃料等作战物资储备也快要耗尽，所以第 9 集团军实际上已经失去了继续进攻的能力，鉴于这样的情况，莫德尔于 9 日晚上下令各部停止进攻转入防御。

但是克卢格还是不同意第 9 集团军就这样转入防御，他还希望第 9 集团军能继续组织进攻按计划冲向库尔斯克。而且希特勒也坚决不同意第 9 集团军出现任何形式的后退或防御。在德军库尔斯克南北两个方向的进攻集团中，北线的第 9 集团军装甲力量明显比南线弱——在德军投入库尔斯克战役的性能最好的 IV 型、V 型“豹”式、“虎”式坦克和“斐迪南”坦克歼击车中，北线只有 631 辆 IV 型中的 273 辆、131 辆“虎”式中的 32 辆，虽然 90 辆“斐迪南”都在北线，但 200 辆 V 型“豹”式却全都在南线，所以无论从坦克的数量还是型号，北线都要逊色于南线，因此北线其实只不过是辅助进攻方向，按理说能打到这个程度，莫德尔确实已经很尽力了，停止进攻也无可厚非。不过由于希特勒和克卢格的强烈反对，莫德尔只得收回了停止进攻的命令，勉为其难地在 10 日继续组织进攻。

和莫德尔逐渐丧失了进攻的进取心相反，罗科索夫斯基对于守住战线越来越有信心。除了方面军建制内的炮兵，苏军最高统帅部还向中央方面军增派了大量炮兵。同时中央方面军还大力加强了防御工事，尤其是反坦克阵地的建设。仅仅是在第 13 集团军的防区，第一道防线就有 13 处反坦克区域和 44 个坚固支撑点，第二道防线有 9 处反坦克区域和 34 个坚固支撑点，第三道防线还有 15 处反坦克区域，如此大范围大纵深的反坦克防御，以德军目前的装甲突击力量来说，显然是很难取得突破的。罗科索夫斯基还在不断向前线调集预备队，在进一步强化防御的同时也做好了随时展开反击的准备。一切正如战前的计划，苏军先以顽强坚韧的防御顶住德军的进攻，然后适时转入反击。现在看到德军进攻逐渐乏力，进展越来越小的情况，罗科索夫斯基很清楚，原来最担心的是能不能顶得住德军强大装甲部队的突击，现在已经

▲ 克卢格（左）和莫德尔（右）在讨论战局。

▲ 德军勉为其难地在 7 月 10 日继续展开进攻。

被证明没有任何担忧了，几天来的战事，苏军的防线虽然在德军的强攻下步步后退，但却消耗了德军大量的有生力量，成功地阻止了德军的大范围突破。

莫德尔在 10 日的进攻中投入了第 9 集团军所有能够出动的坦克，可谓孤注一掷。他将进攻目标选在了特普鲁村和苏军第 70 集团军的侧翼，担负主攻重任的第 47 装甲军军长乔基姆·勒墨尔森上将也投入了雪藏到现在的最后一支预备队“伯梅斯特”装甲旅。双方在特普鲁村以北的连绵起伏的丘陵地带展开了激战，由于苏军在这一地区集结的炮兵力量非常雄厚，再加上苏军已经取得了战场制空权，轰炸机攻击机也不断对德军展开空袭，在猛烈的空地联合火力打击下，德军损失很大，好不容易推进了大约 5 千米之后，就再难以越雷池一步。

当德军的进攻逐渐停顿，战场的主动权就逐渐转到了苏军手里。中午过后，在苏军第 1 近卫炮兵师的炮火支援下，第 19 坦克军、第 40 步兵师、第 70 近卫步兵师和第 75 近卫步兵师发起了反击。德军第 47 装甲军苦战一上午才取得的 5 千米进展很快又被苏军打了回去。

在配合 47 装甲军主攻的 46 装甲军方向，目标是苏军第 70 集团军防线，这是苏军第 2 坦克集团军的侧翼，德军意图很明显，就是为 47 装甲军的主攻创造有利条件。但苏军 70 集团军在一线就并肩展开了 6 个步兵师担负防御，而且都得到了坦克和炮兵的加强，德军 3 个步兵师的进攻接连被击退，而且苏军还乘机发动了两次小规模的反击，因此 46 装甲军的进攻毫无进展。

至 7 月 10 日黄昏，德军 2 个装甲军都没有取得任何进展，基本上都还停留在进

▲ 苏军在顶住德军进攻并大大削弱了德军力量后发起了反攻。

攻出发地域。在波内里方向，德军 41 装甲军已经没有力量发动进攻，只能继续保持防御态势。苏军第 3 坦克军和第 307 步兵师联手发起进攻，在猛烈的炮火掩护下，苏军占领了波内里附近的一处高地，但好景不长，德军迅速在“斯图卡”俯冲轰炸机的直接掩护下，重新又夺回了高地。双方在波内里的战斗依然处在胶着拉锯状态。

在左翼，苏军更是完全占据了主动和优势，以第 74 和第 148 步兵师在第 12 炮兵师的火力支援下对普罗塔索夫的德军第 78 突击步兵师展开了猛烈攻势，普罗塔索夫是位于莫洛克汉格斯西北的一处小村，苏军攻势很猛，以损失 12 辆坦克的代价夺取了德军一些阵地，但德军 78 突击步兵师也是相当顽强，拼尽全力仍保证了防线的大致完整。德军 23 步兵军军长约翰尼斯·弗莱斯纳上将向 78 突击步兵师派出了“斐迪南”坦克歼击车营，得到了“斐迪南”坦克歼击车营的增援，78 突击步兵师随即转守为攻，不但击退了苏军的进攻，还乘势占领了特罗斯纳。

纵观全天的战场态势，德军除了攻占特罗斯纳外，几乎毫无进展，这点进展对于全局来说，实在太微不足道了。莫德尔清楚地知道，第 9 集团军已经没有再继续进攻的力量了。但希特勒还是坚决不同意第 9 集团军转入防御。在希特勒的压力下，莫德尔只好在 10—11 日夜间将整个集团军最后的预备队第 10 装甲掷弹兵师替换下在波内里争夺中损失惨重的第 292 步兵师。第 10 装甲掷弹兵师拥有强大的炮兵力量，总共有 1 个火箭炮团、7 个炮兵营、1 个重迫击炮营和 1 个突击火炮营。一般提到火箭炮，首先都会想到苏军的“喀秋莎”火箭炮，实际上德军也有装备火箭炮，只是数量和使用规模都远不如苏军。但是还没等第 10 装甲掷弹兵师全部到位，苏军在波内里的反击就开始了，幸亏第 10 装甲掷弹兵师的炮兵部队实力较强，

▲ 德军火箭炮正在开火。

还能和苏军实力雄厚的炮兵进行炮战，才掩护步兵击退了苏军的进攻，如果莫德尔没有及时将第10装甲掷弹兵师调上来，已经遭受重创残破不堪的第292步兵师肯定是无法再顶得住苏军的进攻。

转折点已经来临

从7月5日到10日，德军在库尔斯克北线连续六天的猛攻，始终未能完全突破苏军的防线，反倒付出了很大代价。关于德军的伤亡，有两种说法，第一是伤亡2万人，第二是伤亡6万人。不过在战斗最激烈的7月7日一天，德军伤亡就有1万人，六天伤亡2万人显然可能性不大。而且整个第9集团军的总兵力有33.5万人，如果只伤亡2万人，素以顽强著称的莫德尔是不可能接连提出停止进攻的，最后迫使德军停止进攻的主要原因就是因为人员和装备损失太大，所以德军伤亡6万的数字更为可信。坦克和坦克歼击车、装甲车的损失超过了400辆，作战飞机损失约500架，几乎是第9集团军装甲力量和航空兵力总数的一半左右，这也是德军难以弥补的。

苏军在库尔斯克北线阵亡和失踪1.8万人，负伤1.5万人。通常情况，受伤数字肯定要大于阵亡数字，一般受伤都是阵亡的3倍左右，而此战苏军阵亡人数反而超过了受伤人员，这也从侧面说明，北线这六天的作战是多么惨烈。

德军在库尔斯克北线连续六天的猛攻，都没能取得重大的突破，苏军的顽强防御不但粉碎了德军南北两个方向钳形夹击库尔斯克的如意算盘，而且为预备队的调集赢得了宝贵的时间，更重要的是中央方面军完全依靠自己的力量出色完成了这个任务，基本没有动用草原方面军的力量，从而使草原方面军能够毫无后顾之忧全力支援南线作战，对于库尔斯克战役的全局具有重大意义。

7月11日，战事的发展和之前几天的情况完全不同了，从最初的德军进攻苏军防御，逐渐到互有攻守，现在则是苏军进攻德军防御。苏军全线发动反击，德军各部队中实力最弱的第23步兵军在苏军的巨大压力下不得不放弃了前一天刚刚占领的特罗斯纳。但在其他地区，本来已

▲ 开赴前线的苏军 T-34 坦克。

▲ 德军虽然在前几天的作战中取得了一定进展，但付出了很大代价更失去了战役主动权。

经人困马乏的德军在苏军的攻势前，完全是近乎绝望地在咬牙奋战，最终使苏军只取得了有限的进展。

11 日晚，莫德尔和克卢格再次讨论了战局，第 9 集团军是继续进攻还是转入防御？身处一线的莫德尔非常清楚，第 9 集团军已经根本没有力量组织进攻了，如果苏军继续施加压力，就是守住现有战线也不容易。但从一开始就对“堡垒”作战充满信心的克卢格还是不愿接受这样的现实，因此他从中央集团军群的预备队里抽调第 12 装甲师和第 36 步兵师划归第 9 集团军，要求莫德尔使用这 2 个新锐生力军的师 12 日再向苏军战线的侧翼，也就是 70 集团军的防区发动攻势，幻想着能出乎苏军意料，来一记迅猛的左勾拳，打开局面。

在德军高层还一厢情愿地以为再加 2 个师就能取得突破的时候，苏军方面罗科索夫斯基和华西列夫斯基也在认真研究战局变化。他们不约而同地敏锐意识到，战场的主动权已经转到苏军手里了，现在苏军在库尔斯克北部已经有能力在两个地段上同时发起强大进攻——一是在第 9 集团军所在地段，二是在奥廖尔地区。在第 9 集团军地段，由于受到苏军中央方面军的巨大压力，第 9 集团军已经疲于招架，不但无力进攻，而且也无法抽出兵力增援其他方向，例如奥廖尔地区。而苏军在奥廖尔地区可以投入布良斯克方面军和西方方面军，一举突破德军防线，然后向南突进，迂回到第 9 集团军侧后，切断第 9 集团军退路，再给第 9 集团军一个沉重打击！

完全可以说，7 月 11 日就是库尔斯克北部地区的转折点。而在之前的 7 月 10 日，苏联最高统帅部就准确地判断，中央方面军已经极大地削弱了德军，尽管在 7 月 10 日战局还是陷于胶着，但苏军清楚展开大反攻的时机已经为时不晚，所以 7 月 10 日就已经命令布良斯克方面军和西方方面军开始进行大规模反攻的准备，至 7 月 12 日，苏军大反攻的各项准备已经就绪。德军还在想再投入 2 个新锐师发起进攻，而苏军的反攻，却是两个方面军的主力！

第七章 德军在南线的攻势

南线是德军的主攻方向

前一章介绍了德军在库尔斯克北线的进攻，这一章就接着介绍德军在库尔斯克南线的进攻。在德军的计划中，是以南北两线对进，在库尔斯克会师，从而将库尔斯克突出部从根部整个切除，不但拉平了战线，同时也要围歼苏军部署在库尔斯克突出部的中央方面军和沃罗涅日方面军。虽然说是南北对进，但两个方向并不是平均使用兵力，总是有所侧重的。从德军南北两个方向投入的兵力和装备来看，很显然南线才是德军的主攻方向。

在南线，德军投入了第4装甲集团军和肯普夫战役集群两支集团军级别的部队，北线德军虽然名义上也有两支集团军——第9集团军和第2集团军，但实际上第2集团军基本没有参与进攻，所以北线德军其实只有一个集团军投入进攻。在德军最为倚重的装甲部队方面，希特勒推迟发起战役的原因之一，就是为了能有更多的两种先进坦克——“豹”式和“虎”式坦克生产出来。在投入库尔斯克战役的全部200辆“豹”式和131辆“虎”式坦克中，北线德军只分配到了32辆“虎”式，“豹”式居然一辆都没有！虽然为了稍微平衡一下北线德军的装甲力量，将90辆“斐迪南”坦克歼击车全部给了北线，但是“斐迪南”坦克歼击车原来是和亨舍尔公司的“虎”式竞争中落败的保时捷公司重型坦克的生产型，虽然重量上和“虎”式相差无几，但却更适合于为步兵提供火力支援而不是像“虎”式那样长于坦克战，所以和“虎”式相比还是有一定差距。所以，北线德军的装甲部队实力也差不多只有南线德军装甲部队实力的60%，自然突击力也就明显不如南线德军。

表1 德军库尔斯克战役中南北两线四款主要坦克数量对比

	Ⅳ号	“豹”式	“虎”式	“斐迪南”
总数	631辆	200辆	131辆	90辆
南线装备数量	358辆	200辆	99辆	
南线所占比例	56.7%	100%	75%	
北线装备数量	273辆		32辆	90辆
北线所占比例	43.3%		25%	100%

表 2　库尔斯克战役初期（德军进攻苏军防御阶段），苏德两军南北两线兵力、装备对比

	军级单位 *	总兵力	坦克数量	火炮数量
北线				
苏军中央方面军	6 个	71.7 万人	1 758 辆	1.1 万门
德军第 9 集团军	5 个	33.5 万人	1 014 辆(424 辆)**	3 000 门
北线苏德对比		2.14:1	1.73:1	3.6:1
南线				
苏军沃罗涅日方面军	6 个	62.55 万人	1 704 辆	8 718 门
德军第 4 装甲集团军	3 个	22.4 万人	1 235 辆（172 辆）	2 000 门
德军肯普夫战役集群	3 个	12.6 万人	512 辆（155 辆）	1 500 门
南线德军合计	6 个	35 万人	1 747 辆（327 辆）	3 500 门
南线苏德对比		1.16:1	0.97:1	2.5:1

* 军级单位中苏军的数据是集团军的数量。
** 括号里为突击炮的数量。

苏军却错误判断德军北线才是主攻方向，因此更为重视北线，北线的中央方面军无论在兵力，还是在坦克和火炮数量上，都要比南线的沃罗涅日方面军多。这样一来，南线的德军比北线强，而南线的苏军反而比北线弱，此消彼长之下，南线德军的进展超过北线就是在情理之中了。同样原因，可以想象南线的战斗必然要比北线更为激烈和残酷。

苏军沃罗涅日方面军作战序列

沃罗涅日方面军（司令尼古拉·瓦杜丁大将，下辖 6 个集团军，总兵力约 62.55 万人，6 718 门火炮，1 704 辆坦克和自行火炮）

第 6 近卫集团军（司令奇斯佳科夫中将，总兵力约 8 万人，1 682 门火炮，155 辆坦克和自行火炮）

第 22 近卫步兵军（军长伊扬比斯基少将）

第 67 近卫步兵师

第 71 近卫步兵师

第 90 近卫步兵师

第 23 近卫步兵军（军长瓦赫拉梅耶夫少将，7 月 21 日后由塔瓦尔特基拉泽少将接任军长）

第 51 近卫步兵师

第 52 近卫步兵师
第 375 步兵师
第 96 坦克旅
集团军直属
第 89 近卫步兵师
第 96 坦克旅
第 27 加农炮兵旅
第 33 加农炮兵旅
第 28 反坦克旅
第 7 近卫集团军（司令舒米洛夫中将，总兵力约 7.68 万人，1 573 门火炮，246 辆坦克和自行火炮）
第 24 近卫步兵军（军长瓦西里耶夫少将）
第 15 近卫步兵师
第 3 近卫步兵师
第 72 近卫步兵师
第 25 近卫步兵军（军长萨菲乌林少将）
第 73 近卫步兵师
第 78 近卫步兵师
第 81 近卫步兵师
集团军直属
第 213 步兵师
第 27 近卫坦克旅
第 201 坦克旅
第 30 反坦克旅
第 31 反坦克旅
第 38 集团军（司令奇比索夫中将，总兵力约 6 万人，1 168 门火炮，150 辆坦克和自行火炮）
第 50 步兵军（军长马尔季罗少将）
第 167 步兵师
第 232 步兵师
第 340 步兵师
第 51 步兵军（军长安德烈连科少将）
第 180 步兵师
第 204 步兵师
第 240 步兵师

集团军直属

第 180 坦克旅

第 192 坦克旅

第 29 反坦克旅

第 40 集团军（司令莫斯卡连科中将，总兵力约 7.77 万人，1 636 门火炮，237 辆坦克和自行火炮）

第 47 步兵军（军长格里亚兹诺夫少将）

第 161 步兵师

第 205 步兵师

第 237 步兵师

第 52 步兵军（军长佩尔霍罗维奇中将）

第 100 步兵师

第 219 步兵师

第 309 步兵师

集团军直属

第 184 步兵师（7 月 12 日转隶第 6 近卫集团军）

第 86 坦克旅（7 月 8 日转隶第 1 坦克集团军）

第 32 反坦克炮旅（7 月 13 日转隶第 69 集团军）

第 35 加农炮兵旅

第 29 榴弹炮兵旅

第 69 集团军（司令克留乔金员中将，总兵力约 5.2 万人，889 门火炮）

第 48 步兵军（军长罗戈兹内少将）

第 107 步兵师

第 183 步兵师

第 305 步兵师

第 49 步兵军（军长捷连季耶夫少将，7 月 7 日转隶第 7 近卫集团军）

第 111 步兵师

第 270 步兵师

集团军直属

第 1 661 反坦克炮兵团

第 496 迫击炮团

第 1 坦克集团军（司令卡图科夫中将，总兵力约 4 万人，419 门火炮，646 辆坦克和自行火炮）

第 3 机械化军（军长克里沃舍夫少将）

第 1 机械化旅

第 3 机械化旅
第 10 机械化旅
第 1 近卫坦克旅
第 49 坦克旅
第 6 坦克军（军长格特蔓少将）
第 22 坦克旅
第 112 坦克旅
第 200 坦克旅
第 6 摩托化步兵旅
第 31 坦克军（军长切尔尼连科少将）
第 100 坦克旅
第 237 坦克旅
第 242 坦克旅
方面军直属
第 35 近卫步兵军（军长戈里亚切付少将，7 月 5 日转隶第 69 集团军）
第 92 近卫步兵师
第 93 近卫步兵师
第 94 近卫步兵师
第 2 近卫坦克军（军长布尔杰伊内少将，7 月 5 日转隶坦克第 1 集团军，7 月 10 日转隶第 69 集团军，7 月 11 日转隶第 5 近卫坦克集团军）
第 4 近卫坦克旅
第 25 近卫坦克旅
第 26 近卫坦克旅
第 4 近卫摩托化步兵旅
第 5 近卫坦克军（军长克拉夫琴科少将，7 月 5 日转隶坦克第 1 集团军）
第 20 近卫坦克旅
第 21 近卫坦克旅
第 22 近卫坦克旅
第 6 近卫摩托化步兵旅

南线德军的最高指挥是南方集团军群司令曼施坦因元帅，是德军在第二次世界大战期间和隆美尔、古德里安齐名的三大名将之一，对于德军最擅长的“闪击战”颇有心得。他计划以第 4 装甲集团军和肯普夫战役集群的第 3 装甲军作为主攻，从别

▲德军南方集团军群司令曼施坦因元帅。

尔哥罗德以西，沿公路向库尔斯克实施主要突击；另外以肯普夫战役集群的其他部队从别尔哥罗德东南向科罗恰实施辅助突击。

曼施坦因深谙“牛刀杀鸡”战术，所以在主攻方向上布置了南方集团军群的全部3个装甲军，也就是将手头上的所有装甲力量全部投入这一方向，意图非常明确，就是要以强大的装甲部队形成泰山压顶之势，一举取得突破。在宽达40千米的主攻地段上，总共投入了3个装甲军和1个步兵军，总共4个步兵师、9个装甲师（装甲掷弹兵师）和1个摩托化师，1 589辆坦克和突击炮以及2 000门火炮，每个师的攻击正面为3千米，平均每千米正面42辆坦克和50门火炮。

拥有2个装甲军的第4装甲集团军无疑是南线德军最重要的进攻矛头，尽管第4装甲集团军司令赫尔曼·霍特上将对“堡垒”作战并不认同，他认为以德军现有的力量根本不可能消灭苏军在库尔斯克突出部的两个方面军，而且苏军在库尔斯克地区已经构筑了纵深达30千米的坚固防御工事，要突破如此大纵深的防御地带，必然要付出极大代价。但是作为一名职业军人，既然无法改变既定计划，那就只能竭尽全力去完成任务。所以他在战前就和曼施坦因进行了深入的探讨和研究，最终成功说服曼施坦因调整了原先的作战计划。曼施坦因原来计划以第4装甲集团军的第48装甲军和党卫军第2装甲军从别尔哥罗德向北直取奥博扬，肯普夫战役集群的第3装甲军则负责掩护党卫军第2装甲军的侧翼。调整之后改为第3装甲军，在战役的第一天就从别尔哥罗德东面和东南面强渡北顿涅茨河，保障第48装甲军和党卫军第2装甲军安全渡河之后，3个装甲军齐头并进向普罗霍罗夫卡攻击前进。

通常情况下，德军都是用步兵师来掩护装甲师的侧翼，以保证装甲师能没有后顾之忧地全力向前突击。但是第4装甲集团军总共只有4个步兵师，其中第52步兵军的

表3　苏军和德军装甲部队兵力装备对比

	苏军坦克军	苏军机械化军	德军装甲师
兵力	7 800	15 018	16 932
坦克及自行火炮（突击炮）	168	204	200
野战炮	24	36	58
迫击炮	52	148	54
反坦克炮	12	36	101
高射炮	20	36	63
卡车及汽车	871	1 693	2 147

德军南方集团军群投入库尔斯克战役的9个装甲师（装甲掷弹兵师）

第4装甲集团军

第48装甲军（装备664辆坦克，其中19辆“虎”式坦克，200辆“豹”式坦克，另加89辆突击炮）

“大德意志”装甲掷弹兵师（师装甲团3营装备19辆“虎”式坦克，并加强装备200辆“豹”式坦克的第10装甲旅）

第3装甲师

第11装甲师

军直属第911突击炮营

党卫军第2装甲军（装备356辆坦克，其中35辆“虎”式坦克，另加95辆突击炮）

党卫军第1“阿道夫·希特勒警卫旗队”装甲掷弹兵师（师直属装备12辆“虎”式坦克的第13独立重装甲连）

党卫军第2“帝国”装甲掷弹兵师（师直属装备11辆“虎”式坦克的第8独立重装甲连）

党卫军第3“骷髅”装甲掷弹兵师（师直属装备12辆“虎”式坦克的第9独立重装甲连）

肯普夫战役集群

第3装甲军（装备285辆坦克，其中45辆“虎”式坦克，另加97辆突击炮）

第6装甲师

第7装甲师

第19装甲师

加强装备45辆“虎”式坦克的第503独立重装甲营

合计装备坦克1 305辆，其中99辆“虎”式坦克，200辆“豹”式坦克，另加281辆突击炮

3个步兵师负责掩护集团军的左翼（东面），3个步兵师掩护整个集团军的侧翼，兵力上还是很紧张的。但在集团军的右翼情况就更严峻了，只有第48装甲军的第167步兵师，区区一个步兵师来保护侧翼安全，这么点兵力显然远远不够，因此霍特只能将掩护右翼的重任交给肯普夫战役集群的第3装甲军，但这又让霍特产生了新的担忧，因为他很清楚第3装甲军的实力在南方集团军群3个装甲军里是最弱的，和第48装甲军、党卫军第2装甲军相比，根本就不是在同一个层次上，第3装甲军能否和第48装甲军、党卫军第2装甲军的进攻保持同步，不至于在右翼出现空隙，将是决定

装备“虎”式坦克的独立重装甲营

德军通常将“虎”式坦克单独编组，组建独立重装甲营（Schwere Panzer Abteilung），作为军、集团军的直属突击力量，按照实际需要投入到关键方向来使用，或者是作为战区级的重装甲预备队，发挥“消防队”应急救援的重任。每个独立重装甲营除了装备“虎”式坦克的重装甲连外，还编有指挥连、维修连，是一个独立具备作战、维护、后勤保障等全方位综合能力的战斗单位。

德军先后组建了16个装备“虎”式坦克的独立重装甲营，分别是隶属国防军的第501营、第502营、第503营、第504营、第505营、第506营、第507营、第508营、第509营、第510营、第511营、第301营和“大德意志”师装甲团的第3营；隶属武装党卫军系统的党卫军第101独立重装甲营、党卫军第102独立重装甲营和党卫军第103独立重装甲营。其中除了“大德意志”师是师级单位，其他“虎”式独立重装甲营都是直接由军、集团军掌握。

早期的独立重装甲营的编制为：

营部：2辆“虎”式

第1连：10辆“虎”式和8辆III号（连部2辆，4个排每个排2辆“虎”式和2辆III号）坦克

第2连：10辆“虎”式和8辆III号（连部2辆，4个排每个排2辆“虎”式和2辆III号）坦克

全营：共22辆“虎”式和16辆III号坦克

另外，还编有6辆四联20毫米自行高射炮、10辆Sd. Kfz. 251半履带装甲车、8辆18吨牵引车、8辆1吨牵引车、42辆摩托和约200辆各种运输车辆。

后期的独立重装甲营的编制为：

营部：3辆“虎”式

第1连：14辆“虎”式（连部2辆，3个排每个排4辆“虎”式）

第2连：14辆“虎”式（连部2辆，3个排每个排4辆“虎”式）

第3连：14辆“虎”式（连部2辆，3个排每个排4辆“虎”式）

全营：共45辆“虎”式

另外，还编有8辆IV号自行高射炮、3辆四联20毫米自行高射炮、11辆Sd. Kfz. 251半履带装甲车、5辆坦克抢修车、7辆18吨牵引车、13辆1吨牵引车、20辆摩托和约160辆各种运输车辆。

除了第502营所辖的3个连每个连装备24辆“虎”式，再加营部的3辆，全营总共超编装备了75辆“虎”式以外，其余各独立重装甲营都是标准的45辆“虎”式的编制。

南线攻势最终是否成功的关键。

霍特的担心不无道理，第3装甲军虽然下辖3个装甲师，但3个装甲师装备的坦克总共才不过239辆，只相当于正常编制坦克数量的40%，为此曼施坦因将装备45辆“虎”式坦克的第503独立重装甲营配属给第3装甲军。但是第3装甲军军长赫尔曼·布莱特上将却将这个“虎”式坦克营一分为三，平均配属给3个装甲师。第503独立重装甲营营长克莱门斯·卡格内克上尉对此表示了强烈反对，作为“虎”式单位的主官，他很清楚只有将“虎”式坦克尽可能集中起来，才能最大限度发挥出“虎”式坦克强大的突击威力，但是他人微言轻，自然无法改变军长布莱特上将的决定。战役开始后的实战情况也证明了卡格内克上尉的意见是正确的，在事实面前，最后布莱特上将才重新将全部的“虎”式坦克集中在一起使用。

▲ 1942年8月，隶属于第502独立重装甲营的“虎”式坦克。

战役开始后，果然霍特的担忧变成了现实，正是由于第3装甲军进攻乏力，跟不上第4装甲集团军的推进速度，严重拖了后腿，直接导致第4装甲集团军始终忌惮侧翼安全而不敢放手猛攻，不然就会拉大和第3装甲军的空隙，成为苏军反击的绝好目标，这个隐患最终就成了南线德军在进攻阶段的“命门”。

第48装甲军的第一天

从7月4日下午和7月5日凌晨开始，南线德军的两大主力第48装甲军和党卫军第2装甲军就已经分别展开了前哨战，并取得了不同程度的进展。不过7月5日凌晨2时20分，苏军开始了炮火反准备，南线苏军的炮火反准备比北线要更成功一些，所以南线德军的总攻时间推迟得要比北线更久，一直到6时才开始发动进攻，比原定计划整整推迟了三个小时。

德军第4装甲集团军总兵力22.4万人，装备1 063辆坦克和172辆突击炮，进攻的是苏军第6近卫集团军的防区，第6近卫集团军总兵力只有约8万人，坦克155辆，力量对比十分悬殊，因此可以预见，第6近卫集团军将会遇到巨大的压力。

按照德军计划，第4装甲集团军将从顿涅茨河西岸发起主攻，在这个主攻方向上，德军兵分两路，第48装甲军和党卫军第2装甲军分别沿两条公路向普罗霍罗夫卡和奥博扬进攻；肯普夫战役集群则从顿涅茨河东岸发动进攻，掩护第4装甲集团

▲ 7 月 4 日，双方战线示意图。

军的侧翼。

南线德军进攻的地点正是苏军沃罗涅日方面军的防区，沃罗涅日方面军司令尼古拉·瓦杜丁大将把手上 6 个集团军分为二线配置，第 38、第 40 集团军部署在西侧，第 6 近卫集团军和第 7 近卫集团军部署在南侧，负责一线防御；而第 69 集团军和第 1 坦克集团军则作为二线预备队。相比北线的中央方面军，沃罗涅日方面军的兵力、坦克和火炮都要少，但仍然是一支不可小觑的力量。而且苏军在库尔斯克突出部的战线后方还部署了实力强大的草原方面军，根据战况发展随时增援中央方面军和沃罗涅日方面军，由于中央方面军完全依靠自己的力量就顶住了北线德军的进攻，从而使沃罗涅日方面军能得到草原方面军的全力增援。

第 48 装甲军进攻第一天的目标是切尔卡斯科耶村，这是苏军在佩纳河南岸第一道防线的核心据点。第 48 装甲军投入了 1 个装甲掷弹兵师、2 个装甲师和 2 个步兵师，以“大德意志”装甲掷弹兵师居中，第 3 装甲师在左，第 11 装甲师在右，形成装甲突击拳头，另外第 332 步兵师和第 167 步兵师负责在最外侧的两翼担负掩护。

霍特采取的是“牛刀杀鸡”的强力突破战术，以“虎”式坦克为前导，“豹”式坦克紧随在后，形成最强悍的装甲铁拳，因此给担负突破重任“大德意志”装甲掷弹兵师除了加强装备“虎”式的独立重装甲营以外，还加强了装备 200 辆“豹”式坦克的第 10 装甲旅（200 辆“豹”式坦克就是整个南方集团军群的全部“豹”式坦克数量），可见霍特是毫不吝啬地一下子就拿出了压箱底的看家宝。

由于受到苏军炮火反准备以及道路泥泞难以通行的影响，“大德意志”师和第 3 装甲师的部分师属炮兵在进攻开始前都没能按时到达指定位置，考虑到这两个师是担负主攻的尖刀，因此第 48 装甲军军长克诺贝尔斯多夫上将就决定将部分军属炮兵临时配属给这两个师，直到这两个师的师属炮兵全部到位为止。这样一来，原来主要依靠军属炮兵提供炮火支援的第 11 装甲师和第 167 步兵师的进攻就只能向后顺延到上午 9 时。

作为主攻中的主攻，“大德意志”师的进攻却从一开始就很不顺利，等到了炮火准备开始的 6 时 30 分，负责提供坦克支援的“大德意志”装甲团还是没能到达指定位置。原来装甲团在从后方待机地域开赴进攻出发地域途中遇到了大片雷区，装甲团团长冯·斯特拉赫维茨上校见无法在短时间里从雷区开辟通道，只好率部绕道而行，这样直到进攻开始的 7 时 30 分都没能赶到指定位置。配属“大德意志”师拥有 200 辆“豹”式坦克的第 10 装甲旅在进攻开始时，还在格尔采夫卡干水沟以南 6 千米处补充燃料，直到 10 时过后才开始向北运动，11 时 45 分才刚刚到达干水沟以南的 229.8 高地，而且由于途中也遇到雷区，中午时分到达前线才 160 辆。原本要在进攻担负开路先锋重任的“虎”式坦克，在通过干水沟的小桥时因为第一辆“虎”式抛锚而将整座桥堵塞，不得不紧急架设了第二座桥，但因为桥身载重有限，一次只能通行一辆“虎”式，所以时间都被耽搁了，一直到下午 15 时之后，15 辆“虎”式

▲ 7 月 5 日，正准备发起进攻的德军第 10 装甲旅的“豹”式坦克。

才通过了干水沟。

中午前后，一场突如其来的大雨瞬时将整个作战区域大大小小的沟壑填满，库尔斯克地区独特的黑土也在雨水的“浇灌”下变得极为泥泞，这些都给德军的行动增加了很大困难。有些资料称是苏军的雷区严重阻碍了德军的进攻，其实大雨和泥泞难行的道路才是德军遇到的最大障碍。

所以实际上“大德意志”师 7 时 30 分开始进攻时，完全没有得到任何坦克部队支援，而且左翼的“大德意志”燧发枪兵团也有 1 个营因为受到道路泥泞的影响没能赶到。燧发枪兵团的进攻路线上有一大片墓地，苏军依托墓地的围墙和墓碑构筑了坚固工事，而且还有大片雷区和铁丝网等障碍，所以燧发枪兵团的进攻一再受阻，团长埃里希·卡斯尼兹上校亲自赶到一线指挥，结果身负重伤（送到后方医院后还是伤重不治），只好由冯·戈特贝格少校接替指挥。在切尔卡斯科耶村正面进攻的掷弹兵团因为没有坦克支援，无法突破苏军第 67 近卫步兵师的防御。一直苦战到黄昏，德军还是几乎毫无进展。

16 时，第 10 装甲旅的 30 辆“豹”式坦克终于赶到了，在“豹”式坦克的掩护下，掷弹兵团 1 营开始向切尔卡斯科耶村猛攻，苏军第 611 反坦克炮团的 45 毫米反坦克炮对于德军“豹”式坦克的正面装甲毫无作用，因此德军迅速冲过了苏军反坦克阵地，杀入切尔卡斯科耶村。但在村子里又遭到附近高地上的苏军猛烈炮击，这是苏军第 1 837 反坦克炮团，和第 611 反坦克炮团不同，该团装备的是 85 毫米反坦克炮，威力要强得多，能够击穿“豹”式坦克的装甲，因此德军坦克只得退出村外。没有坦克支援的步兵始终无法完全肃清切尔卡斯科耶村的苏军，到夜幕降临，双方各自控制着切尔卡斯科耶村的一半。

“大德意志”师的第一天进攻可以说是非常糟糕，主攻目标切尔卡斯科耶村没能拿下，村子还有相当一部分控制在苏军手里，村子南面的237.8高地也还在苏军手上，而且苏军在切尔卡斯科耶村侧翼的火力相当猛烈，掷弹兵团没有坦克或突击炮的支援根本寸步难行。即便在德军已经占领的苏军防线后方，还有不少雷区和苏军零星人员对德军的自由行动构成了不小威胁。

而为了这点微不足道的进展，德军付出了很大代价，当天就因为苏军的炮火、空袭、地雷以及机械故障和泥泞道路等多种原因总共损失了170辆坦克，虽然其中有不少是可以修复的，但至少在短时间里这些坦克是无法重新投入战场了。

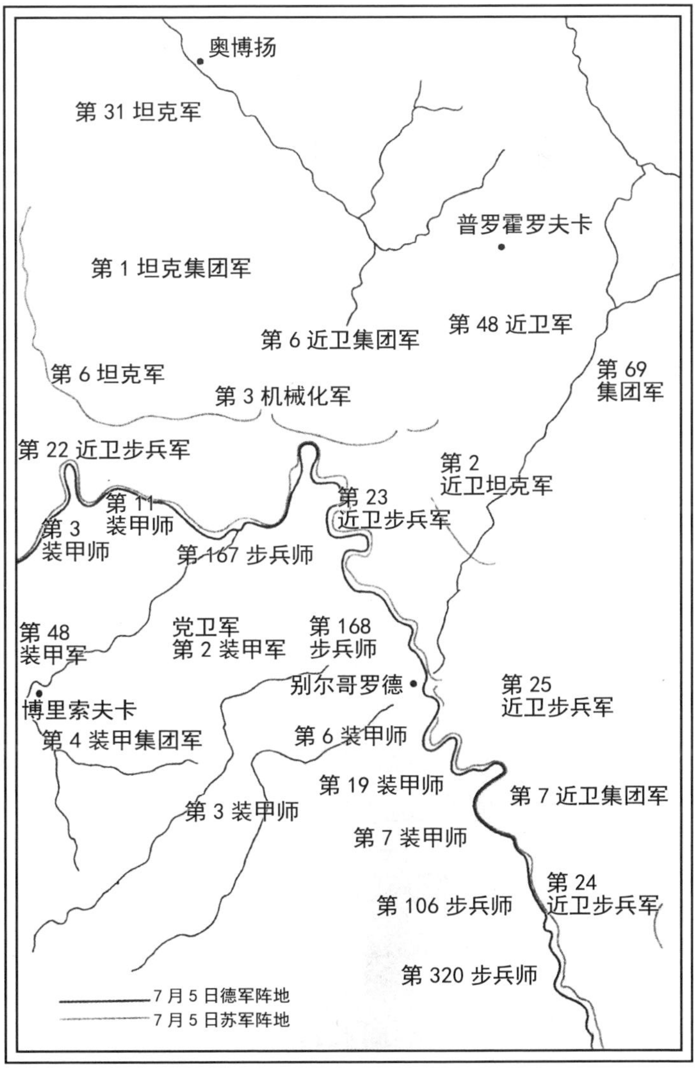

▲7月5日，库尔斯克南部双方态势图。

白天战斗平息后，“大德意志”师师长赫恩莱因中将向第48装甲军军长克诺贝尔斯多夫上将报告了战况，克诺贝尔斯多夫决定第二天投入第11装甲师从南面进攻切尔卡斯科耶村，彻底占领该村，以保障“大德意志”师所属的装甲部队从切尔卡斯科耶村的东北通过，全力向北推进。

“大德意志”师第一天的表现如此糟糕，主要原

德军“大德意志”装甲掷弹兵师作战序列

“大德意志”装甲掷弹兵师（师长瓦尔特·赫恩莱因中将，下辖4个团又5个营）
- “大德意志”装甲团（团长冯·斯特拉赫维茨上校）
- “大德意志”掷弹兵团
- “大德意志”燧发枪兵团（团长埃里希·卡斯尼兹上校）
- “大德意志”炮兵团（团长弗里茨·阿尔布雷希特中校）
- “大德意志”坦克歼击营
- “大德意志”侦察营
- “大德意志”工兵营
- “大德意志”防空营
- “大德意志”突击炮营

加强配属兵力：
- 第10装甲旅（旅长卡尔·德克尔上校，总共装备200辆“豹”式坦克和4辆抢救维修坦克）
  - 第39装甲团团部（团长冯·劳歇特中校，团部装备8辆“豹”式坦克）
  - 第51装甲营（装备96辆“豹”式坦克和2辆抢救维修坦克）
  - 第52装甲营（装备96辆“豹”式坦克和2辆抢救维修坦克）

因是师长赫恩莱因中将忽视了坦克开进途中的道路保障，对于通过雷区和架设桥梁都没有足够的重视，结果导致坦克部队没能及时赶到前线，让步兵在没有坦克掩护的情况下孤军奋战，不但损失惨重，还耽误了时间。

第3装甲师7月5日一早开始进攻时的情况和“大德意志”师非常相似，部分炮兵单位还没到位，掩护步兵的坦克部队也没有按时到达。不过第3装甲师要比“大德意志”师顺利一些，很快就突破了苏军第71近卫步兵师在科罗维诺地区的防御，而且坦克部队也赶到了。随后经过数小时激战，第3装甲师突破了苏军的第一道防线。但是好景不长，德军继续向前推进不久就遇到了一条干水沟——就是“大德意志”师遇到的那条干水沟延伸到第3装甲师地段，于是只能等待工兵紧急架设桥梁。但苏军的炮火相当猛烈，架设桥梁的工作在密集弹雨的轰击下进展迟缓，而且工兵部队的人员和设备损失也很大。苏联空军乘机赶来，对拥堵在干水沟附近的德军进行了轰炸和扫射。直到下午16时，才架起了第一座桥，坦克通过干水沟后，掩护步兵向北面的239.3高地推进。沿途苏军的炮火非常猛烈，尤其是东西两侧的侧射火力威胁更大。在德军坦克竭尽全力的压制掩护下，步兵才能前进，第 394 装甲掷弹兵团团长京特·帕佩上校也负了伤，只好将指挥权转交给 2 营营长古斯塔夫·佩斯克中校。在佩斯克中校的指挥下，德军步兵终于攻入了科罗维诺村，但立足未稳就被苏军凌厉的反击给赶出了村子。看到步兵被赶出了村子，在村外的德军装甲部队在第 6 装甲团 2 营营长威廉·施托克曼少校的指挥下立即绕到反击苏军的侧后，突然开火，一下就敲掉了苏军 6 辆 T–34 坦克，迫使其余苏军急忙后撤。德军步兵这才重新整顿起来，再次发起进攻，于黄昏前攻占了科罗维诺村。

天黑后，第 3 装甲师继续推进，到达红林垦村后才转入防御。德军很意外的是红林垦村北面的两个小村庄都已经空无一人，苏军没放一枪就放弃了这两个小村庄，有些出乎德军意料，但是在红林垦村西面的村庄和高地上，苏军依然在坚守。很明显，苏军是在集中兵力守备第二道防线。

第 3 装甲师在第一天的进展还是让师长弗朗茨·韦斯特霍芬中将比较满意的，突破了苏军第一道防线，逼近第二道防线，并攻占了红林垦村，占领了下一步进攻第二道防线的有利出发阵地。只是由于担负侧翼掩护的第 332 步兵师没能跟上第 3 装甲师的推进，导致第 3 装甲师左翼暴露，不断受到苏军侧射炮火的打击，因此无法放手前进。

在第 48 装甲军右翼的第 11 装甲师是 3 个装甲师中实力最弱的，所辖的 2 个装甲掷弹兵团原本应该都是由 3 个营组成，但实际上都只有 2 个营，等于少了三分之一的装甲掷弹兵，而且装甲力量也远远不如其他 2 个装甲师。为此第 48 装甲军给第

德军第 3 装甲师作战序列

第 3 装甲师（师长弗朗茨·韦斯特霍芬中将，下辖 4 个团又 4 个营）

- 第 6 装甲团
- 第 3 装甲掷弹兵团
- 第 394 装甲掷弹兵团
- 第 75 装甲炮兵团
- 第 543 坦克歼击营
- 第 39 装甲工兵营
- 第 3 装甲侦察营
- 第 314 防空营

德军装甲掷弹兵团编制

装甲掷弹兵是德语“Panzergrenadier”的直译，这是第二次世界大战期间德国陆军创造出的一个兵种名称，实际上就是机械化步兵，也是现代陆军中装甲步兵的先驱。

掷弹兵是17世纪中叶欧洲陆军的一个兵种，最早是指军队中专门投掷手榴弹的步兵。由于当时的手榴弹重量很重，因此只有臂力过人的士兵才能成为掷弹兵，而且掷弹兵在战斗中需要在己方战线的最前沿向敌方投掷手榴弹，还必须要有非凡的勇气。因此后来掷弹兵就成了欧洲国家用以表彰军人英勇战斗表现的荣誉称号，以彰显掷弹兵是步兵中的精锐。

1942年7月5日，为了鼓舞士气并延续普鲁士军队的传统，德国陆军下令将装甲师编制内的步枪团（Schützen-Regiment）改称为装甲掷弹兵团（Panzergrenadier-Regiment）。1943年6月23日，德国陆军又下令将摩托化步兵师[Infanterie-Division (mot.)]改称为装甲掷弹兵师（Panzergrenadier-Division）。1944年12月1日，德国陆军下令将装甲掷弹兵师（Panzergrenadier-Division）编制内的摩托化掷弹兵团[Grenadier-Regiment (mot.)]改称为装甲掷弹兵团（Panzergrenadier-Regiment）。

1943年，德军装甲掷弹兵团的编制是由团部连、团部直属部队和2个装甲掷弹兵营（装甲掷弹兵师所属的装甲掷弹兵团则下辖3个装甲掷弹兵营）组成

团部连：9辆汽车

团部直属部队：炮兵连：6辆105毫米自行榴弹炮，13辆半履带车，8辆汽车

工兵连：2门81毫米迫击炮，29辆汽车

侦察排：17辆汽车

通信排：2辆汽车，6部电台

反坦克炮排：3门75毫米反坦克炮，3辆半履带车，2辆汽车，1辆摩托

装甲掷弹兵营:3门75毫米反坦克炮，4门120毫米迫击炮，6门81毫米迫击炮，100辆汽车，33辆摩托

全团共装备：6辆105毫米自行榴弹炮，9门75毫米反坦克炮，8门120毫米迫击炮，14门81毫米迫击炮，16辆半履带车，267辆汽车，67辆摩托

全团编制兵员：军官64名，军士436名，士兵1 794名，合计2 294人

11装甲师额外增加了第911突击炮营，该营装备30辆突击炮，其中21辆是德军最受好评的III号突击炮。师长约翰·米克尔少将也是3个师长中资历最浅的，四个月前才刚刚晋升少将。但是进攻前米克尔仔细研究了第11装甲师的进攻路线，发现苏军已经布置了大范围的雷区，而且地形复杂，预料到单凭自己师的工兵单位很难保证坦克部队的顺利开进，因此向第48装甲军请求增派工兵部队，最终得到了军部工

兵教导营的 2 个工兵连。米克尔的这一决定极富先见之明，为第 11 装甲师的进攻打下了坚实的基础。

由于原来为第 11 装甲师提供炮火支援的军属炮兵被先调去支援“大德意志”师，所以第 11 装甲师的进攻推迟到 9 时 30 分，在德国空军和炮兵的火力掩护下，第 11 装甲师的进攻非常顺利，米克尔投入 2 个装甲掷弹兵营和 2 个装甲营，齐头并举向布托沃村攻击，另外还以 1 个装甲掷弹兵营、1 个装甲营和 1 个突击炮营组成战斗群，作为第二梯队。在中午以前就攻占了布托沃村，并继续向北推进，在切尔卡斯科耶南面的三叉路口遇到了雷区和反坦克壕，在这些障碍面前受阻的德军随即遭到了苏军猛烈炮火的打击，但德军工兵在步兵和坦克的掩护下迅速在雷区中开辟出通道，并以爆破炸塌了反坦克壕，打开了前进道路。第二梯队战斗群随即投入作战，突破了苏军防线，并一直推进到切尔卡斯科耶西南的 237.8 高地。经过短暂休整和重组，战斗群继续东进，又占领了 246 高地，沿着高地北面的小公路再往东北数千米就是通往奥博扬的干线公路。苏军也很快意识到 246 高地的重要性，随即就以第 245 坦克团向 246 高地发起了反击，双方在高地附近展开了激烈的坦克战，直到 21 时，德军才击退了苏军反击，完全掌握了 246 高地。

下午 13 时，另一个方向的德军攻占了切尔卡斯科耶东南的 244.5 高地，在苏军的防线上撕开了口子，米克尔立即将 1 个装甲掷弹兵营、1 个侦察营和 1 个战斗工兵连组成临时战斗群，从这个缺口进入战斗，希望能扩张战果，但却遭到了苏军的顽强抗击。而且苏军很快组织了反击，将立足未稳的德军赶下了 244.5 高地，德军也不甘

德军第 11 装甲师作战序列

第 11 装甲师（师长约翰·米克尔少将，下辖 4 个团又 4 个营）
- 第 15 装甲团
- 第 110 装甲掷弹兵团
- 第 111 装甲掷弹兵团
- 第 119 装甲炮兵团
- 第 61 坦克歼击营
- 第 209 装甲工兵营
- 第 11 装甲侦察营
- 第 277 防空营
- 加强配属兵力：第 911 突击炮营

德军装甲营编制

早期德军装甲营编制坦克 97 辆，1940 年 6 月法国战役后，德国装甲部队开始大规模扩编，装甲营的编制则有所缩小。

1943 年的国防军装甲营的编制为：

装甲营由营部连、营部直属部队和 3 个坦克连组成

营部连：7 辆汽车，2 辆摩托

营部直属部队：坦克排：5 辆坦克

轻型坦克排：5 辆轻型坦克

通信排：3 辆指挥坦克，1 辆汽车

侦察工兵排：6 辆汽车，6 辆半履带车，9 辆摩托

防空排：3 辆 20 毫米自行高射炮，3 辆半履带车，1 辆摩托

坦克连：连部排：2 辆坦克、2 辆汽车、2 辆摩托

坦克排 X4：每个排 5 辆坦克

全连共 22 辆坦克

全营共装备 71 辆坦克，3 辆指挥坦克，5 辆轻型坦克，3 辆 20 毫米自行高射炮，9 辆半履带车，22 辆汽车，18 辆摩托

全营编制兵员：军官 26 名，军士 168 名，士兵 673 名，合计 867 人

示弱再次发动攻击，又第二次占领了高地。苏军再次在飞机掩护下发动反击，又将德军赶了下来。德军重新整顿部队，第三次展开攻击。244.5 高地先后多次易手，直到 20 时德军才算是真正控制了这个关键的高地。

就在 244.5 高地激战不已时，德军另一路部队第 111 装甲掷弹兵团 2 营也攻到了切尔卡斯科耶村，在喷火坦克的直接支援下，攻占了切尔卡斯科耶村，但苏军马上就还以颜色，以坦克掩护步兵发动反击，将德军逐出了切尔卡斯科耶村。德军重整旗鼓后再次组织进攻，正巧“大德意志”师的装甲掷弹兵和“豹”式坦克也在这时从切尔卡斯科耶村的西北面发起了进攻，防御这一地区的苏军第 67 近卫步兵师终于挡不住德军的两面夹击，被迫撤出切尔卡斯科耶村。

第 11 装甲师是进攻第一天第 48 装甲军 3 个装甲师里表现最好的，关键原因就是米克尔师长要求增派的工兵发挥了重要作用，加上在作战中战术得当，尽管遭到了苏联空军的多次空袭，但和第 11 装甲师及“大德意志”师相比，进展大而损失小。

按照“堡垒”作战的预定计划，第 48 装甲军应该在第一天的进攻中突破苏军两

道防线，向苏军战线的纵深推进 45 千米。而现实情况是，第 48 装甲军的 3 个装甲师都只突破了苏军的第一道防线，只打到第二道防线前沿，推进距离仅仅只有 5—6 千米，远远低于预期。但军长克诺贝尔斯多夫上将还是比较乐观，他认为第一天里遇到的苏军坦克部队都是 20—25 辆的小部队，而没有发现更大规模的坦克单位，所以判断苏军的战役预备队显然还没有赶来，那么就应该还有时间抢在苏军战役预备队赶到之前突破苏军的第二道防线。他甚至觉得各师的进展还不算太差，不需要进行大的调整。第二天“大德意志”师和第 11 装甲师将按照原定计划转向东北，沿佩纳河弯曲部向东进攻，使得第 48 装甲军的进攻方向更靠近党卫军第 2 装甲军的左翼，这样第 48 装甲军和党卫军第 2 装甲军分别向普肖尔河和奥博扬并肩突进，然后直扑库尔斯克。

战果最大的党卫军第 2 装甲军

作为第 4 装甲集团军另一支锋利的进攻矛头党卫军第 2 装甲军，不是隶属于国防军系统，而是党卫军系统的部队。党卫军是从希特勒私人卫队开始发展扩编，在德军所有武装部队中是一支作风彪悍战力强悍的力量，深受希特勒的信任，所以在装备和人员的补充等方面都是最优先级别，被公认为德军王牌中的王牌，精英中的精英，有着“军中之花”的别称。党卫军第 2 装甲军更是由党卫军的 3 个历史最悠久的师组成，这 3 个名义上是装甲掷弹兵师，但实际上每个师都下辖 1 个装甲团、2 个装甲掷弹兵团和 1 个炮兵团，这样的编成和国防军的装甲师别无二致。而且这 3 个党卫军装甲掷弹兵师还各拥有 1 个装备 14 辆“虎”式重型坦克的独立重装甲连。和第 3 装甲军将“虎”式坦克的独立重装甲营拆分为 3 个连分别配置给 3 个装甲师不同，党卫军装甲掷弹兵师从一开始就只是配属 1 个“虎”式坦克连，所以也就没有将 3 个连合并为 1 个营来使用。

党卫军第 2 装甲军军长保罗 · 豪塞尔党卫队全国副总指挥兼党卫军上将计划以党卫军第 1“阿道夫 · 希特勒警卫旗队”师为前锋，党卫军第 2“帝国”师和党卫军第 3“骷髅”师跟进，两翼则分别由第 48 装甲军的第 167 步兵师和肯普夫战役集群的第 168 步兵师负责掩护。

党卫军第 1“阿道夫 · 希特勒警卫旗队”师进攻前，德军将进行 1 小时的炮火和航空火力准备，然后以第 2 装甲掷弹兵团（欠 3 营）加强装备“虎”式坦克的第 13 独立重装甲连、第 1 突击炮营、第 5 高炮连和 1 个工兵连为左翼，进攻贝科夫卡；以第 1 装甲掷弹兵团加强 1 个坦克歼击连和第 4 高炮连进攻贝科夫卡东侧的雅科夫列沃，等这两个装甲掷弹兵团在贝科夫卡撕开突破口之后，以师属工兵营的 2 个连和第 627 工兵连迅速在反坦克壕打开通道，保障真正的突击力量——以第 1 装甲团、第 2 装甲掷弹兵团 3 营、第 2 炮兵营、第 6 高炮连和 1 个坦克歼击连组成的装甲战斗群，从突破口投入战斗，继续向东北突进，在普肖河北岸夺取桥头堡。另外以第 1 侦察营和 2 个坦克歼击连为预备队，视战况投入战斗。

5 时 15 分，德军炮兵开始炮火准备，先是对 228.6 高地进行了 2 分钟的急速射，然后炮火向北延伸，主要是对贝科夫卡公路两侧的苏军阵地进行了 18 分钟的覆盖射。随后暂停 10 分钟，补充炮弹，调整射击参数。重新恢复炮击后，德军以 2 个炮兵团和 1 个火箭炮营轰击公路沿线苏军阵地，其实这是炮火佯动，目的就是吸引苏军注意。另外以 2 个炮兵营、1 个迫击炮营和 5 个火箭炮营组成的炮群先轰击右翼第 1 装甲掷弹兵团当面苏军，再转移火力轰击左翼第 2 装甲掷弹兵团当面苏军，如此复杂的炮火准备简直让人眼花缭乱。5 时 50 分，德国空军的“斯图卡”俯冲轰炸机也赶来轰炸。6 时 05 分，德军的进攻全面展开。

左翼的第 2 装甲掷弹兵团有 12 辆“虎”式坦克和 34 辆突击炮提供直接掩护，因此突击力极强，攻击的是苏军加强有第 538、第 1 008 反坦克炮团的第 52 近卫步兵师据守的 220.5 高地和 217.1 高地。尽管苏军的反坦克炮阵地都进行了精心伪装，充分利用地形，在不开火之前根本无法发现，但是苏军 45 毫米反坦克炮对“虎”式坦克毫无作用，因此这两个反坦克炮团遭到了很大损失，总共 44 门反坦克炮损失了 32 门，人员阵亡超过一半。苏军宣称击毁 33 辆德军坦克，其中 17 辆“虎”式。这个战绩显然是夸大了，德军实际损失了 8 辆突击炮和 4 辆“虎”式，而且损失的“虎”式中 3 辆是被地雷炸伤，只有 1 辆“虎”式是被反坦克炮击毁。

在“虎”式坦克和突击炮的强力支援下，经过 5 小时的激战，德军终于攻占了 220.5 高地和 217.1 高地。苏军第 52 近卫步兵师随即投入了最后的预备队第 230 坦克团的 5 个坦克连展开反击，第 230 坦克团装备的是美国援助的 M3“斯图亚特”轻型坦克和 M3“李”中型坦克，这些坦克和“虎”式坦克根本就不是一个等量级，因此在短短几分钟里就被“虎”式坦克击毁了大约 30 辆。德军在整个战争期间第三号坦克王牌，也是最著名的“虎”式王牌米歇尔·魏特曼当时就在这个“虎”式坦克连中担任排长，他在当天的战斗中取得了击毁苏军坦克 13 辆的战果。阵地上到处是被击毁的坦克冒出的滚滚浓烟。这也是党卫军第 2 装甲军在库尔斯克战役中首次和苏军坦克的交手。黄昏前，德军击退了苏军的反击，最终确实占领了 220.5 高地和 217.1 高地。

右翼第1装甲掷弹兵团中午前后绕过别列佐夫，开始进攻仙鹤林以西的224.2高地，并在14时攻占了这个高地。随后开始以猛烈炮火轰击苏军战线纵深，苏军第52近卫步兵师伤亡非常惨重，不得不撤向贝科夫卡，而且无力组织新的防线继续抵抗。因此第6近卫集团军根据战前制定的预案命令原来部署在贝科夫卡以北10千米的第28反坦克炮兵旅抽调7个连火速赶往贝科夫卡，坚守第一道防线中的这个最后的反坦克支撑点。不过由于出动时间太晚，同时也缺乏足够的牵引车辆，这7个反坦克炮兵连还没赶到贝科夫卡，德军就已经占领了这个小村。

苏军第52近卫步兵师师部也遭到德军猛烈炮击和空袭，和上下级的通信联系全部中断，第6近卫集团军因此无法及时了解一线战况，同时52近卫步兵师的下级单位也失去了指挥而不得不以营连为单位分头后撤。就这样，至16时30分，德军两

德军党卫军第1“阿道夫·希特勒警卫旗队”装甲掷弹兵师作战序列

党卫军第1“阿道夫·希特勒警卫旗队”装甲掷弹兵师（师长党卫队区队长特奥多尔·维斯，下辖4个团又5个营）

党卫军第1装甲团（欠第1营）：团长格奥尔格·舍恩贝格尔

第2营：营长赫尔伯特·库尔曼

第3营：营长马丁·格罗斯

党卫军第1装甲掷弹兵团：团长阿尔贝尔·弗赖

第1营：营长汉斯·席勒

第2营

第3营：营长威廉·维登豪普特

党卫军第2装甲掷弹兵团：团长胡戈·克拉斯

第1营：营长鲁道夫·桑迪希

第2营：营长汉斯·贝克尔

第3营（装备半履带车的机械化步兵营，SPW营）：营长约阿希姆·派普

党卫军第1炮兵团

党卫军第1侦察营

党卫军第1工兵营

党卫军第1突击炮营

党卫军第1坦克歼击营

党卫军第1防空营

全师装备131辆坦克（其中12辆“虎”式），35辆突击炮

德军党卫军第2“帝国”装甲掷弹兵师作战序列

党卫军第2“帝国”装甲掷弹兵师（师长党卫队地区总队长瓦尔特·克吕格尔，下辖4个团又6个营）

党卫军第2装甲团：团长汉斯·阿尔宾·冯·赖岑施泰因（仅第2营参加了库尔斯克战役）

第1营：营长汉斯·魏斯

第2营：营长克里斯蒂安·蒂克森

第3营

党卫军第3“德意志”装甲掷弹兵团：团长海因茨·哈梅尔

第1营：营长奥托·维丁格

第2营：营长汉斯·比辛格

第3营：营长君特·威利斯基尼

党卫军第4“元首”装甲掷弹兵团：团长西尔维斯特·施塔德勒

第1营：营长阿尔弗雷德·莱克斯

第2营：营长赫伯特·舒尔茨

第3营（装备半履带车的机械化步兵营，SPW营）：营长艾岑茨·凯泽

党卫军第2炮兵团

党卫军第2侦察营：营长雅各布·菲克

党卫军第2工兵营：营长鲁道夫·恩泽林

党卫军第2摩托化营

党卫军第2突击炮营

党卫军第2坦克歼击营

党卫军第2防空营

全师装备100辆坦克（其中11辆“虎”式），32辆突击炮

个装甲掷弹兵团终于在苏军的防线上撕开一个大口子，等待已久的装甲战斗群百余辆坦克进入战场，开始向雅科夫列沃推进。但途中遭到苏军猛烈的炮火轰击，而此时德军的炮兵和装甲掷弹兵都没有赶上来，孤掌难鸣的装甲战斗群显然在夜间很难取得进展，加之考虑到两个装甲掷弹兵团已经连续作战十多个小时，相当疲惫，因此维斯师长只得下令全师转入防御，等待天亮后再继续进攻苏军第二道防线。

在7月5日全天的战斗中，党卫军第1“阿道夫·希特勒警卫旗队”师阵亡97人，重伤522人，失踪17人，而且伤亡人员中有不少是连排级军官，这些战斗骨干的损失更是难以弥补。付出了如此之大的代价，换来的战果是突破苏军第一道防线，

突入苏军防线 14 千米，到达了苏军第二道防线前的雷区和障碍地带，这是德军第 4 装甲集团军中唯一到达苏军第二道防线的部队，也是德军各部队中突入苏军防线最深的部队。

在党卫军第 1“阿道夫·希特勒警卫旗队”师右后侧跟进的党卫军第 2“帝国”师的情况和“大德意志”师很相似，由于道路泥泞和交通拥堵，第 2“帝国”师的装甲部队在进攻开始前都没有赶到前线，所以最后就是在完全没有任何坦克掩护的情况下展开纯步兵进攻。

第 2“帝国”师进攻目标是在“德意志”装甲掷弹兵团阵地东北约 2 000 米的别列佐夫村，这是苏军第一道防线的一处重要核心阵地。“帝国”师的炮兵团和临时配属的 2 个火箭炮团对苏军阵地进行了 50 分钟的炮火准备，其中 30 分钟是对别列佐夫村及周边地区的集中炮击，接着德国空军“斯图卡”轰炸机以 8—10 架为一组对别列佐夫进行了轰炸。在炮火准备结束后，第 3“德意志”装甲掷弹兵团 3 营于 6 时发起了进攻，3 营 10 连攻到了别列佐夫村前的一处反坦克壕，但遭到了苏军猛烈炮火的压制，根本无法再前进一步。苏军又乘机发起反击，双方短兵相接，在反坦克壕附近展开了惨烈的白刃战，最终德军被击退。

随后，德军步兵又在迫击炮、火焰喷射器的掩护下，在个别地段突破了苏军防线，但是苏军部署在别列佐夫以北的仙鹤林和沃尔斯克拉河西岸的纵深炮兵以猛烈炮火将德军后续部队死死压制住，使德军无法进一步在取得突破的地段扩大战果。因此，师长克吕格尔命令师炮兵团压制苏军炮兵，但成效不大，于是他又请求了空中支援。中午前后，德国空军的“斯图卡”轰炸机对仙鹤林地区进行了轰炸，此后苏军的炮火虽然有所减弱，但始终没有完全停止。

12 时 40 分，由于工兵分队的奋力排雷，第 3“德意志”团 2 营终于通过了雷区，和 3 营并肩展开进攻。面对德军两个掷弹兵营从两个方向的猛攻，据守别列佐夫村的苏军第 51 近卫步兵师 156 近卫步兵团 3 营（还加强了战斗工兵和重武器连，划归第 52 近卫步兵师指挥）的防御这才被德军突破，被迫放弃别列佐夫村向北撤退，德军于 15 时 30 分完全占领了别列佐夫村。

德军占领别列佐夫村后，经过短暂休整，2 营和 3 营继续向北推进——3 营进攻别列佐夫村以北 6 千米的 233.3 高地，2 营则负责掩护 3 营侧翼，这时苏军第 230 坦克团的 1 个连向德军发动了反击，德军拼尽全力才击毁了苏军 7 辆坦克，将苏军击退，但 3 营从 4 日晚上到现在已经连续作战将近 20 小时，士兵的体力已接近极限，再也无力继续进攻。师长克吕格尔随即投入了预备队“德意志”团 1 营，超越 3 营进攻 233.3 高地，第 2“帝国”师的炮兵和空军的“斯图卡”轰炸机也为 1 营的进攻提

1942 年 7 月—1943 年 11 月，苏军坦克旅编制和装备明细

旅部连：2 辆 T-34，3 辆轻型装甲车

坦克营 X3：每个坦克营下辖 2 个坦克连，全营共装备 21 辆 T-34，3 辆轻型装甲车

摩托化步兵营：3 辆轻型装甲车，4 门 45 毫米反坦克炮，6 门 82 毫米迫击炮

反坦克连：4 门 76.2 毫米反坦克炮

高射机枪连：9 挺 12.7 毫米高射机枪

维护连

医疗排

全旅 1 354 人，65 辆 T-34 坦克，15 辆轻型装甲车，9 挺 12.7 毫米高射机枪，4 门 45 毫米反坦克炮，6 门 82 毫米迫击炮，4 门 76.2 毫米反坦克炮

供了猛烈的火力支援。但是 1 营却在 233.3 高地山脚下遇到了雷区，多名连排军官触雷伤亡，进攻也随之停顿。营长党卫队二级突击队大队长（相当于少校）奥托·维丁格只得亲自带头冲锋，这才冲上高地，又经过了一场激烈的白刃战才于 18 时过后夺取了高地，但维丁格也在战斗中负了重伤，加上天色已黑，这样 1 营的进攻也就停了下来。

直到 20 时，第 2“帝国”师的装甲团才赶到别列佐夫村，根本没有赶上第一天的进攻。第 2“帝国”师首日进攻是在没有任何坦克支援的情况下进行的，还推进了约 9 千米，能取得这样的进展显然很不容易，比同样没有坦克支援的“大德意志”师要更为出色，当然炮兵和德国空军的支援不能不提，要是没有炮兵和“斯图卡”轰炸机，根本不可能取得这样的进展。

第 2 装甲军军长保罗·豪塞尔认为第 2“帝国”师的装甲团没能赶上首日作战，主要原因是因为道路泥泞和交通拥堵影响了装甲部队的机动，因此他命令军宪兵营立即接管 217.1 高地和别列佐夫村之间的交通管制，全力做好交通疏导，保证装甲部队能够尽快通过拥堵地段开赴前线。

在党卫军第 1“阿道夫·希特勒警卫旗队”师左后侧跟进的党卫军第 3“骷髅”师的情况要比第 2“帝国”师好得多，虽然也遇到了泥泞和交通堵塞，第 3“骷髅”师的装甲团还是克服了种种困难，在进攻开始前及时赶到了前线。

在炮火准备之后，“骷髅”装甲掷弹兵团的 2 营和 3 营在“虎”式坦克和突击炮的直接掩护下开始进攻。11 时 15 分，这两个掷弹兵营攻到了第一个目标 216.5 高地

前的反坦克壕，“虎”式坦克和突击炮被反坦克壕所阻，只好等待工兵对反坦克壕进行爆破开辟通道。这是苏军早已等待的战机，各种反坦克炮和反坦克枪一起开火，密集的炮弹就像下雨一样，打得“虎”式坦克的前装甲叮当直响，但对“虎”式厚重的装甲却无可奈何，只是突击炮没有“虎”式的重装防护，3 辆突击炮被击毁。

进行爆破的工兵也成了苏军炮火的绝好目标，苏军事先早已测算好了反坦克壕的射击诸元，炮火又密集又准确，不但工兵，就连附近的掷弹兵也受到了池鱼之累，遭到了很大伤亡。为了躲避苏军的炮火，德军士兵不得不在反坦克壕的崖壁上挖出一个个简易的防炮洞来藏身。跟随步兵的炮兵观察员赶紧召唤并指引火箭炮营对 216.5 高地的苏军阵地进行压制射击，经过火箭炮的两轮齐射，才将苏军炮火压制住。工

德军党卫军第 3“骷髅”装甲掷弹兵师作战序列

党卫军第 3“骷髅”装甲掷弹兵师（师长党卫队旅队长赫尔曼·普里斯，下辖 4 个团又 5 个营）

党卫军第 3 装甲团：团长欧根·昆斯特曼

第 1 营：营长埃尔温·迈尔德斯

第 2 营：营长格奥尔歌·博赫曼

第 3 营

党卫军第 1“骷髅”装甲掷弹兵团：团长奥托·鲍姆

第 1 营（装备半履带车的机械化步兵营，SPW 营）：营长鲁道夫·施奈德

第 2 营：恩斯特·霍伊斯勒

第 3 营：营长卡尔·乌尔里希

党卫军第 3“特奥多尔·艾克”装甲掷弹兵团：团长格尔格特·贝克尔

第 1 营：营长弗里茨·克尔赫莱茵

第 2 营：营长沃尔弗拉姆·施奈德

第 3 营：马克思·屈恩

党卫军第 3 炮兵团

党卫军第 3 侦察营：营长奥托·克龙

党卫军第 3 工兵营

党卫军第 3 突击炮营：营长维尔纳·科尔夫

党卫军第 3 坦克歼击营

党卫军第 3 防空营：营长威廉·富尔伦德尔

全师装备 125 辆坦克（其中 12 辆“虎”式），28 辆突击炮

兵赶紧利用这个机会抓紧进行爆破，在反坦克壕上为坦克开辟出了通道。不料“虎”式坦克和突击炮刚刚通过了反坦克壕，就一头闯入了雷区，4 辆“虎”式被反坦克地雷炸伤，其中 2 辆伤势还相当严重。

随后德军炮兵和“斯图卡”轰炸机对仙鹤林的苏军炮兵阵地进行了压制，“骷髅”装甲掷弹兵团 2 营在营长党卫队二级突击队大队长（相当于少校）恩斯特·霍伊斯勒的亲自指挥下终于冲上了 216.5 高地，又经过数小时的激战，2 营才于 17 时 30 分完全占领了高地。而此时 3 营还远远落在后面，但霍伊斯勒并没有等待 3 营赶来，就迅速收拢部队，继续向东推进，径直冲向奥博扬公路。

这条公路由南向北穿过别尔哥罗德，几乎和北顿涅茨河完全平行，在波克罗夫卡之后又转向东北，一直通到普罗霍罗夫卡。2 营冲上公路后转向南面，在“虎”式坦

德军党卫军第 2 装甲军直属支援部队

- 第 122 炮兵指挥部
- 第 55 火箭炮团
- 第 1 教导火箭炮团
- 第 861 野战炮兵团（摩托化）榴弹炮营
- 第 818 野战炮兵团（摩托化）3 营
- 党卫军第 2 装甲军直属火箭炮营
- 第 929 架桥指挥部
  - 第 11 架桥队
  - 第 21 架桥队
  - 第 31 架桥队
  - 第 537 架桥队
  - 第 840 架桥队
  - 第 2 741 架桥队
- 第 8 工程指挥部
  - 第 26 架桥营
  - 第 410 工程营
  - 第 508 轻型筑路营
  - 第 680 特种工兵团
  - 第 627 摩托化工兵营
  - 第 666 摩托化工兵营

克和突击炮的掩护下一路高歌猛进，逼近了能够控制公路的225.9高地，将苏军155近卫步兵团和52近卫步兵师的主力割裂开来，从而迫使155团不得不后撤，而155团的后撤，又将左翼第375步兵师的侧翼暴露在了德军面前。此时2营的行动可以说正打在苏军整个防御体系最薄弱的软肋上，如果德军主力沿着2营的路线发展进攻，就可以一直插到第375步兵师的侧后，而一旦375步兵师的防御崩溃，那么其左翼的第81近卫步兵师必然也将受到连锁影响。81近卫步兵师的防区就在北顿涅茨河西岸，直接威胁着别尔哥罗德，正挡在德军第3装甲军第6装甲师的面前，要是第6装甲师的进攻能突破苏军防线，在强渡北顿涅茨河之后，再进至克里夫措沃—萨贝尼诺一线，就能和第2“帝国”师打通联系，这样，第3装甲军就能有效掩护党卫军第2装甲军的侧翼，从而使党卫军第2装甲军没有后顾之忧地放手突进。所以，霍伊斯勒的2营进一步推进的话，将会对苏军的整个防线形成巨大威胁，不过2营此时只有区区数辆坦克随同前进，如果装备100多辆坦克的第2“帝国”师第3装甲团能及时赶到，配合2营向南突进，很有可能使苏军81近卫步兵师右翼彻底崩溃，从而为第6装甲师的进攻创造有利条件，对于后续战役发展具有极大意义。

好在苏军迅速察觉了这一危机，第6近卫集团军司令奇斯佳科夫中将立即抽调第96坦克旅紧急驰援225.9高地，并抢在霍伊斯勒的2营之前赶到了225.9高地。而霍伊斯勒和第3“骷髅”师师长赫尔曼·普里斯都没能及时发现这个稍纵即逝的战机，当霍伊斯勒的2营接近225.9高地时，就遭到了苏军第96坦克旅的猛烈炮击，霍伊斯勒见225.9高地上的苏军力量雄厚，自己部队已经苦战了一天，人困马乏，而且配属支援的工兵和坦克都所剩无几，加之天色已黑，继续进攻显然不太现实，只得下令转入防御。虽然第3装甲团在20时之后终于赶到和2营汇合，但已经错过了最佳的战机了。

在第3“骷髅”师的右翼进攻方向，第3“特奥多尔·艾克”装甲掷弹兵团一直遭到苏军炮火的猛烈轰击，尤其是3营不但遭到苏军炮击，还遭到了苏军的空袭，为了避开苏军火力又进入了雷区，因此没能按时到达进攻出发位置。1营于16时30分攻入225.9高地以西的树林，和树林中的苏军展开了激战，至18时许才肃清了树林中的苏军。第3侦察营也从树林的右侧突破苏军的防御，不过他们在树林中遇到了大片沼泽，只好先派1个排划着橡皮艇渡过沼泽，然后建立徒涉场，才使全营的半履带车都渡过了沼泽。天黑前，第3侦察营和第2“帝国”师的部队在仙鹤林的南缘会合，然后两个师协同发起攻击，迫使仙鹤林中的苏军炮兵撤出了仙鹤林。

这样，尽管第3“骷髅”师在上午遇到了不小麻烦，但总算在天黑前控制了225.9高地以西的大片树林，从而使工兵分队能够在奥博扬到别尔哥罗德的公路西面的沼

▲ 德军党卫军第 3“骷髅”师师长普里斯。

泽和沟壑上架设了桥梁，建起了一条补给线，使得第 3“骷髅”师的部队在后续进攻时能及时得到充足的补充。

第 3“骷髅”师在进攻首日阵亡 31 人，受伤 119 人，失踪 2 人，伤亡情况并不严重，坦克的损失更是微不足道，和取得的进展相比，应该还算不错的战绩。

相对进攻第一天的其他德军部队，党卫军第 2 装甲军的表现无疑最为抢眼，尤其是党卫军第 1“阿道夫·希特勒警卫旗队”师是所有德军师级单位中进展最大的，第 3“骷髅”师的进展也不错，只有第 2“帝国”师因为没有得到任何装甲部队的支援，但即使是纯步兵进攻也推进了 9 千米，也是相当不俗的战绩了。“军中之花”的赞誉确实不是徒有虚名。

拖后腿的肯普夫战役集群

肯普夫战役集群的进攻矛头是赫尔曼·布莱特上将指挥的第 3 装甲军，该军下辖 3 个装甲师、1 个步兵师，总共装备有 285 辆坦克（包括临时加强的 45 辆“虎”式坦克）和 97 辆突击炮，任务是突破苏军防线，强渡北顿涅茨河，随后进攻关键的交通要点卡扎奇耶和科罗恰，得手后挥师北上，和党卫军第 2 装甲军并肩突进，掩护第 4 装甲集团军侧翼，保障第 4 装甲集团军不受苏军从北顿涅茨河东岸发起的进攻威胁。

布莱特上将把手上的 4 个师全部展开，从右到左依次是第 168 步兵师、第 6 装甲师、第 19 装甲师和第 7 装甲师，其中第 168 步兵师负责掩护全军的最右翼；第 6 装甲师的任务是在强渡北顿涅茨河之后，夺取北面约 20 千米的萨贝尼诺和克里夫措茨两地的桥梁；第 19 装甲师则负责在强渡北顿涅茨河之后，夺取北面的亚历山大德罗夫卡地区的几处桥梁；第 7 装甲师在强渡北顿涅茨河后，夺取东北方向约 15 千米的拉组姆纳亚河上的桥梁。

第 3 装甲军进攻的地段是苏军第 7 近卫集团军第 25 近卫步兵军的防区，第 7 近卫集团军下辖 2 个军和一些直属部队，总兵力约 7.68 万人，装备 1 573 门火炮，246 辆坦克和自行火炮。和进攻的德军相比，兵力和坦克数量都不占优势，因此要想顶住德军攻势还是相当不容易的。苏军第 25 近卫步兵军以第 81 近卫步兵师在第 262 坦克团配合下防守第一道防线，另外以第 167 坦克团部署在防线后面约 25 千米处，作为战术预备队；以第 73 近卫步兵师和第 213 步兵师负责防守第二道防线；坦克第 2 军在第二道防线后方作为战役预备队。

肯普夫战役集群的另外 2 个步兵军在第 3 装甲军的南面，分别进攻苏军第 24 近卫步兵军和第 57 集团军的防线，策应第 3 装甲军的进攻。

第 168 步兵师以 5 个步兵营控制桥头堡的两侧，掩护第 6 装甲师渡河。由于工兵搭建的浮桥载重只有 24 吨，重达 58 吨的“虎”式坦克根本无法通过，只能等待舟桥连赶来加固桥梁。为了不耽误时间，第 6 装甲师的第 11 装甲团团长赫尔曼·冯·奥佩尔恩·布罗尼科夫斯基上校果断决定不再等待“虎”式坦克渡河，而是以第 11 装甲团的坦克单独进攻，但还没等到第 11 装甲团开始渡河，苏军就以集群火箭炮的覆盖射击将桥梁摧毁了。这样，第 6 装甲师的任务就落在第 114 装甲掷弹兵团的身上了。第 114 装甲掷弹兵团从工兵开辟的通道中穿过雷场，在第 76 装甲炮兵团的全力支援下于当天 18 时占领了旧哥罗德火车站。就在第 114 装甲掷弹兵团准备继续向苏军战线推进时，由于一辆突击炮在通过米哈伊洛夫卡浮桥时意外将浮桥撞毁，导致在突击炮营后面的第 114 装甲掷弹兵团 2 营也就无法过河了。这样一来由团长冯·比贝尔施泰因中校亲自指挥的前卫部队势单力孤，显然继续进攻已经不太可能了，比贝尔施泰因中校只好命令部队停止进攻，并后撤到绿波利亚纳西北 2 千米的树林里建立防线，转入防御。

第 6 装甲师师长许纳斯多夫中将分析了自己部队一天来的进展，向军长布莱特报告第 6 装甲师很难继续进攻，因此布莱特于 19 时正式命令第 6 装甲师从桥头堡撤出，转到进展顺利的第 7 装甲师地段过河，然后和第 19 装甲师一起进攻苏军防线。而 168 步兵师也除了留下少数警戒别尔哥罗德的部队外，主力转到第 19 装甲师的地段，向顿涅茨东岸继续进攻。

午夜时分，第 6 装甲师将阵地移交给第 168 步兵师，除了留下 1 个突击炮连外，包括配属的第 503 独立重装甲营第 1 连的“虎”式坦克在内的全部坦克都转往第 7 装甲师地段，准备第二天从第 7 装甲师的突破口进入战斗。

第 19 装甲师计划装甲部队利用两座浮桥渡河，其中一座载重量达到 60 吨，可以保障“虎”式坦克安全通过。其他部队则在米哈伊洛夫卡附近的徒涉场渡河，然后夺取对岸的克列伊达村和伊古缅卡村。师长古斯塔夫·施米特中将以第 73 装甲掷弹兵团加强工兵和突击炮连，首先投入作战，在苏军防线上撕开突破口，再由另外两个团向苏军纵深推进。临时配属给第 19 装甲师的第 168 步兵师第 223 装甲掷弹兵团

1 营则负责肃清米哈伊洛夫卡桥头堡南面的苏军。

战斗开始后，米哈伊洛夫卡桥头堡地区，苏军炮火在前线炮兵观察员的准确引导下，打得又准又猛，德军第 223 装甲掷弹兵团 1 营完全被压制住了，加上苏军战线上还有大量地雷和机枪火力，所以德军进攻一无所获。

第 73 装甲掷弹兵团在渡过北顿涅茨河后遇到了大面积雷场，苏军在这里总共埋设了 20 266 枚反坦克地雷和 24 955 枚反步兵地雷，平均每平方千米的密度分别是 2 133 枚和 2 626 枚，而且其中还有大量的木制地雷，给德军工兵的排雷造成了很大困难。同时苏军炮火还相当猛烈，使德军工兵伤亡很大，排雷的进度也大受影响。

原本担负撕开突破口重任的第 73 装甲掷弹兵团一上午都没有什么进展。反倒是第 74 装甲掷弹兵团在付出了不小代价后取得了一些进展。由于载重 60 吨的浮桥在上午 9 时许被苏军炮火摧毁，直到 11 时才修复，所以配属第 19 装甲师的第 503 独立重装甲营第 2 连的"虎"式坦克中午过后才渡过北顿涅茨河。过河后的"虎"式坦克果然大显神威，很快就突破了苏军防线，但好景不长，在 139.9 高地前一头闯入了雷区，结果 14 辆"虎"式坦克有 12 辆被地雷炸伤，只有 2 辆完好无损。跟在"虎"式坦克后面过河的第 27 装甲团也遭到了苏军猛烈炮火的轰击，装甲防护性能远远不如"虎"式的 III 号坦克被完全击毁的就有 4 辆。等到第 27 装甲团全部渡过河已经是黄昏了，再想展开进攻，显然为时已晚，只得转入防御。对于第一天作战的情况，师长施米特中将的总结非常悲观："俄国人的炮火是这样猛烈，让我不得不承认俄国人的炮兵要比我们更强大，我师在米哈伊洛夫卡附近的渡河行动中人员和装备损失

德军第 6 装甲师作战序列

第 6 装甲师（师长瓦尔特·冯·许纳斯多夫中将，下辖 4 个团又 4 个营）

- 第 11 装甲团（仅有 2 营参战，总共 112 辆坦克，其中 31 辆 IV 号坦克）
- 第 4 装甲掷弹兵团
- 第 114 装甲掷弹兵团
- 第 76 装甲炮兵团
- 第 6 装甲侦察营
- 第 41 坦克歼击营
- 第 57 装甲工兵营
- 第 298 防空营
- 加强配属兵力：第 503 独立重装甲营第 1 连（装备 14 辆"虎"式坦克）

德军第 19 装甲师作战序列

第 19 装甲师（师长古斯塔夫·施米特中将，下辖 4 个团又 4 个营）

第 27 装甲团

第 73 装甲掷弹兵团

第 74 装甲掷弹兵团

第 10 装甲炮兵团

第 19 装甲侦察营

第 19 坦克歼击营

第 19 装甲工兵营

第 272 防空营

加强配属兵力：第 503 独立重装甲营第 2 连（装备 14 辆“虎”式坦克）

很大，这就是一场败仗。”

第 7 装甲师位于整个第 3 装甲军的最右翼，再往右就是劳斯军的第 106 步兵师，按理不过是掩护侧翼，但进展反而比另外 2 个装甲师都要大。7 月 4 日，配属第 7 装甲师的第 503 独立重装甲营第 3 连的“虎”式坦克在开赴出发阵地的途中，由于工兵部队提供的安全通道地图有重大错误，导致 3 连还没投入作战就被德军自己的地雷炸伤了 7 辆，几乎折损了一半！

7 月 5 日凌晨 4 时 30 分，德军开始炮火准备，半小时后由工兵和步兵混编组成的第一波突击队划着橡皮艇渡河，到达东岸后迅速建立起桥头堡。战斗开始前，德军就通过反复而仔细的侦察，发现了可供坦克通过的徒涉场，不过东岸地势非常陡峭，坦克无法直接开上岸，必须要工兵先在岸边进行爆破作业，炸出一个能够让坦克通行的缓坡来。第一辆“虎”式坦克渡过河，但是岸边工兵炸出的缓坡土质被爆炸炸松了，导致坦克履带很难抓地，连试了几次都开不上去，“虎”式就陷在缓坡上，动弹不得，而此时苏军的炮弹又接连落了下来，坦克徒涉显然行不通，只好就地等待工兵架设浮桥。

“虎”式坦克无法过河，但第 7 装甲师并没有停止不前，第 25 装甲团一分为二，分别配合第 6、第 7 装甲掷弹兵团，兵分两路投入攻击。

在这一地区，别尔哥罗德至普罗霍罗夫卡的铁路和北顿涅茨河几乎完全平行，而且距离只有约 3 千米，在这里防御的苏军第 78 近卫步兵师就充分利用了这一地形，将机枪火力点和单兵掩体都布置在高出地面的铁路路基的西面，而迫击炮等重武器则部署在铁路东面。同时在阵地前面埋设了大量地雷、铁丝网和反坦克障碍。在12千米宽的防线上，苏军第78近卫步兵师在第一线展开了2个步兵团，每个团都得到1个炮兵营的直接支援，在右翼的第228团还加强了2个反坦克枪连和2个反坦克炮连，左翼的225团则只加强了1个反坦克枪连。第二线则是223团的2个营，另外以223团的1个营和1个反坦克炮连作为预备队。对于78师的防御部署，战后苏军提出了批评，因为右翼地段宽度只有5千米，比左翼要小2千米，而且还有便于组织防御的居民点，地形也不适于集群坦克的运动，反而投入的兵力兵器却比宽度大地形平坦的左翼要多，因此最终德军就是在左翼地段取得了突破。

战斗相当激烈，直到16时"虎"式坦克渡过河投入战斗，这才突破了苏军的防线，尽管苏军随即投入了预备队，但区区1个步兵营和1个反坦克炮连的力量太薄弱，根本无法击退以"虎"式坦克为攻击尖刀的装甲集群。至天黑前，德军第7装甲师推进到拉租姆诺耶村和克鲁托伊村，突入苏军防线约5千米，虽然没有达成夺取拉租姆拉纳亚河上桥梁的预定目标，但已经是整个第3装甲军3个装甲师里进展最大的装甲师了，而且只有10人阵亡，86人负伤，代价也不算很大。毕竟是隆美尔的老部队，战斗力还是不容小觑。

第3装甲军第一天的进攻简直可以用糟糕来形容，所辖的3个装甲师都没能实现预期目标，就算是进展最大的第7装甲师也不过只突入了苏军防线5千米，而且损失很大，不但是步兵伤亡惨重，就连最具威力的"虎"式坦克都有20辆被炸伤，占

德军第7装甲师作战序列

第7装甲师（师长汉斯·冯·丰克中将，下辖4个团又4个营）

- 第25装甲团
- 第6装甲掷弹兵团
- 第7装甲掷弹兵团
- 第78装甲炮兵团
- 第7装甲侦察营
- 第42坦克歼击营
- 第58装甲工兵营
- 第296防空营
- 加强配属兵力：第503独立重装甲营第3连（装备14辆"虎"式坦克）

第 3 装甲军全部“虎”式坦克的 45%！更为痛心的是，其中 7 辆还是被德军自己的地雷炸伤的。进展如此之差的主要原因是对于工兵不够重视，没有投入足够的工兵来架设桥梁和扫雷，从而无法保障装甲部队按时进入战场，极大延误了战机。

肯普夫战役集群最重要的攻击力量第 3 装甲军在进攻的第一天，只不过在北顿涅茨河东岸建立一个正面宽约 10 千米，纵深约 3 千米的桥头堡，进展远远落后于第 4 装甲集团军。正是由于第 3 装甲军的糟糕表现，对德军整个战局的影响极大，甚至比第 4 装甲集团军司令霍特一开始所担心的还要严重。

瓦杜丁调兵遣将

按照德军战前的计划，“堡垒”作战的进攻第一天，应该突破苏军两道防线，突入苏军战线至少 30 千米，但德军的实际进展远远低于预期。在南方集团军群投入进攻的 9 个装甲师和装甲掷弹兵师中，只有党卫军第 1“阿道夫·希特勒警卫旗队”师到达了苏军的第二道防线，其他各师有的仅仅突破了苏军第一道防线，有的更是连第一道防线都没能突破。即便是进展最大的党卫军第 2 装甲军，也由于两翼的友邻部队都没能跟上，而不得不抽调部分进攻的部队来掩护自己的侧翼，从而极大削弱了继续突击的力量，导致无力再保持足够强劲的进攻势头。

面对第一天并没能顺利完成预定计划，这样明显的信号应该能让德军引起足够的重视。整个南线德军进攻的拳头部队第 4 装甲集团军依然非常乐观，认为第一天虽然没有取得较大进展，但只遇到了苏军小规模的坦克部队，显然只是苏军部署在一线的战术预备队，那也就意味着苏军部署在后方的战役预备队还没赶到，所以至少还能有一天时间来突破苏军的第二道防线。

当天，第 4 装甲集团军和肯普夫战役集群总共阵亡和失踪 774 人，负伤 5 236 人，合计 6 011 人，而苏军的伤亡约 8 500 人，差距并不很大。但在空中，苏军损失了 160 架战机，而德军仅损失 27 架，因此当天的制空权被德军所掌握，也就导致苏军地面部队有相当部分的损失是由德国空军造成的。所以如果单纯从双方地面部队的损失来看，德军并没有占到便宜。换言之，一旦苏军掌握了制空权，那么德军地面部队的失败就是必然的了。

虽然苏军第一天表现相当不错，但战场形势却丝毫不容乐观，沃罗涅日方面军的第 6、第 7 近卫集团军的防线都已被德军突破。为了稳定防线，沃罗涅日方面军司令瓦杜丁将第 69 集团军的第 111、第 270 步兵师划归第 6 近卫集团军指挥，用于加

▲ 苏军第 1 近卫坦克集团军司令卡图科夫。

强科列尼克河以东第二道防线的防御力量。他还担心如果德军党卫军第 2 装甲军和肯普夫战役集群会师的话，将对苏军的整个战线构成极大威胁，因此他将方面军直属的第 35 近卫步兵军第 93 近卫步兵师划归第 7 近卫集团军指挥，用于加强第 183 步兵师后方北顿涅茨河东岸和普罗霍罗夫卡西南的第二道防线。此外第 35 近卫步兵军的另外 2 个师第 92、第 94 近卫步兵师也都火速增援第 7 近卫集团军。

同时瓦杜丁还命令方面军的坦克预备队——第 1 坦克集团军和方面军直属的第 2、第 5 近卫坦克军紧急开赴前线，准备实施反击。但很快他又更改了这一计划，转而命令这些坦克部队进入第二道防线，进行严密伪装，作为巩固防御的中坚力量。导致瓦杜丁改变计划的原因主要有两个，一是第 1 坦克集团军司令卡图科夫中将报告该集团军的第 3 机械化军 7 月 5 日晚在波克罗夫卡以南遭遇了德军“虎”式坦克，鉴于苏军主力坦克 T–34 和“虎”式坦克性能相差悬殊，进行坦克决战式的反击，未必能取得预期效果，所以他建议瓦杜丁还是以大纵深梯次防御来挫败德军攻势；二是预定投入反击的部队除了第 1 坦克集团军在 7 月 6 日清晨到达了指定位置外，第 2、第 5 近卫坦克军都没能按时到达，这样反击的力量就等于减少了一半，因此瓦杜丁在 7 月 6 日清晨取消了反击计划，命令坦克部队转入防御。

对于瓦杜丁取消反击的决定，战后引起了不小的争议，质疑者认为德军第一天进攻的锐气已经被挫败，而且损失很大，如果苏军发起反击很可能给予德军迎头痛击。但是应该看到，虽然苏军没有进行大规模的坦克反击，但这些坦克部队转入防御，对于苏军巩固防御，迟滞德军的进攻还是发挥了很大作用。而且瓦杜丁还不是将全部坦克都用于加强防御，他依然抽调了近一半的坦克，不断对德军的侧翼实施攻击，这些持续不断的侧翼攻击最终导致了德军改变进攻防线，并由此在普罗霍罗夫卡地区展开了坦克大决战。

苏军计划用于反击的部队序列

第 1 坦克集团军（司令卡图科夫中将，总兵力约 4 万人，419 门火炮，56 门火箭炮，646 辆坦克和自行火炮）

第 3 机械化军（军长克里沃舍因少将，总兵力约 1.5 万人，204 辆坦克）

第 1 机械化旅

第 3 机械化旅

第 10 机械化旅

第 1 近卫坦克旅

第 49 坦克旅

第 35 反坦克炮团

第 265 迫击炮团

第 6 坦克军（军长格特曼少将，总兵力约 1 万人，坦克 168 辆）

第 22 坦克旅

第 112 坦克旅

第 200 坦克旅

第 6 摩托化步兵旅

第 1 461 自行火炮团

第 538 反坦克炮团

第 1 008 反坦克炮团

第 270 迫击炮团

第 31 坦克军（军长切尔尼延科少将，总兵力 7 800 人，坦克 168 辆）

第 100 坦克旅

第 237 坦克旅

第 242 坦克旅

第 753 反坦克炮团

第 316 近卫迫击炮团

方面军直属

第 2 近卫坦克军，军长布尔杰伊内少将（总兵力约 1 万人，222 辆坦克，其中 131 辆 T-34 坦克）

第 4 近卫坦克旅

第 25 近卫坦克旅

第 26 近卫坦克旅

第 4 近卫摩托化步兵旅

第 47 近卫坦克团

第 1 500 反坦克歼击炮兵团
第 273 迫击炮团
第 1 697 高射炮团

第 5 近卫坦克军（军长克拉夫琴科少将，总兵力约 1 万人，227 辆坦克，其中 131 辆 T-34 坦克）

第 20 近卫坦克旅
第 21 近卫坦克旅
第 22 近卫坦克旅
第 6 近卫摩托化步兵旅
第 48 近卫坦克团
第 1 499 反坦克歼击炮兵团
第 454 迫击炮团
第 1 697 高射炮团

7 月 6 日，最危急的一天

经过一天的激战，德军各部队的进展不一，党卫军第 2 装甲军进展最大，尤其是党卫军第 1“阿道夫·希特勒警卫旗队”师已经进抵了苏军第二道防线，比友邻的第 48 装甲军整整多突入了 6 千米，位置太过突出，尤其是第 48 装甲军的第 167 步兵师进展迟缓，导致党卫军第 2 装甲军的左翼也没有能得到足够的掩护。德军南方集团军群司令曼施坦因发现了这个问题，特意询问第 4 装甲集团军司令霍特，将采取什么措施来解决两个装甲军结合部之间的空隙？霍特回答目前没有力量来增援第 167 步兵师来突破当面的苏军防御，但他会在突破苏军第二道防线后抽调部队来加强第 167 步兵师的进攻力量。曼施坦因认为霍特很可能会动用党卫军第 2 装甲军的部队增援第 167 步兵师，但这样会大大削弱在主攻方向的进攻力量，所以他特别叮嘱霍特，无论什么时候，都不能动用党卫军第 2 装甲军的部队来帮助解决两个装甲军结合部的作战。

在第 4 装甲集团军右翼的肯普夫战役集群也没能按计划突破当面苏军在别尔哥罗德地区的防御，因此第 4 装甲集团军的右翼也暴露了，但曼施坦因实在抽不出部队来加强肯普夫战役集群，只能集中空军第 4 航空队第 8 航空军的全部飞机全力提供空中支援，来帮助第 3 装甲军尽快突破苏军防线，跟上党卫军第 2 装甲军的进展。

霍特计划在 7 月 6 日以第 52 装甲军（名义上是装甲军，实际下辖 3 个师都是步兵师）来掩护集团军的左翼，集中第 48 装甲军和党卫军第 2 装甲军来突破苏军卢奇基、雅科夫列沃、杜布罗瓦和卢汉尼诺一线的防御，对此霍特还是很乐观，他认为凭借自己强大的装甲部队，能够在苏军战役预备队赶到之前突破苏军第二道防线。

7 月 6 日清晨，在经过了一个半小时的炮击之后，德军开始了全面进攻。在第 48 装甲军的进攻方向，德国空军仅仅为装甲部队进行近距直接空中支援就出动了 200 架次，在空军的大力掩护下，第 48 装甲军的三个装甲师——第 3、第 11 装甲师、“大德意志”装甲掷弹兵师的进攻终于大有起色，当面的苏军第 6 近卫集团军第 67 近卫步兵师不得不撤至第 52 近卫步兵师的防线，集中两个师坚守原本一个师的防区，但依然难以抗击德军的猛攻，伤亡惨重，而且防线也多处被突破。眼看已经无法维持完整的防线，第 6 近卫集团军司令奇斯佳科夫中将只好同意这两个师放弃第一线阵地，退至第二线阵地。

负责防御第二道防线的苏军第 90 近卫步兵师得到了第 1 坦克集团军第 3 机械化军的加强——瓦杜丁原来是准备将第 1 坦克集团军用于反击，后来才决定转而用于增强防御，拥有 200 辆坦克的第 3 机械化军用于防御，自然是极大增强了苏军的防御力量，因此德军第 48 装甲军对苏军第二道防线连续八次进攻，均被苏军击退。

直到中午过后，第 3 装甲师才突破了苏军防线，推进到佩纳河沿岸，但随即遭到了苏军猛烈炮火的拦阻。第 48 装甲军军长奥托・冯・克诺贝尔斯多夫上将分析了战场形势，认为装甲部队根本无法渡过佩纳河，因此决定修正 48 装甲军的进攻方向，将原来向正北进攻改为向东北，因为东北方向的地形相对平坦，更适合装甲部队的行动。随即 48 装甲军的三个装甲师开始调整进攻方向，沿着托马罗夫卡—奥博扬方向推进。

下午，第 3 装甲师和“大德意志”师在阿列克耶夫卡到卢卡尼诺一线向苏军展开猛攻，苏军第 90 近卫步兵师和第 3 机械化军顽强抗击，虽然德军在最初取得了一些进展，但在苏军又投入了第 3 机械化军的第 35 反坦克炮团之后，就再难以前进，最终第 48 装甲军也没能实现突破普肖尔河的预定目标。这就意味着德军第 4 装甲集团军的左翼攻势已经逐渐停顿，这在右翼进展迟缓的情况下，可不是什么好兆头。也就是说这样一来，德军进攻最锋利的矛头党卫军第 2 装甲军的两翼都将面临遭到苏军攻击的威胁。

随着 48 装甲军进攻方向的转变，在苏军第 90 近卫步兵师后方担负预备队的第 1 坦克集团军第 6 坦克军的压力也就大为减轻了，从而能让瓦杜丁可以将第 6 坦克军转而驰援第 6 近卫集团军更为危急的地段。那就是正遭到德军党卫军第 2 装甲军猛攻的第 6 近卫集团军防线中部，那里是第 51 近卫步兵师的防区，尽管该师还得到了第 5 近卫坦克军的加强，但仍无法挫败德军党卫军第 2 装甲军的强力猛攻，51 近卫步兵师的防线被撕开了一个大口子，迫使 51 近卫步兵师和配属的第 1 坦克集团军第 1 近卫坦克旅向波克罗夫卡和布尔什迈亚奇基撤退。其间，第 5 近卫坦克军向德军进行了反击，但被德军击退。

党卫军第 2 装甲军的战力确实强悍，当天的进攻依旧十分凌厉，党卫军第 2 装甲军进攻的地段是苏军第 51 近卫步兵师的防区，该师还得到了第 5 近卫坦克军的加强。党卫军第 1“阿道夫 · 希特勒警卫旗队”师的第 13 独立重装甲连此时只剩下 5 辆完好的“虎”式坦克，所以只能增派了装备“黄鼠狼”式坦克歼击车的党卫军第 1 坦克歼击营来支援步兵的进攻，但“黄鼠狼”式坦克歼击车的装甲太薄弱，就连苏军的 45 毫米反坦克炮都能轻易击穿。因此，德军主要还是依靠为数不多的“虎”式坦克和突击炮担负开路前锋，掩护工兵清除雷区和障碍物，然后再掩护步兵发起冲锋，终于在中午 11 时 45 分占领了 243.2 高地，在苏军防线上打开了突破口。13 时 15 分，右翼的党卫军第 2“帝国”师也攻占了 246.3 高地，从而将党卫军第 2 装甲军的突破口宽度扩大到了 4 千米。

苏军第 5 近卫坦克军长克拉夫琴科少将立即派出 1 个坦克连和 1 个步兵连前击封堵缺口，同时派 1 个坦克连和 1 个摩托化步兵连前去和左翼的第 2 近卫坦克军沟通联系。克拉夫琴科也很清楚，要想凭借 1 个坦克连和 1 个步兵连的力量封堵缺口，根本是不可能的。这样做无非就是多争取一些时间，为部署在纵深的主力多赢得一些巩固防御的时间。

党卫军第 1“阿道夫·希特勒警卫旗队”师继续发展进攻，苏军区区 1 个坦克连和 1 个步兵连自然无法阻挡德军强大装甲部队的推进，至下午 15 时 30 分，又占领了苏军第二道防线的 230.5 高地，进一步撕开了突破口，随即将由党卫军第 1 装甲团、党卫军第 2 装甲掷弹兵团 3 营、党卫军第 1 炮兵团 2 营和 1 个坦克歼击连、1 个高射炮连组成的装甲战斗群从突破口投入战斗，径直向普肖尔河冲去。接到第 6 近卫集团军的告急后，瓦杜丁迅速命令第 1 坦克集团军和第 2、第 5 近卫坦克军发动反击，以攻为守，封闭德军突破口。

第 1 坦克集团军司令卡图科夫中将接到命令后，立即以第 3 机械化军的第 49 坦克旅展开反击，同时以第 31 坦克军的第 100 坦克旅开往雅科夫列沃以北的“红色农民”集体农庄，填补和第 2、第 5 近卫坦克军结合部之间的空隙。但是苏军的这次反击遭遇了德军 4 辆“虎”式坦克，坦克性能上的巨大差距使苏军坦克部队蒙受了很大损失，并且给苏军坦克兵的心理上造成了极大的震撼和冲击。

德军在击退苏军坦克部队反击后，一路突进，于 16 时进入卢奇基村。此时，苏军第 100 坦克旅和第 230 坦克团又发起了第二次反击，但在德军“虎”式坦克的迎击下，也是损失惨重。至 18 时许，德军的“虎”式坦克已经冲上了卢奇基到普罗霍罗夫卡的公路，实际上已经对苏军第 5 近卫坦克军形成了合围，并逼近苏军第三道防线。但是由于德军第 167 步兵师并不是摩托化部队，绝大部分步兵都只能依靠两条腿，实在跟不上装甲团和装甲掷弹兵团的推进速度，对苏军第 5 近卫坦克军的合围等于无法真正实现。

18 时 30 分，德军开始进攻由苏军第 183 步兵师防御的第三道防线前沿阵地 258.2 高地，不料却一头闯入了苏军的雷区，多辆坦克被炸伤。党卫军第 2 装甲军军长豪塞尔见装甲战斗群已经孤军深入，态势极为孤立，加上天色已晚，再继续展开进攻，可能反而会遭到损失，因此命令装甲战斗群撤回卢奇基。

党卫军第 2“帝国”师由于所在的地段 6 日上午接连下了几场大雨，使得原来就已经非常混乱糟糕的交通状况更是雪上加霜，尽管党卫军第 2 装甲军军长豪塞尔将军直属宪兵营都派来负责交通管制，疏导交通，但原定于 9 时 30 分开始的进攻还是推迟到了 12 时 30 分。不过党卫军第 2“帝国”师一旦开始进攻，也还是相当凶悍。

党卫军第 4“元首”装甲掷弹兵团 2 营作为开路前锋，很快就攻占了苏军第二道防线的 246.3 高地，在苏军防线上撕开了口子。师长布吕格尔立即将以党卫军第 2 装甲团为基干组成的装甲战斗群从突破口投入作战，迅速推进到卢奇基村——在雅科夫列沃东面一南一北相距十余千米各有一个小村都叫卢奇基，这里德军进攻的是南卢奇基村。德军于 16 时许占领南卢奇基村。苏军第 5 近卫坦克军随即出动第 22 近卫

特别加强的苏军第 5 近卫坦克军

在库尔斯克战役前的 1943 年 4—6 月，第 5 近卫坦克军得到了额外的加强。首先所辖的每个坦克旅都增加了 1 个坦克营，达到了每个旅下辖 4 个坦克营，全军增加了 3 个坦克营，相当于 1 个坦克旅。其次还加强了装备 21 辆英国援助的“丘吉尔”坦克的第 48 近卫坦克团，以及装备 20 门 76.2 毫米反坦克炮的第 1 499 反坦克歼击炮兵团、装备 36 门 120 毫米迫击炮的第 454 迫击炮团和装备 16 门 37 毫米高射炮的第 1 696 高射炮团。在得到了这些单位的特别加强后，第 5 近卫坦克军总兵力达到 1 万人，装备 131 辆 T-34 坦克、21 辆“丘吉尔”坦克、63 辆 T-70 轻型坦克、86 辆装甲车以及超过 800 辆卡车。和普通的坦克军 7 800 人和 168 辆坦克相比，兵力和坦克数量几乎都增加了 30%。

▲ 冰雪消融后道路一片泥泞。

坦克旅进行反击。虽然德军击退了苏军的反击，但第 2 装甲团一直被牵制在卢奇基村附近地区，无法分兵增援在彼得罗夫斯基地区陷入苦战的党卫军第 3“德意志”装甲掷弹兵团。见第 22 近卫坦克旅的反击失利，德军还在继续深入，苏军第 5 近卫坦克军军长克拉夫琴科又派出了第 21 近卫坦克旅和装备英国援助的丘吉尔坦克的第 48 近卫独立坦克团发起第二次反击。但这次反击结局更为不幸，党卫军第 1“阿道夫·希特勒警卫旗队”师突破了苏军反击部队的右翼，从而对苏军的反击部队形成了合围，虽然合围圈并不严密，但克拉夫琴科手上已经再没有部队能够前去解围，只能依靠被围部队自身的力量突围。苏军投入两次反击的 2 个坦克旅和 1 个坦克团，损失惨重，总共损失了约 110 辆坦克。

党卫军第 2“帝国”师在击退了苏军第 5 近卫坦克军的反击后，以突击炮营和装甲掷弹兵营掩护装甲团两翼，冲向捷捷列维诺。德军并不知道在装甲团进军途中的加里宁正是第 5 近卫坦克军的军部所在地，所以并没有倾注全力的猛攻。第 5 近卫坦克军军部在第 1 698 高射炮团的拼死掩护下才得以安全撤离加里宁。

万幸的是，第 5 近卫坦克军的第 20 近卫坦克旅终于在 19 时许赶到了，克拉夫琴科立即以该坦克旅为核心，集结了周围的第 23 独立侦察营、第 80 摩托车营和第 6 近卫摩托化步兵旅第 3 营的残部共同组织起了新的防线，这支临时编组的部队不但接应了被围部队的突围战斗，还成功阻止了德军的进一步推进。天色完全黑了以后，党卫军第 2“帝国”师在奥泽罗夫斯基停下了脚步，转入防御。

当天苏军损失极为惨重，不但损失坦克 110 辆，而且人员伤亡也很大，仅仅第 51 近卫步兵师的伤亡就超过了 5 000 人。而德军 2 个党卫军师伤亡总共才不过 712 人，坦克损失约 70 辆，其中大部分是被地雷炸伤，经过战地抢修都能够修复。

党卫军第 2 装甲军当天取得了突入苏军防线 12 千米的进展。这么大的进展却因为左翼的 48 装甲军和右翼的肯普夫战役集群进展都大大落后，反而使得位于中央的党卫军第 2 装甲军态势突出，两翼全部都暴露在苏军的攻击之下。苏军第 2 近卫坦克军抓住这一有利时机连连向党卫军第 2 装甲军的侧翼发动反击。虽然苏军的反击被党卫军第 2 装甲军的二线部队第 3“骷髅”师在空军支援下击退，但这样也就把第 3“骷髅”师完全拖住了，只能用来保护党卫军第 2 装甲军的右翼，而无法按计划投入向北面奥博扬的进攻。同时，苏军的反击虽然没能奏效，但也从中逐渐认识到德军的薄弱点就在侧翼，于是此后不断向德军侧翼发动袭扰性质的攻击，以此来拖住德军的前进脚步。

接着，苏军第 1 坦克集团军司令卡图科夫中将又将第 31 坦克军的 3 个坦克旅全部投入了战场，这 3 个坦克旅一部分向德军展开反击，另一部分则直接用于加强防御，第 31 坦克军的到来对于稳定苏军防线发挥了很大作用。

党卫军第 3“骷髅”师在击退苏军的反击之后，开始转向东面，向北顿涅茨河展开进攻。这是为了打通和肯普夫战役集群的联系，同时这里又正好是苏军第 6 近卫集团军和第 7 近卫集团军的结合部，可以说是双方的要点。坚守这里的苏军第 375 步兵师在第 96 坦克旅和第 496 反坦克炮团的支援下，成功击退了德军的几次进攻。第 375 步兵师的防线正面宽度有 17 千米，几乎是正常情况下一个师防御正面的 2 倍，所以火力密度自然也就下降了很多。师长戈沃洛年科上校只好将三个团全部布置在一线，这样才勉强达到每千米正面 5 挺重机枪、11 挺轻机枪、6 支反坦克枪、4.5 门 82 毫米迫击炮、1.5 门 120 毫米迫击炮、4 门 45 毫米反坦克炮的密度。为了弥补火力密度上的不足，在前沿埋设了超大量的地雷。另外，师长戈沃洛年科上校还在两处德军坦克最有可能突破的地段分别部署了一支反坦克炮兵预备队，一支由 1 个 45 毫米反坦克炮连（4 门）、1 个反坦克枪排、1 个工兵排和 1 个冲锋枪排组成，另一支则由 1 门 76 毫米反坦克炮、2 个 45 毫米反坦克炮连（8 门）、2 个反坦克枪排、1 个工兵排和 1 个冲锋枪排组成。之所以这样布置，是因为师长戈沃洛年科担心战斗打响后，一旦德军坦克突破了防线，反坦克预备队不一定能及时赶到，所以就将反坦克预备队事先部署在德军坦克最可能突破的地段，能够就近对德军坦克进行阻击。这些部署对于最后守住阵地确实发挥了很大作用。

正是第 375 步兵师的顽强奋战，将党卫军第 3“骷髅”师想和肯普夫战役集群会师的希望彻底粉碎。在 7 月 6 日当天，苏军第 375 步兵师的成功防御并没有得到足够的重视，但后来的战役发展证明，375 步兵师在这一地区的防御对于整个战局具有重大意义。

右翼的肯普夫战役集群在 6 日上午投入第 7、第 19 装甲师发动进攻，第 19 装甲师从北顿涅茨河对岸的桥头堡阵地出发，进攻苏军第 7 近卫集团军的防线，攻占了第 81 近卫步兵师守备的别洛夫斯克。第 7 装甲师的进展更大，突破了苏军的第一道防线，并马不停蹄进攻苏军第二道防线，但在苏军的顽强防御下，进展逐渐停顿。因此德军于下午将第 6 装甲师投入作战。养精蓄锐了一上午的第 6 装甲师表现果然相当不俗，很快就突破了苏军第 73 近卫步兵师的防线。但苏军第 7 近卫集团军迅速调集第 15、第 94 近卫步兵师赶来填补缺口，很快组织了新的防线，同时不断展开反击，最终阻止了德军的进一步推进。

德军第 4 装甲集团军在 7 月 6 日的进攻还是比较成功的，48 装甲军和党卫军第 2 装甲军不但取得了较大突破，而且还在波克罗夫卡以南的亚库夫利沃地区会师，不过德军为了达到这一战果，也付出了损失 300 辆坦克的惨重代价。由于肯普夫战役集群仍然无法跟上党卫军第 2 装甲军的推进，从而迫使党卫军第 2 装甲军不得不抽出第 3“骷髅”师来保护暴露的右翼，从而无法将这个师用来进一步扩张战果。更严峻的是，德国空军在 6 日一天里就损失了将近 100 架飞机，加上航空燃料的补给越来越吃紧，德国空军的出动强度已经开始下降，当天为地面部队提供直接空中支援的只有 837 架次，而同一天苏联空军为支援地面部队的出动数量高达 1 278 架次！这也就意

苏军 7 月 6 日加强沃罗涅日方面军的增援部队序列

第 2 坦克军（军长波波夫少将，总兵力 7 800 人，168 辆坦克）

第 26 坦克旅

第 99 坦克旅

第 169 坦克旅

第 58 摩托化步兵旅

第 48 坦克歼击团

第 1 502 反坦克炮团

第 1 698 迫击炮团

第 10 坦克军（军长布尔科夫少将，总兵力 9 600 人，185 辆坦克和自行火炮，其中 99 辆 T-34 坦克）

第 178 坦克旅

第 183 坦克旅

第 186 坦克旅

第 11 摩托化步兵旅

第 1 450 自行火炮团

第 727 反坦克炮团

第 287 迫击炮团

第 1 693 高射炮团

苏军第 5 近卫坦克集团军序列

第 5 近卫坦克集团军（司令罗特米斯特罗夫中将，总兵力约 3.7 万人，593 辆坦克和 37 辆自行火炮）

第 5 近卫机械化军（军长斯克沃尔措夫少将，总兵力约 1.5 万人，212 辆坦克和 16 辆自行火炮，其中 159 辆 T-34 坦克）

第 10 近卫机械化旅

第 11 近卫机械化旅

第 12 近卫机械化旅

第 24 近卫坦克旅

第 1 447 自行火炮团

第 104 近卫反坦克炮团

第 285 迫击炮团

第 29 坦克军（军长基里琴科少将，总兵力约 1 万人，170 辆坦克和 21 辆自行火炮）

第 25 坦克旅

第 31 坦克旅

第 32 坦克旅

第 53 摩托化步兵旅

第 1 446 自行火炮团

第 108 反坦克炮团

第 76 近卫迫击炮团

集团军直属部队

第 18 坦克军（军长巴哈罗夫少将，总兵力 7 800 人，168 辆坦克，7 月 7 日由最高统帅部预备队调来）

第 110 坦克旅

第 170 坦克旅

第 181 坦克旅

第 6 高射炮师

第 32 摩托化步兵旅

第 53 近卫坦克团

第 1 549 自行火炮团

第 1 独立近卫摩托团

第 678 榴弹炮团

第 689 反坦克炮团

第 76 近卫迫击炮团（7 月 5 日配属第 29 坦克军）

味着，对战役胜负具有关键意义的制空权正在逐渐为苏军所掌握。

7 月 6 日对于沃罗涅日方面军来说，绝对是危机重重的一天，整个方面军的战线被德军突破，出现了一个巨大的缺口。瓦杜丁为了阻滞德军的进攻，已经将手头上除了第 69 集团军的 3 个师以外的所有预备队全部投入了战场，单靠方面军的力量要想顶住德军接下来的攻势，显然困难很大。因此瓦杜丁于 18 时 30 分向斯大林报告了战况，请求紧急调动距离最近的草原方面军第 27 集团军赶来增援，他的这一请求很快得到了批准。但斯大林同时强调，苏联红军必须要和德军打一场消耗战，不惜代价全力牵制在库尔斯克突出部南线的德军，直到苏军在突出部的北线发起全面反攻。

正在前线的最高统帅部代表华西勒夫斯基和朱可夫在对战场形势进行全面分析之后，向斯大林建议将最高统帅部直接掌握的第 2、第 10 坦克军部署到普罗霍罗夫卡，以增强纵深防御力量。同时不顾草原方面军的反对，将草原方面军的第 5 近卫坦克集团军调往普罗霍罗夫卡东北的奥斯科尔，准备在必要时投入战场。

7 月 7 日，德军的攻势渐趋停顿

7 月 6 日入夜后，大规模的战斗已经平息，但战场上并不平静。德军装甲部队维修单位的官兵正忙于回收和抢修战伤的坦克，而苏军的侦察兵也在积极活动，侦察德军的部署情况，以便天亮后的作战。还有一些在白天战斗中失散没能撤回己方战线的小部队也在四处活动，袭扰德军的营地，袭击德军的后方交通线，甚至还发生了小规模的坦克战。

7 月 7 日，战役进入了第三天，苏德双方的意图也都已经逐渐明朗，苏军仍然是希望以顽强的防御迟滞德军的进攻，消耗德军力量，为将来的反攻创造有利条件，而德军则是想在前两天进展的基础上进一步扩张战果。

德军进攻的重点还是党卫军第 2 装甲军，该军以党卫军第 3“骷髅”师向东进攻，尽量扩大突破口，同时党卫军第 1“阿道夫·希特勒警卫旗队”师和第 2“帝国”师向北进攻。

前一晚的战斗让党卫军第 1“阿道夫·希特勒警卫旗队”师师长维斯觉得有些担心，特别是接到前线警戒分队的报告，在卢奇基村附近有苏军坦克集结，因此他立即调派党卫军第 2 装甲掷弹兵团 2 营前往卢奇基。2 营刚刚到达卢奇基就遭到了苏军步兵在第 1 坦克集团军第 100 坦克旅的 30 辆 T-34 坦克支援下展开的进攻，2 营立足未稳随即被苏军逐出了卢奇基村。但很奇怪，苏军的坦克随后就撤走了，只留下步兵防

御卢奇基村，这就给了德军可乘之机，2营随即组织了反攻，再次将卢奇基村夺回。

在7月6日的作战中，党卫军第2装甲军在苏军战线上撕开了15千米宽的突破口，但这样的宽度对于战役突破口来说还是明显不够，所以德军在7月7日的作战主要就是要将这个突破口进一步扩大。不过党卫军第2装甲军的三个师是分别向三个方向进攻，党卫军第1“阿道夫·希特勒警卫旗队”师向雅科夫列沃、大小马亚奇基，第2“帝国”师向加里宁、别列尼希诺，第3“骷髅”师向索申科沃、新洛济进攻，这样一来，三个师之间就出现了空隙，而且党卫军第2装甲军两翼的第48装甲军、肯普夫战役集群进展都远远落后，导致党卫军第2装甲军的两翼都暴露在苏军面前，由此，德军进展最大的党卫军第2装甲军实际上局面相当严峻。

第4装甲集团军司令霍特7月7日交给党卫军第2装甲军的任务是继续向苏军战线纵深推进，在抵达普肖尔河之后，兵分两路，一路攻击佩纳河弯曲部东面的苏军，一路继续向库尔斯克推进。

但是这样的任务对于党卫军第2装甲军来说，并不轻松，因为经过前两天的激战，党卫军第1“阿道夫·希特勒警卫旗队”师和第2“帝国”师损失都很大，两个师总共有约80辆坦克退出了战斗，几乎相当于两个师坦克装备的35%。只有第3“骷髅”师损失最小，还有110辆坦克和18辆突击炮能投入战斗，所以党卫军第2装甲军军长豪塞尔准备以第3“骷髅”师作为向普肖尔河进军的主攻部队，而第3“骷髅”师目前的防区则交由第167步兵师来接防。但是在缺乏机动车辆的第167步兵师到达之前，第3“骷髅”师和第2“帝国”师的结合部之间就会出现巨大的缺口。为此，霍特临时以第627工兵营、第818炮兵团3营（装备105毫米榴弹炮）、1个坦克歼击车连（6辆坦克歼击车）和1个重迫击炮排组成战斗群，负责填补这个缺口。堂堂一个装甲集团军用来填补如此重要的缺口，却只能拼凑出如此“寒酸”的战斗群，可见德军当时在兵力装备上有多么窘迫。

对阵的苏军情况也不容乐观，第6近卫集团军的防线已经被突破、分割，难以再形成完整的战线，而第23步兵军的防线更是完全崩溃了，军长瓦赫拉梅耶夫少将和所辖三个师的联系全部断绝，根本无法进行有效的统一指挥，而且由于瓦赫拉梅耶夫居然在如此紧张的时刻酗酒导致指挥失当，还伪造命令要求第5近卫坦克军军长克拉夫琴科发动反击，瓦杜丁已经在7日将瓦赫拉梅耶夫少将就地撤职，由第51近卫步兵师师长塔瓦尔特基拉泽上校代理军长。

第6近卫集团军司令奇斯佳科夫中将已经把手头的所有预备队都用完了，所以此时要想再继续坚守，就只能依靠第1坦克集团军了。第1坦克集团军司令卡图科夫中将是苏军出类拔萃的坦克战大师，他敏锐地发现了德军党卫军第2装甲军和第48装甲军之间的空隙，作为坦克战专家他自然不会放过这样绝好的战机，尽管此前瓦杜丁命令第1坦克集团军是将坦克作为固定火力点来加强防御，但卡图科夫毫不犹豫地开始组织反击。他集中第3机械化军的第1近卫坦克旅、第49坦克旅和第31坦克军的第100坦克旅、第237坦克旅、第242坦克旅等5个坦克旅，总共约260辆坦克作为第一梯队对党卫军第2装甲军的左翼发动反击；另外以第38集团军的第180坦克旅和第192坦克旅等2个坦克旅总共约130辆坦克作为第二梯队，视情况投入战斗。同时，以第5近卫坦克军对德军右翼也进行了反击。虽然苏军的这次反击被德军党卫军第2“帝国”师在空军的支援下击退，但却有效地迟滞了德军的推进，为其他部队巩固防御赢得了时间，第183步兵就利用这个时间大大加强了防御，而且生力军第31坦克军的第237、第242坦克旅都赶到了前线，开始向德军最薄弱的左翼展开进攻。这就迫使德军不得不抽调“阿道夫·希特勒警卫旗队”师的党卫军第1装甲掷弹兵团转到左翼去应付苏军的反击，直接导致德军真正用于向北进攻的部队大大被削弱了，进攻的力度自然也就减弱了很多。因此7日一天，党卫军第2装甲军推进才区区8千米，没能完成突破苏军防线的预定目标。而且更严重的是，由于苏军在左翼的反击相当猛烈，使得德军的进攻方向在有意无意之间逐渐转向东北，偏离了原定的进攻目标奥博扬，而开始偏向了普罗霍罗夫卡。

第2“帝国”师当天的任务是向别列尼西诺进攻，掩护第1“阿道夫·希特勒警卫旗队”师的侧翼。在发起进攻前就通过地面和空中侦察发现在进攻路线的东侧树林苏军正在集结坦克，因此师长克吕格尔将党卫军第2突击炮部署在东侧，准备用来对付苏军坦克可能的袭击。5时30分，第2“帝国”师的第2装甲团开始进攻，一上午进展都很顺利，几乎没有遇到像样的抵抗。直到12时过后，苏军第5近卫坦克军的第22近卫坦克旅的24辆坦克从侧翼发动了攻击，经过一番苦战，德军才将苏军坦克击退。而第2“帝国”师的“德意志”团和“元首”团大部分部队大半天都忙于应付苏军的反攻，除了“元首”团3营还曾发起过进攻外，其余部队都只有招架苏

▲ 德军党卫军第1师的装甲部队。

军第2近卫坦克军不断以排连为单位展开的进攻。直到下午,“元首”团才向别列尼西诺发起了多次进攻，但都被苏军击退。至日落时分，只有装甲团越过了捷捷列维诺。

第3“骷髅”师正在准备将防区移交给第167步兵师，但从一早开始就不断遭到苏军第2近卫坦克军第26近卫坦克旅小股坦克部队的试探性进攻，而且德军侦察也发现在贡基附近苏军有大量坦克集结，师长普里斯担心如果在换防时苏军发动进攻，那么后果就不堪设想。所以决定先发制人，以党卫军第3装甲团2营和“骷髅”团1营在火箭炮营的火力支援下向苏军发动进攻，但遭到苏军猛烈炮火拦阻，毫无进展。苏军第2近卫坦克军随即展开反击，却被德军装甲团合围，损失了不少坦克。“艾克”团在奥博扬公路和利波维顿涅茨河之间展开防御，苏军只进行了几次坦克掩护的连营规模进攻，都被“艾克”团击退。当天“骷髅”师的战斗还不算激烈，所以伤亡也不大，只有39人阵亡，112人负伤。

在党卫军第2装甲军左翼的第48装甲军进展也不顺利，他们不但要向北推进，还要在东北方向全力追赶党卫军第2装甲军的推进，不使两个军之间的空隙越来越大，所以压力很大。7日当天，第48装甲军投入“大德意志”师和第11装甲师发动猛攻，苏军第1坦克集团军第3机械化军的第1、第3机械化旅顽强抗击德军的进攻。经过激战，德军击退了苏军的两个机械化旅，沿着通往奥博扬的公路推进了5千米。眼看防线就要被德军突破，瓦杜丁为了保持整条防线的完整，不得不同意第3机械化军左翼向北后撤，和第31坦克军的战线衔接。同时以第6坦克军的第112坦克旅对推进最深的“大德意志”师的侧翼进行了猛烈反击，这次反击相当有成效，迫使“大德意志”师不得不转回身迎战，从而根本无法再继续向北推进，第48装甲军的整个攻势也由此停顿了下来。

面对德军咄咄逼人的攻势，瓦杜丁一方面不断组织力量攻击党卫军第2装甲军暴露的两翼，迫使其从进攻的部队中抽调力量掩护两翼，从而削弱进攻力量；另一方面全力阻止党卫军第2装甲军和第48装甲军、肯普夫战役集群连成一气，这样德军的三支力量各自为战，相对

▲ 正向苏军防线发起冲锋的德军。

孤立，各自的侧翼都没有可靠掩护，这就给了苏军反击的可乘之机。只要全力迟滞德军的进攻速度，等到第5近卫坦克集团军赶到，就能集中两个坦克集团军的强大坦克力量组织一次大规模的具有决定性意义的反击。而这一计划的关键是遏制位于德军中央的第48装甲军的进攻，因此瓦杜丁将第3机械化军和第90近卫步兵师都部署在第48装甲军的进攻方向上，并且从相对比较平静的第38、第40集团军中抽调了1个步兵师和3个坦克团来进一步巩固防御。

7月8日，党卫军装甲军转向了

7月7日晚，第4装甲集团军司令霍特下达了库尔斯克战役第3号命令，向各部队明确了7月8日的作战任务，要求党卫军第2装甲军调头向西，强渡索洛京卡河，向苏军纵深推进；同时第48装甲军突破瑟尔采沃以东苏军的防御，与党卫军第2装甲军在科切托夫卡会师，合围佩纳河东岸到奥博扬一线的苏军主力。

这个计划从纸面上看相当不错，但此时第48装甲军经过三天苦战，损失已经相当大，以头号主力“大德意志”师为例，7月8日能够投入作战的坦克总共只有83辆——而在7月4日战役开始前，“大德意志”师总共拥有300辆坦克——最先进的“豹”式坦克数量也从200辆骤减到40辆，虽说损失的坦克中有相当部分是可以修复的，但在8日，“大德意志”师的实力已经下降了四分之三！而在党卫军第2装甲军的前进路线上，除了罗洛京卡河之外，还有另外两条小河流，虽然河流的天然障碍要比苏军的抗击容易克服，但通过三条河流势必要大大影响推进速度，所以霍特的计划肯定很难如愿。

霍特更不会想到，苏军也在7月8日计划发动反击。瓦杜丁7月6日就向最高统帅部提出了增派4个坦克军和2个航空兵军的要求，身在前线的最高统帅部代表华西列夫斯基也同意瓦杜丁的意见。因此至7月7日晚，第2、第10坦克军已经赶来，原来支援西南方面军的空军第17集团军也全部转来支援沃罗涅日方面军，虽然得到的增援只有瓦杜丁要求的一半，但也多少让他有了发动反击的本钱。

在德军党卫军第2装甲军集中了2个师的主力向西猛攻，遭到了苏军顽强抵抗，进展迟缓之时，苏军的反击却给德军造成了极大的威胁。虽然第10坦克军因连日行军，人困马乏，未能按时完成反击准备，实际上没有参加8日的反击，但仅仅第2坦克军的反击就已经让德军面临了一场严峻的危机了。因为他们的反击目标捷捷列维诺村正是德军的薄弱之处，只有党卫军第2“帝国”师的装甲掷弹兵部队，幸运的是在卢奇基村还有2辆被地雷炸伤的“虎”式坦克，尽管这2辆“虎”式坦克的行走部分有所损伤，不能快速机动，但缓慢移动还是没有问题。这2辆分别由党卫队三级小队副（相当于中士）佛朗茨·施陶德格尔和党卫队突击队员（相当于二等兵）鲁尔夫·尚普驾驶的“虎”式坦克凭借坚固装甲和强悍的火力，宣称击毁了苏军大约30辆T–34坦克（即便这一数字有所夸大，但苏军损失很大也是不争的事实），苏军因此被迫后退。如果不是这2辆“虎”式的出色表现，苏军完全可能攻占了捷捷列维诺村，并能迅速进至卢奇基村，切断德军党卫军第2装甲军进攻部队的补给线，这对于德军来说，绝对是巨大的灾难，因此战后施陶德格尔被授予骑士十字勋章。

但苏军在捷捷列维诺村附近的反击已经让德军后怕不已，党卫军第2装甲军随即从进攻部队中抽出2个营回防捷捷列维诺村地区，攻势也因此停顿，重新调整部队，准备9日再继续进攻。

党卫军第2“帝国”师装甲群的进攻还是比较顺利，很快就拿下了韦肖雷村和附近的制高点239.6高地，一路向西直扑索洛京卡河，和索洛京卡河西岸的第48装甲军第11装甲师距离已经不到10千米了。但就在这时，突然接到第4装甲集团军的命令，要求党卫军第2“帝国”再次调转进攻方向，转而向东——为什么在形势一片大好的情况下，却要再次改变方向？主要是第48装甲军报告已经到达当天预定目的地上佩尼耶，实际上第48装甲军搞错了地名，到达的地点还在上佩尼耶东南约5千米，但这个错误的报告，却让霍特认为既然第48装甲军已经切断了苏军后路，达成了合围普肖尔河南岸苏军的预定目标，那么就没必要再让党卫军第2装甲军继续西进了，何况党卫军第2“帝国”师的左翼正在遭到苏军坦克部队的不断攻击，局面相当危急。

在瓦杜丁的计划里是要一次投入第2近卫坦克军、第5近卫坦克军、第2坦克军和第10坦克军等4个坦克军，总共大约600辆坦克展开反击。他是在7月7日深夜23时下达的反击命令，要求10时30分开始反击，但命令逐级下达，加上部队的战斗准备都需要时间，还有2个坦克军兼程赶来，也需要时间休整，在10时30分前根本不可能发起反击。一句话，实在太仓促了，如果准备的时间更宽裕，各项准备工作更为充分，各部队之间的协同更

▲德军一队“豹”式坦克。

为密切的话，那么很可能会给德军造成极大的威胁。实际上，苏军参加反击的各支部队由于战前准备的进度不同，发起反击的时间也参差不齐，从中午 12 时到下午 16 时之间都不断有部队发动反击，显得杂乱无章毫无配合。加上瓦杜丁的反击本来就是在宽大正面上展开的，而不是集中在某个地段，所以时间上兵力上都分散了，无法形成突击的拳头，也给了德军各个击破的机会。即便如此，4 个坦克军在一下午凌乱发动的反击也已经让德军手忙脚乱，感受到了相当大的压力。

党卫军第 3“骷髅”师 7 月 8 日能投入作战的坦克还有 99 辆，是党卫军第 2 装甲军中实力最强的一个师。这主要是因为党卫军第 3“骷髅”师一直负责党卫军第 2 装甲军的后方，并没有太多参与到进攻中，7 月 8 日正等待第 167 步兵师赶来接防，以便全力投入进攻。但从下午 14 时过后，就不断遭到苏军坦克的进攻，双方随即展开了激战，党卫军第 3 装甲团团长党卫队一级突击队大队长（相当于中校）欧根·昆斯特曼也因为指挥坦克被苏军反坦克炮击中而阵亡，只好由 2 营营长党卫队二级突击队大队长（相当于少校）格奥尔格 · 博赫曼代理团长。

博赫曼接过指挥权后以突击炮营和装甲掷弹兵营建立防线，迎击苏军的进攻，自己亲率装甲营（45 辆坦克）布置在侧翼，准备在正面挫败苏军进攻之后进行侧翼突击。但苏军迟迟没有发动进攻，于是他只好率装甲营向前推进，结果在 209.5 高地附近和苏军第 2 近卫坦克军第 26 近卫坦克旅的 1 个坦克营和第 4 近卫摩托化步兵旅的 1 个摩托化步兵营组成的步坦混编集群不期而遇，经过苦战之后将苏军击退，但此时天色也逐渐黑了下来，党卫军第 3“骷髅”师的进攻也就停止了。

入夜后，党卫军第 3“骷髅”师和第 167 步兵师抓紧时间进行换防，根据党卫军第 2 装甲军军长豪塞尔的命令，“骷髅”师将突击炮营留下来划归第 167 步兵师指挥，作为 167 步兵师的装备预备队，其余部队转向普肖尔河弯曲部进攻。整个换防期间，除了 7 月 9 日凌晨 4 时 30 分，苏军一支由坦克掩护的步兵向 209.5 高地发起了进攻，但被德军击退外，总体还比较顺利。“骷髅”师终于从防御中腾出手来，开始转入进攻，并在后来的作战中成为整个库尔斯克战役南线德军中突击距离最远的一个师。

由于前几天肯普夫战役集群的进展十分有限，拖了整个南线德军攻势的后腿，所以在 7 月 8 日的进攻中可以说是拼尽了全力，第 3 装甲军的 3 个装甲师一线展开，齐头并进，以实力最完整的第 6 装甲师（还有 117 辆坦克）在中央，同时军长赫尔曼 · 布莱特上将也终于吸取了前两天的教训，将配属的装备 45 辆“虎”式坦克的第 503 独立重装甲营不再分拆，而是集中起来，全部加强给第 6 装甲师。另外以第 7、第 19 装甲师分别为左右两翼，展开了猛烈进攻，在别尔哥罗德地区遭到苏军顽强抵抗，经过苦战之后才终于突破了苏军第 81 近卫步兵师的防御，在苏军的防线上撕开

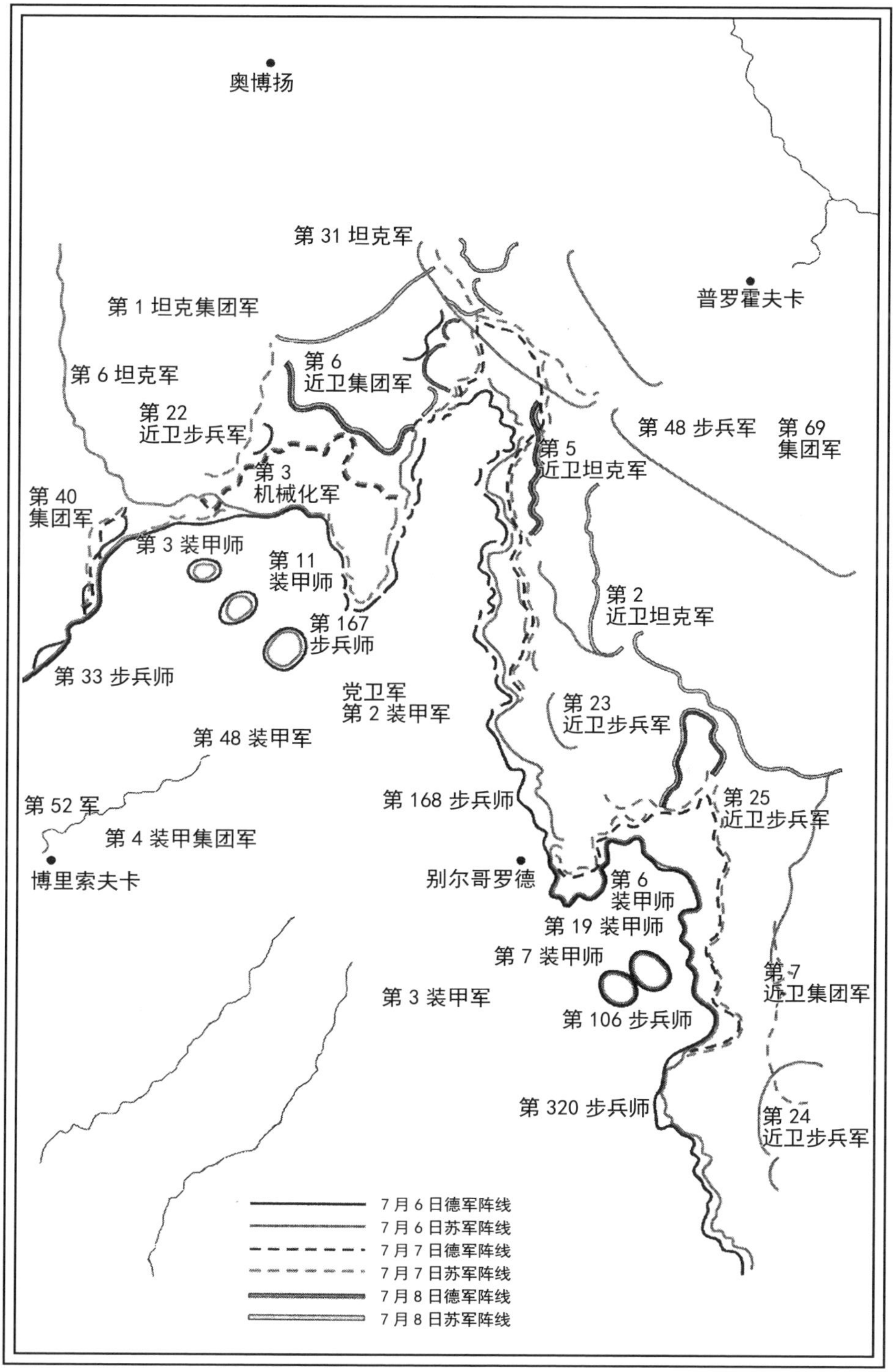
奥博扬
普罗霍夫卡
第 31 坦克军
第 1 坦克集团军
第 6 坦克军
第 6
近卫集团军
第 22
近卫步兵军
第 3
机械化军
第 40
集团军
第 5
近卫坦克军
第 48 步兵军
第 69
集团军
第 3 装甲师
第 11
装甲师
第 167
步兵师
第 2
近卫坦克军
第 33 步兵师
党卫军
第 2 装甲军
第 23
近卫步兵军
第 48 装甲军
第 168 步兵师
第 25
近卫步兵军
第 52 军
第 4 装甲集团军
博里索夫卡
别尔哥罗德
第 6
装甲师
第 19 装甲师
第 7 装甲师
第 3 装甲军
第 7
近卫集团军
第 106 步兵师
第 320 步兵师
第 24
近卫步兵军
7 月 6 日德军阵线
7 月 6 日苏军阵线
7 月 7 日德军阵线
7 月 7 日苏军阵线
7 月 8 日德军阵线
7 月 8 日苏军阵线

▲ 7 月 8 日，双方态势图。

了口子。负责这一地区防御的苏军第7近卫集团军司令舒米洛夫中将立即将第92、第94近卫步兵师和第96坦克旅紧急调往突破口，以第305步兵师在后方重新组织防线，以阻止德军的进一步推进。而且他也并没有一味单纯防御，同时也以第72近卫步兵师和第213步兵师向德军的右翼展开了果断而猛烈的反击，这次反击非常成功，不但重创了德军右翼的第106、第320步兵师，还迫使德军第7装甲师不得不抽出部分部队来掩护右翼，从而削弱了用于进攻的力量。

德军左翼的第19装甲师起初也取得了一些进展，但在第81近卫步兵师的顽强抗击下，也没能进一步扩大战果。只有中央的第6装甲师在“虎”式坦克的支援下，突破了苏军防线，推进了约8千米，但随即遇到了苏军第305步兵师构筑的新防线，进攻的后劲明显乏力，最终也没能突破305师的新防线。因此，肯普夫战役集群虽然突破了德军第一道防线，但依然没能在苏军防线深入推进，跟上党卫军第2装甲军的推进步伐，达成掩护党卫军第2装甲军侧翼的预定目标。

在第48装甲军方向，德军的进攻还在继续。在德军猛烈进攻的巨大压力下，苏军第3机械化军虽然拼死奋战，但也只能被迫步步后撤。瓦杜丁担心防线崩溃，因此同意第3机械化军后撤，与第31坦克军一起后撤到韦尔霍佩内以北地区，横跨奥博扬公路重新建立防线。为了加强这条新防线，瓦杜丁还增派了第309步兵师以及2个坦克旅和5个反坦克炮兵团。瓦杜丁希望这些部队能在新的防线上组织起有效的防御，坚持到第2、第10坦克军和第5近卫坦克集团军在普罗霍罗夫卡地区发动反击。这些部队也确实没让瓦杜丁失望，顶住了德军第48装甲军的进攻，迫使第48装甲军军长克诺贝尔斯多夫上将不得不调整部署，将“大德意志”师向左移动，在第3装甲师和第332步兵师的配合下，在左翼全力进攻，希望能够一举解除苏军的威胁，然后放手向奥博扬、库尔斯克一线推进。

在德军三大主力集团中，还是党卫军第2装甲军进攻最有成效。特别是在左翼的第48装甲军逐渐跟上来之后，开始大步向普肖尔河推进。正挡在党卫军第2装甲军前进道路上的苏军第183步兵师遭到了重创，瓦杜丁火速调集第2近卫坦克军和第5近卫坦克军赶来驰援，但第2近卫坦克军遭到了德国空军4个He–129反坦克攻击机中队的空中打击，被击毁了约50辆坦克，损失惨重。

在7日和8日这两天，德国空军这样强有力的对地打击已经非常罕见了，德国空军的出击数量从战役首日的2 000架次下降到7日的829架次，8日更进一步降至629架次，只能在某个时间某个关键地段上空掌握有限制空权，而苏军每天的出动数量都保持在1 100架次以上。至11日以后，苏联空军就全面掌握了整个战场的制空权。

至7月8日，德军已经突破了苏军两道防线，目前战斗大都集中在第二道防线到第三道防线之间的地段进行，如果从 7 月 5 日的进攻出发线算起，四天总共只推进了 20 千米，距离预定目标库尔斯克还有 100 千米之遥，而且在这 100 千米距离上，还有苏军的六道防线！

按照德军战前的计划，每天要推进 20 千米，六天要打到库尔斯克，消灭库尔斯克突出部的苏军，但现在四天总共才推进了 20 千米，和预期计划相差太远。当晚，德军第 4 装甲集团军司令霍特调整了部署，决定集中党卫军第 2 装甲军和第 48 装甲军从 9 日开始向奥博扬到库尔斯克一线发动强大攻势，以党卫军第 2 装甲军为主攻，第 48 装甲军以第 3 装甲师、第 332 步兵师和“大德意志”师部分部队负责消除在左翼苏军的威胁，而以“大德意志”师的其余部队和第 11 装甲师协同党卫军第 2 装甲军展开猛攻。

8 日天黑后，德军停止了进攻。双方不约而同对当前的战场态势进行了分析，德军还是非常乐观，认为四天的作战已经消耗了苏军大量的预备队，苏军的实力已经是强弩之末，9 日继续猛攻就可以突破苏军的主防线，从而大大加快向库尔斯克的推进速度。相比之下，苏军高层对战局的分析就要准确得多，从前线的瓦杜丁、最高统帅部代表华西列夫斯基到后方的总参谋部、最高统帅部都认识到眼下的关键就是沃罗涅日方面军的防御，能否守住奥博扬到库尔斯克一线的防御，将是将来发起反攻的前提。要想切实巩固这一线的防御，苏军认为具体措施无非有两条：一是加强这一防线的防御力量，组织坚决而顽强的防御作战；二是不断发动对德军侧翼的反击。

因此，苏军最高统帅部于 8 日晚到 9 日凌晨发布了一系列的命令，首先是根据瓦杜丁和华西列夫斯基的建议，命令草原方面军出动，准备投入大反攻，并将草原

苏军第 69 集团军序列

第 69 集团军（司令克留琼金中将，总兵力约 5.2 万人，899 门火炮）

第 48 步兵军（军长罗戈兹内少将）

- 第 107 步兵师
- 第 183 步兵师
- 第 305 步兵师

第 49 步兵军（军长捷连季耶夫少将，7 月 7 日转隶第 7 近卫集团军）

- 第 111 步兵师
- 第 270 步兵师

方面军的第 5 近卫坦克集团军划归沃罗涅日方面军。第 5 近卫坦克集团军早在 7 月 6 日就已经从顿河以西的驻地紧急出动，经过 200 千米的急行军，于 8 日到达旧罗斯克尔地区，在稍事休整后又继续向普罗霍罗夫卡地区疾进。但是由于此前第 2 近卫坦克军遭到德国空军袭击而损失惨重的教训，第 5 近卫坦克集团军在进入库尔斯克地区后就采取白天隐蔽夜晚行军的方式，所以行军速度大为减慢，要到 9 日深夜才能到达指定位置。

除了第 5 近卫坦克集团军外，苏军最高统帅部还将草原方面军的第 5 近卫集团军划归沃罗涅日方面军，瓦杜丁准备将这支精锐部队部署在最关键的奥博扬到库尔斯克之间的普肖尔河沿岸地区，不过第 5 近卫集团军缺乏机动车辆，还需要好几天才能赶到。

另外，苏军最高统帅部还命令第 69 集团军担负普罗霍罗夫卡到北顿涅茨河一线的防务，第 69 集团军随即将第 48 步兵军部署在北顿涅茨河东岸，从而使瓦杜丁能将原来在北顿涅茨河沿岸的部队调到更为紧张的关键地段。

9 日凌晨，瓦杜丁还对整个方面军范围内进行了全面调整，第 10 坦克军负责在普罗霍罗夫卡地区阻击德军党卫军第 2 装甲军的进攻，第 5 近卫坦克军则从一线撤下来，作为机动预备队，随时根据需要加强防御或者反击德军的侧翼。同时，将大量的坦克、反坦克炮兵和野战炮兵加强给第 1 坦克集团军和第 6 近卫集团军，希望能凭借得到加强后的第 1 坦克集团军、第 6 近卫集团军以及第 69 集团军守住奥博扬到库尔斯克一线的阵地。

7 月 9 日，最关键的一天

虽然苏军在 7 月 8 日发动的反击因为准备仓促协同不利，没能取得预期的效果，但却打乱了德军的进攻节奏。在 7 月 8 日下午，德军第 4 装甲集团军下达的 7 月 9 日作战任务中，已经和之前的作战任务不一样了，明显要稳妥和谨慎。具体来说，党卫军第 2 装甲军的任务不再是奥博扬，而改为先解决左翼苏军的威胁，然后巩固现有战线，稳定住阵脚之后，至 7 月 10 日才开始向普罗霍罗夫卡进攻；第 48 装甲军也不再是强渡普肖尔河，而是先集中力量解决来自佩纳河西岸苏军第 1 坦克集团军的威胁。

按照德军战前的计划，应该在 7 月 8 日就要推进到库尔斯克，但实际情况是连奥博扬都没到达。只有党卫军第 2 装甲军在 7 月 6 日突破了苏军的第二道防线，第 48 装甲军甚至在 7 月 7 日都没能完全突破苏军的第二道防线，这样的进展实在是太迟缓了。在西欧，在苏德战场初期，曾经如疾风扫落叶那样横扫千军如卷席的德军装甲部队，如今在库尔斯克为什么进展如此有限，主要原因一是苏军构筑的大纵深坚固防御体系，二是苏军不断投入预备队实施反击，导致德军不但进展缓慢而且损失很大，特别是经过四天的激战，坦克的损失已经超过了三分之一，而且更严重的是，德军两翼所受到的威胁越来越大，因此迫使第4装甲集团军司令霍特不得不修正了原先快速突进的计划，转而采取更为保守的方案。应该看到，瓦杜丁领导的沃罗涅日方面军的实力远远不及德军的第4装甲集团军，尤其是在最重要的坦克数量上，处在第一线的第6、第7近卫集团军加在一起的坦克数量也不过400辆，仅为德军的四分之一！因此，南线苏军能够将德军最强大的第4装甲集团军进攻迟滞到如此程度，确实相当不容易。

随着党卫军第2装甲军的进攻方向改为普罗霍罗夫卡，可以对苏军第6近卫集团军和第69集团军的结合部展开突击，也可以配合肯普夫战役集群合击普罗霍罗夫卡，但这要取决于肯普夫战役集群的推进速度，不过看来肯普夫战役集群的进展并不令人满意。

在7月9日，党卫军第2装甲军自己的情况也不容乐观，第1“阿道夫·希特勒警卫旗队”师还能投入战斗的坦克只剩下了57辆，其中IV号坦克40辆，III号坦克10辆，指挥坦克6辆，最具威力的“虎”式坦克只有1辆。所以7月9日，支援步兵进攻的重任就落在了还有20辆突击炮的党卫军第1突击炮营身上，由第1突击炮营和1个工兵连一起为进攻索洛京卡河地区的第1装甲掷弹兵团提供直接支援。由于当天德国空军主要负责支援第48装甲军的进攻，所以党卫军第2装甲军只能得到最低限度的空中支援。

上午10时许，准备展开进攻的党卫军第1装甲掷弹兵团、突击炮营和工兵连在大马亚奇基以北的一条大河谷里集结完毕，这条河谷直通雷利斯基村，这正是今天德军的第一个目标。

12时，德军在炮火掩护下开始进攻，出乎意料的是，德军的进攻却几乎没有遭到像样的抵抗，只有来自纵深的苏军零星炮火，因此德军很顺利地就拿下了雷利斯基村，接着又是没有经过战斗就轻松占领了苏霍索洛京诺村，显然苏军是主动放弃了这

▲ 德军第13重装甲连的一辆“虎”式坦克。

▲ 7 月 9—12 日的战线变化。

两处村落。而且根据德军侦察兵的报告，苏军炸毁了苏霍索洛京诺附近的桥梁，在索洛京卡河东岸已经再没有苏军的踪影，很明显苏军已经退过索洛京卡河，收缩到索洛京卡河西岸，以加强防御。所以，第 1“阿道夫 · 希特勒警卫旗队”师在 7 月 9 日的进攻十分顺利，全天也只有 12 人阵亡，34 人负伤，2 人失踪，损失轻微。

第 2“帝国”师所在的地段，从天亮开始就不断遭到苏军飞机的轰炸和扫射，人员、车辆和重武器都有一定损失。上午 10 时，苏军 T–34 坦克向加里宁一线的德军“元首”团阵地发动了反击，但被德军精心伪装的反坦克炮火力击退。在“德意志”团据守的捷捷列维诺，苏军展开了坦克和步兵的协同进攻，在德军高射炮、迫击炮、反坦克炮等各种炮火的拦阻射击下，损失很大，只有少数几辆 T–34 坦克冲进了捷捷列维诺，但因为没有步兵跟随，无法进行村落巷战，也只好又撤出捷捷列维诺。没有任何装甲单位支援的第 2“帝国”师掷弹兵部队能够击退苏军大量坦克发动的反击，重要原因是第 2“帝国”师拥有强大的反坦克炮力量。7 月 9 日当天,第 2“帝国”师总共拥有 31 门 50 毫米反坦克炮、18 门 75 毫米反坦克炮，以及 8 辆装备缴获的苏制 76.2 毫米炮的自行反坦克炮，反坦克炮的数量甚至超过了第 1“阿道夫·希特勒警卫旗队”师和第 3“骷髅”师的总和。

党卫军第 3“骷髅”师在 9 日上午将防务全部移交给第 167 步兵师之后，全力向北，强渡普罗霍罗夫卡以西的普肖尔河，随即以党卫军第 3 装甲团 2 营、“骷髅”团 1 营和党卫军第 3 炮兵团 4 营组成一个战斗群一路向北，直取韦肖雷。同样没有遭到任何像样的抵抗就到达韦肖雷，战斗群便派出一支侦察分队渡过索洛京卡河，于 14 时过后和第 48 装甲军第 11 装甲师建立了联系。而战斗群主力则继续向科切托夫卡前进，途中击退了苏军第 237 坦克旅的反击后，沿着一条隐蔽的小河谷冲入了科切托夫卡，防守科切托夫卡的苏军猝不及防，很快就被德军逐出了科切托夫卡。

就在科切托夫卡战斗的同时,“骷髅”团 2 营、3 营径直冲向普肖尔河，但是渡过普肖尔河时天色已晚,“骷髅”团团长鲍姆不敢贸然进行夜战，只好命令已经渡过河的部队又撤回南岸。

▲ 7 月 9 日,“大德意志”师在攻占上佩尼耶后准备继续进攻。

“骷髅”师最后出发的“艾克”团也进抵普肖

▲7月9日，在上佩尼耶附近的“大德意志”师装甲部队。

尔河南岸，一路上除了遭到德国空军的“误击”外，几乎没遭到过什么抵抗，但在渡河时却遭到了苏军猛烈阻击，几次强渡都被苏军击退。虽然天色已黑，但苏军早就精确标定了射击诸元，所以即便是在夜间，炮击还是相当准确。

当天“骷髅”师所遇到的战斗，比其他两个师更为激烈，但损失却并不大，只有19人阵亡，67人受伤，5人失踪，坦克也只损失了17辆，而且其中还有相当部分是可以修复的。

第48装甲军7月9日的任务相当艰巨，不但要强渡佩纳河，还要再向北推进8千米，围歼佩纳河弯曲部的苏军——谈何容易啊，霍特也深知这一任务的困难，所以才要求德国空军全力支援第48装甲军的行动。但在9日上午，“大德意志”师却不知什么原因没能按时抵达出发位置，也就无法按时发起进攻，而“大德意志”师居然还没有将这一情况报告48装甲军，结果第11装甲师以为自己的侧翼是由“大德意志”师掩护，所以大胆推进，却遭到了苏军猛烈攻击，攻势不得不停顿。

下午，第48装甲军军长克诺贝尔斯多夫上将改变了原定计划，以第11装甲师担负主攻，将配属48装甲军的炮兵和掩护的空军都调给了在奥博扬公路以东进攻的第11装甲师，而以“大德意志”师转而进攻上佩尼耶作为助攻。

第11装甲师的第15装甲团遭到了苏军SU–152（也可能是SU–122）自行火炮的阻击，因此进展不利，而装甲掷弹兵则进展顺利，先后拿下了波克罗夫斯基、红波利亚纳村、别列格沃伊村和苏获索洛京诺。此时因为苏军主动放弃了上佩尼耶，“大德意志”师的装甲掷弹兵和第3装甲师的第6装甲团也赶了上来，协同第11装甲师的15装甲团开始迅猛推进，并在德国空军的大力支援下击退

▲德军的牵引反坦克炮车队。

苏军的抵抗，在天黑前到达了 244.8 高地。

“大德意志”师的第 10 装甲旅、装甲团、燧发枪团、突击炮营和侦察营穿过上佩尼耶继续北进，在 14 时左右到达了新谢洛夫卡以北约 4 千米，距离奥博扬还不到 20 千米！但此时空中和地面侦察都发现有大量苏军坦克——这正是兼程赶来的苏军第 10 坦克军——正在向奥博扬公路赶来，48 装甲军军长意识到这支苏军部队对整个 48 装甲军侧翼的严重威胁，不得不命令“大德意志”师停止北进，就地在上佩尼耶以西、西北占领阵地展开防御，以切实掩护 48 装甲军的侧翼安全。

在 48 装甲军的三个装甲师中，第 3 装甲师的表现最为糟糕，一上午都没能渡过佩纳河，直到中午前才完全占领了卢汉尼诺村，这才开始通过村中的桥梁渡河。渡过河之后却遭遇了暴雨，导致路面泥泞难行，加上雷区和苏军的炮火阻击，第 6 装甲团赶到上佩尼耶时只有 42 辆坦克，不过正好为“大德意志”师的装甲掷弹兵及时提供了可贵的坦克直接支援。鉴于第 3 装甲师的进展太过迟缓，48 装甲军军长克诺贝尔斯多夫特意赶到第 3 装甲师师部亲自坐镇督战。

肯普夫战役集群的第 3 装甲军在 7 月 9 日凌晨以第 6 装甲师的装甲营为核心力量，加强 2 个炮兵营，组成了北方战斗群，并由第 3 装甲师师长许纳斯多夫中将亲自指挥，首先突破在远伊古缅卡至梅利霍沃之间的苏军防线，占领梅利霍沃以北的 230.5 高地，歼灭远伊古缅卡地区的苏军坦克部队，得手后再转兵西进，直取希申诺，与顿涅茨河一线的第 168 步兵师对顿涅茨河东岸苏军形成合围。同时以第 19 装甲师组成南方战斗群，由第 19 装甲师师长加米特中将指挥，负责占领远伊古缅卡。

进攻开始前，德军为进攻部队运送弹药的补给车队被苏军发现，随即遭到苏军猛烈的炮火轰击，损失惨重，并且导致进攻被推迟。直到 14 时过后，北方战斗群才拿下了第一个目标梅利霍沃以北的 230.5 高地，但再向北就遭到了苏军极为猛烈的炮火拦截，因此不得不撤回高地。在经过短暂休整后，北方战斗群按计划转向西进，同时第 168 步兵师也开始向顿涅茨河推进。北方战斗群在希申诺以南遭遇了少数苏军坦克，这其实是苏军掩护主力撤退的后卫，在察觉德军有合围顿涅茨河东岸苏军的企图后，苏军主力已经开始有序后撤了。北方战斗群始终被苏军少数的后卫部队所牵制，而第 168 步兵师的推进速度迟缓，眼看苏军主力就要跳出合围。德军南方集团军群司令曼施坦因便要求肯普夫战役集群立即用炮火封锁苏军主力后撤的退路，但是肯普夫战役集群实力较弱，坦克和步兵都不足，炮弹存量也很有限，因此肯普夫要求由空军用轰炸来阻断苏军的退路，不过当时德国空军正全力为第 48 装甲军提供空中支援，根本抽不出飞机来执行这一任务。最后这一封闭退路的任务还是由肯普夫战役集群羸弱的炮兵来承担，自然无法达到预期效果。等到第 168 步兵师在黄昏前赶到远伊

▲ 被击毁的德军“豹”式坦克残骸。

古缅卡时，苏军主力已经撤走，被合围的只有少数后卫部队。

至 9 日天黑时，第 3 装甲军虽然按计划完成了对顿涅茨河东岸地区的合围，但却没能实现消灭苏军主力的任务，在这一地区的苏军第 7 近卫集团军主力成功跳出了德军的合围，在稍事休整之后，又在第 3 装甲军的前进道路上重新展开防御。更严重的是，第 3 装甲军进展依然太慢，还是没有跟上党卫军第 2 装甲军的推进，导致党卫军第 2 装甲军的侧翼得不到应有的掩护。

纵观 7 月 9 日全天的战况，德军还是取得了一定进展，推进了 6—8 千米，占领了苏军第二道防线上的重要据点——上佩尼耶和苏霍索洛京诺，党卫军第 2 装甲军更是击退了索洛京卡河地区的苏军第 31 坦克军，为下一步向普罗霍罗夫卡推进创造了有利条件。党卫军第 3“骷髅”师占领了普肖尔河南岸的红十月村，虽然没能在北岸夺取一个桥头堡，也应该是不错的进展了。第 48 装甲军虽然没能围歼佩纳河弯曲部的苏军，但也已经控制了这一地区的多处要点，进展也还说得过去。当天德军最大的问题是，居然没能真正围歼任何一支苏军营以上规模的部队，苏军主力一直就是战斗，然后撤退，短暂整顿后继续战斗，也就是说德军始终没能真正干净利落地突破苏军第二道防线。而为了取得这一非常有限的战果，德军却付出了惨重的代价，尤其是宝贵的坦克损失很大，第 48 装甲军还能投入战斗的坦克和突击炮只剩下 132 辆——仅相当于战役开始时坦克和突击炮总数的 17.5%，换言之，装甲实力的折损已经超过了五分之四！因此，曼施坦因不得不向希特勒提出调动第 24 装甲军投入作战的请求，而第 24 装甲军还能投入战斗的坦克也不过区区 147 辆而已。所以，战局对于德军来说，丝毫不容乐观，甚至可以说已经越来越严峻了。

第八章　普罗霍罗夫卡坦克战

曼施坦因和霍特的矛盾

从7月4日的前哨战，到7月5日正式开始全面总攻，连续数日的激战过后，至7月9日，对于德军来说，整个库尔斯克南线的局势已经并不乐观了。尽管至7月9日日落时分，战场上的情况看上去还不那么糟糕。党卫军第2装甲军的第3“骷髅”师攻到了普肖尔河沿岸，并攻占了红十月村；党卫军第1“阿道夫·希特勒警卫旗队”师已经渡过了索罗挺卡河，并与第48装甲军的第11装甲师建立了可靠的联系；党卫军第2“帝国”师则在第167步兵师的配合下击退了苏军第2坦克军、第5近卫坦克军发起的多次反击。不过第1“警卫旗队”师和第11装甲师的攻势在科切托夫卡一线被苏军第10坦克军死死挡住。在第48装甲军的进攻方向，除了第11装甲师占领了260.8高地，并打通了和党卫军第1“警卫旗队”师的联系，并肩向北进攻之外，“大德意志”师和第3装甲师都由于苏军的顽强抵抗而难有进展。因此第48装甲军军长克诺贝尔斯多夫只好命令“大德意志”师改变进攻方向，来了个向左旋转，协同第3装甲师先消灭左翼的苏军，再调头北上。但是这样一来，就使“大德意志”师陷入了与苏军第6坦克军和第90近卫步兵师的苦战之中，短时间里难以抽身。苏军乘机利用这个千载难遇的绝好机会，迅速向右翼（也就是德军的左翼）调集部队，不断组织反击，将“大德意志”师和第3装甲师牢牢缠住，使其再也无法向预定的主攻方向奥博扬进攻。

实力相对更弱的肯普夫战役集群自然更难以突破苏军的防线，不但无法跟上第4装甲集团军的进攻脚步，而且也没能阻止苏军两支强大的坦克部队第1坦克集团军和第5近卫坦克集团军的会合，显然苏军这两支装甲洪流汇聚到了一起，一旦发起反攻，对于德军而言无疑将是灾难性的。但最终德军还是未能实现9日的预定计划，尽管

▲ 南线德军突破了苏军第一道防线，但形势并不容乐观。

▲ 德军第 4 装甲集团军司令霍特。

德军在当天最后一轮进攻中，也确实一度突破了苏军的防线，甚至有少数部队已经进抵奥博扬外围，距离库尔斯克只有一步之遥，但即便拼尽了全力进攻，也只不过将苏军向北逼退了 6—8 千米，还是没能全面突破苏军防线。当天的战斗相当激烈，德军付出了很大代价，损失了近 300 辆坦克和突击炮。

当天深夜，德军南方集团军群司令曼施坦因和第 4 装甲集团军司令霍特通过无线电对战局进行了讨论，虽然曼施坦因基本认可霍特对战局的判断和 7 月 10 日的作战企图，但他对肯普夫战役集群的第 3 装甲军进展缓慢以及顿涅茨河东岸实力强大的苏军所形成的威胁，表示了深深的担忧。因此他要求霍特抽调一个装甲师转隶给肯普夫战役集群，以加强肯普夫战役集群的突击力。霍特本来进攻部队就已经捉襟见肘，更没有充裕的预备队，从战役打响以来就一直深受兵力不足的困扰，再要抽调出一个装甲师，对霍特而言，无异于割他身上的肉。于是霍特立即提出，可以先集中力量攻占普罗霍罗夫卡，然后再以党卫军第 2 装甲军调头南下，攻击肯普夫战役集群正面苏军的后背，从而形成两面夹击之势，击破肯普夫战役集群正面苏军。但是霍特的这个反建议没能说服曼施坦因，最终南方集团军群还是以命令的形式要求第 4 装甲集团军抽调一个装甲师南渡北顿涅茨河，向南攻击，并转归肯普夫战役集群指挥。

对于这个命令，霍特自然是满心的不情不愿。虽然无法直接拒绝命令，但古今中外历来都是上有政策下有对策，霍特立即报告曼施坦因，在接到集团军群下达的这个命令之前，第 4 装甲集团军已经下达了 7 月 10 日的进攻命令，所属各装甲师都已经开始根据集团军的进攻命令着手进行准备，如果再执行集团军群的命令，势必会给下属部队造成混乱。曼施坦因见霍特的进攻命令已经下达，再要抽调一个装甲师改变进攻方向，确实会给部队带来负面影响，因此也就没再坚持。这样，肯普夫战役集群就只能依靠自己的力量来击破当面苏军的防线，尽快赶上第 4 装甲集团军的进攻脚步。

霍特在 7 月 9 日晚匆忙发布的第 4 装甲集团军第 5 号作战命令的主要内容是：

第 4 装甲集团军将向东北方向发动进攻，以合围佩纳河弯曲部的苏军，进一步打开局面，为下一步继续向东北方向的进攻创造条件。因此第 167 步兵师要全面接过党卫军第 3“骷髅”师的防区，以便第 3“骷髅”师腾出手来全力投入进攻；党卫军第 2 装甲军进攻普罗霍罗夫卡西南地区的苏军，迫使其向东撤退，随后占领普罗霍罗夫卡西北普肖尔河两岸的高地；第 48 装甲军应在侧翼得到切实掩护的情况下，歼灭佩纳河西岸的苏军，为此第48装甲军应继续从新谢洛夫卡朗西南包抄苏军侧后，并在伊林斯基至布佩一线的普肖尔河沿岸进行侦察；第52军继续坚守现有阵地，并做好在阿列克谢耶夫卡至扎维多夫卡地段强渡普肖尔河的准备，在7月10日必须抓住一切机会组织强渡。

从霍特向所属部队下达的这份命令中可以看出，他对苏军已经抵达战场的新锐生力军——实力雄厚的第5近卫坦克集团军的情况是一无所知的，这就为后来的坦克大决战埋下了伏笔。

党卫军装甲军的进攻

根据第4装甲集团军的作战计划，党卫军第2装甲军于7月10日恢复了向普罗霍罗夫卡方向的进攻，所以尽管真正的普罗霍罗夫卡坦克大决战要到7月12日才爆发，但通常将7月10日的战斗就已经视作是这场库尔斯克战役乃至整个第二次世界大战中最大规模坦克战的序幕。

7月9日晚，苏军重新调整了防御部署，第6坦克军和第90近卫步兵师沿佩纳河布防，构成了第1坦克集团军的右翼；第3机械化军、第5近卫坦克军和第309步兵师沿奥博扬公路布防，构成第1坦克集团军防线的中段；第31坦克军、第309步兵师和第51近卫步兵师组成第1坦克集团军的左翼；第10坦克军、第184步兵师和第204步兵师则作为第1坦克集团军的预备队，随时准备填补防线上出现的缺口。瓦杜丁在奥博扬至普肖尔河之间的防线上展开了第1坦克集团军约300辆坦克和自行火炮，实力相当雄厚，全力迎击德军在7月10日发动的进攻。

在党卫军第2装甲军的三个师里，第3“骷髅”师是最早发起进攻的。第3“骷髅”师的任务是强渡普肖尔河，不但要在普肖尔河北岸建立牢固的桥头堡，占领制高点226.6高地，而且还要继续向前推进，切断普罗霍罗夫卡至卡尔塔谢夫卡的公路。

但在第一步的强渡普肖尔河时，第3“骷髅”师就遇到了

▲ 集结中的德军党卫军第3“骷髅”师部队。

麻烦。首先天亮前的一场大雨使得道路泥泞难行，导致运送炮弹的补给车队无法按时到位，负责为进攻提供炮火支援的炮兵部队缺乏足够的炮弹，因而对炮火支援任务产生了很大影响。地形上，普肖尔河北岸高南岸低，再加上天亮后湿度很大，雾气弥漫，德军的炮兵观察员根本看不到炮弹的落点，无法进行炮火校正。德国空军也因天气影响，只出动寥寥几架飞机提供空中支援。但是苏联空军却极为活跃，从半夜到天亮，不断对德军进行空袭，第3“骷髅”师因此蒙受了一些装备和人员损失。这些因素综合在一起，第3“骷髅”师的两个装甲掷弹兵团虽然渡过了普肖尔河，也夺取了河上的小桥，但是在北岸却遭到了苏军的顽强抵抗，被压制在河岸附近，直到中午过后都难以向纵深发展。就在第3“骷髅”师师长普里斯束手无策心灰意懒，觉得已经无法完成当天在普肖尔河北岸建立牢固的桥头堡的预定计划时，天空突然放晴，弥漫的雾气随即被阳光驱散，德军炮兵观察员兴奋地报告视野清晰，能够清楚地看到北岸苏军阵地，而且这时炮弹也到位了，德国空军也增加了空中支援的架次和强度。第3“骷髅”师全师炮火终于可以全力开火，还有空军的强力支援，两个装甲掷弹兵团的推进这才开始有了起色。至晚上21时，两个装甲掷弹兵团的桥头堡连成一气，225.6高地以南地区全部被德军控制，在普肖尔河北岸牢固的桥头堡终于建立起来了，普里斯这才长出了一口气。为了实现这个目标，第3“骷髅”师也是付出了很大代价，从7月9日晚20时到7月10日晚20时，24小时里总共有77人阵亡，292人受伤，5人失踪，伤亡总数高达374人，这是第3“骷髅”师开战以来单日伤亡最大的一天。

原计划“骷髅”师的第3装甲团要在装甲掷弹兵团建立了桥头堡后，从配属的工兵搭建起的浮桥上过河，一路冲向普罗霍罗夫卡至卡尔塔谢夫卡的公路。第3装甲团按时赶到了河边，但负责架设浮桥的第680特种工兵团却因为遭到苏军空袭，没能按时到达，所以第3装甲团只能在河边“望河兴叹”。不过他们也没闲着，利用这一天的空闲，抓紧抢修在之前战斗中受损的坦克，到了晚上，第3“骷髅”师能够投入作战的坦克数量上升到78辆坦克（其中2辆“虎”式）、21辆突击炮，从数量上看，要比党卫军第1“警卫旗队”师多，但是第3“骷髅”师

▲ 正在向苏军进行炮击的德军炮兵。

的坦克60%是性能已经落伍的III号坦克，而第1“警卫旗队”师60%的坦克都是比较先进的IV号坦克，所以要论实际的战斗力，还是第1“警卫旗队”师要更强一些。

党卫军第1“阿道夫·希特勒警卫旗队”师7月10日的任务就是从正面强攻普罗霍罗夫卡，师长维斯给党卫军第2装甲掷弹兵团加强了突击炮营、“虎”式装甲连（还剩4辆“虎”式坦克）、高炮连和工兵连，作为正面主攻；以1个坦克歼击炮连加强给党卫军第1侦察营，在第2装甲掷弹兵团突破后，从国营共青团员农场迂回，穿过国营红十月农场，占领252.4高地，切实掩护第2装甲掷弹兵团的侧翼；党卫军第1装甲团则是在第2装甲掷弹兵团后面跟进，负责扩张战果；党卫军第1装甲掷弹兵团则是负责在第2装甲掷弹兵团和第1装甲团向前推进之后，控制新占领的地区。

由于炮兵和空军都不能按时到位，原定8时开始的进攻推迟到了12时45分。德军在克服了苏军小波坦克的反击后，一路推进。15时许，党卫军第2装甲掷弹兵团和第1侦察营都到达了246.1高地，这是苏军防线的核心阵地，苏军第183步兵师第285团在此据守，并构筑有坚固工事，在高地四周都有雷区和反坦克壕，而且苏军迫击炮和轻重机枪火力配系完备，因此德军的进攻接连受挫。

德军这才将第9独立重装甲连的“虎”式坦克调上来，此时9连的“虎”式坦克已经折损三分之二，只剩下4辆了。9连将4辆“虎”式坦克分为两组，每组两辆，采取一辆前行，一辆在后掩护的交替掩护前行战术，对发现的苏军坦克和火力点进行精确攻击。尽管苏军坦克都是隐蔽在精心构筑和伪装的工事里，只露出炮塔，一般情况下很难发现，但只要一开火，就还是暴露了位置，随即就被德军“虎”式坦克点名清除。苏军坦克和反坦克炮对装甲厚实的“虎”式来说基本上毫无作用，但被“虎”式的88毫米炮命中那就是灭顶之灾。因此，“虎”式坦克的战果很大，仅仅是9连连长科林的“虎”式就摧毁了苏军9辆坦克和3门反坦克炮。

随着苏军的坦克和火力点被清除和压制，德军的工兵便迅速在雷区开辟出通道，再对反坦克壕沟进行爆破，使得“虎”式坦克能够通过。在“虎”式坦克的引导和支援下，装甲掷弹兵再次恢复了进攻。随即在德军第2装甲掷弹兵团和第1侦察营的

▲ 德军后勤补给车队。

▲ 德军的“虎”式坦克和突击炮。

两面夹击下，246.1 高地终告失守。

不过此时已经 18 时 30 分了，由于天色逐渐变暗，德军也不敢再继续向纵深推进，党卫军第 2 装甲掷弹兵团和第 1 侦察营分别在 246.1 高地的北面和西北面建立防线，转入防御。

党卫军第 2“帝国”师 7 月 10 日几乎没有展开像样的进攻，主力在别尔哥罗德至普罗霍罗夫卡一线等待第 167 步兵师前来接防。但苏军察觉了德军的调动，不时进行炮火袭扰，换防工作一直到 7 月 11 日凌晨才全部完成。德军同时察觉当面苏军调动频繁，明显是在进行大规模的变更部署——那是苏军第 5 近卫坦克军和第 93 近卫步兵师正在接替第 2 坦克军、第 2 近卫坦克军的防务，将这两个军替换下去休整。德军并不清楚苏军大规模调动的意图是什么，只能采取以不变应万变的策略，将第 2 装甲团 2 营布置在战线中央，一面休整一面作为机动预备队，随时准备增援受到进攻的地段。整个第 2“帝国”师只有“德意志”装甲掷弹兵团按计划要在第 1“警卫旗队”师右翼发动佯攻，以配合第 1“阿道夫·希特勒警卫旗队”师的进攻。不过，当天“德意志”装甲掷弹兵团两次遭到了苏军坦克和步兵协同的反击，虽然只是连营规模的反击，也不是强力进攻，仅仅是试探德军防线虚实的威力侦察，但也已经让“德意志”装甲掷弹兵团忙于应付，直到下午 15 时 45 分之后，才由“德意志”团 3 营开始展开进攻，因此就导致第 1“警卫旗队”师在下午的进攻时，右翼几乎是完全暴露的。

7 月 10 日，坦克大战的序幕

第 48 装甲军头号主力“大德意志”师在 7 月 9 日就已经推进到了普肖尔河西南约 10 千米的 244.8 高地，眼看普肖尔河已经近在咫尺，但从 7 月 10 日起，第 48 装甲军的攻击目标就转为攻击佩纳河弯曲部的苏军。因此“大德意志”师 7 月 10 日的进攻方向就不再是东北方向的普肖尔河，而是转而向西，杀向横贯佩纳河弯曲部中央的克鲁格利克至别列佐夫卡的公路，然后沿公路南下，直取上佩尼耶西面的 258.5 高地。

按照第 48 装甲军的计划，第 11 装甲师将在天亮前赶来接替“大德意志”师在 244.8 高地的防务，让“大德意志”师腾出手来全力进攻。但直到天色大亮，“大德意志”师都没等到来接防的第 11 装甲师，反而遭到了苏军营级规模的步坦协同进攻。经过一番战斗，虽然击退了苏军的进攻，但“大德意志”装甲团团长冯·斯特拉赫维茨上校负伤，只得由装甲团 2 营营长瓦尔特·维斯特海姆上尉接替指挥。第 48 装甲军军长冯·克诺贝尔斯多夫上将得知斯特拉赫维茨上校负伤的消息，立即让之前召到军部的第 10 装甲旅旅长卡尔·德克尔上校赶到装甲团重新接过第 10 装甲旅的指挥权——此前第 10 装甲旅的 2 个“豹”式坦克营都划归“大德意志”装甲团直接指挥，所以才把德克尔上校召到军部，等于是架空了德克尔的指挥权，毕竟第 10 装甲旅是外来户。

直到 10 时许，第 11 装甲师才姗姗来迟，接过了 244.8 高地的防务。“大德意志”师随即展开进攻，维斯特海姆上尉率装甲团作为主攻，装甲侦察营和突击炮营负责掩护右翼，“大德意志”燧发枪团在装甲侦察营和突击炮营后面跟进，“大德意志”掷弹兵团 1 营则掩护装甲团的后方。

开始装甲团的推进十分顺利，至中午 12 时左右，装甲团一直推进到卡林诺夫卡才遇到了苏军的反击，双方在卡林诺夫卡附近展开了将近两小时的激战，装甲团才将苏军击退。但从上午就开始的雨势却越来越大，道路在大雨的冲刷下越来越泥泞难行，使德军装甲团的推进速度大受影响。至 15 时才刚刚接近 258.5 高地，这里是苏军第 6 坦克军的核心阵地，所以德军装甲团遭到了苏军坦克和反坦克炮的猛烈阻击，同时德军又发现苏军大约 50 辆坦克从卡林诺夫卡南下，对装甲团的侧后构成了严重威胁。因此“大德意志”师师长瓦尔特·赫恩莱因中将急忙向军长克诺贝尔斯多夫求援，请求他火速命令第 3 装甲师发动进攻，牵制这支突然出现的苏军坦克部队。克诺贝尔斯多夫同意了赫恩莱因的请求，立即命令第 3 装甲师的第 6 装甲团从上佩尼耶出发，强渡佩纳纳河，吸引苏军的注意力。

此时，“大德意志”燧发枪团也赶了上来，保护住了装甲团的后背，使装甲团没有后顾之忧全力投入攻击。很快第 3 装甲师

▲ 7 月 10 日，德军强攻普肖尔河北岸。

的部队也在苏军背后出现，苏军经不住德军两面夹击，被迫后撤，德军“大德意志”装甲团随即于 20 时 45 分占领了 258.5 高地。

这里正好是苏军第 6 坦克军和第 10 坦克军的结合部，如果被德军继续突入，这两个坦克军的联系就会被割裂，从而陷入危险的境地，因此第 6 坦克军几乎倾尽全力展开反击，这场战斗苏军第 6 坦克军损失惨重，全军只剩下 35 辆坦克，损失高达 80%。天黑后，军长格特蔓少将才逐渐收拢起被打散的部队，重新建立防御。

当装甲团在 258.5 高地附近和苏军激战的同时，装甲侦察营和突击炮营沿着一条河谷杀向克鲁格利克，这里是苏军的后勤补给中心，各种辎重车辆进进出出，由于地形遮掩住了德军的进军路线，所以苏军根本就没察觉德军正在逼近，被打了个措手不及，等到发现德军时，距离已经不足 300 米了！情急之下，苏军一辆喀秋莎火箭炮甚至对德军突击炮进行了直瞄射击！德军突击炮营以猛烈炮火扫荡了克鲁格利克村，但是由于没有足够的步兵，无法完全占领村子，加之夜幕逐渐降临，德军只得就地转入防御。不过这一天“大德意志”师在苏军第 6 坦克军的防线上突入了约 10 千米，进展还是很不错。

从 7 月 9 日夜间到 7 月 10 日凌晨，苏军就不断对德军第 3 装甲师据守的瑟尔采沃发起营连为单位的反击，战斗几乎彻夜不停，但到了天亮后苏军的反击却突然毫无征兆地停顿了，原来这是苏军为了保证主力连夜后撤组织的反击，等到第 3 装甲师意识到这一点，当面苏军主力已经顺利北撤了。10 日上午，经历了一整夜战斗的第 3 装甲师不得不就地休整，直到下午接到军长克诺贝尔斯多夫的命令，才以施密特·奥特上校指挥的第 6 装甲团强渡佩纳河，协同“大德意志”师夹击 258.5 高地。这次，第 6 装甲团的行动相当迅速，有力配合了“大德意志”师的进攻，等“大德意志”师占领 258.5 高地后，第 6 装甲团也开始向南推进，但前进了还不到 1 千米，就在托尔斯托耶树林遭到了苏军的反坦克炮伏击，由于苏军的反坦克炮阵地经过精心伪装，德军很难发现苏军反坦克炮阵地的确切位置，只能对树林进行盲目射击。原来计划配合第 6 装甲团行动的第 3 装甲侦察营迟迟没有赶来，没有步兵，光靠坦克对植被茂盛的树林地带进行正面强攻，显然无异于自杀，因此奥特只能命令装甲团后撤，利用地形进行隐蔽，同时对树林

▲ 行进中的德军 III 号突击炮。

▲ 小心翼翼搜索前进的德军。

进行干扰性射击。天黑后在这一地区战斗逐渐平静，除了偶尔的零星交火，基本上再没大规模的战斗。

第 11 装甲师在 7 月 10 日的任务是接替“大德意志”师在 244.8 高地的防务，并掩护奥博扬公路两侧。左翼的第 110 装甲掷弹兵团必须攻占制高点 232.8 高地，并和卡林诺夫卡的“大德意志”师建立可靠的联系；右翼的第 111 装甲掷弹兵团则在 244.8 高地以东布防。当第 11 装甲师师长米克尔少将向军长克诺贝尔斯多夫报告苏军已经放弃了索罗京卡河以西地区之后，克诺贝尔斯多夫立即改变了原定计划，命令第 3 装甲师的第 15 装甲团在支援第 11 装甲侦察营攻占关键的制高点 232.8 高地后，立即转兵东进，将右翼一直扩展到普肖尔河沿岸。

第 11 装甲师随即按照这一修正后的计划开始行动，第 11 装甲侦察营在一个装甲营的直接支援下，经过近三小时的战斗，终于占领了 232.8 高地，然后第 15 装甲团便调头东进，一路上几乎没有遇到苏军像样的抵抗，顺利地抵达了普肖尔河岸边，显然苏军已经放弃了普肖尔河南岸，集中力量坚守普肖尔河北岸。

7 月 10 日中午刚过，德军装甲兵总监古德里安上将就来到了第 48 装甲军军部，这位和隆美尔、曼施坦因并称为第二次世界大战德军三大名将，有着“闪击战之父”美誉的装甲战专家是根据德国陆军总部的指示赶到前线视察，主要就是来查明为什么新型的“豹”式坦克在实战中没有发挥出希特勒所期望的决定性的作用，反而损失惨重的原因——开战五天，200 辆参战的“豹”式坦克就损失了 160 辆，损失率高达 80%。经过实地考察，古德里

▲ 第 11 装甲师的 III 号坦克。

▲ 古德里安视察德军装甲部队。

安认为“豹”式坦克发动机过热引起的机械故障和坦克乘员缺乏训练是造成严重损失最主要的两大原因，因此他强烈建议新组建的“豹”式坦克部队必须进行抢修坦克的训练，同时他认为准备仓促也是造成严重损失的原因，第10装甲旅的两个“豹”式坦克营在开战前的最后时刻才赶到前线，甚至连坦克上的无线电都来不及调试就匆匆投入了战斗，这对于一款刚刚开始装备部队的新型坦克来说，显然是太仓促太草率了。作为坦克战的行家，古德里安还敏锐地发现了“豹”式坦克最突出的优缺点——优点是“豹”式坦克配备的KwK42型70倍径75毫米坦克炮性能相当出色，能够在1 000米距离轻松击穿150毫米厚的装甲。实战中的表现并不比“虎”式坦克的KwK36型56倍径88毫米坦克炮差多少，但是制造工艺要比88毫米炮简单得多，因此制造时间和成本都要节省很多，这对于资源匮乏的德国来说更是难能可贵；缺点是侧面装甲只有40毫米，实在有些单薄，在战斗中成为最为致命的软肋。

7月10日这天，由于德军第4装甲集团军司令霍特坚持围歼佩纳河弯曲部苏军的计划，不愿接受曼施坦因抽调一个装甲师去支援肯普夫战役集群的指示，因此德军在当天的进攻重点还是佩纳河弯曲部，这也导致了肯普夫战役集群还是没能击破当面的苏军，和第4装甲集团军之间的空隙进一步拉大了。霍特认为解决这个问题最好的办法就是让第4装甲集团军继续向普罗霍罗夫卡推进，然后再调头从苏军背后发起进攻，和肯普夫战役集群形成两面夹击之势，当面一举消灭肯普夫战役集群苏军，而不是单纯地抽调部队去增援肯普夫战役集群。

▲ 第 11 装甲师的 IV 号坦克纵队。

同时霍特也深感自己手头的部队捉襟见肘，这也是他对从自己部队中还要抽调一个装甲师去支援肯普夫战役集群的指示深恶痛绝的原因，所以他不但拒绝抽调部队，而且还要求将最后的战役预备队第24装甲军（下辖第23装甲师和党卫军第4“维京”装甲掷弹兵师）配属给自己指挥。他的如意算盘是以第24装甲军向南与肯普夫战役集群形成夹击，而以党卫军第2装甲军全力向奥博扬方向突击。

▲ 正准备发起进攻的德军。

面对战场上的胶着局面，曼施坦因也确实准备动用这支最后的预备队。7月9日，他就命令第24装甲军准备开赴哈尔科夫，加入到肯普夫战役集群的作战序列。但7月10日，他却改变了计划，命令第24装甲军改为开赴哈尔科夫以北地区——那就是准备配属给第4装甲集团军了。至7月12日又再次改变计划，命令第24装甲军在别尔哥罗德以西地区集结。对第24装甲军的集结地段如此反复更改，也说明了曼施坦因的纠结和犹豫，对于兵力紧缺的德军来说，如何使用这样一支最后的预备队，确实也够为难的。不过，最终第24装甲军还是没有能够参战。

▲ 德军装有防磁涂层的“豹”式坦克。

7月10日深夜，霍特下达了第二天也就是7月11日的作战计划，非常简明扼要——党卫军第2装甲军继续肃清并切实占领普肖尔河两岸的高地，第48装甲军则负责歼灭别列佐夫卡地区的苏军部队，为下一步继续北进创造条件。霍特毫不知情的是，苏军已经在党卫军第2装甲军的正面和右翼集结了拥有数百辆坦克组成的强大坦克部队，对于沃罗涅日方面军司令瓦杜丁大将来说，几天来苦苦咬牙坚持并没有白费，苏军强大的反击即将开始！

最担心的事情发生了

▲ 德军肯普夫战役集群司令维尔纳·肯普夫。

从7月5日库尔斯克战役打响，经过五天的激战，到7月10日，南线德军进展最迟缓的就要属肯普夫战役集群了。而位于整个德军战线侧翼的肯普夫战役集群进展不利，就导致主攻的第4装甲集团军侧翼暴露，因此也就不得不分出部分兵力来掩护自己的侧翼，从而影响了整个进攻。这也是让曼施坦因最为不满的，同时也始终担心苏军会利用这个空隙攻击第4装甲集团军的侧翼。所以他在7月10日上午就指示肯普夫战役集群马上着手准备一份战场形势报告，以便第二天（7月11日）他亲自来到肯普夫战役集群司令部时听取详细的汇报。

不过，肯普夫战役集群也不是故意磨洋工，所辖的第3装甲军本来就是南方集团军群三个装甲军里实力最弱的，而且几天来的战斗也付出了很大的代价。第3装甲军的第19装甲师还能作战的坦克数量仅剩下了17辆，该师步兵同样损失惨重，第74装甲掷弹兵团一线战斗人员还不足100人，只相当于一个步兵连！第73装甲掷弹兵团的情况稍好一些，但一线战斗人员的数量也不过只有250人，两个团加在一起还不到平时的一个营！所以肯普夫希望曼施坦因能再调来一个装甲师，将已经几乎丧失了战斗力的第19装甲师替换下去。同时他也在调整部署，将第198步兵师从相对还比较平静的右翼抽出来，接替第7装甲师的防务——眼下第7装甲师还有43辆坦克能够投入作战，是第3装甲军三个装甲师里实力最强的——让第7装甲师腾出手来，全力以赴作为主攻的铁拳。另外，第6装甲师在第19装甲师的配合下，肃清北顿涅茨河东岸的苏军。

▲ 第6装甲师的步兵正穿过一个小村。

但苏军却来了个先下手为强，抢在第6装甲师行动之前，就向梅利霍沃地区发动了反击。苏军这次反击的目标就是这一地区的制高点230.3高地，在猛烈的炮火准备之后，以坦克直接支援步兵发动了强力冲击，攻势相当猛烈，一举就将230.3高地的德军赶了下去，迅速控制了这

▲ 第 503 独立重装甲营的“虎”式坦克正冲入小村。

个关键的核心阵地。随后苏军坦克和步兵组成的战斗群就继续向德军战线纵深推进，直接威胁到梅利霍沃至舍伊诺的公路。一旦这条公路被切断，德军第 6 装甲师的防线就等于是完全被击穿了！为了避免出现这种灾难性的情况，德军第 6 装甲师立即派出了第 11 装甲团（实际只有 2 营）展开逆袭，在梅利霍沃附近接连击毁数辆苏军坦克，击退了苏军，随后再继续支援装甲掷弹兵攻占了什利亚霍沃，总算彻底扭转了不利局面。第 6 装甲师借助装备“虎”式坦克的第 503 独立重装甲营作为开路前锋，攻击力非常强悍，突破了苏军第 305 步兵师和第 89 近卫步兵师的防线，但苏军立即投入了第 81 近卫步兵师，重新稳定住了防线，而第 6 装甲师当天损失的坦克就超过了 30 辆。

德军第 7 装甲师在第 198 步兵师赶来接防后，在第 78 装甲炮兵团的炮火支援下，于 18 时开始向北攻击位于米亚索耶多沃和加里宁纳之间树林地带的苏军，第 198 步兵师也抽调第 326 步兵团参加这次进攻。经过约两小时的战斗，德军突破了苏军在树林边缘地带的防线，但由于苏军在侧翼的猛烈反击，再也无力继续突入。随后第 7 装甲师师长汉斯·冯·丰克中将命令第 25 装甲团 2 营前出到米亚索耶多沃以北约 1 500 米的高地建立防御。

当天第 19 装甲师则以第 73 装甲掷弹兵团支援第 168 步兵师的第 442 掷弹兵团，经过激战后占领了近伊古缅卡。第 19 装甲师的 74 装甲掷弹兵团则攻占了近伊古缅卡和远伊古缅卡之间的波斯特尼科沃和安德烈耶夫斯基两处村落。同时第 19 装甲侦察营深入到苏军战线后方进行侦察，发现苏军防御重点是在基谢列沃和沙耶沃，这两地都部署有重兵。此时第 19 装甲师的实力已经急剧缩水，一线

▲ 第 503 独立重装甲营的“虎”式坦克正在占领射击位置。

▲ 德军步兵在“虎”式坦克的掩护下向前推进。

步兵就是算上侦察营，总共还不到两个营，坦克也仅剩区区 17 辆——连正常情况下一个装甲掷弹兵团的实力都不到！

肯普夫当晚 22 时 30 分向曼施坦因报告，当面 11 个师的苏军已有 2 个师被全歼、3 个师被重创，还有 1 个师被严重削弱，另外还摧毁了 170 辆苏军坦克。但肯普夫战役集群本身也损失惨重，第 19 装甲师实力已经大损，难以继续作战；第 6、第 7 装甲师虽然也有所损失，但还有继续作战的实力。表面上看，在 7 月 10 日的战斗还算有所进展，但苏军有生力量并没有遭到严重损失，被打散后的部队乘夜色重新整顿集结，然后又在第 3 装甲军的进攻路线上组织了新的防线。

而在 7 月 10 日这一天，对于德军来说，真正最担心的事还不是在苏联战场的库尔斯克，而是在西线的欧洲战场。当天凌晨，英美盟军发起了西西里岛登陆战，这是在第二次世界大战期间，英美盟军首次进攻轴心国的国土。更严重的是，地中海战场是轴心国阵营最薄弱的软腹部，一旦盟军从这个方向攻入南欧，将对德军在欧洲战场的侧翼构成巨大威胁，希特勒和德军最高统帅部最为担心的两线作战局面终于出现了！而也正是英美盟军发动的西西里岛登陆战，却直接而深刻地影响到了万里之遥的库尔斯克战场。

霍特还是很乐观的

▲ 为步兵提供支援的 III 号突击炮。

至 7 月 10 日晚上，曾经兵强马壮的第 48 装甲军已经折损过半，配属给“大德意志”师装备“豹”式坦克的第 10 装甲旅只剩下 33 辆，甚至还有资料说只剩下 10 辆。“大德意志”师其他型号的坦克和突击炮能投入作战的也只有 70 辆左右，还不到开

▲ 德军“豹”式坦克在步兵掩护下准备进攻。

战时的 50%；第 11 装甲师还有 63 辆坦克和突击炮，情况稍好一些；第 3 装甲师损失最大，只剩下 34 辆坦克和突击炮，全军还能继续作战的坦克和突击炮数量也就只有 200 辆左右，只相当于开战时的 30%！

只有党卫军第 2 装甲军进抵普肖尔河沿岸，并在科切托夫卡和第 11 装甲师的战线相衔接，这让党卫军第 2 装甲军军长豪塞尔和霍特都很满意和欣慰。虽然整个第 4 装甲集团军人员和装备损失很大，但有很大一部分战损的坦克是可以在战地完成抢修恢复战斗力，而且以党卫军第 2 装甲军为代表，至少每天还有一定的进展。当然，霍特也看到战场上苏军同样也是损失惨重，战场上到处可以看到阵亡者的死尸，以及战损的坦克、火炮等各种装备。虽然德军再也不能像 1941 年那样狂飙突进横扫千军如卷席，但是从战场上就能看出苏军的损失相当大，所以霍特还是对胜利充满了信心。霍特决定第二天也就是 7 月 11 日，以党卫军第 2 装甲军继续向普肖尔河北岸和普罗霍罗夫卡进攻，对于明天的战局，霍特还是比较乐观的，因为他判断经过这几天的战斗，当面苏军的预备队已经消耗殆尽，只需要再来一场强力突击，就能将苏军的防线彻底突破。

但是第 48 装甲军军长克诺贝尔斯多夫克可没有霍特这么乐观，他向霍特报告第 48 装甲军损失已经相当严重，以目前的战斗力，恐怕很难完成预定的作战任务。因此霍特对第 48 装甲军的部队进行了重新编组，还给第 3 装甲师增加了步兵单位。

▲ 严阵以待的苏军。

苏军这一边，由最高统帅部调来的两个坦克集团军已经先后赶到了前线，特别是拥有 593 辆坦克和 37 辆自行火炮的第 5 近卫坦克集团军在 24 小时里兼程急进了 100 多千米，及时赶到了前线，但这样强度的行军迫切需要休整，不可能马上投入战斗，还需要一天时间完成反击的准备，所以瓦杜丁知道还必须至

▲ 德军党卫军第 2 装甲军军长豪塞尔。

少再顶住党卫军第 2 装甲军一天。为此他在 7 月 10 日晚抓紧调整部署，将第 183 步兵师的第 227 步兵团调到斯托罗热沃耶，负责掩护普罗霍罗夫卡南面；将第 5 近卫集团军第 33 近卫步兵军两个师的生力军调到德军主攻方向的普肖尔河北岸和普罗霍罗夫卡地区，其中第 95 近卫步兵师防御普肖尔河弯曲部韦肖雷至波列扎耶夫一线，抗击德军党卫军第 3“骷髅”师的进攻；第 9 近卫空降师防御普罗霍罗夫卡西南的瓦西里耶夫卡至普列列斯特诺耶一线，抗击德军党卫军第 1“警卫旗队”师。不过对于能否顶得住德军最精锐的党卫军进攻，瓦杜丁心里还真没有底。

不过瓦杜丁更看重的是即将开始的大反击，他将第 2 坦克军、第 2 近卫坦克军、第 1 529 重型坦克歼击团、第 148 榴弹炮团、第 522 榴弹炮团、第 93 加农炮团、第 16 近卫火箭炮团、第 80 近卫火箭炮团全部都加强给了第 5 近卫坦克集团军，这样第 5 近卫坦克集团军就成为拥有 4 个坦克军和 1 个机械化军的强大装甲突击力量，坦克和自行火炮的数量超过了 900 辆！瓦杜丁要求第 5 近卫坦克集团军司令罗特米斯特罗夫中将尽快完成部队的集结和战备，于 7 月 12 日和第 1 坦克集团军共同发动一场大规模的反攻。罗特米斯特罗夫计划投入第 18、第 29 坦克军在第 2 坦克军和第 2 近卫坦克军的配合下，实施反攻，而以第 5 近卫机械化军作为集团军的预备队，视战况发展再投入战斗。瓦杜丁和罗特米斯特罗夫都没有想到，这场精心准备的大反攻，却被德军在 11 日的进攻打乱了，最终导致反击演变成了遭遇战。

7 月 11 日，大风暴的前夜

党卫军第 1“阿道夫・希特勒警卫旗队”师的攻击出发阵地在北捷捷列维诺村，这里向北 5 千米就是普肖尔河，沿着河岸就是一连串的小村落，而移民新村开始从别尔哥罗德至普罗霍罗夫卡的铁路就从这里由原来的南北走向突然改为东北西南走向。沿着铁路线就能一直到达普罗霍罗夫卡，途中有 241.6 高地和 252.2 高地。在铁路到普肖尔河之间的地区就是被称为“普罗霍罗夫卡走廊”的地带，在这片走廊地带横亘着不少河谷和树林，而在靠近普罗霍罗夫卡城区的十月国营农场已经被彻底改造成了坚固的防御支撑点。虽然是叫“走廊”，但这里并不太适合大规模的坦克集群行动，反而是易守难攻的地形，除了“走廊”地带并不是一马平川的广阔平原，而是有很多河谷树林之外，整个地形也比较狭窄，进攻方无法展开更多的部队，最多只能同时投入一个师，相反防御方却可以利用地形构筑大纵深的防御工事，将进攻方的突击力量逐次消耗殆尽。

▲ 伴随“虎”式坦克进攻的德军步兵。

第 1“阿道夫 · 希特勒警卫旗队”师师长维斯计划以党卫军第 2 装甲掷弹兵团 1 营加强一个工兵连正面强攻 252.2 高地，作为佯攻吸引苏军注意；同时以第 2 装甲掷弹兵团 2 营在突击炮营和“虎”式装甲连的支援下从高地的西北方向发起主攻。另外，党卫军第 1 装甲掷弹兵团则负责肃清移民新村东北面树林中的苏军；党卫军第 1 装甲团和装备半履带车的第 2 装甲掷弹兵团 3 营组成战斗群，先在北捷捷列维诺村附近集结待命，等装甲掷弹兵在苏军防线上撕开足够宽的突破口后，再从突破口进入战斗；党卫军第 1 炮兵团和第 55 火箭炮团负责提供炮火支援。本来德国空军也将全力进行空中支援，但由于天气恶劣，空中支援的效果大受影响。

在第 1“警卫旗队”师进攻路线上负责防御的是苏军第 287 近卫步兵团和第 9 近卫空降师，其中第 287 近卫步兵团守备第一线，得到第 301 反坦克炮兵团加强的第 9 近卫空降师守备二线的主阵地。第 9 近卫空降师的师、团两级防御部署也全都是采取两线配置，以增加防御纵深和弹性。师的一线为第 26、第 28 近卫空降兵团，第二线为第 23 近卫空降兵团。其中第 26 团负责守备十月国营农场西南到普罗霍罗夫卡西南的卢托沃村和 252.2 高地，28 团负责守备普列列斯特诺耶至卢托沃村之间约 7 千米地段，23 团则位于二线的普罗霍罗夫卡北面至卡尔塔谢夫卡公路和 252.4 高地。苏军第 9 近卫空降兵师配属的炮兵非常强大，总共有约 100 门火炮（其中 50 门是 76 毫米炮和 122 毫米炮）和 170 门迫击炮。

▲ 德军党卫军第 1 突击炮营的突击炮。

天亮前的大雨导致道路泥泞难行，炮兵部队无法及时到

▲ 被“虎”式坦克击中炸飞炮塔的苏军 T-34 坦克。

位，师长维斯只好把攻击时间推迟到 7 时。但是德军第 2 装甲掷弹兵团 1 营和 2 营的进攻刚一开始就遭到了苏军炮火的猛烈轰击，直到 8 时 30 分都难以前进。这时天空放晴，维斯赶紧联系空军请求空中支援。随后在空中支援和地面炮兵的炮火掩护下，第 2 装甲掷弹兵团 1 营突破苏军在右翼的第 183 步兵师第 227 步兵团防线，开始进攻 252.2 高地，但却在高地前遇到了大面积雷区，德军工兵冒着密集的火力在雷区中开辟通道，因此进攻的速度大大放慢了。

几乎同时，第 2 装甲掷弹兵团 2 营在“虎”式坦克和突击炮的支援下从高地的西北面发动了进攻，尽管苏军拥有大量的反坦克炮，但对于“虎”式坦克坚固的装甲防护，几乎毫无作用。2 营正是在“虎”式坦克的直接支援下在苏军 287 近卫步兵团的防线上撕开了突破口，等待了许久的装甲战斗群这才从突破口进入战斗，但再向纵深推进没多久就遇到了又宽又深的反坦克壕，苏军的炮火和坦克乘机对被反坦克壕阻挡的德军装甲部队进行了猛烈攻击，使德军遭到了很大伤亡。直到 14 时 30 分，才通过了雷区和反坦克壕，攻到了 252.2 高地。清除了障碍，又得到空军的大力支援，德军强攻的威力终于体现出来了，15 时过后，德军终于占领了十月国营农场和 252.2 高地。

还没等德军站稳脚跟，苏军第 2 坦克军的第 99 坦克旅就从“普罗霍罗夫卡走廊”发起了反击，双方随即展开了激战，直到夜幕降临，苏军反击才被击退，但零星的炮击仍在持续。德军虽然占领了关键的 252.2 高地，但由于紧接着就忙于应付苏军的反击，也就无法再继续发展进攻，入夜后只好在这一线转入防御。

▲ 陷入泥潭无法动弹的德军坦克。

党卫军第 2“帝国”师当天主要任务是和第 167 步兵师换防，

所以基本没有大规模的进攻行动。原来在加里宁以南的“元首”团中午前就完成了换防，随即北上前往新斯托罗热沃耶，接替“德意志”团的防区，以便让“德意志”团能够向普罗霍罗夫卡全力进攻。下午15时，“德意志”团2营首先开始进攻，但推进了不久，就在斯托罗热沃耶以北和反击的苏军迎头相遇，经过苦战虽然击退了苏军的反击，但2营也遇到了苏军越来越顽强的抗击，再也无力继续推进了。“帝国”师的装甲团和突击炮营则在“元首”团后方休整待机，此时整个“帝国”师能够投入战斗的只有61辆坦克（其中“虎”式坦克只有1辆）和27辆突击炮，好在“帝国”师的炮兵力量一直比较雄厚，此时还有46门牵引式反坦克炮和12辆自行反坦克炮。

由于为党卫军第3“骷髅”师架设浮桥的第680特种工兵团7月10日夜间都没能到位，“骷髅”师师长莫里斯估计上午9时前装甲团根本无法过河，所以上午也就很难发动有效的攻势，不免有些忧心忡忡。但他没想到，天色刚亮，苏军就先发制人发起了攻击，先是以一个步兵连进行威力侦察，接着就是步兵营在坦克掩护下的反击。尽管炮弹已经所剩不多，“骷髅”师的炮兵还是猛烈开火，以凶猛的火力将苏军的攻势粉碎。“骷髅”团2营随即展开反冲击，于10时30分占领了苏军反击的出发阵地——克列奇西北800米处的旧兵营。

前线有所进展，但后方却已经乱成了一锅粥，各种车辆都深陷在泥泞中难以开行，所有人都在为了将车辆拖出泥潭而竭尽全力，整个后方地域都是一片混乱。苏军也发现了德军的困境，乘机以远程炮火和空军进行火力打击，“骷髅”师第3防空营拼尽全力才让挣扎在泥泞中的部队没有遭到更大损失。

莫里斯很快就发现了更为严重的状况，在普肖尔河南岸渡口的屏障瓦西里耶夫村附近设防的只有“艾克”团1营区区一个营的兵力，而且这里和第1“警卫旗队”师的防区之间还存在着约3千米的缺口没有衔接起来，苏军的坦克和步兵正在瓦西里耶夫村活动频繁，显然是准备夺取渡口，将“骷髅”师截为两段。但莫里斯手上实在没有部队可以增援这个关键的咽喉要地——“艾克”团1营、2营都在普肖尔河北岸，“骷髅”团1营和3营都在左翼，所以他只好给“艾克”团1营增强炮兵力量，增派党卫军第3炮兵团3营和火箭炮营，还将88毫米高射炮也调到“艾克”团1营阵地的后方，以增强反坦克火力。为

▲ 德军反坦克炮组的绘画作品。

▲ 搭乘突击炮的德军步兵。

了消除苏军对渡口的威胁，“艾克”团1营于14时向瓦西里耶夫村发动进攻，德军火箭炮营对瓦西里耶夫村猛烈开火，小村里的房屋纷纷起火，全村成为一片火海。“艾克”团1营在炮火掩护下突入瓦西里耶夫村，但立即遭到了苏军第99坦克旅的步坦协同反击，炮兵观察员赶紧召唤炮火支援，第3炮兵团3营的150毫米榴弹炮向瓦西里耶夫村连连开火，这才将苏军反击压制下去，但仍无力将苏军完全逐出村子。莫里斯便命令正在渡口附近等待渡河的党卫军第3装甲团1营配合“艾克”团1营进攻，16时第3装甲团1营赶到瓦西里耶夫村投入攻击，德军装甲部队的威力确实非常强悍，半小时后就将苏军坦克全部逐出瓦西里耶夫村。但是苏军的步兵依然还在村子里坚持，“艾克”团1营只占领了瓦西里耶夫村的西半部，始终无力彻底肃清东半部的村落。这时，德军空中侦察又发现苏军大量步兵和坦克正在瓦西里耶夫村东面的安德烈耶夫卡村集结，因此原来炮击瓦西里耶夫村的德军炮兵全部调转炮口猛轰安德烈耶夫卡村，迫使苏军撤出安德烈耶夫卡村。

17时，姗姗来迟的第680特种工兵团终于在普肖尔河上架起了承重60吨的大型浮桥，这就使得“虎”式坦克能够渡河了。但此时天色已暗，只有少量坦克渡过河，加上由于河岸附近都是泥泞地带，补给车辆难以前行，无法运送足够的弹药和燃料，夜战显然不太现实，因此莫里斯只能无奈地报告党卫军第2装甲军军长豪塞尔，“骷髅”师在普肖尔河北岸的进攻将推迟到7月12日开始。豪塞尔立即命令“骷髅”师在第二天（即7月12日）的作战任务是装甲团渡过普肖尔河，在空军掩护下从北岸桥头堡出击，切断苏军后方最重要的交通线卡尔塔谢夫卡至普罗霍罗夫卡的公路，然后转向东南，从侧后进攻普罗霍罗夫卡。

当天“骷髅”师阵亡75人，负伤355人，总共伤亡430人，是“骷髅”师在整个库尔斯克战役中单日伤亡最大的一天。如此大的代价，却没能扩大北岸的桥头堡，而只不过是巩固了渡口的稳定。不过，“骷髅”师的装甲部队没有参加大规模作战，加上修复的战损坦克，至7月11日20时，已经是党卫军第2装甲军三个装甲师中坦克数量最多的一个师——全师总共还有94辆坦克（其中10辆“虎”式坦克）和21辆突击炮。

别列佐夫卡村战斗

▲ 德军“斯图卡”俯冲轰炸机群。

7月11日7时45分，德国空军的Ju–87“斯图卡”俯冲轰炸机按照预先的协同计划准时出现在237.6高地，随即地面炮兵也开始炮火准备，在强大的火力掩护下，德军第48装甲军“大德意志”师的工兵迅速在高地前的雷区排雷开辟通道。8时，正如德国人一贯的精准传统，“大德意志”师的燧发枪团在装甲团的坦克掩护下，准时开始进攻。经过一番战斗，先后攻占了237.6高地和258.5高地，随后冒着滂沱大雨，继续向苏军纵深推进，于中午前后抵达别列佐夫卡村北面和西面。11时，德军第48装甲军的第3装甲师在瑟尔采沃强渡佩纳河，从东面逼近别列佐夫卡村，这样在别列佐夫卡村的苏军就陷入了德军两个装甲师的合围。

“大德意志”师装甲团在别列佐夫卡村西面遇到了苏军依托完备防御阵地的顽强抗击，进展缓慢，不得已抽出“豹”式坦克营迂回别列佐夫卡村南面。几乎同时，第3装甲师的第6装甲团也推进到了别列佐夫卡村东面，并攻入了别列佐夫卡村，占领了别列佐夫卡村的东北角。部分苏军开始从村西北突围，但仍有部分苏军坚持在村里继续战斗，这些苏军死战不退，德军每一屋每一房都要经过苦战。在第6装甲团突入别列佐夫卡村撕开苏军防线之后，“大德意志”装甲团、“豹”式坦克营也分别从西面、南面攻入别列佐夫卡村，考虑到别列佐夫卡村战斗已接近尾声，便留下“豹”式坦克营和步兵肃清别列佐夫卡村的苏军残部，主力穿过别列佐夫卡村继续向南进军。到黄昏前后，“大德意志”装甲团终于拿下了“大德意志”师当天的首要目标——243.8高地，而在17时第332步兵师也成功地渡过了佩纳河，并与“大德意志”装甲团在243.8高地以南会师，两个师的防线就此连成了一气。

▲ 配属“大德意志”师的“豹”式坦克。

“大德意志”师在11日当天

▲ 德军 III 号坦克正在投入进攻。

的进展还是比较顺利的，不过从克鲁格利克到别列佐夫卡公路两侧的树林还在苏军控制下，因此在公路上活动的德军经常会遭到树林中的苏军射击；“大德意志”掷弹兵团虽然攻入了卡林诺夫卡，但只占领了村子的南部。苏军还在不断加强卡林诺夫卡的防御力量，丝毫没有退却的意思；燧发枪团沿克鲁格利克到别列佐夫卡公路布防，但却无力肃清公路两侧树林中的苏军，这些都是隐患。

第 3 装甲师也是从 8 时开始进攻别列佐夫卡村，佩纳河河岸地区泥泞难行的地形给第 3 装甲师造成了不小的麻烦，好不容易才在 11 时 20 分从东面攻入别列佐夫卡村，但苏军退到村中央和西面继续抵抗，第 3 装甲师便以第 6 装甲团从村子北面迂回，以瓦解苏军的防御，但在村北的洼地却遭到了苏军反坦克阵地的阻击。等到突破苏军反坦克阵地时，德军“大德意志”师也从西面攻入了别列佐夫卡村，不过村子里的苏军残部依然拼死奋战，第 3 装甲师直到 15 时才全部肃清村子里的苏军。随后第 3 装甲师便将别列佐夫卡村的防务交给第 332 步兵师，接替“大德意志”师掩护整个第 48 装甲军的左翼，让“大德意志”师能够全力向北进攻。到了当天日落时分，第 3 装甲师只剩下 30 辆坦克和 2 辆突击炮，实力已经急剧萎缩。

第 11 装甲师的主攻目标是 244.8 高地，这是一处制高点，周围都是平地，易守难攻，所以师长米克尔少将决定采取正面佯攻侧翼迂回的战术，但由于道路泥泞，担负迂回攻击任务的第 111 装甲掷弹兵团和第 15 装甲团的主力步履蹒跚，没能按时到达预定集结地点，米克尔师长只好将进攻时间推迟到了下午 13 时。

▲ 德军攻入已经是一片废墟的小村。

而 244.8 高地上的苏军也没有闲着，从凌晨 5 时开始就不断出动步兵在坦克直接掩护下展开反击，由于后勤补给车队因为道路泥泞难行而没能及时赶来，炮弹打完的德军坦克和突击炮只好后撤，导致孤立无援的步兵遭到了不小伤亡。直到13时，德军的进攻才开始，但由于空气中湿气太重，视野极为模糊，德军的空中支援和炮火支援都无法正常进行，所以德军进攻部队遭到了苏军猛烈炮火的拦阻，不得不很快就停止了进攻，正在第11装甲师师部视察的第48装甲军参谋长冯·梅伦廷少将认为第11装甲师进攻准备不足，炮火支援更是糟糕，提出了严厉批评，要求第11装甲师立即组织装甲团和炮兵团全力支援掷弹兵团再次发起进攻。但是米克尔师长认为没有空中支援，进攻还是难以取得成功，他提出转而向东，进攻239.6高地和附近的梅洛沃耶树林。他认为这一地区不但是苏军防线的薄弱之处，而且占领梅洛沃耶树林还能作为后续强渡普肖尔河的跳板。所以他以两个掷弹兵团、装甲团主力和突击炮营组成了战斗群，于19时向东进攻，借助夜色掩护很快就推进到了奥尔洛夫卡村西南的高地，距离普肖尔河已经不足5千米了！德军通过望远镜可以清楚地看到大量苏军的卡车、摩托化步兵和坦克渡过普肖尔河后向西运动。同时德军的空中侦察也发现大量苏军正沿着北面的道路向西南方向开进，显然是要对第48装甲军的左翼展开进攻。

▲ 描绘库尔斯克战役场景的绘画作品。

第48装甲军要求“大德意志”师在11日当天结束在别列佐夫卡地区的战斗，在新谢诺夫卡以北地区集结，从12日清晨开始沿公路向北推进，将苏军第10坦克军逼退到普肖尔河以北——德军并不知道，苏军第10坦克军已经从“大德意志”师北面转移到了西面，正在积极准备和第5近卫坦克军一起从西面对第48装甲军的左翼展开反击。

▲ 描绘库尔斯克战役场景的绘画作品。

第4装甲集团军司令霍特认为当务之急是要先肃清普肖尔

河南岸的苏军，解除第 48 装甲左翼的威胁，然后再放手向北推进，所以他命令第 48 装甲军继续以消灭佩纳河弯曲部的苏军为首要任务，而不必急于渡过普肖尔河。党卫军第 2 装甲军则在普肖尔河北岸展开更积极的行动，以进一步削弱北岸苏军的实力。

无论是曼施坦因还是霍特，都没有察觉实力惊人的苏军第 5 近卫坦克集团军正在从东面逼近，一场坦克大决战即将开始。

第 6 装甲师的大胆夜袭

肯普夫战役集群的第 3 装甲军是德军南方集团军群所属装甲军中实力最弱的一个，战役开始时全军装备的坦克总数也不过 239 辆，只相当于正常编制坦克数量的 40%。至 7 月 11 日，第 3 装甲军可以作战的全部坦克只有 116 辆，仅仅相当于正常情况一个装甲师的坦克数量。但是曼施坦因仍然要求第 3 装甲军不惜一切代价向普罗霍罗夫卡突进，只要第 3 装甲军和党卫军第 2 装甲军会合，就能合围这一地区的大量苏军。

在曼施坦因的特别指示下，第 3 装甲军军长赫尔曼·布莱特上将才将配属给他的第 503 独立重装甲营不再以连为单位分别配属给 3 个装甲师，而是第一次集中使用，不过此时第 503 营还能正常使用的“虎”式坦克只剩下了 19 辆，只有原来编制数量的 40%。但即便如此，这 19 辆“虎”式坦克集中使用的突击威力还是非常强悍的。

正是第 503 营担负了开路前锋的重任，成功地为第 3 装甲军的主攻部队第 6 装甲师打开了进攻的通途，因此第 6 装甲师的第 11 装甲团团长冯·奥佩尔恩·布罗尼科夫斯基上校将全团分为两部分，以第 8 连攻击苏军防线作为佯攻，装甲团主力和第 503 营则直接杀向奥利尚卡。佯攻的 8 连尽管遇到了雷区和苏军反坦克炮火，但仍突破了苏军第 305 师步兵师的防线。而装甲团主力则是顺利冲进了奥利霍瓦特卡，这一完全出乎苏军意料的突击，顿时给苏军造成了很大混乱。随后装甲团继续向 223.3 高地进攻，在遭到苏

▲ 即将投入战斗的德军。

▲ 一个德军机枪组正跳出战壕。

军猛烈炮火拦阻后，布罗尼科夫斯基上校采取了避实就虚的战术，转而进攻侧翼苏军防御薄弱的滋纳缅卡，一路突进一直冲到了奥利尚卡，而打头阵的第503营更是冲到了苏军第69集团军第二道防线核心的卡扎奇耶。至晚上19时许，第6装甲师在宽大正面全线突破了苏军防线，第11装甲团和第4装甲掷弹兵团在503营“虎”式坦克的配合下迅速攻占了卡扎奇耶。

苏军第69集团军的防线这次之所以如此轻易就被德军突破，主要因为69集团军负责的防线太长，从党卫军第2“帝国”师当面的北顿涅茨河弯曲部一直到第3装甲军当面，而且第35近卫步兵军又被调去填补第7近卫集团军防线的缺口，兵力上更是捉襟见肘。

见到进攻如此顺手，第6装甲师师长瓦尔特·冯·许纳斯多夫中将决定乘胜追击，扩张战果。布罗尼科夫斯基上校马上提出了一个极为大胆的夜袭方案，以第11装甲团2营的2个连、第114装甲掷弹兵团2营（装备半履带装甲车），再加强503营的4辆“虎”式坦克组成一个战斗群，由佛朗次·贝克尔少校指挥，以两辆缴获的苏军T-34坦克为前导，伪装成苏军，穿过苏军防线，直取北顿涅茨河上的雷金卡大桥——许纳斯多夫中将对这个计划非常欣赏，立即拍板照准。

当天第3装甲军是以第6装甲师为主攻，第7、第19装甲师都是配角，负责为第6装甲师掩护两翼。在右翼的第7装甲师一整天都是在调整部署补充弹药。苏军第35近卫步兵军从上午9时开始就对德军右翼的第198步兵师防线发动了一轮接一轮的猛攻，战斗相当激烈，有些地段甚至发生了白刃肉搏，德军防线有部分被突破，因此第198步兵

▲ 正准备进攻的德军“虎”式坦克。

▲ 德军坦克歼击车正从苏军的美制格兰特坦克残骸旁驶过。

师不得不向第7装甲师求援。第7装甲师这才派出第25装甲团增援，这时已经是11日的晚上了。装甲团在米亚索耶多沃以北的树林地带遭到苏军第31反坦克歼击炮兵旅的猛烈射击，有多辆坦克中弹，随即召唤师炮兵团火力支援。由于弹药不足，炮兵团只进行了一轮的弹幕射击，但仍压制住了苏军炮火。装甲团随即展开进攻，尽管对手只是临时加强了少数坦克的步兵，但装甲团仍未能完全占领米亚索耶多沃以北树林，仅仅只控制了一半左右，这也充分说明装甲部队在这种复杂地形是很难将突击威力发挥出来的。

在左翼的第19装甲师配属第168步兵师进攻基列谢沃，师长施米特中将以第74装甲掷弹兵团和第198步兵师的第442掷弹兵团从东面进攻，另外以第73装甲掷弹兵团和1个工兵连、1个坦克排组成霍斯特战斗群，在坦克歼击车连和炮兵团2营的105毫米榴弹炮的支援下从西南方向迂回。不过73装甲掷弹兵团因为在之前的作战中损失惨重，此时一线的战斗兵还不到200人，实力还不到平时的1个营，但一路上几乎没有遇到像样的阻击，推进非常顺利，只是因为被大面积的雷区拦阻才耽搁了时间，直到21时才攻占了基列谢沃。霍斯特本来还想再一鼓作气攻占拥有北顿涅茨河大桥的萨贝尼诺，但是苏军炮火相当凶猛，夜色又已经很深，霍斯特只好放弃了这个打算。

在基列谢沃战斗的同时，德军第168步兵师的第417、第429掷弹兵团也强渡北顿涅茨河，突破了苏军第89近卫步兵师的防线，分别攻占了白地村、211.6高地和巴甫洛夫卡村。

当天，第3装甲军的进展就已经很不错了，但是更大的进展还是在当晚第6装甲师的夜袭。

贝克尔战斗群于21时左右出发，当晚没有月光，夜色特别黑，所以一开始就很顺利混入了苏军战线，而且一路都没被发现，直到勒扎维兹附近和一支路过的苏军坦克纵队擦肩而过，才被苏军坦克看出马脚，贝克尔随即下令开火，虽然德军先下手为强，抢先开火消灭了十多辆苏军坦

▲ 德军第3装甲军军长布赖特。

克，然后开足马力冲向不远的雷金卡大桥，但战斗的动静自然也惊动了苏军，守卫雷金卡大桥的苏军马上引爆了预设的炸药，贝克尔听到惊天动地的爆炸声，心里顿时一凉，可是谁都没想到，等爆炸的硝烟散去，雷金卡大桥居然完好无损！在贝克尔战斗群后面跟进的第 114 装甲掷弹兵团 1 营立即冲了过去，控制住大桥，并迅速在河对岸建立起防御。

▲ 德军党卫军第 2 装甲团装备的缴获苏军的 T-34 坦克。

苏军在这一地区的防御是由第 89 近卫步兵师负责，当天晚上 19 时许，该师在基列谢沃的师部遭到德军空袭，有多人伤亡，因此师长谢留金上校便决定将师部转移到新奥斯科奇诺耶，还命令第 267 近卫步兵团放弃加里宁至基列谢沃一线的防御撤过北顿涅茨河。由于第 267 近卫步兵团的后撤，使德军随即轻易占领了戈斯季谢诺。而在师部转移途中，谢留金上校又得知在上奥利尚涅茨地区出现德军坦克，便再次改变计划，率领师部向卡扎奇耶转移，一路上两次与德军遭遇，更是一片混乱。由于第 89 近卫步兵师师部的转移，导致该师与上级和下级的联系中断了整整 14 个小时，这也是德军第 6 装甲师夜袭非常顺利的原因之一。

正是德军第 6 装甲师的这次夜袭，使苏军在普罗霍罗夫卡以南的防御出现了巨大危机，为了掩饰自己的失职，谢留金报告自己的防区遭到德军至少 300 辆坦克的猛攻，这就让瓦杜丁对战局无法进行正确判断，如此数量的德军坦克楔入苏军防线，也使得瓦杜丁不得不对原定 7 月 12 日发起的大反攻计划进行大调整。

瓦杜丁的大反攻计划

从 7 月 5 日战役打响到 7 月 9 日，经过五天的激战，德军在库尔斯克南线突破了苏军沃罗涅日方面军的两道防线，深入苏军战线约 20 千米。在德军南方集团军群的三个装甲军中，除了党卫军第 2 装甲军推进到普肖尔河以外，第 48 装甲军和第 3 装甲军的进攻都被苏军顽强防御所阻，这对于实力远远要逊色于北线中央方面军的沃罗涅日方面军来说，确实非常不容易。斯大林和苏军最高统帅部很清楚沃罗涅日方面

▲ 沃罗涅日方面军司令瓦杜丁和方面军军事委员赫鲁晓夫。

军所面临的困难，因此不断向沃罗涅日方面军调派增援部队，等到第5近卫集团军和第5近卫坦克集团军陆续抵达前线，瓦杜丁就觉得已经拥有了实力强大的生力军，足以展开一场大规模的反攻，来一举挫败德军的攻势。

瓦杜丁的反攻计划是兵分两路，实施钳形攻势。一路将投入第69集团军的2个步兵军、第5集团军的1个步兵军和第5近卫坦克集团的4个坦克军：1个机械化军，从新罗济—别列尼希诺—普罗霍罗夫卡—波列扎耶夫—韦肖雷—科切托夫卡一线出击，也就是向普肖尔河弯曲部到普罗霍罗夫卡一线的德军党卫军第2装甲军发动进攻；另一路将投入第6近卫集团军的2个步兵军、2个坦克军和1个机械化军从梅洛沃耶—诺韦尼科耶—克鲁格利克—卡林诺夫卡—244.8高地向德军第48装甲军发动进攻。另外，第7近卫集团军的第49步兵军也将从209.6高地—格列米亚奇一线向德军肯普夫战役集群发动牵制性进攻，以策应两路主攻部队的行动。

很显然，瓦杜丁的大反攻胃口很大，是想一举围歼德军的第4装甲集团军！虽然苏军在坦克数量上占有绝对优势，仅仅是第5近卫坦克集团军就拥有900辆坦克和自行火炮，但是如此大规模的进攻，需要的战前准备千头万绪，而瓦杜丁的备战时间却实在太仓促了。

7月10日瓦杜丁才确定了12日发动反攻的作战决心，刚刚赶到的第5近卫坦克集团军司令罗特米斯特罗夫中将就被紧急召到奥博扬的方面军司令部接受命令。当天晚上，瓦杜丁和方面军军事委员尼基塔·谢尔盖耶维奇·赫鲁晓夫（20世纪50年代后期成为苏联最高领导人）一起赶到第5近卫坦克集团军的司令部，召集集团军下属各军的军长，通报了方面军目前的态势和当面敌情，并下达了作战命令。当作战命令传达到下属部队时已经是11日的凌晨，距离12日的反攻也就只有20多个小时，这点时间对于一个拥有4个坦克军和1个机械化军的庞大装甲单位来说，要完成战役级别的组织和准备显然是太仓促了。

关于大反攻的突破口，瓦杜丁最初想从普肖尔河弯曲部向雅科夫列沃发动突击，但这一地区地形泥泞难行，而且没有可供大兵团过河的渡口，德军党卫军第3“骷

▲ 苏军坦克纵队。

髅”师又在河北岸建立了桥头堡，所以选择从这里突破是很不理想的。

光从地图上看，从沙霍沃向雅科夫列沃是很不错的选择，这一地区是德军第167步兵师的防区，防御相对比较薄弱，而且只要取得突破，就能切断党卫军第2装甲军的后方补给线，对其造成巨大威胁。但是从这一地区经过的铁路路基明显要高出地平线，坦克在越过铁路路基时必然成为铁路另一侧德军反坦克火力的活靶子，而且这一地区还有大面积的雷区，严重限制了坦克大集群的机动，因此罗特米斯特罗夫中将考虑再三，决定在这里只投入第2坦克军，发动辅助性进攻。

罗特米斯特罗夫选择的主攻路线是普罗霍罗夫卡西南、普肖尔河和斯托罗热沃耶树林之间地区，看来看去也只有这一地区适合坦克大集群的行动，而且这一地区还有国营红十月农场和国营共青团员农场可以作为支撑点依托，252.2高地可以展开炮兵提供火力掩护，因此瓦杜丁同意了罗特米斯特罗夫的建议。

作为苏军中的坦克战专家，罗特米斯特罗夫很清楚自己的部队虽然坦克的数量看起来很可观，但有三分之一是T–70轻型坦克，根本无法和德军的主力坦克抗衡，所以他命令进攻第二梯队的坦克旅都将T–34坦克营抽出来，替换下第一梯队坦克旅的T–70坦克营，以便使第一梯队坦克旅基本上都是清一色的T–34。同时还给第一梯队的第29坦克军增加了自行火炮团。这样，担负第一梯队进攻重任的第18、第29坦克军总共有348辆T–34坦克和21辆自行火炮，投入到普肖尔河南岸普列列斯特诺耶—国营红十月农场—252.2高地—斯托罗热沃耶树林一线约7千米地段，平均每千米进攻地段的坦克密度达到52.7辆！由于在红十月农场以北还有一段约2千米长的河谷

▲ 第5近卫坦克集团军司令罗特米斯特罗夫。

罗特米斯特罗夫和第 5 近卫坦克集团军

▲ 罗特米斯特罗夫。

帕维尔·阿列克谢烨维奇·罗特米斯特罗夫，1901 年出生，1919 年加入苏联红军，参加了苏联的国内战争，并荣获红旗勋章。1931 年从伏龙芝军事学院毕业，先在红旗远东特别集团军担任作战参谋，后来到斯大林机械化和摩托化军事学院（也就是后来的马林诺夫斯基装甲兵学院）担任战术教员。1939 年，苏芬战争爆发，他被调任坦克营营长率部参战，这也是他指挥坦克部队的开端。在苏芬战争后期，他已升任第 35 坦克旅参谋长。1940 年 12 月升任任波罗的海军区第 5 坦克师副师长。

1941 年 6 月苏德战争爆发时，他是西方方面军第 3 机械化军参谋长。1941 年 9 月率部从德军的重围中突围后调任第 8 坦克旅旅长，在莫斯科战役和 1942 年初期的作战中都立下赫赫战功，因此 1942 年 4 月升任第 7 坦克军军长，第 8 坦克旅也获得“近卫”荣誉称号，被改称为第 3 近卫坦克旅。

1942 年 9 月，他率部参加了斯大林格勒战役，表现极为出色，因此荣获三级苏沃洛夫勋章，并晋升坦克兵中将。他所指挥的第 7 坦克军也获得了“近卫”荣誉称号，被改称为第 3 近卫坦克军。

1943 年 2 月，苏军以第 3 近卫坦克军为骨干组建第 5 近卫坦克集团军，罗特米斯特罗夫任集团军司令，下辖第 3 近卫坦克军、第 29 坦克军和第 5 近卫机械化军。库尔斯克战役也是罗特米斯特罗夫指挥第 5 近卫坦克集团军参加的第一次实战。

此后他又率部先后参加了别尔格罗德—哈尔科夫进攻战役、第聂伯河登陆战役、基洛夫格勒进攻战役、切尔卡瑟战役和乌曼—博托沙尼进攻战役，表现都是可圈可点。特别是在切尔卡瑟战役中，他指挥的担负突破重任的两个坦克军在后路被切断的情况下，仍不顾一切向预定目标突进，最终合围了德军重兵集团，又击退了德军的解围部队，为战役胜利奠定了基础，因此在战役结束后，被晋升为苏联第二个坦克兵元帅（第一个获得坦克兵元帅军衔的是苏联坦克兵司令雅科夫·尼古拉耶维奇·费多连科）。

但在 1944 年 7 月的白俄罗斯战役中他所指挥的第 5 近卫坦克集团军进展迟缓，而且损失惨重，因此受到了大本营代表华西列夫斯基的严厉批评，加上他还和顶头上司白俄罗斯第三方面军的司令切尔尼亚霍夫斯基发生了严重争执，因此 8 月就被解除集团军司令的职务，调任苏军装甲坦克和机械化兵副司令，就此离开了战争的第一线。

战后出任苏军驻德军队集群装甲坦克和机械化兵司令，后来又调任远东装甲坦克和机械化兵司令。1948 年调任苏军总参谋部军事学院教研室主任，在此后长达十年的教学期间，他把自己多年指挥装甲部队作战经验系统化、理论化，得到苏军高层的充分肯定。1953 年，罗特米斯特罗夫又进入苏军总参谋部军事学院学习，1956 年获得军事科学博士学位，1958 年获得教授职称并担任苏军装甲兵学院院长。1962 年担任苏军装甲坦克兵司令，并第一个获得坦克兵主帅军衔。1964 年担任苏联国防部部长助理，1965 年 5 月 7 日在卫国战争胜利二十周年之际被苏联最高苏维埃授予“苏联英雄”称号——这完全就是安慰奖性质，1968 年 6 月起出任苏联国防部总监组总监，直到 1982 年去世。

第 5 近卫坦克集团军于 1943 年 2 月成立，当时下辖第 3 近卫坦克军、第 29 坦克军和第 5 近卫机械化军。但仅仅一个月后，罗特米斯特罗夫一手带出的老部队第 3 近卫坦克军就被调出，整个集团军只剩下 1 个坦克军和 1 个机械化军。

1943 年 7 月，第 5 近卫坦克集团军奉命开赴库尔斯克参战，考虑到该集团军还缺编 1 个坦克军，因此 7 月 7 日从最高统帅部预备队调来了第 18 坦克军划归集团军作战序列。

7 月 11 日，第 5 近卫坦克集团军从草原方面军转隶沃罗涅日方面军时，又将原来西南方面军的第 2 坦克军和草原方面军的第 2 近卫坦克军都划归第 5 近卫坦克集团军，这样就使该集团军下辖 4 个坦克军和 1 个机械化军，坦克数量几乎比编制数量增加了 1 倍，实力极为雄厚，成为苏军在库尔斯克战役中装甲力量最强的坦克集团军。

地带，所以实际进攻正面的宽度只有约 5.5 千米，这样每千米进攻正面的坦克密度更是达到了 67 辆！如此的坦克密度即便是在苏德战场上也是很高的标准了，何况还有第二梯队第 5 近卫机械化军的 242 辆坦克和自行火炮，因此在这一地带苏军投入的坦克力量可谓相当惊人！本来瓦杜丁还给第 5 近卫坦克集团军加强了装备 11 辆 SU-152 的第 1 529 重型坦克歼击团，只是由于该团的后勤分队在雷金卡地区遭遇德军，导致该团直到 12 日 18 时才赶到普罗霍罗夫卡，错过了 12 日白天最激烈的战斗。威力强悍的 152 毫米自行火炮没能赶上这场坦克大决战，实在有些遗憾。

瓦杜丁为大反攻准备的远程支援炮兵包括：装备 12 门 203 毫米榴弹炮的第 552 炮兵团、装备 18 门 152 毫米榴弹炮的第 1 148 近卫炮兵团、装备 18 门 122 毫米加农炮的第 142 加农炮兵团、装备 18 门 152 毫米加农炮的第 93 加农炮兵团、装备 24 门喀秋莎火箭炮的第 16 近卫迫击炮团和装备 24 门喀秋莎火

▲ 苏军近卫第 5 坦克集团军紧急驰援前线。

▲ 苏军为轰炸机护航的雅克战斗机。

箭炮的第80近卫迫击炮团，连同集团军所属的炮兵，总共拥有110门122毫米以上口径的重炮和48门火箭炮，炮兵力量也非常可观。

为大反攻提供空中支援的是第5歼击航空兵军和第1强击航空兵军，包括120架战斗机和200架轰炸机、攻击机，其中伊尔–2攻击机就有100架。

大反攻将于12日早晨10时开始，先进行30分钟的炮火准备。10时30分，坦克和步兵开始进攻，进攻开始的暗语代号为“钢铁”——俄语“钢铁”就是“斯大林”（Сталин）！

光从纸面上看，投入这样规模的兵力兵器来展开一场大反攻，应该可以说胜券在握了。但是由于德军第6装甲师的大胆夜袭，在基列谢沃地区深深楔入了苏军防线，再加上第89近卫步兵师师长谢留金的不实报告，瓦杜丁无法准确了解在这方向突入的德军兵力究竟有多大，但是德军的这种突入态势已经让瓦杜丁十分震惊，为了不让这路德军对即将开始的大反攻造成不利影响，瓦杜丁不得不紧急调整部署。他命令第5近卫坦克集团军从第二梯队部队抽出第5近卫机械化军的2个机械化旅和第2近卫坦克军的1个坦克旅，以及部分独立的炮兵单位，火速开赴基列谢沃地区，以堵塞防线缺口，阻止德军的进一步深入。第5近卫坦克集团军司令罗特米斯特罗夫更不敢掉以轻心，他在方面军命令的基础上还从第5近卫机械化军中抽调了第104近卫反坦克炮团（装备8门76毫米反坦克炮和11门45毫米反坦克炮）和第1 447自行火炮团（装备7辆SU–122和4辆SU–76自行火炮），分别部署在波多利希以西的243.8高地和242.7高地，以防不测。另外还以第53近卫坦克旅、第1近卫独立摩托车团、第689反坦克歼击炮团以及第678榴弹炮团的1个连组成一个战斗群，由第5近卫坦克集团军副司令特鲁范诺夫少将指挥，在彼得罗夫卡地区集结展开，以加强对集团军左翼的保护。但这样一来，无疑大大削弱了第5近卫坦克集团军用来进攻的突击力量。

唯恐夜长梦多，罗特米斯特罗夫将反攻开始时间从10时提前到了8时30分，还把原定30分钟的炮火准备时间压缩到了15分钟，5分钟对前线火力急袭，再5分钟火力延伸射击，最后再5分钟对前线的火力急袭。

7 月 11 日，第 5 近卫坦克集团军作战序列

第 5 近卫坦克集团军（司令罗特米斯特罗夫中将，总兵力约 6 万人，909 辆坦克和 42 辆自行火炮，其中 567 辆 T-34，318 辆 T-70 和 28 辆英制丘吉尔坦克），下辖：

第 5 近卫机械化军（军长斯克沃尔措夫少将，总兵力约 1.5 万人，224 辆坦克和 21 辆自行火炮，其中 164 辆 T-34 坦克）

第 10 近卫机械化旅

第 11 近卫机械化旅

第 12 近卫机械化旅

第 24 近卫坦克旅

第 1 447 自行火炮团

第 104 近卫反坦克炮团

第 285 迫击炮团

第 29 坦克军（军长基里琴科少将，总兵力约 1 万人，215 辆坦克和 19 辆自行火炮，其中 130 辆 T-34 坦克）

第 25 坦克旅

第 31 坦克旅

第 32 坦克旅

第 53 摩托化步兵旅

第 1 446 自行火炮团

第 108 反坦克炮团

第 76 近卫迫击炮团

（装备 11 辆 SU-152 自行火炮的第 1 529 重型坦克歼击团 12 日才赶到，未计算在内）

第 18 坦克军（军长巴哈罗夫少将，总兵力 7 800 人，183 辆坦克，其中 99 辆 T-34 坦克，7 月 7 日调入）

第 110 坦克旅

第 170 坦克旅

第 181 坦克旅

第 2 坦克军（军长波波夫少将，总兵力 7 800 人，94 辆坦克，其中 42 辆 T-34 坦克，7 月 11 日调入）

第 26 坦克旅

第 99 坦克旅

第 169 坦克旅

第 58 摩托化步兵旅

第 48 坦克歼击团

第 1 502 反坦克炮团

第 1 698 迫击炮团

第 2 近卫坦克军（军长布尔杰伊内少将，总兵力约 1 万人，139 辆坦克，其中 84 辆 T-34 坦克，7 月 11 日调入）

第 4 近卫坦克旅

第 25 近卫坦克旅

第 26 近卫坦克旅

第 4 近卫摩托化步兵旅

第 1 500 反坦克炮团

集团军直属部队（54 辆坦克，其中 44 辆 T-34 坦克）

第 6 高射炮师

第 32 摩托化步兵旅

第 10 反坦克炮旅

第 27 加农炮兵旅

第 53 近卫坦克团

第 1 549 自行火炮团

第 1 独立近卫摩托团

第 678 榴弹炮团

第 689 反坦克炮团

第 552 炮兵团

第 1 148 近卫炮兵团

第 142 加农炮兵团

第 93 加农炮兵团

第 16 近卫迫击炮团

第 80 近卫迫击炮团

* 上述坦克和自行火炮数量均为 7 月 11 日 17 时各部队编制数量

表 4 苏军第 5 近卫坦克集团军主要作战装备数量

	第 5 近卫机械化军	第 29 坦克军	第 18 坦克军	第 2 坦克军	第 2 近卫坦克军	集团军直属部队	合计
编制数							
T-34 坦克	164	130	99	42	84	44	567
T-70 坦克	60	85	63	48	52	10	318
丘吉尔坦克			21	4	3		28
坦克小计	224	215	183	94	139	54	909
SU-76	9	7					16
SU-122	12	12					24
自行火炮小计	21	19					40
装甲车辆合计	245	236	183	94	139	54	951
45 毫米反坦克炮	23	20	12	26	19	12	112
76 毫米反坦克炮	43	12	12	18	20		105
85 毫米反坦克炮					12		12
122 毫米反坦克炮						20	20
反坦克炮小计	66	32	24	44	51	32	249
行军途中							
T-34 坦克	43	8	26			3	80
T-70 坦克	4	4	5			1	14
丘吉尔坦克			2				2
坦克小计	47	12	33			4	96
SU-76	2	1					3
SU-122	2						2
自行火炮小计	4	1					5
装甲车辆合计	51	13	33			4	101
76 毫米反坦克炮					20		20
维修中							
T-34 坦克	1	2	5	7		5	20
T-70 坦克				2		1	3
丘吉尔坦克			1				1
小计	1	2	6	9		6	24
实际参战数							
T-34 坦克	120	120	68	35	84	36	463
T-70 坦克	56	81	58	46	52	8	301
丘吉尔坦克			18	4	3		25
坦克小计	176	201	144	85	139	44	789
SU-76	7	8					15
SU-122	10	12					22
自行火炮小计	17	20					37
装甲车辆合计	193	221	144	85	139	44	826

续表

	第5近卫机械化军	第29坦克军	第18坦克军	第2坦克军	第2近卫坦克军	集团军直属部队	合计
45毫米反坦克炮	23	20	12	26	19	12	112
76毫米反坦克炮	43	12	12	18			85
85毫米反坦克炮					12		12
122毫米反坦克炮						20	20
反坦克炮小计	66	32	24	44	31	32	229

* 统计时间为1943年7月11日17时。

表5　南线德军装甲部队装备明细

装备型号	部队番号											合计
	第4装甲集团						肯普夫战役集群					
	党卫军第2装甲军			第48装甲军			第3装甲军				劳斯军	
	SS第1装甲掷弹兵师	SS第2装甲掷弹兵师	SS第3装甲掷弹兵师	“大德意志”师	第3装甲师	第11装甲师	第6装甲师	第7装甲师	第19装甲师	军直属部队	军直属部队	
II号坦克	4			7			2					13
III号24倍径50毫米炮			54		3	2	2		1			62
III号60倍径50毫米炮	5	34		8	3	28	11	19	6			114
III号75毫米炮					10			5	5			20
IV号24倍径			4	38				1	2			187
IV号43/48倍径	47	18	26		7	8	6	25				
豹式				38								38
虎式				11						23		34
喷火坦克				13		5						18
指挥坦克		7	7	1		2	4	2				23
缴获的T-34		8										8
突击炮	10	27	21	26		11					37	132
坦克歼击车	20	12										32
合计	86	106	112	142	23	59	23	54	16	23	37	681

* 上述数字均为各部队在7月11日晚上报的可以使用的数字。

中央主战场

党卫军第1“阿道夫·希特勒警卫旗队”师在11日攻占了252.2高地，天黑后在252.2高地转入防御的党卫军第2装甲掷弹兵团3营现在已经是整个党卫军第2装甲军距离普罗霍罗夫卡最近的部队了，不过直接支援3营的装甲部队只有党卫军第1装甲团2营6连的7辆IV号坦克部署在252.2高地西侧的反斜面上。

▲ 德军党卫军第1装甲团的IV号坦克。

不过3营和6连处境是孤立的，左右两翼完全暴露，左翼是党卫军第3“骷髅”师“艾克”团1营，位于252.2高地侧后5千米的瓦西里耶夫卡，而且这5千米的空隙没有任何部队，完全是个真空地带，因此党卫军第1“警卫旗队”师师长维斯派出党卫军第1侦察营前往填补这5千米的大缺口，但是苏军投入装甲部队强攻的话，第1侦察营这样的轻装部队是肯定无法抵挡的。

而在右翼，党卫军第2“帝国”师的部队也在4千米以外。3营营长派普很清楚自己的处境，所以在高地反斜面上利用苏军原来的工事进一步加固，构筑了新防线，在高地山顶上设立了观察哨，还在高地的东面山坡上设立了好几个前沿观察哨，组织起了完备的防御。第2装甲掷弹兵团的1营、2营以及第1装甲团2营的5连、7连都在252.2高地以西的国营红十月农场后方，另外“虎”式坦克的第13重装甲连也在国营红十月农场附近，都和3营有相当的距离。

12日清晨6时，苏军小股步兵在坦克掩护下对党卫军第1“警卫旗队”师的防线开始了试探进攻。7时过后，德军就发现当面苏军正在频繁调动和集结。8时，苏军开始了猛烈炮击，这是反攻开始前的炮火准备。

8时30分，苏军的炮击刚刚结束，第5近卫坦克集团军司令罗特米斯特罗夫中将就命令发出进攻开始的代号“钢铁”！

8时45分，在15分钟更为猛烈的炮火准备过后，苏军第18、第29坦克军开始全线总攻。德军观察哨惊恐地发现苏军约120辆坦克向252.2高地、斯托罗热沃耶森林、国营红十月农场三个方向同时展开了猛攻，党卫军第1“警卫旗队”师的防线上到处都升起了表示苏军坦克来袭的紫色信号弹。

按照党卫军第2装甲军军长豪塞尔在11日晚下达的命令，12日的作战将由第3“骷髅”师首先发动，占领普肖河南岸桥头堡东南方向的高地，再前出到普罗霍罗夫卡到卡尔塔谢夫卡公路，并肃清普肖尔河河谷沿线村庄的苏军，切实掩护第1“警卫旗队”师侧翼；第1“警卫旗队”师左翼坚守原来战线，右翼则要占领斯托罗热沃耶森林和国营斯大林农场，与252.2高地的3营建立联系，等第3“骷髅”师肃清普肖尔河河谷地带的苏军之后，再和第3“骷髅”师一起协同作战攻占普罗霍罗夫卡；第2“帝国”师负责攻占维诺格拉诺夫卡和伊万诺夫卡。所以在252.2高地的德军都以为当天的进攻是由第3“骷髅”师首先发起的，轮到自己参战至少也要下午了，都没有进入临战状态，此时有的还在睡梦中，有的在吃早饭，这时苏军的大反攻就开始了！

苏军在中央战线的具体部署是：

左翼为第29坦克军，在国营红十月农场—亚姆基—萨热斯基一线展开进攻，以第32坦克旅（装备63辆坦克）为前锋，第25坦克旅（装备69辆坦克）在第32坦克旅左侧后跟进，这两个坦克旅作为第一梯队；以第31坦克旅（装备67辆坦克）和第1 445自行火炮团（装备20辆自行火炮）作为第二梯队。

右翼为第18坦克军，在国营红十月农场和普肖尔河之间展开进攻，以第181坦克旅（装备44辆坦克）为前锋，第170坦克旅（装备39辆坦克）和第36独立重型坦克团（装备19辆英制丘吉尔坦克）在侧后跟进；以第32摩托化步兵旅和12门76毫米反坦克炮作为第二梯队；以第110坦克旅（装备38辆坦克）作为第三梯队。

另外第9近卫空降师和第42近卫步兵师的2个团负责肃清252.2高地附近德军，掩护进攻的坦克部队后方安全。

▲ 德军党卫军第1装甲团装备的Ⅳ号坦克。

这样，苏军第5近卫坦克集团军在宽达7千米的进攻正面，第一梯队就投入了4个坦克旅和1个重型坦克团，总共234辆坦克；第二梯队、第三梯队还有2个坦克旅、1个摩托化步兵旅和1个自行火炮团，总共105辆坦克、20辆自行火炮和12门反坦克炮，能够随时增强第一梯队的突击力量。

德军 6 连连长党卫军二级突击队中队长鲁道夫·冯·里宾特洛甫接到苏军大量坦克来袭的报告，立即指挥部队进行战斗准备。他开始被正在从国营红十月农场以北的普肖河走廊穿过的苏军坦克纵队所吸引，正指挥 6 连 7 辆坦克调转炮口准备对这支 1 000 米开外的苏军坦克纵队进行攻击，就在他下令攻击前习惯性从炮塔里探出头来四下张望，马上就被眼前的一幕惊呆了——就在正前方 150 米外的山坡上突然涌出了大批苏军坦克，全速向自己冲过来！等里宾特洛甫回过神来下令向正前方苏军坦克开火时，双方的距离已经缩短到 60 米，在这样近的距离上，几乎都不用瞄准，完全就是坦克白刃战！

这正是苏军左翼的前锋第 18 坦克军的第 32 坦克旅，他们全速冲向 252.2 高地，突然遇到一道反坦克壕，冲在前面的坦克因为速度太快，根本来不及刹车，好几辆坦克就一头跌进了反坦克壕沟，后面的坦克有的紧急刹车，有的赶紧急转打横，在反坦克壕沟前出现了一片混乱。好在苏军坦克很快就发现了一处可以通过反坦克壕的通道，立即通过反坦克壕继续向西推进。德军 6 连的坦克也被苏军的坦克洪流冲散，不得不一边在近距离向苏军坦克连连开火，一边向后撤退。

苏军坦克很快就冲上了 252.2 高地，只装备了半履带车的 3 营根本不是苏军坦克的对手，转瞬之间就被苏军的钢铁洪流冲垮，甚至有些半履带车对苏军坦克采取了撞击战术，约 20 辆半履带车被苏军摧毁。3 营营长派普仍然带着手下拼死抵抗，连他自己都用集束手榴弹炸毁了一辆苏军坦克。派普和里宾特洛甫居然都在如此激烈的战斗中奇迹般地活了下来，里宾特洛甫一直混杂在苏军坦克队列中，直到自己的坦克被击伤后才利用战场上的浓烟掩护撤离了 252.2 高地，6 连在 252.2 高地表现极为出色，总共击毁了苏军 21 辆坦克，其中里宾特洛甫一人就击毁了 14 辆，因此荣获骑士十字勋章。

苏军第 32 坦克旅冲过 252.2 高地后继续向德军防线纵深挺进，在国营红十月农场附近遇见德军第 1 装甲团战斗群的 5 辆 III 号坦克和 45 辆 IV 号坦克，双方展开了坦克混战，德军这才将苏军的攻势遏制。苏军见第 32 坦克旅损失了将近一半坦克依然无法突破德军防线，便在 9 时 45

▲ 德军半履带车被击中起火，乘员跳车逃生。

分将第二梯队的第 31 坦克旅也投入了战斗。正是由于德军第 1 装甲团 2 营和第 2 装甲掷弹兵团 3 营在这一地区的顽强抵抗，才迫使苏军停止了攻势。

在 252.2 高地遭到苏军猛攻的同时，在斯托罗热沃耶树林地段的党卫军第 1 装甲掷弹兵团也遭到了苏军第 25 坦克旅的猛攻。第 25 坦克旅将所有的 T–34 坦克都集中到担负进攻矛头的第 362 坦克营，而将 T–70 轻型坦克集中到第 25 坦克营，在第 362 坦克营左侧后跟进，第 25 摩托化步兵旅一部分步兵直接由坦克搭载跟随坦克一起冲击，还有一部分则在坦克集群后面跟进。由于苏军第 25 坦克旅刚刚在昨天夜里才到达，根本来不及进行周密的战场侦察，所以一头闯进了德军党卫军第 1 坦克歼击营的伏击圈，而且没有炮兵掩护，结果损失惨重，投入进攻的 32 辆 T–34 被摧毁 26 辆，支援进攻的 20 辆自行火炮也全部损失。中午过后，缩编成只有一个坦克营的第 25 坦克旅在 169 坦克旅的火力掩护下，从斯托罗热沃耶以南迂回，发动了第二次进攻，这次的目标是伊万诺夫斯基，但同样遭到德军的阻截，激战约一个小时后只得铩羽而归。当天，第 25 坦克旅参战的 69 辆坦克有 50 辆被击毁，而取得的战绩只有击毁德军 3 辆坦克、2 辆自行火炮、3 门反坦克炮，损失交换比高达 10:1。

苏军的进攻只有第 32 坦克旅的第 1 坦克营 15 辆 T–34 坦克在 2 营的全力掩护下，冲过了铁路路基，然后借助树林的掩护，成功绕过了德军反坦克炮兵阵地所在地 242.5 高地和 241.6 高地，突入德军防线纵深足足有 5 千米。但德军随即组织了反击，首先切断了 1 营和后援第 53 摩托化步兵旅的联系，然后集中炮火和飞机对 1 营进行猛烈轰击，1 营利用德军废弃的工事精心构筑了环形防御，坚守待援。苏军为了救援 1 营，再派 2 营前去接应，结果遭到德军反坦克炮火的阻击，损失了多辆坦克只得后撤。苏军第 32 坦克旅其余几个坦克营继续展开进攻，也遭到德军反坦克炮的轰击，损失惨重。眼看第 32 坦克旅丧失了继续作战的能力，苏军又将第二梯队的第 31 坦克旅投入战斗。但这回苏军第 31 坦克旅却遭到了德军 150 架战机的轰炸扫射，损坏很大。很难想象，苏军如此精心安排的大反攻，坦克部队居然得不到空军的掩护，而苏军担负对地攻击的伊尔 –2 强击机上午也根本没有出现，直到下午才姗姗来迟。即便是苏军历来引以为傲的炮兵，也未能有效压制德军的反

▲ 德军党卫军第 1 坦克歼击营的“黄鼠狼”坦克歼击车。

坦克炮火，导致苏军坦克部队受到了很大损失。

苏军右翼的第 18 坦克军，由于进攻路线被沟壑隔断，所以军长巴哈罗夫少将只好将第一梯队的第 181、第 170 坦克旅都向左移，但这样一来，第 18 坦克军的进攻路线就有部分和第 29 坦克军重叠，攻击方向也偏向了国营红十月农场。如果不是因为地形的影响而改变了进攻方向，第 18 坦克军攻击的将是德军党卫军第 1 侦察营防御的地段，正是德军防御最薄弱的地段，很可能会一举突入德军战线。但随着进攻方向的改变，第 18 坦克军也迎头遇到了国营红十月农场一线的德军装甲部队和反坦克炮，同样损失惨重，第 170 坦克旅旅长塔拉索夫中校阵亡，全旅坦克损失超过 60%，依然没能攻入国营红十月农场。

见到自己部队损失惨重但进展却极为有限，第 18 坦克军军长巴哈罗夫少将只好硬着头皮向第 5 近卫坦克集团军司令罗特米斯特罗夫中将请求后撤，但被罗特米斯特罗夫一口拒绝。罗特米斯特罗夫还不放心，很快就派自己的参谋长巴斯卡科夫少将来到第 18 坦克军军部坐镇督战，巴哈罗夫只能继续进攻，但他也重新调整了部署，将第 36 独立近卫重型坦克团加强给实力还算比较完整的第 181 坦克旅，作为居中的主攻力量；将第三梯队的第 110 坦克旅调上来在威胁相对较大的右翼担负掩护；而由残破不堪的第 170 坦克旅负责掩护相对威胁较小的左翼。

13 时许，第 110 坦克旅从普列列斯特诺耶出发，开始展开进攻。但随即遭到了德国空军战机的猛烈空袭，损失很大。此时，德军党卫军第 3"骷髅"师的第 3 装甲团已经开始进攻，突破了苏军第 52 近卫步兵师的防线，并进而冲垮了正准备发起进攻的第 95 近卫步兵师第 284 近卫步兵团的战斗队形，接着又利用地形掩护，从侧面以奇袭手段猛烈攻击了苏军第 110 坦克旅的先头部队第 2 营和第 32 摩托化步兵旅 2 营，苏军的进攻还未开始就被德军的突然袭击彻底打乱了。

还好，苏军主攻的第 181 坦克旅和第 29 坦克军密切配合，终于在下午突破了德军在国营红十月农场的防御。但德军并没有就此崩溃，而是有秩序地后退到 241.6 高地，重新组织起了防御。

至 14 时，苏军第 29 坦克军坦克的损失已经超过了 60%，几乎丧失了继续作战的能力，接下来就只有靠第 18 坦克军孤军奋战了。第 170 坦克旅在第 23 近

▲ 被德军击毁的苏军 T-34 坦克。

卫空降团的配合下冲过米哈伊洛夫卡，直逼国营共青团员农场。第 181 坦克旅和第 32 摩托化步兵旅则向安德烈耶夫卡猛攻，以接应从中午开始就在那里苦苦奋战的第 36 独立近卫重型坦克团和第 127 近卫步兵团。

几乎同时，党卫军第 2 装甲军军长豪塞尔判断苏军的进攻目标是博戈罗季茨科耶的普肖尔河桥，便命令第 3“骷髅”师坚决顶住苏军的进攻，第 1“警卫旗队”师则从侧面发起反击，力争一举击退苏军。第 1“警卫旗队”师师长维斯为了便于指挥，将师部前移到了 245.1 高地。

第 181 坦克旅在攻占安德烈耶夫卡之后，继续突击，于 16 时攻入瓦西里耶夫卡村，和德军第 3“骷髅”师“艾克”团迎面相遇，随即被德军击退。第 181 坦克旅的部分部队从安德烈耶夫卡附近河谷冲出，从侧面迂回 246.1 高地，第 1“警卫旗队”师参谋长莱曼上校立即命令党卫军第 1 装甲团赶来增援，但此时第 1 装甲团的绝大部分部队都已经投入了战斗，只有装备“虎”式坦克的第 13 重装甲连能够赶来增援，于是 13 连 3 排排长、德军著名的坦克王牌魏特曼就率领 13 连仅存的 4 辆“虎”式坦克火速赶来。尽管苏军坦克有四五十辆之多，在数量上占有 10:1 的优势，但“虎”式凭借傲人的性能优势，从 1 000 米距离开始射击，一直打到 50 米，甚至更近。13 连在击毁多辆苏军坦克后且战且退，和党卫军第 1 装甲团 2 营会合。

另一路苏军第 170 坦克旅的几支小股部队突破了德军防线最薄弱的党卫军第 1 侦察营防线，杀向了德军纵深的炮兵阵地，但随后被德军炮兵的置瞄射击击毁。此时第 170 坦克旅全旅只剩下 16 辆坦克，乘着德军忙于和其他苏军作战，这支小股坦克部队成功突进到了伊万诺夫斯基，距离之前就突入德军纵深的第 32 坦克旅 1 营近在咫尺，等于是撕开了德军第 1“警卫旗队”师的防线，并进而威胁到了第 1“警卫旗队”师与第 2“帝国”师的结合部，一旦德军防线上的这个突破口被进一步扩大，整个党卫军第 2 装甲军的防线都可能全线崩溃。但这支苏军力量太薄弱，而且没有步兵配合，突击威力有限。更要命的是，这支第 170 坦克旅的残部根本不知道就在附近的国营共青团员农场还有伊万诺夫少校指挥的第 32 坦克旅 1 营 15 辆坦克和第 53 摩托化步兵旅的少数部队，他们已经在德军的重围中苦苦支撑了几个小时，如果这两支苏军能够会合，那么整个战局

▲ 德军的“虎”式坦克性能上占有很大优势。

▲ 德军党卫军第 1“警卫旗队”师士兵。

就有可能改观。但这两支苏军分别属于第 18 坦克军和第 29 坦克军，无法建立直接的联系，也就没有任何协同可言。相反，德军党卫军第 2 装甲军和下属 3 个师都建立了有效的无线电通信，所以维斯师长能够及时掌握战场态势，他立即组织了第 1“警卫旗队”师和第 2“帝国”师对两支近在咫尺但又没有直接联系和协同的苏军展开了反击，伊万诺夫少校阵亡，15 辆坦克全部被击毁。第 170 坦克旅残部也在代理旅长卡扎科夫中校率领下撤到瓦西里耶夫卡，第 53 摩托化步兵旅残部也在德军装甲部队的反击下退至亚姆基东南。

至当天 18 时，苏军第 18 坦克军从进攻出发地推进了约 7 千米，突入德军防线约 5 千米，是第 5 近卫坦克集团军所署部队中进展最大的。但巴哈罗夫军长见自己部队损失惨重，已经无力继续进攻，便在 19 时命令部队转入防御。

此时，德军党卫军第 2“帝国”师已经击退了苏军第 25 坦克旅的进攻，开始转守为攻，因此罗特米斯特罗夫命令第 2 坦克军和第 18 坦克军从两翼展开向心攻击，夹击德军第 2“帝国”师。但第 18 坦克军显然已经没有力量来完成这个任务了，客观来说，第 18 坦克军确实已经尽力了，但最后的擅自撤退却让罗特米斯特罗夫大为不满，战后对第 18 坦克军也是批评为主，反而对战绩还不如第 18 坦克军的第 29 坦克军倒是不吝褒奖。

至 12 日 19 时，库尔斯克南线中央战场以党卫军第 1“警卫旗队”师为主的地段上，持续了一天的鏖战终于落幕。对于党卫军第 1“警卫旗队”师来说，7 月 12 日这一天绝对是饱受煎熬的一天，从 252.2 高地，到国营红十月农场，再到斯托罗热沃耶树林，整个党卫军第 1“警卫旗队”师的防区遭到了苏军 2 个坦

▲ 描绘库尔斯克战役场景的绘画作品。

▲ 被苏军炮火命中的德军半履带车。

克军的全力猛攻，最终仍然守住了阵地，挫败了苏军第 5 近卫坦克集团军泰山压顶式的反攻，因此在整个库尔斯克南线德军部队中，党卫军第 1“阿道夫 · 希特勒警卫旗队”师无疑是表现最出色的。

在当天的中央战场上，苏军投入了第 18、第 29 坦克军总共 368 辆坦克和自行火炮，占整个第 5 近卫坦克集团军参战坦克的 54.8%，最终损失 256 辆坦克，第 18 坦克军损失 149 辆坦克，战损率为 56.4%，第 29 坦克军损失 219 辆坦克，战损率为 78.5%，取得战果是第 18 坦克军突入德军防线约 5 千米，而第 29 坦克军在 252.2 高地的反斜面就被德军所阻。

当天最大规模的坦克战是党卫军第 1“警卫旗队”师第 1 装甲团 2 营约 45 辆坦克和苏军第 29 坦克军约 155 辆坦克在 252.2 高地附近的战斗，双方参战坦克的总数也就在 200 辆左右。

而德军参战的坦克、突击炮和坦克歼击车大约 110 辆，其中党卫军第 1“警卫旗队”师 77 辆（其中 10 辆突击炮），第 2“帝国”师约 20 辆，第 3“骷髅”师约 15 辆。

当天，党卫军第 1“警卫旗队”师阵亡 39 人，伤 235 人，失踪 5 人，合计伤亡 279 人。按照德国人一贯的严谨，德军参战各装甲师每天都上报可用坦克数量，但是很不巧，偏偏在 7 月 12 日党卫军第 1“警卫旗队”师没有上报坦克数量，不过可以从 7 月 11 日和 7 月 13 日该师上报的可用坦克数量，推算出在 7 月 12 日，党卫军第 1“警卫旗队”师总共损失了 16 辆 IV 号坦克和 1 辆“虎”式坦克，这 17 辆坦克并不是完全不可挽回的损失，至 7 月 16 日，就有 11 辆 IV 号坦克修复了损伤，重新回到作战序列。也就是说，在 7 月 12 日，党卫军第 1“警卫旗队”师只有 5 辆 IV 号和 1 辆“虎”式坦克被完全击毁。

苏军第 5 近卫坦克集团军将当天损失大进展小的原因总结为：第一，在战斗开始和过程中，始终都缺乏有效的炮火和空中支援；第二，指挥通信和协调能力欠缺，导致坦克军军部不能及时掌握战场态势，从而在有利的地点巩固或扩张战果；第三，旅级、军级高级指挥机关的指挥员和参谋人员缺乏必要的指挥和参谋能力；第四，苏军坦克性能不如德军坦克，苏军性能最好的 T–34 坦克超过 600 米距离就无法击穿德军主力 IV 号坦克的装甲，更不用说“豹”式和“虎”式了，而德军坦克却能在 1 200 米距离上轻松击穿 T–34 的装甲。

入夜后，双方的战线就稳定在披得罗夫卡—普列列斯特诺耶—安德烈耶夫卡—米哈伊洛夫卡—瓦西里耶夫卡—国营红十月农场—252.2 高地—斯托罗热沃耶村一线。

▲ 德军党卫军第 2 装甲团用缴获苏军的 T-34 坦克投入战斗。

南翼战场

党卫军第 2“帝国”师所在的斯托罗热沃耶以南地区是 7 月 12 日苏军在普罗霍罗夫卡地区大反攻的南翼战场。

7 月 11 日夜间，第 2“帝国”师的部署情况从北到南依次是：“德意志”团 2 营位于斯托罗热沃耶树林南面与伊万诺夫斯基之间，这是第 2“帝国”师位置最靠北的部队，应该是和党卫军第 1“警卫旗队”师的防区相衔接，但实际上两个师的防区之间还有 4 千米的空隙，而且居然还没有建立起直接的联系；“德意志”团 1 营位于伊万诺夫斯基与亚斯纳亚波利亚纳之间，这里也是“德意志”团和“元首”团这两个装甲掷弹兵团的结合部；“元首”团 1 营位于亚斯纳亚波利亚纳与加里宁之间；“元首”团 2 营位于加里宁与捷捷列维诺之间，这是“帝国”师最南的防区，再往南就是第 167 步兵师的防区；也就是说“帝国”师在第一线并列展开了 4 个装甲掷弹兵营，另外党卫军第 2 装甲团位于防区的第二线奥泽罗夫斯基，能够随时根据需要支援“德意志”团或“元首”团。

7 月 11 日，“帝国”师的防区基本没有大的战斗，所以全师实力相对比较完整。本来党卫军第 2 装甲军军长豪塞尔计划 12 日的作战是先以第 1“警卫旗队”师完全肃清斯托罗热沃耶树林的苏军之后，第 2“帝国”师再发起进攻。“帝国”师将以左翼（也就是北面）的“德意志”团首先发动攻击，在斯托罗热沃耶树林以东的苏军防线上撕开突破口，再将党卫军第 2

▲ 德军党卫军第 2 装甲军的 IV 号坦克。

装甲团从突破口投入战斗，第一步目标是攻占诺维格拉多夫卡，第二步转头向南，进攻伊万诺夫卡，从侧后包抄在“帝国”师正面的苏军，作为铁锤，和正面作为铁砧的“德意志”团，两下夹击，一举围歼当面苏军。

令德军始料未及的是，“帝国”师的进攻还未开始，苏军的反攻就已经开始了。进攻德军“帝国”师的是苏军第5近卫坦克集团军所属的第2近卫坦克军，在第5近卫坦克集团军司令罗特米斯特罗夫中将的计划里，是先以第29坦克军突破德军在国营红十月农场和亚姆基之间的防线，攻占国营共青团员农场，将德军防线切成数段。再将第2近卫坦克军投入战场，沿亚斯纳亚波利亚纳—加里宁—奥泽罗夫斯基一线进攻，同时以部分兵力协同第29坦克军围歼在斯托罗热沃耶和亚姆基之间的德军，第2近卫坦克军的最终目标是在当天下午17时前攻占雅科夫列沃。

根据集团军的计划，第2近卫坦克军军长希尔杰伊内少将以第25近卫坦克旅（装备坦克47辆）加强第1 500反坦克炮团从维诺格拉多夫卡出发，沿亚斯纳亚波利亚纳—奥泽罗夫斯基方向进攻，作为居中主攻；以第4近卫坦克旅（装备坦克47辆）和第4近卫摩托化步兵旅为左翼，进攻加里宁和卢奇基；以第26近卫坦克旅（装备坦克44辆）为右翼，配合第29坦克军围歼斯托罗热沃耶至亚姆基地区的德军。

但是在7月11日夜间，德军肯普夫战役集群就突破了苏军第69集团军的防线，在雷金卡地区强渡北顿涅茨河，从而对第2近卫坦克军的侧翼构成了严重威胁，希尔杰伊内少将不得不将第26近卫坦克旅抽调出来，紧急驰援第69集团军，进攻已经渡过北顿涅茨河的德军，阻止其在雷金卡地区建立桥头堡。这样一来，第2近卫坦克军投入进攻的坦克力量就一下减少了三分之一。但是反攻计划是方面军、集团军制定的，不可能因为这个小小的变故而改变，第2近卫坦克军只能硬着头皮继续执行原定计划。

▲ 被德军近距离击毁的苏军坦克。

7月12日10时，“帝国”师最北面的“德意志”团2营最先遭到苏军第29坦克军所属第25坦克旅的进攻，但苏军随即被“德意志”团2营和第1“警卫旗队”师的第1装甲掷弹兵团协力击退，“德意志”团2营还乘势展开反击，一路追到斯托罗热沃耶，才被苏军第183步兵师所阻。

11时15分，在短暂的炮火准备之后，第2近卫坦克军还是按计划发起了进攻。第25近卫坦克旅进攻目标正好是德军“德意志”团和“元首”团的结合部——亚斯纳亚波利亚纳，照理说这是德军防御最薄弱的地段，但是德军虽然没有预备队来填补这个缺口，却能够以炮火来封闭这个地段。“帝国”师部署在国营共青团员农场和伊万诺夫斯基两地的炮兵立即以猛烈炮火轰击苏军的第25近卫坦克旅，同时德国空军也应“帝国”师的请求出动了20架“斯图卡”轰炸机攻击了苏军第25近卫坦克旅的进攻队形。在德军猛烈的空地一体火力打击下，苏军第25近卫坦克旅旅长布雷金中校意识到继续正面强攻很难奏效，于是他改变了策略，命令1营从亚斯纳亚波利亚纳以南树林地带发动进攻，希望能够借助树林的掩护突入亚斯纳亚波利亚纳。1营冲入树林很快就消灭了位于树林边缘的德军炮兵，完全控制了树林，但是德军在这个方向也已经建立了牢固的反坦克防御阵地，要想在这个方向攻入亚斯纳亚波利亚纳也不太可能。

中午前后，苏军第2坦克军才在普罗霍罗夫卡以南重新集结——第2坦克军是第5近卫坦克集团军中最早投入作战的，7月8日就开始和德军交手，11日更是承受了德军第1“警卫旗队”师的猛攻，损失相当大，至12日早上全军能够作战的坦克仅剩52辆，是第5近卫坦克集团军下辖的5个军里实力最弱的，所以罗特米斯特罗夫并没有把第2坦克军投入到第一波次进攻，而是要求该军先巩固住防线，等第18、第29坦克军进展顺利之后再投入作战扩张战果。第2坦克军军长波波夫少将把在昨天战斗中被打散的部队重新收拢起来，第169坦克旅挖掘坦克掩体，全面转入防御，和第58摩托化步兵旅2营以及183步兵师285团一起担负坚守斯托罗热沃耶的重任；第58摩托化步兵旅1营和3营则负责防御斯托罗热沃耶以南到亚姆基之间的地区；第26、第99坦克旅则分别在格鲁什基和普拉沃罗季休整。

14时，苏军再次发动了全面进攻。第25坦克旅向亚斯纳亚波利亚纳展开了第二次猛攻，德军“元首”团1营以密集的迫击炮和机枪火力打击紧随坦克冲锋的苏军步兵，割裂苏军的步坦协同，失去步兵掩护后，孤立无援的坦克就很容易遭到炮火、地雷和步兵近距离的攻击。几乎同

▲ 正准备扫雷的苏军工兵。

时，苏军第4近卫坦克旅开始攻击德军“元首”团2营守卫的亚斯纳亚波利亚纳以南到加里宁以北地区，有少数坦克突破了德军防线，冲到了加里宁，但随即被德军装甲掷弹兵用反坦克手雷击毁。苏军第4近卫坦克旅还以部分坦克直接掩护第4近卫摩托化步兵旅从加里宁侧面突入德军防线，直扑奥泽罗夫斯基，这里正好是德军第2“帝国”师第2装甲团的待机地域，结果一头撞上了德军装甲部队的伏击，被击毁了22辆坦克，进攻也只能无功而返。

在击退了苏军第二次总攻之后，“帝国”师便乘胜转入了反击，“德意志”团在飞机和坦克掩护下，一举攻入了斯托罗热沃耶，苏军第168坦克旅只留下少数部队继续在斯托罗热沃耶坚持战斗，主力于18时撤回己方战线。德军攻入斯托罗热沃耶之后，一面肃清村中的苏军残部，一面组织2营在坦克掩护下继续向伊万诺夫斯基—维诺格拉多夫卡一线攻击前进，并于16时抵达了维诺格拉多夫卡北郊，这就对位于伊万诺夫斯基的苏军第2坦克军的炮兵部队和维诺格拉多夫卡的第2坦克军军部构成了极大威胁。与此同时，德军党卫军第1“警卫旗队”师也以14辆坦克和2个步兵连向亚姆基的苏军第183步兵师第285团侧翼进行迂回，面对两路德军的夹击，苏军285团再也支撑不住，只得放弃亚姆基向普拉沃罗季撤退。

“帝国”师的目标不仅仅是维诺格拉多夫卡，而是想一鼓作气拿下普拉沃罗季，“帝国”师在这一方向的进攻使苏军第2坦克军感受到了极大威胁，因为本来就由于第26近卫坦克旅南下增援第69集团军而导致右翼暴露，现在德军“元首”师的攻击更是对右翼造成了巨大威胁，所以第2坦克军军长希尔杰伊内少将只得命令第26近卫坦克旅放弃进攻，撤到维诺格拉多夫卡东南，以掩护全军的右翼安全。第25近卫坦克旅本来准备直线取捷径后撤，但发现德军已经在维诺格拉多夫卡占领了阵地，不得不从南面绕了个大圈子才回到维诺格拉多夫卡东南。

接着第4近卫坦克旅也开始撤回进攻出发地伊万诺夫卡，担负掩护全军后撤重任的第4近卫摩托化步兵旅在第4近卫坦克旅撤退两小时后才开始后撤，德军乘机对没有坦克掩护的第4近卫摩托化步兵旅展开反击，但被第4近卫摩托化步兵旅拼死击退。悲剧的是，此后第4近卫摩托化步兵旅不但遭到了德国空军的猛烈空袭，还遭到了苏联空军的误击，因此蒙受了巨

▲ 德军装甲部队展开进攻。

大伤亡。

20时，鉴于部队伤亡惨重，侧翼又没有可靠掩护，德军的反击更是相当强悍，第2近卫坦克军军长希尔杰伊内少将只得下令终止进攻，所有部队都撤回了进攻出发地，转入防御。这一天，第2近卫坦克军不但毫无进展，而且还付出了损失坦克54辆的代价，占参战坦克总数的57%！另外还有140人阵亡或失踪，405人负伤，合计伤亡545人。

罗特米斯特罗夫在得知斯托罗热沃耶和维诺格拉多夫卡失守后非常震惊，作为擅长坦克战的高级将领，他很清楚德军在这个方向的进攻就是为了从南面向普罗霍罗夫卡突进，而且更严重的是，如果在普肖尔河弯曲部的党卫军第3“骷髅”师继续发展进攻的话，那么在普罗霍罗夫卡地区的第5近卫坦克集团军主力就有陷入合围的危险；如果德军第4装甲集团军全力南下，那么就将与肯普夫战役集群一起对第69集团军主力形成合围。因此罗特米斯特罗夫立即亲自于17时赶到第2坦克军军部，督促第2坦克军在20时以1个旅掩护斯托罗热沃耶，主力则集结于伊万诺夫卡，然后向捷捷列维诺发动进攻，为第18、第29坦克军进攻创造有利条件。尽管第2坦克军在之前作战中损失很大，此时实力已经大为缩水，但罗特米斯特罗夫亲自坐镇指挥，军长波波夫少将只好以第169坦克旅掩护斯托罗热沃耶，以第26、第99坦克旅和第58摩托化步兵旅集结于伊万诺夫卡，会同在伊万诺夫卡的部队一起于19时20分向捷捷列维诺发起进攻。由于这次反击苏军实力薄弱，加之准备仓促，所以战至21时30分攻势遭到了顿挫，不但毫无进展，还付出了很大代价，仅仅第99坦克旅就有8辆坦克被击毁。

至21时30分，普罗霍罗夫卡南翼的战斗终于落幕。在当天的战斗中，南翼战场先后爆发了几场坦克战，但参战的双方坦克数量都只有几十辆左右，最大规模的坦克战也就是14时30分左右苏军第25坦克旅和德军第2“帝国”师第2装甲团之间的战斗，苏军参战的坦克约有45辆，德军参战的坦克约有60辆，也就是说100辆规模的坦克战已经是当天南翼战场上最大规模了。

▲ 被击毁的苏军T-34坦克残骸。

当天苏军的工兵部队表现非常出色，在进攻开始前就为坦克部队开辟出了通道。苏军进攻最终失败的原因是各部队之间的协同太差，无法形成合力。例如第2坦克军和第2近卫坦克军就没有什么协同，两支部队未能协调一致展开进攻；又如第48步兵军第183步兵师向加里宁—奥泽罗夫斯基—232高地一线进攻时，也没能得到第2近卫坦克军的支援，纯步兵的进攻自然难以取得成效。

德军的表现就好得多，当苏军坦克集群在冲击过程中翻越铁路路基时是最脆弱的时候，但德军的反坦克防线距离铁路有1 200米，无法抓住这一绝好时机进行狙杀，不过德军反应相当快，不但掷弹兵、坦克和炮兵配合密切，空中支援也很及时到位。当天，党卫军第2“帝国”师阵亡41人，受伤190人，失踪12人，合计伤亡243人。坦克方面的损失更是轻微，至13日，第2“帝国”师的坦克数量反而因为修复之前的战损还增加了8辆。

北翼战场

普罗霍罗夫卡坦克大决战的北翼战场就是普肖尔河弯曲部，这里也是德军党卫军第3“骷髅”师的作战地域。

7月11日，第3“骷髅”师就已经开始进攻当面的苏军第5近卫集团军，不但夺取了第5近卫集团军预定的进攻出发阵地，而且还强渡普肖尔河，在北岸的克柳奇建立起了桥头堡。11日，双方的战斗已经非常激烈，只是由于下午的滂沱大雨，才让双方不得不草草结束了交火。

11日晚，第5近卫集团军司令扎多夫中将接到了瓦杜丁的大反攻命令，他随即调整部署，准备第二天的反攻。扎多夫的主攻方向是在左翼，他集中了第33近卫步兵军的第9近卫空降师和第42近卫步兵师，全力配合第5近卫坦克集团军的攻势，在普肖尔河和斯托罗热沃耶之间发动进攻；另外以第33近卫步兵军的第95近卫步兵师、第97近卫步兵师和临时配属给第5近卫集团军的第52近卫步兵师作为右翼，进攻普肖尔河弯曲部的德军“骷髅”师和位于科切托夫卡的第48装甲军下属的第3装甲师；第6近卫空降师则作为预备队部署在中奥利尚卡和243.5高地一线，视情况投入作战。第5近卫集团军的进

▲ 即将投入进攻的德军党卫军第3“骷髅”师。

▲"骷髅"师的 III 号坦克。

攻目标是清除德军"骷髅"师在克柳奇的桥头堡，消灭"骷髅"师已经渡过普肖尔河的部队。

第 5 近卫集团军最大的问题就是没有足够的坦克，原来集团军所属的第 10 坦克军已经于 7 月 8 日转隶给第 1 坦克集团军，现在扎多夫手上的坦克就只剩下了第 1 440 自行火炮团的 13 辆自行火炮和配属第 52 近卫步兵师的第 245 独立坦克团 4 连的区区几辆坦克，坦克和自行火炮加在一起也就 20 辆左右，这点装甲力量实在太寒酸了。

无独有偶，德军党卫军第 2 装甲军 12 日也准备采取攻势，军长豪塞尔要求"骷髅"师首先开始进攻，肃清普肖尔河谷中的苏军后，再配合"警卫旗队"师攻占普罗霍罗夫卡和 252.4 高地，打开杀向库尔斯克的道路。"骷髅"师师长莫里斯接到命令后，认为苏军还坚守在瓦西里耶夫卡村东面，天亮后肯定会从瓦西里耶夫卡出动大举进攻克柳奇桥头堡，围绕桥头堡的争夺是 12 日战斗的关键，因此他给正在瓦西里耶夫卡地区作战的"艾克"团增派了坦克和突击炮。

12 日清晨 6 时，德军"骷髅"师就先发制人出动坦克掩护步兵向克柳奇以北以及 226.6 高地发起了攻击，经过约两小时的激战，德军终于取得了进展，突破了苏军的防线，并开始向波列扎耶夫、韦肖雷和 226.6 高地发动进攻。不过好景不长，德军随后在韦肖雷外围遭到了苏军炮兵的猛烈炮击，不得不向后撤退。苏军第 52 近卫步兵师将德军击退后乘势组织了 1 个步兵营在炮兵和航空兵的掩护下发动了反击，苏军这次反击相当成功，几乎突破了德军防线，对桥头堡构成了直接威胁。为此莫里斯师长赶紧将正在等待渡河的党卫军第 3 装甲团 1 营调来增援，第 3 装甲团 1 营迅速出动，先解了"骷髅"团 2 营的危机，然后一路杀向普肖尔河，但却遭到了苏军巧妙布置在克柳奇西面军营建筑物里的反坦克炮伏击，德军好几辆坦克被苏军反坦克炮击毁。第 3 装甲团 1 营营长迈尔德斯的坦克也被击中起火，他带着车组人员跳出起火的坦克，然后组织坦克被击毁的车组人员，继续以步兵投入战斗，最终于 9 时 15 分攻占了军营，并很快和第 3 装甲团 2 营会合。

▲ 德军党卫军第 3"骷髅"师师长莫里斯。

但在整个战线上，苏军第 52 近卫步兵师、第 95 近卫步兵师以顽强的防御击退了德军的进攻，但苏军自己原来定于 8 时 30 分开始的反攻也因此而无法按时进行。德军“骷髅”师师长莫里斯在第一次进攻受挫后并没有急于发动第二次进攻，他已经和右翼的友军第 1“警卫旗队”师取得了联系。由于第 1“警卫旗队”师当面的情况比较复杂，所以莫里斯决定先不急于展开进攻而是静观其变，同时他将第二次进攻目标定为 226.6 高地，因为 226.6 高地是这一地区的制高点，只要拿下 226.6 高地，就能取得这一地区的战场主动权。

中午 11 时，苏军向科切托夫卡的德军党卫军第 3 侦察营发动了进攻，这里是第 3“骷髅”师和第 11 装甲师的结合部，位置相当重要，但第 3“骷髅”师已经抽不出更多的部队，只有区区一个营在此担负守备。德军发现苏军大举来袭，立即召唤党卫军第 3 炮兵团和火箭炮营向苏军猛烈开火，密集的弹雨几乎覆盖了苏军的进攻路线，苏军第一次进攻还没开始就被德军猛烈炮火所瓦解。但苏军很快重整旗鼓，重新收拢整顿部队，再次开始进攻，这次第 3 侦察营从侧面对苏军展开攻击，将苏军击退。

11 时 30 分，莫里斯师长见友邻的第 1“警卫旗队”师已经顶住了苏军的攻势，认为第二次进攻的时机成熟了。于是党卫军第 3 装甲团和“骷髅”团对 226.6 高地发起了步坦协同进攻，经过 20 分钟战斗，德军装甲部队就突破了苏军防线，冲过了高地。但是坚守此地的第 52 近卫步兵师第 155 近卫步兵团并没有就此溃败，而是继续坚持战斗，对跟在坦克后面的德军步兵以迎头痛击。直到德军坦克发现步兵被苏军阻击而没能跟上来，才连忙调转车头，回过头来接应步兵，在坦克和步兵的前后夹击下，苏军才放弃 226.6 高地向北撤退。德军拿下 226.6 高地后继续向北推进，直逼 236.7 高地，而这里正是苏军第 5 近卫集团军的指挥部所在地，扎多夫中将一直就在这里指挥战斗。扎多夫见势不妙，火速调集预备队第 6 近卫空降师赶来增援，第 6 近卫空降师所属的第 8 近卫空降炮兵团迅速在 236.7 高地展开，加上 236.7 高地本来就是苏军的

▲ 德军伤员和疲惫的士兵。

纵深炮兵阵地，第233近卫炮兵团和第103独立近卫坦克歼击炮兵团都部署在这里，所以炮兵力量非常雄厚，以猛烈的炮火将德军击退。

下午13时，德军第3“骷髅”师的装甲战斗群突破了苏军第95近卫步兵师在克柳奇以北的防线，这时苏军的情况就相当危急了，不但部队伤亡很大，防线被德军扯得七零八落，而且炮兵部队的炮弹也快要消耗殆尽，对于没有坦克部队的第5近卫集团军来说，炮兵就是最重要的依靠了。

接着，德军的步兵此时也在坦克的掩护下渡过普肖尔河，开始攻击苏军第18坦克军的后方。而此时能够阻止德军的苏军部队就只有第95近卫步兵师所属的第284近卫步兵团和第233近卫炮兵团了。第284近卫步兵团在之前的战斗中已经有了很大伤亡还未来得及补充，又是在仓促间展开防御，所以紧急组织的防线并不连贯，中间还有很多空隙。德军很好地利用了这点，从苏军步兵防线的空隙中突入，直接攻击苏军炮兵，缺乏步兵掩护的第233近卫炮兵团因此遭到了很大损失。

16时，苏军第33近卫步兵军军长约瑟夫·波波夫少将为了扭转不利局面，又没有足够的步兵部队，只能运用炮兵部队来进行火力反击，为此他集中了第42、52、97近卫步兵师的炮兵向韦肖雷—波波扎耶夫—226.6高地—克柳奇地区的德军实施炮火打击，但由于苏军炮弹已经所剩不多，这次炮火反击的效果自然也难以令人满意。

不过，德军方面士兵已经人困马乏，坦克的弹药和燃料也都开始告急，所以18时之后，德军第3“骷髅”师的几次进攻都明显疲软乏力，毫无收获。至20时以后，德军转入了防御，在这一地区的战斗终于寂静了下来，战线也逐渐稳定。

战后，苏军第5近卫坦克集团军司令罗特米斯特罗夫中将声称德军在第5近卫集团军和第5近卫坦克集团军结合部的攻势之所以平息的原因，是因为他调集了第5近卫坦克集团军第5近卫机械化军所辖的第24近卫坦克旅和第10近卫机械化旅进行的反击所致，但很可惜，这两个旅在7月12日都没有参战的记录。

当天在普肖尔河弯曲部的战斗，苏德双方都没有达成各自的预定目标，德军没能肃清这一地区的苏军，而苏军第5近卫集团军更是被德军的进攻打乱了自己的反攻计划，全

▲ 集结中的苏军 T-34 坦克纵队。

▲ 紧跟坦克冲锋的苏军步兵。

天都忙于应付德军的进攻，根本无法组织预定的反攻。在 12 日的战斗中，苏军第 5 近卫集团军付出了约 3 000 人伤亡的惨重代价，而德军党卫军第 3“骷髅”师阵亡 69 人，伤 231 人，失踪 16 人，总共伤亡 316 人。

由于苏军第5近卫集团军基本没有什么坦克部队，仅仅只有装备 13 辆自行火炮的第 1 440 自行火炮团也因为弹药和燃料匮乏而未能参战，所以在普肖尔河弯曲部的战斗中，基本没有出现坦克战。根据第 3“骷髅”师每日坦克保有量的统计，在 7 月 12 日仅仅损失了 1 辆坦克。

西部战场

普罗霍罗夫卡坦克大战的西部战场，也就是德军的左翼，是指德军第 48 装甲军所在的地段。第 48 装甲军 7 月 11 日日落时的战线大致是一条从西南向东北的斜线，从西南到东北依次是：第 312 步兵师、第 3 装甲师、“大德意志”师和第 11 装甲师。根据第 4 装甲集团军的计划，第 48 装甲军在 12 日应该将普肖尔河南岸的苏军尽力向东压迫，推进到沃茨涅耶诺夫卡之后转向东北，全力突向普肖尔河。

和党卫军第 3“骷髅”师所在的北翼战场不同，在左翼战场是苏军抢得了先机，苏军以第 1 坦克集团军和第 6 近卫集团军对第 48 装甲军所在地段抢先发起了进攻。

▲ 德军装甲部队的 III 号坦克。

苏军第 6 近卫集团军以第 22 近卫步兵军从恰帕耶夫—克鲁格利克一线向雅科夫列沃发动主要进攻，以第23近卫步兵军从马林诺沃耶树林穿过上佩尼耶向波克罗夫卡发动辅助突击，以第71近卫步兵师掩护第22近卫步兵军的右翼，第51近卫步兵师等到第5近卫集团军的部队接替防区后撤下一线，作为第6近卫集团军的预备队。

▲ 德军装甲部队的Ⅳ号坦克。

第6近卫集团军司令奇斯佳科夫中将对这场反击非常重视，他11日下午亲自赶到第23近卫步兵军的军部向军长、师长传达了反攻命令，还带着军师级主官一起前往240.8高地实地勘察了地形。但是他没想到会横生枝节，在主攻方向的第22近卫步兵军刚刚加强了从第40集团军转隶过来的第184、第219步兵师，第40集团军司令莫斯卡连科中将却向瓦杜丁提出不要把这两个师调走，虽然瓦杜丁没有同意，但这么一折腾，这两个师直到12日凌晨4时才从第40集团军赶赴第6近卫集团军，所以第6近卫集团军的反击从一开始就蒙上了阴影。

第1坦克集团军的任务则是以4个坦克军、1个机械化军和2个步兵师在克鲁格利克—244.8高地—奥利霍瓦特卡一线全力阻止德军的推进，同时以第5近卫坦克军和第10坦克军支援第6近卫集团军的进攻，不过第5近卫坦克军在之前的战斗中损失极大，此时只剩下30辆坦克，还不到正常编制的五分之一。第10坦克军实力还算完整，拥有120辆坦克，不过第1坦克集团军赋予第10坦克军的任务则是突入德军战线15千米！恐怕第10坦克军的实力增加1倍也未必能完成这个任务，对于这样不可能完成的任务，第1坦克集团军司令克拉夫琴科少将的解释是：只有这样才能激发起部下高昂的战斗意志。

▲ 坦克杀手德军“斯图卡”俯冲轰炸机。

12日，天色还没大亮，刚刚和第332步兵师完成防务交接的第3装甲师，正沿克鲁格利克至别列佐夫卡公路向北开进，苏军的炮弹就毫无征兆地劈头盖脑地砸了下来，十多辆卡车被炸毁，随后苏军的炮击持续了好几个小时。

10时，苏军第5近卫坦克军

▲ 在飞机掩护下进攻的“虎”式坦克。

向恰帕耶夫发起了猛攻，以第21近卫坦克旅在第222反坦克歼击炮兵团和第36近卫迫击炮的火箭炮支援下担负突击的前锋，第22近卫坦克旅在左后侧跟进，另外第184步兵师的1个步兵团也参加了这次进攻。苏军的攻势相当凌厉，德军第332步兵师的防线迅速被突破，第48装甲军军长克诺贝尔斯多夫意识到苏军在这一地段的突破对整个战线威胁很大，因此马上命令第332步兵师不惜一切代价守住防线，务必坚持到援军“大德意志”师赶到。

应第48装甲军的请求，德国空军也大举出动，猛烈空袭正在进攻第332步兵师的苏军，苏军第21近卫坦克旅就有6辆坦克被德军飞机摧毁，但苏军还是拿下了恰帕耶夫，然后再继续向拉科沃推进，不过在德军越来越猛烈的炮火拦阻下，再也难以向前突进。见此情况，第1坦克集团军司令卡图科夫只好将计就计，命令第5近卫坦克军由主攻改为佯攻，继续保持对德军的压力，吸引德军注意。虽然苏军这次强攻取得了一定进展，但第5近卫坦克军仅有的30辆坦克又损失了16辆，实力进一步削弱，因此当“大德意志”师的援军赶来后，就再难抗击德军的反击，第332步兵师的防线恢复到托尔斯托耶树林到佩纳河南岸一线。

此时，“大德意志”师正按计划沿克鲁格利克至别列佐夫卡公路向北开进，而第3装甲师所属的第3装甲侦察营刚刚接过“大德意志”师原先的防区，就遭到了苏军第10坦克军第178坦克旅的猛烈进攻，第3侦察营立足未稳，只得撤向“大德意志”团守备的卡林诺夫卡。但这里显然也不是安全的避风港，很快就遭到了苏军第1坦克集团军第88独立坦克旅和第6近卫集团军第204步兵师的协同攻击，“大德意志”团2营被苏军逐出了阵地，退到了卡林诺夫卡镇外。但2营随即孤注一掷组织了拼死反击，经过激战之后才夺回了阵地，但代价极其惨重，2营7连

▲ 集结中的德军装甲部队。

全员阵亡。

几乎在卡林诺夫卡激战的同时，苏军第10坦克军的第183坦克旅和第186坦克旅也相继攻到了托尔斯托耶树林，第186坦克旅还攻占了托尔斯托业树林东北方向的258.5高地。而德军在这一方向根本没有兵力能够阻止苏军的推进，如果苏军继续推进到上佩尼耶，那就能将第48装甲军的防线完全一截两段。

克诺贝尔斯多夫立即抽调第3装甲师第394装甲掷弹兵团2营在坦克歼击营的支援下火速赶往上佩尼耶以西，就地建立防线，阻止苏军的进一步深入。394团2营刚刚建立防线，苏军的坦克就蜂拥而至，经过激战，苏军第186坦克旅被击毁了5辆坦克后便主动后撤，重新整顿队形准备再次进攻。这时第394装甲掷弹兵团1营和3营以及第6装甲团2营都先后赶到，并迅速发起反击，将苏军第186坦克旅击退。

虽然第394装甲掷弹兵团击退了苏军的第一波进攻，但克诺贝尔斯多夫很清楚，苏军肯定还会卷土重来，以目前第3装甲师那点薄弱的实力，很难再顶住苏军的攻势，所以他立即命令“大德意志”师装甲群停止北进，转而向托尔斯托耶方向展开反击。“大德意志”师装甲群首先夺回258.5高地，然后切实控制258.5高地北面的十字路口，这是南北向上鲁格利克至别列佐夫卡公路和东西向上佩尼耶公路交汇的重要交通枢纽。等苏军再次向第394装甲掷弹兵团发动进攻时，就从北面全力进攻苏军的侧后。

在第48装甲军右翼（也就是东北方向）的第11装甲师也是从天一亮开始就遭到了苏军几次试探性的进攻，随后苏军第97近卫步兵师突然投入了1个团沿奥博扬公路向德军第11装甲师防线的中央地段发起了强攻，一股苏军利用树林地带的复杂地形渗透进了德军防线，导致第111装甲掷弹兵团的防线被完全突破，从而导致第11装甲师的防线上被撕开了一个大缺口。第11装甲师师长米克尔立即投入了师属装甲团展开反击，在坦克部队的支援下，第111装甲掷弹兵团才堵塞了缺口，恢复了阵地，但第11装甲师与党卫军第3“骷髅”师的联系却被苏军完全切断了。

这样一来，第48装甲军在苏军的全面进攻面前，只有仓促招架之功，根本不可能组织原先计划的进攻了。下午，第11装甲师在苏军的压力下被迫稍稍后退，在地形更为有利的地段重新

▲ 苏军的T-34坦克。

建立防线，但是以小股步兵和坦克组成的战斗群，不断袭击第 11 装甲师和第 3“骷髅”师的结合部，令第 11 装甲师大为头疼。

下午 16 时，曼施坦因亲自赶到了第 48 装甲军军部，他非常关注 12 日在普罗霍罗夫卡以西地区的作战，对于党卫军第 2 装甲军和第 48 装甲军的表现都不太满意。党卫军第 2 装甲军的进攻被苏军抢得了先机，而第 48 装甲军更是被迫全面转入了防御。此时，苏军的攻势也逐渐平静，第 1 坦克集团军司令卡图科夫担心德军会向北强攻，所以从第 3 近卫机械化军中抽调了 60 辆坦克前往第 204 步兵师所在地段，另外从第 31 坦克军抽调 2 个坦克旅前往第 309 步兵师所在地段，以增强坦克力量对抗德军可能的装甲攻势。这样，苏军等于是放弃了进攻转入了防御，第 48 装甲军的压力也就减少了很多。

稍微缓过气来，克诺贝尔斯多夫打算以“大德意志”师装甲群在第 3 装甲师的配合下，集结于卡林诺夫卡，随时准备反击 258.5 高地，然后向佩纳河推进。而第 11 装甲师则负责打通和第 3“骷髅”师的联系。克诺贝尔斯多夫肯定想不到，这两项任务竟然成了第 48 装甲军在库尔斯克战役中最后的任务。

最南翼战场

在普罗霍罗夫卡坦克大战的最南翼战场，是指肯普夫战役集群所在的地段。从 7 月 5 日战役打响起，肯普夫战役集群的进展就一直很不理想，拖了德军整个南线作战的后腿。只有 7 月 11 日夜间，肯普夫战役集群的第 6 装甲师以出其不意的大胆奇袭行动夺取了北顿涅茨河上的雷金卡大桥，并渡过北顿涅茨河在对岸建立了一处桥头堡。同时，第 168 步兵师也占领了戈斯季斯沃，渡过北顿涅茨河。这样一来，肯普夫战役集群突入苏军战线约 20 千米，并对北顿涅茨河西岸的苏军第 69 集团军的第

▲ 德军装甲部队发起进攻。

48步兵军形成合围态势。肯普夫战役集群这个晚上的进展，让苏军从上到下都极为紧张，甚至有些方寸大乱，首当其冲的第48步兵军反应最快，军长罗戈兹内少将第一时间就命令预备队第375步兵师火速抽调1个步兵营并配属2门反坦克炮，紧急赶往雷金卡，就地组织防线，以阻止德军进一步扩大桥头堡。远在莫斯科的斯大林听说德军突破了苏军防线，连夜命令草原方面军抽调1个集团军和2个机械化军，限令在7月13日之前开往沃罗涅日方面军，准备歼灭突入防线的德军。

▲ 第6装甲师的军官坐车驶过起火村庄。

但在援军赶到之前，沃罗涅日方面军就只能依靠自己的力量来解决危机。瓦杜丁决定从第5近卫坦克集团军抽调部分兵力南下，协助第69集团军全力抗击德军肯普夫战役集群。第5近卫坦克集团军司令罗特米斯特罗夫根据瓦杜丁的命令，从集团军所辖的几支部队里抽调了157辆坦克、10辆自行火炮、15辆装甲车、28门反坦克炮和21门高射炮以及一些步兵，组成一个战斗群，由集团军副司令特鲁范诺夫少将统一指挥，星夜南下驰援第69集团军。不过这个战斗群的部队都是从各部队里临时抽调的，驻地分散在各处，如果要先集中再行动，只会浪费宝贵的时间，所以特鲁范诺夫只能让各部队自行开赴战场，参差不齐地逐次投入战斗，而且这个战斗群名义上是特鲁范诺夫指挥，但他根本没有自己的参谋和指挥班底，所以这些部队实际上都还是由各自原来部队指挥。

▲ 第6装甲师防空营的88毫米高射炮。

肯普夫战役集群第3装甲军7月12日的任务就是全力扩大雷金卡桥头堡，然后向普罗霍罗夫卡突进，和党卫军第2装甲军会合。但是苏军特鲁范诺夫战斗群对雷金卡桥头堡的反击严重威胁到了这个计划，所以第3装甲军军长布赖特上将只好命令第7装甲师首先要赶到雷金卡，和第6装甲师会合，切实巩固桥

▲ 渡河开进中的德军。

头堡。当然苏军特鲁范诺夫是不可能坐等第7装甲师赶到的，最先到达雷金卡的第11近卫机械化旅就接连发起了几次攻击，但都被守卫桥头堡的德军击退。不过德军第6装甲师也意识到桥头堡的防御力量还是很薄弱，所以又派第228突击炮营增援桥头堡。

9时45分，德军第3装甲军所属的第19装甲师开始向萨贝尼诺发起进攻——第19装甲师是第3装甲军3个装甲师里落在最后面的，为了改变这一状况，布赖特给第19装甲师加强了第52火箭炮团，还将军直属炮兵全部用来支援第19装甲师。得到了大量炮兵支援的第19装甲师这次进攻果然大有起色，很快就占领了萨贝尼诺和斯特列利尼科夫，至16时许抵达了雷金卡，接替了第6装甲师的防区，然后向沙霍沃和肖格科沃发展进攻，但遭到了苏军顽强抵抗，再难向前推进。

特鲁范诺夫战斗群的第12近卫机械化旅第55近卫坦克团的35辆坦克和1个摩托化步兵营于13时在红旗村、勒扎韦茨方向投入进攻。但德军第19装甲师控制着制高点222.1高地，苏军几次进攻都未奏效，直到日落时苏军第1 447自行火炮团赶来，才凭借强大火力拿下了222.1高地。而特鲁范诺夫战斗群的另一支部队第11近卫机械化旅也于15时攻占了勒扎韦茨北面的希佩，这样德军在雷金卡的桥头堡就被苏军的反击压缩得只剩下一小块阵地。

此后，德军又发现苏军25辆坦克在步兵伴随下出现在亚历山德罗夫卡，这是德军肯普夫战役集群的右翼，一旦苏军从这里继续深入，就会对德军侧翼构成巨大威胁，因此布赖特立即将刚刚从雷金卡桥头堡撤下休整的第6装甲师部队全部投入到对亚历山德罗夫卡的反击。

▲ 战斗中的德军第19装甲师。

17时30分，德军第6装甲师开始向亚历山德罗夫卡反击，亚历山德罗夫卡的苏军第92近

▲ 遭到苏军阻击的德军。

卫步兵师和第 96 独立近卫坦克旅不但受到德军的反击，还遭到了苏军第 53 独立近卫坦克团的“友好进攻”，好不容易才取得了联系解除了误会。第 53 独立近卫坦克团直到 19 时才和真正的对手德军第 6 装甲师交上手，结果被德军击毁了 11 辆坦克，只好转入防御。而德军随后的进攻也被苏军猛烈的反坦克炮火所阻，双方在亚历山德罗夫卡一线陷入对峙。

入夜以后，德军第 7 装甲师才终于赶到了雷金卡地区，和第 19 装甲师会合。在得到了第 7 装甲师的支援后，第 19 装甲师重新整顿部队，准备在天亮后发动进攻，扩大桥头堡。

12 日当天，德军第 3 装甲军完全被苏军在雷金卡地区的反击所牵制，全天都在为巩固雷金卡桥头堡而奋战，根本无力向纵深推进，与党卫军第 2 装甲军会合的计划自然也就无从谈起了。不过，第 3 装甲军虽然没能完成和党卫军第 2 装甲军会合的原定计划，但由于第 3 装甲军在雷金卡桥头堡对于苏军战线的最南翼威胁极大，迫使苏军不得不从担负正面反攻的第 5 近卫坦克集团军中抽调部队前来应付这一危机，削弱了第 5 近卫坦克集团军用于正面进攻的力量，客观上缓解了党卫军第 2 装甲军所遭受的压力。

苏军特鲁范诺夫战斗群和德军第3装甲军当天展开了多次坦克战，但由于特鲁范诺夫战斗群缺乏统一指挥，都是各自投入作战，所以坦克战的规模都不大，也就是三四十辆坦克交战的规模。全天，特鲁范诺夫战斗群的 157 辆坦克和 10 辆自行火炮在战斗中损失了 28 辆，德军第 3 装甲军 126 辆坦克和突击炮参

▲ 德军 IV 号坦克编队。

战，损失约 18 辆。

由于德军肯普夫战役集群从战役开始就一直被当面苏军所羁绊，进展迟缓，始终跟不上党卫军第 2 装甲军的进攻步伐，导致第 2 装甲军的侧翼一直都暴露在苏军面前，这就给日后战事发展埋下了伏笔。

最艰难的一天

7 月 12 日，对于苏军来说，无疑是最艰难，也是最苦涩的一天。

苏军在普罗霍罗夫卡地区的大反攻，可以说是以失败而收场，不但没能突破德军在这一地区的防线，而且还白白付出了很大代价。这一天的战斗下来，瓦杜丁再次感到手头上兵力不足，因此只好再向斯大林请求增派至少 1 个坦克军、1 个机械化军和 1 个强击航空兵师的援军。不过这回斯大林可没有很爽快地答应，之前给沃罗涅日方面军调集了这么多增援部队，还没能顶住德军的攻势，在斯大林的心里，对瓦杜丁多少有了一些不信任，于是他先派朱可夫作为大本营代表到沃罗涅日方面军来实地视察。朱可夫赶到沃罗涅日方面军之后，和瓦杜丁、华西列夫斯基等人一些讨论了战局，朱可夫得出了继续进行反击的结论。但问题是拿什么来反击？沃罗涅日方面军原来实力最强的第 1 坦克集团军和第 5 近卫坦克集团军此时都已经损失惨重，之前实力鼎盛时候发起的进攻都铩羽而归，现在残破不堪的部队还能有什么作为？

瓦杜丁认为目前最大的危机在于北顿涅茨河和利波维顿涅茨河之间的突出部以及普肖尔河北岸两处，这两处对于苏军战线的威胁最大，所以他决定下一步的反击计划是由第 5 近卫坦克集团军抽出 1 个坦克旅和 1 个机械化旅对普肖尔河北岸德军展开反击；特鲁范诺夫战斗群和第 69 集团军协力消除德军在雷金卡地区的桥头堡；第 1 坦克集团军和第 6 近卫集团军继续对德军第 3 装甲军保持压力，尽量消耗其力量；损失惨重的第 5 近卫坦克集团军 7 月 13 日上午则进行休整，整顿部队，下午才投入作战。

▲ 德军党卫军装甲部队。

7 月 12 日，对于德军来说，虽然战斗非常紧张，但总算是有惊无险，在苏军强大坦克集群如

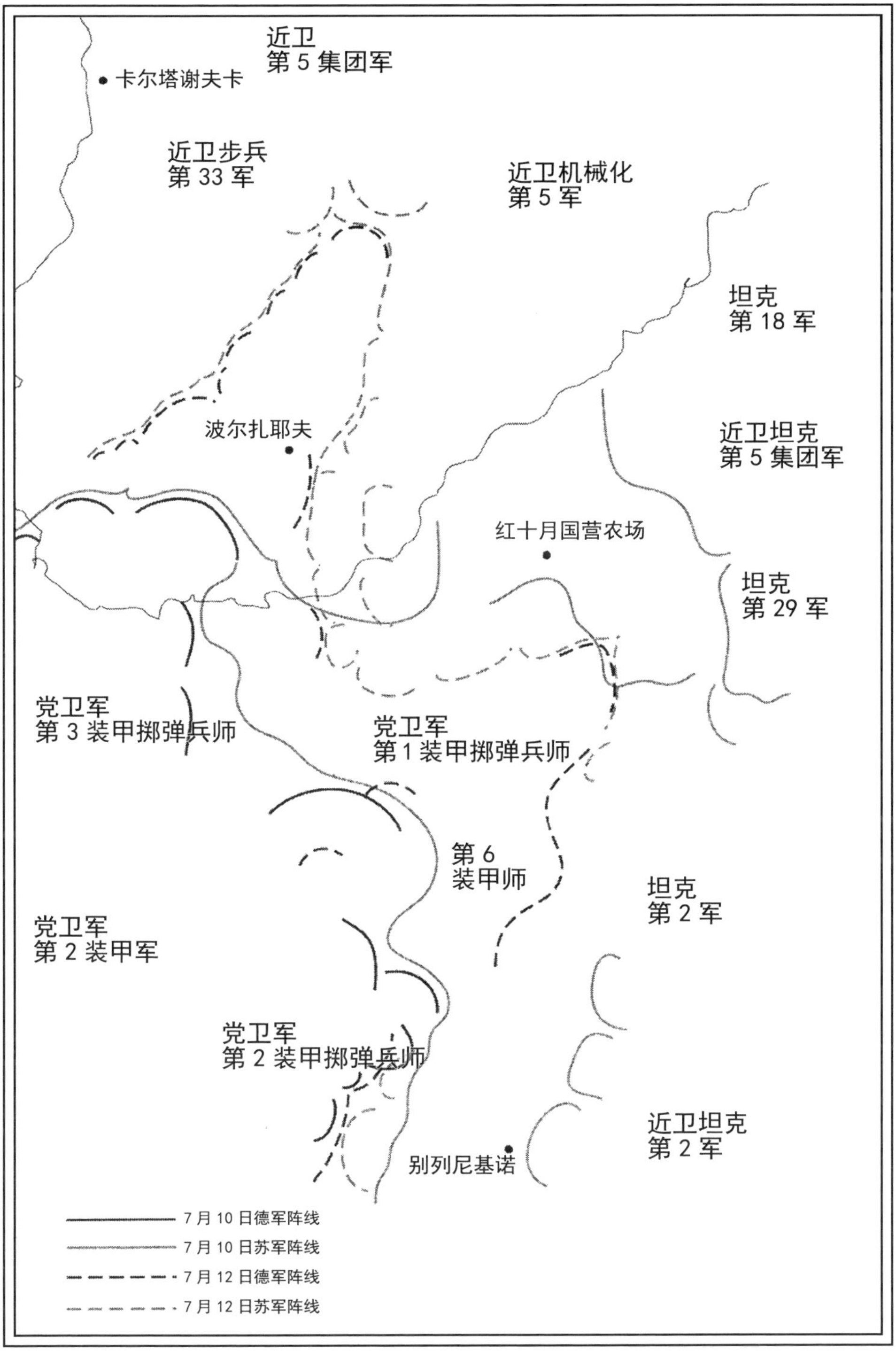

▲ 7 月 10—12 日，双方态势图。

▲ 进攻苏军阵地的德军装甲部队。

钢铁洪流一般地冲击下，最终守住了战线，还给苏军造成了不小的损失。1943 年时的苏军虽然实力已经比 1941 年时有了长足的提升，但在战术上依然还是比较简单粗暴，步兵、工兵、装甲兵、炮兵诸兵种协同以及航空兵和地面部队的协同都需要磨合。所以当德军看到库尔斯克大平原上漫山遍野的苏军坦克残骸，从莫斯科战役之后逐渐消退的信心又再度升腾起来，似乎感到胜利已经在招手了。

正是基于这样的考虑，德军上下在 12 日晚上还是比较乐观的，既然苏军最重要的战略预备队第 5 近卫坦克集团军都已经被打残了，那么苏军还能再有多少预备队可以投入到战场？所以只要再努力一把，就能够赢得胜利了。

当晚，德军南方集团军群司令曼施坦因决定在 13 日继续发展进攻，争取彻底突破苏军防线，为此他准备投入最后的预备队——拥有 180 辆坦克和突击炮的第 24 装甲军，展开决定性的最后一搏！

根据南方集团军群继续进攻的指示精神，第 4 装甲集团军也做出了继续进攻的部署，在保证全线已经占领的阵地的前提下，继续以进攻来扩大侧翼。进攻的重任主要交给党卫军第 2 装甲军，要求第 2 装甲军在普肖尔河北岸集中兵力，向普罗霍罗夫卡进攻，合围当面苏军，在解决了当面苏军之后再向北和东北方向推进。党卫军第 2 装甲军的进攻计划是：第 3“骷髅”师装甲战斗群继续向东北方向进攻，攻占普肖尔河北岸至别列戈沃耶—卡尔塔谢夫卡公路之间的高地，然后再和党卫军第 1“警卫旗队”师的左翼部队一起围歼彼得罗夫卡地区的苏军。而第 1“警卫旗队”师的其余部队则坚守阵地，等第 3“骷髅”师的进攻得手后再展开攻击。第 2“帝国”师则继续担负防御，尽量将战线拉平并保持完整，同时将突击炮营抽

▲ 败退中的德军坦克。

▲ 被击中起火的苏军 T-34 坦克。

调出来，准备随时配属给第 167 步兵师，以支援第 167 步兵师的进攻。

不过由于德军在普肖尔河桥头堡反方向的进展很小，而且不少地段都在苏军的强力反击下被迫后退，因此党卫军第 2 装甲军要实现这个计划也是并不太容易的。而在北顿涅茨河桥头堡，由于苏军特鲁范诺夫战斗群的顽强抗击，德军第 3 装甲军的进展也很有限，更一直无法和党卫军第 2 装甲军建立直接联系，第 4 装甲集团军司令霍特本来还希望党卫军第 2 装甲军能够和第 3 装甲军联手，围歼苏军的第 69 集团军，但显然这个愿望也很难实现了。

12 日晚上，库尔斯克南线的战斗虽然平息了，但苏德双方都不敢有丝毫懈怠，都在抓紧战斗间隙的宝贵时间调整部署，整顿部队，抢修坦克。至 13 日早上，苏军第 5 近卫坦克集团军能够使用的坦克和自行火炮数量恢复到了 339 辆，而德军党卫军第 2 装甲军的坦克和突击炮数量也恢复到了 251 辆。由于德军坦克更注重防护，所以在战斗中受损的坦克大部分都能够修复，真正被彻底摧毁或伤重报废的并不多，而苏军的情况则正相反，大多数受损坦克都是无法在短时间里修复的。

最后的努力——“罗兰”行动

7 月 13 日天亮时，在瓦西里耶夫卡—国营红十月农场—亚姆基—斯托罗热沃耶之间的中央战场上，苏军是以第 5 近卫集团军和第 69 集团军担负第一线防御，以残破的第 5 近卫坦克集团军作为二线。在斯托罗热沃耶—别列布希尼—列斯基一线则是以第 5 近卫坦克军的第 6 近卫摩托化步兵旅配属第 2 近卫坦克军的几个坦克营担负一线防御，以 2 个步兵团担负二线守备。

早在 7 月 10 日，英美盟军在西西里岛登陆，这场和库尔斯克距离万里之遥的战役，对库尔斯克战役的影响终于开始显现了。

7月12日，库尔斯克北线，苏军西方方面军和布良斯克方面军发动了代号“库图佐夫”的战略性大反攻，北线德军本来就举步维艰，现在处境就更为困难了。同一天，南线苏军也发动了大反攻，到了此时，谁都看得出，德军在库尔斯克发动的进攻战役要想取得预期的目标，已经毫无可能。所以希特勒在7月13日向中央集团军群司令克卢格和南方集团军群司令曼施坦因宣布，由于盟军在西西里岛登陆，南欧局势出现危机，因此必须停止库尔斯克战役，从苏联战场抽调部队兵力加强南欧方向以备不测。曼施坦因认为目前苏军已经是强弩之末，只要再来一场进攻就足以让苏军战线全面崩溃，所以要求再继续作战。希特勒考虑继续作战，即便不能取得预期目标，也能消耗苏军有生力量，为接下来在东线转入防御作战创造更为有利的条件，也就同意了曼施坦因的意见，允许南线德军再打几天，作战代号“罗兰”行动——曼施坦因在回忆录里竭力表明自己是反对在库尔斯克展开主动进攻作战的，但他在战役中的表现显然和他在回忆录中的表白截然不同。至7月12日，连希特勒都决定终止库尔斯克作战时，他还要坚持再打几天，可见他在回忆录里所说的完全是在为自己开脱。其实德军还不知道，在南线沃罗涅日方面军的后面，草原方面军和西南方面军的重兵集团已经准备就绪，几天后也要和北线一样，发动大规模的战略性反攻。如果德军掌握了这一情况，恐怕没有人会想再继续展开进攻。

不过在7月13日，还没等德军开始进攻，苏军就抢先在10时展开了攻势。第33近卫步兵军3个师兵分三路猛攻德军“骷髅”师的防区，主要目标直指波列扎耶夫和226.6高地。德军“骷髅”师师长莫里斯见苏军攻势很猛，同时由于昨晚的大雨，导致后方道路成为一片泽国，运送弹药的补给车队无法按时赶到，自己部队的弹药已经所剩无几，要想粉碎苏军的攻势相当困难，所以命令主动放弃一些前沿阵地，集中力量坚守关键的226.6高地。

▲ 从 IV 号坦克旁经过的德军步兵。

由于德军主动收缩，苏军进攻队形左翼的第42近卫步兵师很顺利地占领了波列扎耶夫，随即转而协助中路部队对226.6高地的进攻。中路的第95近卫步兵师经过一个多小时的激战才攻占了226.6高地，德军随即组织反击，又被苏军击退。直到中午过后，“骷髅”师装甲团赶

▲ 德军第 3 装甲师正在准备反击。

到，在坦克的掩护下德军才夺回了 226.6 高地。黄昏时分，苏军第 95 近卫步兵师再次发起猛攻，还一度突破了德军防线，但最终还是被德军击退。天黑后，配属第 95 近卫步兵师的第 24 近卫坦克团和第 1 446 自行火炮团被调走了，这样第 95 近卫步兵师就没有了坦克掩护，即便如此，第 95 近卫步兵师在接下来的几天时间里，仍不断对 226.6 高地进行纯步兵冲锋，还不断在夜间组织夜袭——双方围绕 226.6 高地的拉锯争夺整整持续了四天。相比之下，第 33 近卫步兵军右翼进展最小，第 97 近卫步兵师在韦肖雷附近遭到德军坚强抵抗，始终没能取得进展。

虽然瓦杜丁给了第 5 近卫坦克集团军一个上午的时间来进行休整，但第 5 近卫坦克集团军司令罗特米斯特罗夫担心德军会进攻普拉沃罗季，所以命令第 2 坦克军于 8 时就向斯托罗热沃耶发动进攻，然后再转入防御。但这个进攻命令至上午 6 时 40 分才传达到第 2 坦克军军部，等传达到下属各旅时就已经是 8 时过后了，所以第 2 坦克军的进攻实际上是 10 时 30 分才开始的，第 58 摩托化步兵旅更是到 14 时才赶到，所以上午的攻势坦克旅是在没有炮火支援也没有步兵配合的情况下进行的。而德军在夜间已经充分利用地形构筑了炮兵阵地，还布置了雷区，所以苏军的这次进攻自然就白白损兵折将无功而返。

▲ 老年曼施坦因。

12 时，党卫军第 1“警卫旗队”师的装甲战斗群和第 2 装甲掷弹兵团 3 营从 252.2 高地出发，翻越前面一处山地，猛攻普罗霍罗夫卡西面高地。当装甲战斗群的坦克刚刚翻过山头就遭到了苏军反坦克炮和隐蔽在掩体里的坦克迎头痛击，由于进攻线路地形极为不利，完全都在苏军火力的覆盖下，所以只能铩羽而归。

几乎同时，第 1“警卫旗队”师的第 1 侦察营也进抵米哈伊洛夫卡，却没有等到第 3“骷髅”师的部队前来会合，因此此时“骷髅”师正忙于应付苏军的猛攻，根本无暇抽出部队来配合第 1 侦察营的推进，所以至 14 时，孤

▲ 德军第 11 装甲师的 III 号坦克开赴前线。

军深入的第 1 侦察营不敢久留，只好匆匆撤回。

13 时过后，德军党卫军第 2 装甲军击退了苏军的攻势，开始在第 2 “帝国” 师的地段转入进攻，以普拉沃罗季西南高地为目标，打开进攻的道路为下一步和第3装甲军一起形成对北顿涅茨河和利波维顿涅茨河之间的苏军第 48 步兵军合围态势创造有利条件。

第 2 “帝国” 师师长克吕格尔请求先派出侦察机对进攻地域进行航空侦察，并在进攻时派出 “斯图卡” 轰炸机提供直接航空火力支援。但德国空军回复由于大雨造成机场跑道泥泞，飞机无法起飞。所以第 2 “帝国” 师只能依靠自身力量展开进攻。克吕格尔计划以 “德意志” 团向别列尼希诺进攻，以 “元首” 团向维诺格拉多夫卡以西的高地进攻，进攻发起时间定于 16 时 30 分。没想到，在 16 时，苏军第 5 近卫坦克集团军就抢先一步发起了进攻，苏军在 20 千米正面投入了 154 辆坦克和自行火炮。但是在苏军进攻的正面德军第 1 “警卫旗队” 师和第 2 “帝国” 师加在一起有 133 辆坦克和 44 辆突击炮，在坦克数量上就超过了苏军，而且苏军的 154 辆坦克中有 90 辆是性能落伍的 T–70 轻型坦克，质量上更是无法和德军坦克相抗衡。那么这场战斗的结局就可以预料了。在击退了苏军这次进攻后，德军乘势转入进攻，第 2 “帝国” 师夺取了在伊万诺夫卡到维诺格拉多夫卡之间的谷地，遇到的抵抗非常轻微，但天色渐渐暗了，德军在夜间不敢大举深入，只得停止进攻转入防御。

瓦杜丁要求的这次反击显然更像是在应付朱可夫，因为他很清楚，连 7 月 12 日这样大规模的进攻都没能取得进展，现在区区 154 辆坦克怎么可能会取得战果？这次反击唯一的作用就是牵制了德军党卫军第 2 装甲军，使其无法全力进攻和第 3 装甲军对苏军第 48 步兵军形成合围。

▲ 德军 “虎” 式坦克击中了一个目标。

肯普夫战役集群也相当积极，在 7 月 12 日深夜，第 19 装甲师就拿下了沙霍沃以东 2 千米的该地。但苏军在 13 日早上就还以颜色，以坦克掩护步兵从北顿涅茨河两岸同时发起攻击，一举夺回了雷金卡大桥。在西岸的德军部队由第 73 装甲掷弹兵团团长霍斯特上校统一指挥，霍斯特上校认为东岸的部队完全有力量击退苏军的进攻，所以根本不顾雷金卡大桥全力向沙霍沃猛攻，在太阳落山时已经攻到了沙霍沃的外围。东岸的德军果然正如霍斯特所料，很快就组织反击，将苏军击退，重新夺回雷金卡大桥。

德军第 6、第 7 装甲师在 13 日一天都在向阿夫杰耶夫卡、希佩、红旗村、亚历山德罗夫卡等地猛烈进攻，但遭到了苏军第 69 集团军和特鲁范诺夫战斗群顽强抵抗，苏军以巨大伤亡为代价，顶住了德军的猛攻，守住了阵地。

13 日夜，苏军为了阻止德军在北顿涅茨河方向的继续推进，沃罗涅日方面军给第 48 步兵军加强了大量炮兵，其中包括装备 122 毫米大口径重炮的第 27 加农炮兵旅。在第 48 步兵军东侧的第 35 步兵军也得到了 1 个反坦克歼击炮兵旅和 1 个团又 1 个营火箭炮的加强。在得到了炮兵加强后，苏军对德军的炮击彻夜不停。

14 日清晨 6 时，德军第 2“帝国”师和第 167 步兵师从三个方向向苏军第 48 步兵军发起进攻，在别列尼希诺的苏军第 4 近卫坦克旅刚刚将防区移交给第 4 近卫摩托化步兵旅，就遭到了德军第 2“帝国”师“元首”团的突袭，苏军虽然猝不及防被德军攻入村中，但很快就稳住阵脚在村子里和德军展开巷战。至 13 时 30 分，“元首”团虽然占领了大半个村子，但苏军仍死守不退。14 时 45 分，“帝国”师装甲团赶到加入战斗，苏军这才坚持不住，别列尼希诺完全落入德军之手。天黑后，苏军第 2 近卫坦克军和第 183 步兵师就向“帝国”师发起了反击，激战一直持续到半夜，德军才好不容易将苏军击退，但也被牢牢钉在别列尼希诺，无法再向前推进。

14 日天一亮，苏军就在炮火准备之后对德军第 3“骷髅”师发起了全面进攻，在德军战线上到处都是班排级别的小规模战斗，但战况非常激烈，不少地段都爆发了白刃肉搏。至 14 时 30 分，苏军 1 个步兵团在徐进弹幕掩护下向韦肖雷发起猛攻，德军

▲ 德军进入一处正在燃烧的苏联村庄。

▲ 德军坦克从被击毁的苏军坦克边驶过。

炮兵观察员引导炮兵进行火力覆盖，榴弹炮、火箭炮甚至高射炮都全力开火，形成了恐怖的火制地带，苏军伤亡很大，被迫后撤。但此时德军官兵也已经精疲力尽，很多人在阵地上倒头就睡，对苏军的进攻也只能依靠炮火，步兵反击根本无法组织。

当天上午，第 1“警卫旗队”师的地段只遭到了苏军小规模的试探性进攻，中午过后，苏军以坦克掩护 2 个连的步兵冲击第 1“警卫旗队”师和第 3“骷髅”师的结合部，但被德军炮火击退。当天，第 1“警卫旗队”师也是非常疲劳，尽管知道第 3“骷髅”师已经到达仅仅 4 千米之外的 243.9 高地，也实在无力组织部队前去接应。

从 14 日上午开始，德军第 167 步兵师就在突击炮营的支援下向苏军防线发动进攻，并在黄昏前攻占了伊万诺夫卡和列斯基，并直逼小亚布洛诺沃。肯普夫战役集群在 14 日倒是取得了很大进展，第 19 装甲师经过一天的激战，也拿下了希佩和亚历山德罗夫卡。入夜后，第 3 装甲军出其不意发动夜袭，于 24 时攻占了沙霍沃，随后先头部队也进抵列斯基，终于和党卫军第 2 装甲军会合。

苏军很清楚德军党卫军第 2 装甲军和肯普夫战役集群会师就意味着对第 48 步兵军形成了合围，因此立即命令第 48 步兵军突围。虽然德军形成了合围，但是包围圈并不严丝合缝，还是有很多空隙，因此苏军第 48 步兵军在友邻部队的接应下，于 15 日顺利跳出了德军的合围，并重新站稳阵脚建立起了防线。同时，苏军第 69 集团军也击退了德军在各方向的进攻，到 15 日日落时将战线稳定了下来。这样一来，曼施坦因围歼北顿涅茨河和利波维顿涅茨河之间突出部地带苏军的企图也彻底落空。

▲ 德军突破苏军防线，旁边是起火的 T-34 坦克。

7 月 16—17 日，德军的“罗兰”行动只得无奈收场，各部队陆续撤至别尔哥罗德地区，党卫军第1“阿道夫·希特勒警卫旗队”师根据希特勒的命令，留下装备，全体人员开赴意大利战场。

7月17日，苏军第5近卫坦克集团军和第69集团军发现德军正在收缩后撤，乘机发起追击，相继收复斯托罗热沃耶、国营共青团员农场和西特诺耶树林。至此，普罗霍罗夫卡大战才彻底落下帷幕。

坦克大决战难道只是个神话

说起库尔斯克战役，特别是普罗霍罗夫卡坦克大战，都会让众多的军迷兴奋不已，尤其是热衷陆战的“坦克控”，这可是第二次世界大战乃至人类历史上最大规模的坦克大决战啊！

长期以来，主流史料对于普罗霍罗夫卡坦克战通常会有三大标签：坦克遭遇战、最大规模坦克战、德军损失惨重而战败。

但是仔细分析一下整个普罗霍罗夫卡坦克战的经过，才发现这种说法显然和事实不太符合。

首先，坦克遭遇战的说法，所谓“坦克遭遇战”，其本质特征应该是“双方迅速接敌并从行进间中转入战斗”，对照普罗霍罗夫卡坦克战，苏德双方并不是从行进间转入战斗，更不是在相向而行中遭遇，而是德军在防御态势的情况下迎战苏军的进攻。而且也不是纯粹坦克之间的战斗，虽然在7月12日的战斗中，确实存在双方完全由坦克之间展开的搏杀，但更多的情况则是装甲兵与步兵、工兵、炮兵以及航空兵诸兵种参与的合成化立体作战，所以坦克遭遇战一说确实并不确切。

其次，“最大规模坦克战”的说法，这一说法出自由苏军第5近卫坦克集团军司令罗特米斯特罗夫中将亲自签名的《1943年7月7—24日，第5近卫坦克集团军作战行动总结》中对普罗霍罗夫卡西南地区的战斗描述：“在狭窄的正面地段，爆发了一场规模特别大的坦克交战，双方总计投入了超过1 500辆坦克以及大量各种型号和用途的炮兵、迫击炮和航空

▲ 德军防线前被击毁的苏军坦克。

▲ 战场上遍地坦克残骸。

兵。”在这份正式的战斗报告中，罗特米斯特罗夫还提到德军在普罗霍罗夫卡地区集结了约 1 000 辆坦克、突击炮和坦克歼击车，其中 7 个装甲师和 4 个步兵师在普罗霍罗夫卡西南面，2 个装甲师和 1 个摩托化步兵师在普罗霍罗夫卡西面。在这些德军部队中，至少有 6 个装甲师约 800 辆坦克和突击炮直接参加到了和第 5 近卫坦克集团军的作战中。

现在有非常确切的资料可以证实，库尔斯克南线德军总共才只有 9 个装甲师（装甲掷弹兵师），在战役开始前总共拥有 1 305 辆坦克（其中 99 辆“虎”式坦克，200 辆“豹”式坦克）以及 281 辆突击炮。在经过几天的激战之后，至 7 月 12 日，德军还能够投入作战的坦克和突击炮只剩下 600 辆左右，请注意这是整个南线德军全部坦克数量！

7 月 12 日，最核心的战场——普罗霍罗夫卡西南地区实际上只有德军党卫军第 1“警卫旗队”师的 67 辆坦克、10 辆突击炮和第 3“骷髅”师的 101 辆坦克、21 辆突击炮，总共 168 辆坦克和 31 辆突击炮。在战斗中，第 1“警卫旗队”师基本上全部参战，第 3“骷髅”师只有部分坦克参战，所以德军真正参战的坦克和突击炮总数不会超过 120 辆。

苏军投入这一地区的是第 5 近卫坦克集团军所属的第 18 坦克军的 149 辆坦克和第 29 坦克军的 199 辆坦克、20 辆自行火炮，总共 368 辆坦克和自行火炮。

双方参战的坦克总数加在一起也就 470 辆左右的规模，和罗特米斯特罗夫所说的 1 500 辆差距实在有些大啊！

最后，“德军损失惨重而战败”的说法。直到目前为止，有关德军坦克的损失数据还是众

▲ 正从起火的坦克残骸旁经过的德军汽车。

▲“大德意志”师后方维修站停满了受损坦克。

说纷纭，根据笔者对多种资料上的数据进行整理和比对，认为7月12日全天，整个南线德军损失坦克大约在120辆左右，其中在战斗主要地段的党卫军第2装甲军和第3装甲军损失坦克加在一起大约90辆，不过其中大部分都可以修复，真正彻底被毁以及无法修复报废的，大约只有20辆，其中在普罗霍罗夫卡核心地区作战的党卫军第1“警卫旗队”师全毁坦克6辆（5辆IV号和1辆“虎”式坦克），第3“骷髅”师全毁坦克仅有1辆，合计全毁坦克7辆。

再看苏军的损失，第5近卫坦克集团军损失的坦克和自行火炮就高达340辆！在普罗霍罗夫卡核心地区作战第18坦克军损失84辆（35辆全毁），第29坦克军损失172辆（103辆全毁），合计全毁坦克138辆。

普罗霍罗夫卡核心地区作战的情况相对比较清晰，将苏德双方坦克的参战和损失作一下对比：

参战坦克数量，苏军368辆对德军120辆，3:1；

▲德军正在护送伤员，库尔斯克战役德军伤亡很大。

战损坦克数量，苏军256辆对德军90辆，2.8:1；

全毁坦克数量，苏军138辆对德军20辆，6.9:1。

之所以苏德坦克的损失比如此悬殊，除了苏军协同不利，战术粗糙以外，坦克性能上的差距也是重要原因。当时德军装甲师的主力坦克是装备43倍径75毫米炮的IV号坦克（俗称长身管IV号），装备IV号坦克比例最高的党卫军第1“警卫旗队”师达到了坦克总数的70%，大部分装甲师IV号坦克的装备比例都在50%左右，最低的第6装甲师也有26%。而苏军能和

▲ 苏军 SU-76 自行火炮旁的德军尸体。

IV 号坦克对抗就只有装备 76 毫米炮的 T–34 坦克。在近卫坦克部队中，T–34 装备比例超过 60%；在普通坦克部队中，T–34 装备比例也在 50% 左右。不过，苏军装备的其他坦克大都是 T–70 之类的轻型坦克，性能上的差距更为悬殊。

德军的长身管 IV 号坦克，可以在 1 000 米距离上轻松击穿苏军 T–34 坦克装甲。而苏军 T–34 则要到 500 米距离才能击穿德军坦克装甲。而且德军坦克历来注重防护，所以战损坦克中有相当部分都是可以修复。相比之下，苏军战损坦克的修复率就差多了。

在人员的伤亡方面，苏军沃罗涅日方面军在 12 日当天的总伤亡人数大约达到 4.2 万，其中阵亡和被俘的至少就有 2 万。德军南方集团军群的总伤亡人数大约为 6 000 人，其中阵亡和被俘约 2 000 人。在普罗霍罗夫卡核心地区作战的苏军第 18 坦克军和第 29 坦克军总共伤亡约 2 500 人，阵亡和被俘约 1 300 人。德军党卫军第 2 装甲军总共伤亡约 800 人，阵亡和被俘约 180 人。

全天，苏军和德军总伤亡比 7:1，阵亡和被俘永久损失比 10:1。在普罗霍罗夫卡核心地区，苏军和德军的伤亡比 3:1，阵亡和被俘永久损失比 7:1。

谁的损失惨重，一清二楚。只是德军的损失难以弥补，而苏军的损失却可以很快得到补充，即便德军的损失要大大小于苏军，但这样的损失却已经是德军所难以承受的——何况，战役的目标也没有达成。

表 6　苏军第 5 近卫坦克集团军 7 月 12 日作战损失情况

	部队番号	人员损失			装备损失							
		负伤	阵亡和失踪	伤亡总计	12 日编制数量	实际参战数量	具体型号明细					13 日还能使用数量
							T-34 坦克	T-70 坦克	丘吉尔坦克	自行火炮	合计	
1	第 5 近卫机械化军	不详		405	158	66	不详				15	161
	第 10 近卫机械化旅	未参战			44	未参战						44
	第 11 近卫机械化旅	不详		354	31	31	不详				11	35
	第 12 近卫机械化旅	不详			35	35	不详				4	31
	第 24 近卫坦克旅	未参战			48	未参战						51
2	第 29 坦克军	958	1033	1991	215	199	109	44			153	51
	第 25 坦克旅	180	140	320	73	69	31	24			55	11
	第 31 坦克旅	39	62	101	64	63	54				54	12
	第 53 摩托化步兵旅	572	517	1089								
	第 1 146 自行火炮团	17	24	41	20	20				19	19	1
3	第 18 坦克军	200	271	471	183	149	43	24	17		84	63
	第 110 坦克旅	17	11	28	45	38	8	3			11	34
	第 170 坦克旅	21	28	49	39	39	19	10			29	10
	第 181 坦克旅	34	65	99	44	44	1	11			27	17
	第 32 摩托化步兵旅	72	147	219								
	第 30 独立近卫重型坦克团	18	7	25	19	19			17		17	2
4	第 2 坦克军	88	36	124	59	52	18	4			22	44
	第 26 坦克旅	不详			14	14	不详			7	7	第 26 坦克旅
	第 99 坦克旅	不详			24	20	7	1			8	11
	第 169 坦克旅	43	26	69	18	18	11	3			14	11
	第 58 摩托化步兵旅	不详		15								
5	第 2 近卫坦克军	405	145	550	140	138	40	14			54	80
	第 4 近卫坦克旅	51	34	85	47	47	18	4			22	28
	第 25 近卫坦克旅	75	61	136	47	47	20	9			29	14
	第 26 近卫坦克旅	32	8	40	44	44		2			2	44
	第 7 近卫摩托化步兵旅	204	68	272								

续表

	部队番号	人员损失			装备损失							
		负伤	阵亡和失踪	伤亡总计	12日编制数量	实际参战数量	具体型号明细					13日还能使用数量
							T-34坦克	T-70坦克	丘吉尔坦克	自行火炮	合计	
6	第1 147自行火炮团	无损失			11	10	无损失					10
7	第53独立近卫重型坦克团	7	15	22	43	38	9	3			12	25
集团军合计				3553	809	652					340	434

第九章　苏军开始反攻了

为了救援意大利

7月10日，英美盟军发动代号“爱斯基摩人”的两栖作战，在意大利西西里岛登陆，这是在第二次世界大战中盟军第一次进攻轴心国的国土，意义特别重大，对于意大利来说更是具有强烈地震般的震撼效应。西西里岛上的守军是由9个意大利师和2个德国师混编而成的意大利第6集团军，意军官兵绝大多数都是西西里岛当地人，他们认为抵抗越激烈，对家乡的破坏就越厉害，所以厌战思想严重，而且他们对英美盟军也并没有太大的敌意，甚至还希望能和英美盟军达成媾和协议。加之登陆当天气候恶劣，德意军判断错误，认为盟军不可能登陆，几乎完全没有进行必要的抗登陆准备。因此，盟军登陆非常顺利，当天就夺取了纵深达到10千米的登陆场。在向西西里岛纵深推进的战斗中，盟军遇到的抵抗主要来自德军，但德军数量毕竟太少，拼尽全力也只能延缓盟军攻势，而根本无力阻止盟军推进。7月22日，西西里岛上最大的城市巴勒莫被盟军占领，整个西西里岛落入盟军之手也只是时间问题。

更严重的是，盟军在西西里岛的登陆行动对意大利的政局也造成了巨大的冲击，意大利军队在战场上节节败退，在北非和地中海战场，意军已经完全战败，意大利本土的多个工业城市已经接连遭到盟军持续的大规模空袭，经济遭到了沉重打击，已经濒临崩溃。而如今就连本土也遭到了进攻。西西里岛虽然还只是离岛，但和意大利本土所在的亚平宁半岛最近距离仅有40千米！一旦西西里岛失守，下一步遭到进攻的就肯定是意大利本土了。

在苏联战场上的意军第8集团军伤亡已经超过了14万人，在法国和巴尔干国家担负占领任务的意军也在当地游击队的不断打击下，不但伤亡不小，而且深陷泥潭难以自拔。而意大利在1943年的工农业生产总值已经比战前下降了30%，财政赤字高

▲7月10日，英美盟军在西西里登陆。

达870亿里拉，年度财政收入只相当于支出的36%。普通百姓也由于物价大幅上涨、日常生活用品奇缺以及名目繁多的苛捐杂税，而对墨索里尼政府极为不满。

在这样的内外交困之下，意大利政府的上层也出现了严重分歧，墨索里尼曾经不可一世的权威受到了极大挑战，在高层已经出现了要与同盟国媾和的声音，但是墨索里尼还是坚持要把战争打下去。面对眼下日益恶化的战局，意大利王室、议会、总参谋部都把战争失利的责任归咎给了墨索里尼一人，意大利统治集团的高层甚至包括墨索里尼的女婿、外交部长齐亚诺在内，都组成了密谋推翻墨索里尼的小团体。

7月19日，墨索里尼和希特勒在佛罗伦萨会晤，他本来是想向希特勒说明，意大利准备和同盟国缔结停战协议，但在会谈中，希特勒却抢先提出由于目前局势对轴心国非常不利，为了扭转这一局面，意大利军队将由德国将领直接指挥——等于是德国要对意大利实行全面的军事管制，这下把墨索里尼原来要说的话全部吓了回去，根本不敢提一个字。当墨索里尼一无所获结束会晤，以及希特勒在会谈后发表的讲话所流露出的傲慢，更激怒了很多意大利人，最终意大利国内对墨索里尼的不满终于被彻底激发了出来。

7月24日，自从1939年第二次世界大战爆发以来，就被墨索里尼勒令停止活动的法西斯大议会，在一些法西斯政党元老级人物的强烈要求下首次恢复召开。7月25日凌晨，法西斯大议会通过投票表决，宣布墨索里尼下台。当天下午，墨索里尼在前往萨沃王宫拜谒国王时被扣押，随即被软禁。意大利国王任命前任总参谋长巴多格里奥元帅重新组阁。巴多格里奥虽然公开表示仍将继续保持和德国的同盟关系，继续和同盟国作战。实际上暗中他已经派出特使和同盟国接洽，明确表示意大利将退出轴心国阵营，加入同盟国阵营，对纳粹德国展开反戈一击。

得到墨索里尼被软禁的消息，希特勒怒不可遏，决定采取一切措施，营救墨索里尼，维持摇摇欲坠的意大利政局。为了对意大利新政府实施足够的威慑，也要防止意大利新政府突然倒向同盟国阵营，仅凭目前在意大利的德国军队显然是远远不够的。要在意大利国内保持具有威慑力的力量，并控制德意、法意边境，以便在必要时能迅速接管意大利，都需要大量部队。这对于兵力已经捉襟见肘的

▲ 美军著名将领巴顿在西西里登陆战中。

纳粹德国来说，唯一的办法就是拆东墙补西墙——从苏联战场抽调部队到意大利，因此希特勒一面命令将在意大利南部的 8 个德国师重新整编为 B 集团军群，由隆美尔元帅统一指挥，占领意大利南部；另一方面从曼施坦因的南方集团军群中抽调党卫军第 2 装甲军，不过最后实际上调到意大利的只有党卫军第 2 装甲军的军部和第 1“阿道夫·希特勒警卫旗队”师，另外 2 个师还是滞留在苏联战场。

这样一来，德军在苏联战场就只能收缩战线。7 月 26 日，希特勒将中央集团军群司令克卢格召到“狼穴”，当面要求中央集团军群放弃奥廖尔突出部，收缩战线以便节省下部分部队，开赴意大利和补充给曼施坦因的南方集团军群。尽管克卢格立即表示了反对——克卢格的外号是“聪明的汉斯”，这本来是一匹马的名字，这匹马通过观察主人表情细微变化能准确回答问题，之所以克卢格得到这样一个外号，就是因为他非常能够察言观色，但这次就连“聪明的汉斯”克卢格都坚决反对，可见这个命令有多愚蠢。克卢格很清楚即便放弃奥廖尔突出部，退守布良斯克以东的“哈根”防线，自己手上的这点部队还是紧巴巴的，再要抽调部队去意大利和增援南方集团军群，势必要影响整个战线的稳定。当然克卢格的反对起不了任何作用，这不但是希特勒听不进任何反对意见，更现实的情况是，此时他也确实没有其他选择了。

事实上，希特勒从东线抽调部队的企图最终也落空了。7 月不但没有从东线调走任何部队，反而还从西线调来了 1 个师；8 月从东线调走了 1 个装甲师（即党卫军第 1“阿道夫·希特勒警卫旗队”师），但迫于苏军的强大压力，9 月又向东线增派了 9 个步兵师和 4 个预备师，10 月再向东线增调了 3 个装甲师和 3 个步兵师。除了这些成建制的部队外，7 月和 8 月还分别向东线补充了 11.7 万人和 12.3 万人。1943 年 8 月，德军在东线的苏德战场上总共有 229 个师，而在意大利战场，从各地七拼八凑而来总共也不过 18 个师。

▲ 墨索里尼。

在库尔斯克南线的攻势作战也只能停止，因为德军不但兵力已经严重不足，就是在库尔斯克战役前所准备的弹药、燃料等物资也已经在这 20 天的作战中消耗殆尽，就是有足够的兵力，后勤方面也无法保障继续进攻作战了。7 月 22 日，德军最高统帅部作战日志里就写道：“由于东线战事的发展，燃料消耗超过了东线的月定额，为‘堡垒’行动储备的物资，也将在几天内全部耗尽。”

同时希特勒也不同意曼施坦因将最后一支装甲部队预备队第 24 装甲军投入作战，这也是库尔斯克南线德军最后攻势“罗兰”行动难以取得进展的重要原因。此时，对于苏联战场，希特勒确实有些顾不上了，两线作战的恶果已经开始显露了。希特勒认为虽然库尔斯克战役没能取得预期目标，但已经给苏军造成了很大损失，严重削弱了苏军有生力量，所以短时间里苏军是不太可能发动大规模的攻势，正好可以利用这个时机从苏联战场抽调兵力转用于意大利，但是希特勒的如意算盘完全打错了。

▲ 希特勒和墨索里尼。

早就出台的反攻计划

早在库尔斯克战役开始前两个月的 1943 年 5 月，苏军就已经制定了战略反攻计划。这一计划出台后，经过了多次修改，最后苏军最高统帅部决定，采取先防守再反击的策略，不主动发动反攻，而是等待德军在库尔斯克地区的进攻被苏军挫败之后，再转入反攻。苏军计划投入西方方面军的左翼部队和布良斯克方面军、中央方面军的部队，反攻的目标是消除德军战线在奥廖尔地区的突出部，消灭德军在奥廖尔突出部的第 2 装甲集团军，再从南北两个方向夹击德军的第 9 集团军。战役代号“库图佐夫”行动。库图佐夫是俄罗斯历史上著名的军事统帅，曾经以大踏步的后撤，甚至不惜放弃莫斯科，将拿破仑率领的法军拖得人困马乏，最后一举重创法军赢得了战争胜利。他所提出的“避免不利决战，保存实力，并在防御中不断消耗敌方有生力量，最后不失时机转入反攻”的防守反击理论，更是苏军这次战略反攻的指导思想，因此用他的名字来作为战役代号，其意义不言而喻。

苏军计划以西方方面军从奥廖尔突出部的北面突击，第 11 近卫集团军从科泽利斯克地域发动主攻，方面军直属的第 1 坦克军和第 5 坦克军也配属给第 11 近卫集团军，以加强主攻方向的突击力量；第 50 集团军向季凯耶沃发动辅助性进攻，并掩护第 11 近卫集团军的侧翼；另外以第 11 集团军和第 4 坦克集团军组成第二梯队，随时用于扩张战果；空军第 11 集团军负责提供空中支援。

布良斯克方面军从奥廖尔突出部的东面突击，第 61 集团军从博尔霍夫东北发动主攻，方面军直属的第 1 近卫坦克军和第 20 坦克军也配属给第 61 集团军，以加强主攻方向的突击力量；第 3 集团军负责掩护第 61 集团军的侧翼；第 63 集团军则在北翼进行牵制性进攻；另外以第 3 近卫坦克集团军作为第二梯队，随时用于扩张战果；空军第 15 集团军负责提供空中支援。

等西方方面军和布良斯克方面军发起进攻并取得一定进展之后，中央方面军也将投入第 13、第 48 和第 70 集团军从奥廖尔突出部的南面展开进攻，向西北突击，和从北向南进攻的西方方面军会师，彻底消除奥廖尔突出部。

苏军将从奥廖尔突出部的北、东、南三面展开进攻，目标是围歼德军部署在奥廖尔突出部的重兵集团，这样不但可以拉平中部战线，而且还可以从根本上改变整个苏德战场的态势。苏军参战部队总兵力达到 128.6 万人，火炮和迫击炮 2.1 万门，坦克和自行火炮 2 400 辆，作战飞机 3 000 架。战役正面约 350 千米，纵深约 130 千米。为了尽快突破德军的坚固防御，苏军采取了缩小正面宽度全力向纵深突击的策略，因此每个军的攻击正面都只有 5 千米左右，而且将攻击部队分为 2—3 个梯队，一波接一波不间断展开攻击。在主攻的第 11 近卫集团军方向，攻击正面总宽度只有 16 千米，平均每个军只有 8 千米。

这一战略反攻计划主要是由朱可夫制定，但在反攻开始前夕，朱可夫奉命前往库尔斯克南线战场，协调沃罗涅日方面军和草原方面军的行动，因此错过了指挥进攻奥廖尔突出部的机会。对于朱可夫来说，从莫斯科战役开始就一直希望能亲手重创德军中央集团军群这个宿敌，这个心愿还要到 1944 年 6 月的“巴格拉季昂”行动才能实现。德军在奥廖尔突出部构筑有坚固的防御体系，部署了包括 8 个装甲师和 2 个摩托化步兵师在内的 37 个师，总兵力约 60 万，火炮和迫击炮 7 000 门，坦克和突击炮 1 200 辆，作战飞机 1 100 架。苏军对德军，在兵力上是 2:1，火炮是 3:1，坦克是 2:1，作战飞机是 3:1，全面占据优势。

▲ 进行出击准备的苏军坦克。

早在 7 月 5 日库尔斯克战役开始前，苏军西方方面军和布良斯克方面军就已经在进行反攻奥廖尔突出部的准备了。根据苏军的计划，反攻开始

米哈伊尔·库图佐夫

▲ 库图佐夫。

米哈伊尔·伊拉里奥诺维奇·库图佐夫，俄罗斯帝国元帅，著名的军事统帅、军事家，塔塔尔族人，1745 年出身在圣彼得堡的一个军人家庭。1759 年毕业于炮兵工程学校，1774 年在阿卢什塔同土耳其军队作战时，头部负重伤，失去了右眼，所以就有了“独眼将军”的别称。1794 年历任俄罗斯士官学校校长，驻芬兰俄军司令和立陶宛、彼得堡省长。1805 年在第三次反法联盟对拿破仑的战争中，任驻奥地利俄军总司令，先后在阿姆斯特丹和德累斯顿击败法军，但在奥斯特里茨战役中战败。在 1811 年的俄土战争中，率俄军击溃土耳其军队，迫使土耳其签订《布加勒斯特合约》。1812 年，拿破仑发动对俄罗斯战争，出任俄军总司令。在博罗季诺战役中重创法军之后，采取“焦土战术”，坚壁清野，主动大踏步后撤，库图佐夫甚至放弃莫斯科。随后再经过充分准备，组织反攻，取得了卫国战争的胜利，这一战也是库图佐夫卓越军事统帅艺术的经典范例。因为这次卓越的战功，获得斯摩棱斯克公爵的封号，并获得最高荣誉一级乔治勋章。

1813 年 4 月 28 日，库图佐夫在追击拿破仑一世途中病死于德国的博莱斯瓦维茨城，遗体作防腐处理后运回彼得堡，葬于喀山大教堂。库图佐夫吸取了俄国优秀的军事思想和艺术，考察过欧洲一些国家的军队，逐步形成了一套先进的军事理论思想体系，核心就是以消灭敌人有生力量为主要目标；集中优势兵力于主攻方向；积极组建和使用预备队；注意鼓励和调动士兵的积极性，特别是创造了战略防御的军事思想，而他在长达 50 年的军事生涯中，也是以防守反击见长，因此有着“防御之神”的赞誉。

1942 年 7 月 26 日，苏联最高苏维埃主席团颁布法令设立库图佐夫勋章，用来授予苏军的各级军官，以表彰他们在指挥和组织防御军事行动中的功绩。库图佐夫勋章分为一级、二级和三级。一级勋章授予方面军和集团军的正副司令和参谋长。二级勋章授予正副军长、师长、旅长以及军师旅参谋长。三级勋章授予正副团长、团参谋长和正副营长。

整个战争中，库图佐夫勋章总共颁发了 7 329 枚，其中一级 675 枚，二级 3 326 枚，三级 3 328 枚。

▲ 三个级别的库图佐夫勋章。

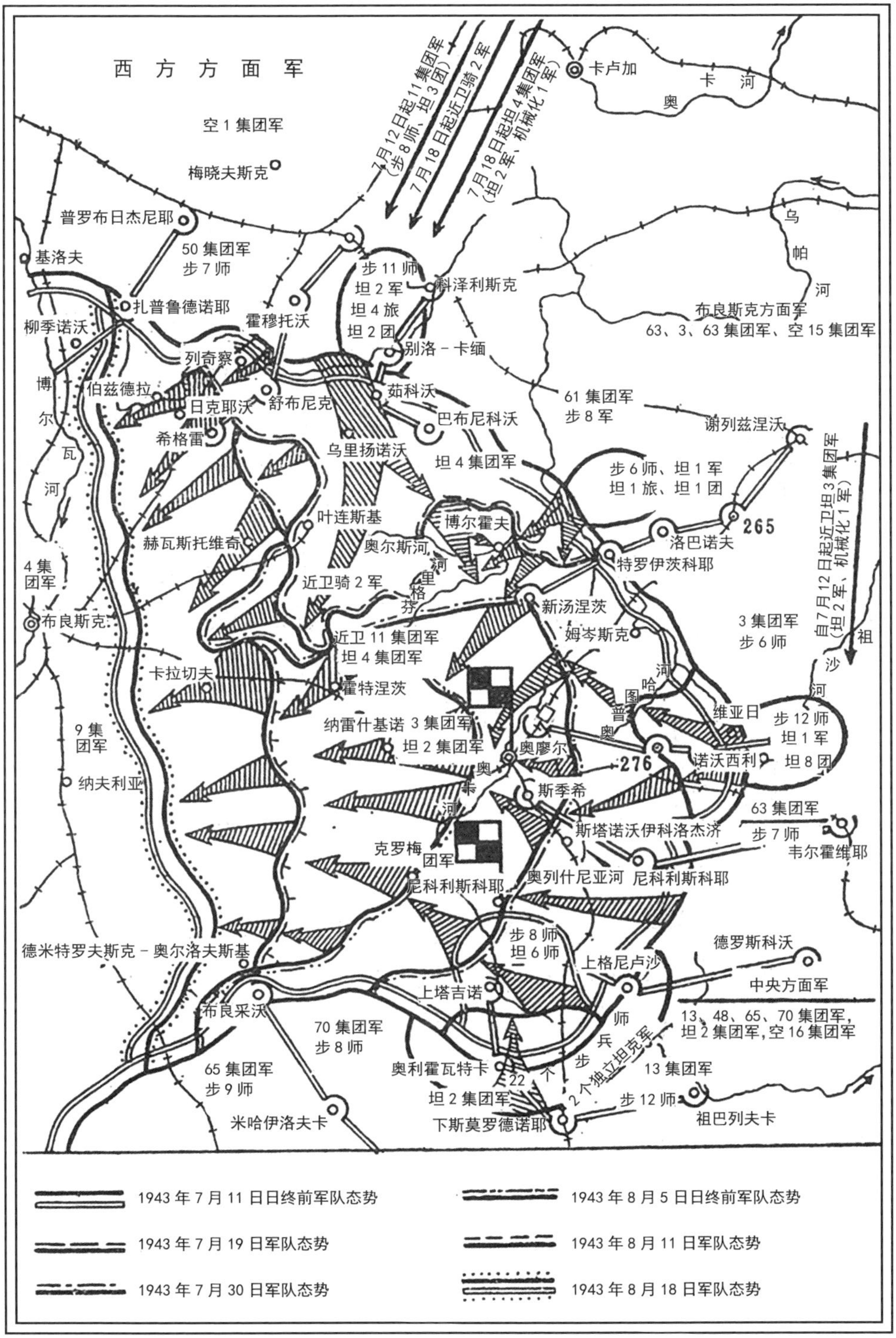

▲ 奥廖尔布良斯克方向反攻示意图。

苏军“库图佐夫”行动参战部队序列

西方方面军（司令瓦西里·索科洛夫斯基大将）

第 11 近卫集团军（司令伊万·巴格拉米扬中将，21.1 万人，745 辆坦克，4 285 门火炮）

- 第 16 近卫步兵军
  - 第 1 近卫步兵师
  - 第 16 近卫步兵师
  - 第 31 近卫步兵师
  - 第 169 步兵师
- 第 36 近卫步兵军
  - 第 5 近卫步兵师
  - 第 18 近卫步兵师
  - 第 84 近卫步兵师
- 第 1 机械化军
  - 第 19 机械化旅
  - 第 35 机械化旅
  - 第 37 机械化旅
  - 第 219 坦克旅
- 集团军直属部队
  - 第 168 步兵师
  - 第 217 步兵师
  - 第 3 炮兵师
  - 第 10 近卫坦克旅
  - 第 29 近卫坦克旅
  - 第 43 近卫坦克旅
  - 第 213 坦克旅
  - 第 2 近卫坦克团
  - 第 4 近卫坦克团
- 加强的配属部队
  - 第 1 坦克军（184 辆坦克）
    - 第 89 坦克旅
    - 第 117 坦克旅
    - 第 159 坦克旅
    - 第 44 摩托化步兵旅
    - 第 1 437 重型自行火炮团

第 1 514 反坦克炮团
第 5 坦克军（184 辆坦克）
第 24 坦克旅
第 41 坦克旅
第 70 坦克旅
第 5 摩托化步兵旅
第 1 435 重型自行火炮团
第 1 515 反坦克炮团
第 50 集团军（司令波尔丁中将）
第 38 步兵军
第 17 步兵师
第 153 步兵师
第 154 步兵师
第 156 步兵师
第 199 步兵师
集团军直属部队
第 49 步兵师
第 64 步兵师
第 212 步兵师
第 324 步兵师
第 326 步兵师
第 96 坦克旅
第 1 536 重型自行火炮团
第 11 集团军（6.5 万人，30 辆坦克）
第 53 步兵军
第 96 山地步兵师
第 369 步兵师
集团军直属部队
第 4 步兵师
第 96 步兵师
第 135 步兵师
第 197 步兵师
第 260 步兵师
第 273 步兵师
第 323 步兵师

第 225 坦克团

第 4 坦克集团军（625 辆坦克）

第 11 坦克军

第 20 坦克旅

第 36 坦克旅

第 65 坦克旅

第 12 摩托化步兵旅

第 1 493 重型自行火炮团

第 1 503 反坦克炮团

第 25 坦克军

第 111 坦克旅

第 162 坦克旅

第 175 坦克旅

第 20 摩托化步兵旅

第 1 497 反坦克炮团

第 30 坦克军

第 197 坦克旅

第 243 坦克旅

第 244 坦克旅

第 30 摩托化步兵旅

第 1 621 重型自行火炮团

第 6 近卫机械化军

第 16 近卫机械化旅

第 17 近卫机械化旅

第 49 机械化旅

集团军直属部队

第 28 坦克团

第 29 坦克团

第 56 坦克团

第 126 坦克团

第 127 坦克团

第 1 重型自行火炮团

第 51 近卫反坦克炮团

空中支援：空军第 11 集团军

布良斯克方面军（司令马尔基安·波波夫上将）
第 61 集团军
　　第 20 坦克军（184 辆坦克）
　　　　第 8 近卫坦克旅
　　　　第 80 坦克旅
　　　　第 155 坦克旅
　　　　第 7 近卫摩托化步兵连
　　　　第 1 419 重型自行火炮团
　　　　第 1 506 反坦克炮团
　　第 9 近卫步兵军
　　　　第 12 近卫步兵师
　　　　第 76 近卫步兵师
　　　　第 77 近卫步兵师
　　集团军直属部队
　　　　第 97 步兵师
　　　　第 110 步兵师
　　　　第 335 步兵师
　　　　第 415 步兵师
　　　　第 68 坦克旅
　　　　第 12 反坦克炮旅
　　　　第 26 近卫坦克团
　　　　第 36 坦克团
　　　　第 1 539 重型自行火炮团
第 3 集团军（司令戈尔巴托夫中将）
　　第 41 步兵军
　　　　第 186 步兵师
　　　　第 356 步兵师
　　集团军直属部队
　　　　第 269 步兵师
　　　　第 283 步兵师
　　　　第 342 步兵师
　　　　第 362 步兵师
　　　　第 308 步兵师
　　　　第 380 步兵师
　　　　第 82 坦克团

第 114 坦克团

第 1 538 重型自行火炮团

第 63 集团军（司令科尔帕克奇中将）

第 5 步兵师

第 129 步兵师

第 250 步兵师

第 287 步兵师

第 231 坦克团

第 1 425 重型自行火炮团

第 3 坦克集团军（司令帕维尔·雷巴尔科中将，战役后期获得近卫称号，改称第 3 近卫坦克集团）

第 12 坦克军（第 6 近卫坦克军）

第 30 坦克旅

第 97 坦克旅

第 106 坦克旅

第 13 摩托化步兵旅

第 15 坦克军（第 7 近卫坦克军）

第 96 坦克旅

第 105 坦克旅

第 113 坦克旅

第 17 摩托化步兵旅

第 7 近卫机械化军

第 24 近卫机械化旅

第 25 近卫机械化旅

第 26 近卫机械化旅

第 57 近卫坦克旅

空中支援：空军第 15 集团军

中央方面军（司令康斯坦丁·罗科索夫斯基大将，71.1 万人，11 000 门火炮，1 758 辆坦克）

第 13 集团军（司令普霍夫中将，11.4 万人，2 940 门火炮，270 辆坦克）

第 15 步兵军

第 8 步兵师

第 74 步兵师

第 148 步兵师

第 29 步兵军

第 15 步兵师

第 81 步兵师

第 307 步兵师

第 17 近卫步兵军

第 6 近卫步兵师

第 70 近卫步兵师

第 75 近卫步兵师

第 18 近卫步兵军

第 2 近卫空降师

第 3 近卫空降师

第 4 近卫空降师

第 254 步兵师

第 48 集团军（司令罗曼年科中将，8.6 万人，1 454 门火炮，178 辆坦克）

第 16 步兵师

第 73 步兵师

第 137 步兵师

第 143 步兵师

第 170 步兵师

第 202 步兵师

第 339 步兵师

第 2 反坦克炮旅

第 20 反坦克炮旅

第 45 坦克团

第 193 坦克团

第 229 坦克团

第 1 540 重型自行火炮团

第 70 集团军（司令加拉宁中将，9.6 万人，1 678 门火炮，125 辆坦克）

第 102 步兵师
第 106 步兵师
第 132 步兵师
第 140 步兵师
第 162 步兵师
第 175 步兵师
第 211 步兵师
第 280 步兵师
第 240 坦克团
第 251 坦克团
空中支援：空军第 16 集团军

库尔斯克北线德军部队序列

第 2 装甲集团军（司令鲁道夫·施密特上将，9.6 万人，100 辆突击炮）
第 35 步兵军
第 34 步兵师
第 36 步兵师
第 56 步兵师
第 262 步兵师
第 299 步兵师
第 53 步兵军
第 112 步兵师
第 208 步兵师
第 211 步兵师
第 293 步兵师
第 25 装甲掷弹兵师
第 55 步兵军
第 110 步兵师
第 134 步兵师
第 296 步兵师

第 321 步兵师
第 339 步兵师
集团军直属部队
第 707 步兵师
第 5 装甲师
第 8 装甲师
第 2 集团军
第 7 步兵军
第 26 步兵师
第 68 步兵师
第 75 步兵师
第 88 步兵师
第 323 步兵师
第 13 步兵军
第 82 步兵师
第 327 步兵师
第 340 步兵师
第 377 步兵师
集团军直属部队
第 202 突击炮营
第 559 坦克歼击营（“斐迪南”坦克歼击车）
第 616 坦克歼击营（“斐迪南”坦克歼击车）
第 9 集团军（司令莫德尔上将，33.5 万人，658 辆坦克，423 辆突击炮）
第 20 步兵军
第 45 步兵师
第 72 步兵师
第 137 步兵师
第 251 步兵师
第 23 步兵军
第 216 步兵师
第 383 步兵师
第 78 突击师
第 41 装甲军（军长哈佩上将）
第 86 步兵师
第 292 步兵师

第 18 装甲师
第 46 装甲军（军长佐恩上将）
第 7 步兵师
第 31 步兵师
第 102 步兵师
第 258 步兵师
曼托菲尔战斗群
第 47 装甲军（军长巴尔克上将）
第 6 步兵师
第 2 装甲师
第 9 装甲师
第 20 装甲师
第 505 独立重装甲营（“虎”式坦克）
集团军直属部队
第 203 警卫师
第 221 警卫师
中央集团军群直属部队
第 10 装甲掷弹兵师
第 4 装甲师
第 12 装甲师
总共 53 个师，其中部署在奥廖尔突出部的有 37 个师

▲ 布良斯克方面军司令波波夫上将。

的时间将取决于库尔斯克北线苏军中央方面军和德军第 9 集团军的作战情况。至 7 月 10 日，德军第 9 集团军的攻势已经被完全遏制，苏军最高统帅部意识到反攻的时机已经成熟。7 月 10 日前后，苏军情报部门又获悉，德军中央集团军群正在进行重组整编，特别是加强了库尔斯克北线苏军布良斯克方面军所在的正面地域的兵力部署。同时还发现德军第 9 集团军的装甲部队、炮兵和步兵正向博尔霍夫和奥廖尔方向调动，因此苏军中央方面军司令罗科索夫斯基大将判断，德军正在重建预备队，可能准备用来对布良斯克方面军发动进攻，或者是在苏军展开反攻时作

为遏止苏军突击的机动部队。所以他认为德军第 9 集团军在此前几天的作战中损失惨重，实力大减，无论如何都不可能在 7 月 12 日再发动新的进攻。

因此苏军应当抓住这个有利时机发动反攻，如果苏军能够抢先展开攻势，就能在德军新的预备队完成调整部署之前占得先机，那么对奥廖尔突出部的进攻就更有成功的把握。斯大林完全同意他的意见，因此命令西方方面军司令瓦西里·索科洛夫斯基大将和布良斯克方面军司令马尔基安·波波夫上将，7 月 12 日发起“库图佐夫”作战。

而在苏军发起反攻前夕的 7 月 10 日，德军第 2 装甲集团军司令鲁道夫·施密特上将因为牵涉到反对希特勒的密谋活动而被逮捕，由第 9 集团军司令莫德尔兼任第 2 集团军代理司令，这样高层指挥上的人事变动，无疑会导致德军在指挥上出现混乱，对于已经非常被动和困难的德军而言不啻于雪上加霜。

“库图佐夫”行动

7 月 11 日，苏军以 1 个加强营的兵力在 10 分钟的炮火急袭之后发动了战役侦察，以最后查清德军在主攻地段的兵力和火力配置。同时，苏军的炮兵大部分已经在 7 月 10 日前到达指定位置，而布置在最前沿的置瞄火炮则在 7 月 11 日夜间全部到位。至此，苏军的战役准备已经全部就绪。

7 月 12 日凌晨 3 时 20 分，苏军集中 3 000 门火炮进行大反攻前的炮火准备。苏军这次投入的炮兵力量非常雄厚，平均每个步兵团都能得到至少 4 个炮兵团的火力支援，在第 11 近卫集团军的进攻正面火炮密度更是达到了每千米200门！炮击整整持续了 160 分钟。6 时，苏军准时开始发起进攻，最先展开猛攻的是西方方面军的第 11 近卫集团军。由于炮火准备强度很大，对

▲ 苏军为反攻准备了强大的炮兵部队。

德军防御工事破坏很大，而且苏军集中兵力在狭窄地段突击，第 11 近卫集团军在 16 千米正面就投入了 6 个师，从而保证了突击正面的兵力火力密度，因此很快就突破了德军防线。

不过，苏军本来只是想展开局部攻势，为正面的中央方面军创造更有利的条件，没想到第 11 近卫集团军如此轻松就突破了德军防线，完全出乎苏军自己的预计，所以对这样的进展反而毫无相应的准备，后续部队没能及时跟进，扩张战果，错过了利用这一突破展开大纵深的推进。

倒是德军反应很快，中央集团军群司令克卢格立即判断出这不是苏军在防御中的反击，而是真正大规模的战略反攻，所以在 8 时就命令第 36 步兵师和集团军群直属的机动部队第 12 装甲师火速向北开拔，以封堵突破口。同时还组织其他担负预备队任务的部队向这一地区机动。

中午前后，第 36 步兵师和第 12 装甲师陆续赶到，投入了阻击苏军的战斗，但也实在有些杯水车薪的感觉，面对苏军强大的攻势，德军这么点兵力确实很难保持 270 千米战线的稳固防御，多处被苏军突破，整个防线已经支离破碎。看到如此严峻的形势，克卢格很清楚，光凭第 2 装甲集团军的力量已经根本无法抵抗苏军的攻势，而他手上已经没有多少预备队了，只能从第 9 集团军抽调 2 个装甲师、1 个坦克歼击营和相当数量的炮兵紧急赶来驰援，这样一来自然削弱了第 9 集团军的力量，但是克卢格已经别无选择，只能采取这样剜肉补疮的办法了。第 9 集团军司令莫德尔也很清楚，一旦苏军的反攻得手，就会给整个库尔斯克北线德军带来灾难性的后果，加上他又已经兼任了第 2 装甲集团军的代理司令，等于是两个重担一肩挑，所以他立即从第 9 集团军中抽调了第 2、第 12、第 18、第 20 装甲师等 4 个师紧急增援第 2 装甲集团军。

下午，第 11 近卫集团军司令巴格拉米扬中将开始投入第二梯队的步兵师以扩大突破口，同时命令第 1、第 5 坦克军开始向前机动，准备从突破口进入战斗。至天黑前，第 11 近卫集团军已经突入德军战线约 10 千米。第 5 坦克军虽然在傍晚时分投入战斗，但由于天黑前时间不多，德军的抵抗又相当顽强，所以第 5 坦克军的进展十分有限，没能突破德军的第二道防线。

▲ 德军坦克兵正在密切注视战场。

在西方方面军开始进攻后不久，布良斯克方面军的第 3、第 63 集团军也开始进攻了，不过这两个集团军的进攻远远没有第 11 近卫集团军那样顺利，遭到了德军的顽强抵抗，损失非常惨重，虽然突破了德军防线，但是代价极大。苏军有 60 辆掩护步兵冲锋的 KV 重型坦克被击毁，而德军仅仅损失了 3 门用来平射坦克的 88 毫米高射炮！

▲ 德军 35 军军长伦德里克。

苏军布良斯克方面军的进攻之所以如此不顺，主要原因是当面的德军第 35 军军长洛塔尔·伦德里克中将通过空中侦察和无线电监听准确判断出了苏军的主攻方向是在第 56 步兵师和第 262 步兵师的结合部，有的放矢地在这个地段集中了 24 个步兵营中的 6 个，42 个炮兵连中的 18 个以及 48 门 88 毫米高射炮中的 24 门，并精心构筑了防御工事，这些措施确实给苏军带来了极大困难。而伦德里克也因为这次防御作战表现出色而接任第 2 装甲集团军司令。

7 月 13 日，西方方面军的第 50 集团军在第 11 近卫集团军的右翼开始进攻。下午 14 时，第 11 近卫集团军的第 1 坦克军也投入了战斗，和昨天就已经参战的第 5 坦克军一起合力突破了德军的第二道防线。至 13 日日落时，西方方面军在奥廖尔北部的德军战线上撕开了一个纵深 25 千米，宽度也达到 15 千米的巨大突破口。

布良斯克方面军经过重新组织后，也在 13 日再次展开攻势，第 61 集团军开始从博尔霍夫东北发动主攻，但同样遭到了德军顽强抵抗，进展十分迟缓，因此布良斯克方面军司令波波夫不得不在当天下午将第 20 坦克军提早投入战斗——按照预定计划，第 20 坦克军是要等到步兵师在德军防线上打开了突破口之后再投入战斗，提早动用第 20 坦克军，说明步兵师的进攻已经难以取得突破，只能利用坦克部队的强大突击力来打开局面了。但第 20 坦克军进入战斗后，依然没能有大的起色，进展还是非常有限。在此情况下，波波夫只得连连向最高统帅部求援，请求将第 3 近卫坦克集团军划归布良斯克方面军指挥，利用装甲实力雄厚的这支精锐部队来突破德军防线。直到 13 日晚，斯大林才同意将第 3 近卫坦克集团军调归布良斯克方面军，但第 3 近卫坦克集团军还在后方，要赶到前线至少需要两天。在这两天时间里，还是要依靠布良斯克方面军自己的力量。虽然布良斯克方面军竭尽了全力，也只是缓慢逼退德军防线，而始终无法形成突破。

苏军的这次大规模战略反攻对德军确实是灾难性的，德军第 2 装甲集团军在 7 月 13 日的战报里说："东部战场的宽大战线上，在过去的 48 小时里发生了根本转变，作战的重点转到了第 2 装甲集团军，这里的危机不断发展，而且出乎意料得快。"

7月15日，奥廖尔突出部的战斗规模进一步扩大，苏军中央方面军的右翼部队第13、第48、第70集团军和第2坦克集团军也开始转入了反攻。德军进行了极其顽强的抵抗，还采取了新的机动防御战术——在一批部队进行防御作战的同时，另一批部队就在防线后方5—8千米处选择有利地形，组织新的防线，并不断以坦克部队实施反击。这些新战术使苏军进展迟缓，而且伤亡很大，加上中央方面军的部队在此前的防御作战中损失很大，还没有得到重组的补充，也没有足够的休整，攻击略显疲态，无法在短时间里一举突破德军防线，但也迫使德军步步后退。

在地面激战的同时，空中的争夺也同样激烈。从7月12日起，苏联空军在库尔斯克北线地区每天的战机出动强度都超过了2 000架次。在16日和17日，空战更是达到了白热化的程度，最终苏军牢牢掌握了战场制空权。由法国飞行员组成的“诺曼底”飞行大队也参加了库尔斯克北线空战。至7月底，“诺曼底”飞行大队就取得了击落德机30架的战绩，但自身也付出了不小代价，包括大队长让·路易·蒂兰少校和副大队长阿尔贝尔·利托尔夫上尉等一批飞行员牺牲。至8月初，苏联空军的出动数量进一步提高，仅仅是支援布良斯克方面军和中央方面军的第15、第16空军集团军在五天时间里就出动了9 800架次。

7月16日，莫德尔预见到奥廖尔突出部肯定无法坚守，如果坚持死守，不但依旧保不住奥廖尔突出部，还会搭进去更多的有生力量，就向希特勒请求撤退到“哈根”防线，但被希特勒拒绝。

7月19日，第3近卫坦克集团军终于赶到了前线，司令雷巴尔科中将对战场局势进行了分析，决定不从第3和第63集团军的进攻地段上投入战斗，而是在奥廖尔以东的奥特拉达、普罗塔索沃一线发起进攻，这样可以出其不意，用战术上的突然性来弥补炮兵和工兵不足带来的影响。第3近卫坦克集团军第12和第15坦克军的进攻正遇到了德军第9集团军赶来增援的第2、第8装甲师，双方展开了激战，苏军在强大的空中掩护下，至19日天黑前已经向德军战线纵深推进约12千米，虽然第15坦克军被德军第8装甲师的反击所阻止，但第12坦克军依然还在向纵深挺进，战果最大的是第

▲ 奥廖尔街道上的德军坦克。

▲ 奔向战斗机紧急起飞的苏军飞行员。

7 近卫机械化军，他们的进攻正好是德军防线的薄弱之处，因此推进非常顺利。

当天，除了第 3 近卫坦克集团军的进攻卓有成效。苏军其他部队也都有很大进展，第 11 近卫集团军已经突入德军战线 70 千米，进抵霍特涅茨，切断了德军在奥廖尔突出部最重要的交通线——从奥廖尔到布良斯克的铁路干线！第 61 集团军也逼近博尔霍夫。

20 日，由于第 3 近卫坦克集团军在奥列申河防线中段的成功突破，为苏军攻占姆岑斯克创造了极为有利的条件。当晚，布良斯克方面军直属的第 283 步兵师和第 384 步兵师解放姆岑斯克，彻底切断了奥廖尔至姆岑斯克的公路、铁路交通，并占领了奥卡河渡口。

此后，第 3 近卫坦克集团军的进攻遭到了德军越来越顽强的抵抗，雷巴尔科几次试图从德军防线上寻找弱点进行突击的努力都落空了，所以原本应该进行大纵深穿插突击的坦克部队，只能进行代价高昂的正面强攻。

不过在其他方向，苏军的西南方面军、列宁格勒与沃尔霍夫方面军分别于 7 月 17 日和 22 日先后转入了反攻。而在德军后方的游击队也日益活跃，仅仅奥廖尔州游击队在 7 月 22 日—8 月 1 日的十天时间里就炸毁了 7 500 根铁轨，极大影响了德军的人员和物资运输。

面对越来越恶化的局势，莫德尔和克卢格只得硬着头皮再向希特勒请求，这次他们不敢直接请求撤退，而是很策略地请求允许“弹性防御”，但还是没有得到希特勒的批准。

▲ 手持波波沙冲锋枪的游击队员。

7 月 26 日，苏军西方方面军又投入了雪藏多时的预备队——第 4 坦克集团军，这支装甲铁拳在这个时候进入战场，对本来已经左支右绌的德军来说，更是致命的。仅仅一天时间，第4坦克集团军就推进到距离奥廖尔至布良斯克铁路干线10千米的地方，德军第23步兵军和第41装甲军拼尽全力才稍微延缓一下第4坦克集团军狂飙突进的迅猛势头。

▲ 正向德军后方发起袭击的苏联游击队。

鉴于意大利方向急需部队，苏德战场的局势也已经一落千丈，7月27日，希特勒不得不决定放弃奥廖尔突出部，这对于向来要求战至一兵一卒也决不后退的希特勒来说，简直是破天荒的，这也说明了德军当时的情形已经窘迫到何等地步。7月28日，德军最高统帅部下达了放弃奥廖尔突出部的正式命令。

从7月30日起，德军开始从奥廖尔突出部后撤，同时在退却过程中采取了极其残酷的“焦土政策”——破坏一切工业设施，炸毁一切建筑，烧毁一切农作物，并胁迫25万苏联平民一起撤退。苏军很快判明德军开始全线后撤，苏军最高统帅部随即命令在敌后的游击队，采取一切可能的措施延缓迟滞德军后退。游击战中央司令部根据最高统帅部的这一命令，立即命令白俄罗斯、列宁格勒、加里宁、斯摩棱斯克和奥廖尔地区的游击队发起了针对铁路运输的大规模破坏和袭击。8月4日，德军最高统帅部的作战日志就写道：“东线铁路运行由于路轨遭到破坏而经常中断，其中，在中央集团军群的地域，仅8月3日就发生了75次重大破坏事件和1 800次爆破破坏，这直接导致了中央集团军群地域的铁路运行从8月4日中断8小时。”

▲ 德军在撤离前进行了彻底破坏，奥廖尔成为一片火海。

同一天，苏军对库尔斯克北

线部队的指挥序列进行了大调整，将原来西方方面军的第 11 近卫集团军、第 11 集团军和第 4 坦克集团军划归布良斯克方面军，原来布良斯克方面军的第 3 近卫坦克集团军则划归中央方面军，要求布良斯克方面军和中央方面军发起钳形攻势，夹击退却的德军。

8 月 1 日，即便德军主动撤退也未能扭转被动，德军中央集团军群司令克卢格在作战日志中无奈地写道："集团军群司令部清楚地认识到，原来准备在撤退过程中突击敌军的企图，现在已经不可能实现，因为部队的作战能力在下降，而且官兵疲惫不堪。"

当天，苏军布良斯克方面军的第 3 集团军在德军防线上扯开了一个大缺口，突入德军防线纵深达到 14 千米，从西北方向包围了奥廖尔，并迫使在奥廖尔东北部的德军于当晚开始后撤。

8 月 2 日，苏军第 3 集团军继续向德军纵深挺进，主力已逼近涅波洛基河，虽然遭到了德军顽强防御，进展不得不放缓，但仍有部分部队继续向奥廖尔市区方向推进。

8 月 3 日，苏军布良斯克方面军的第 5、第 129、第 380 步兵师和第 17 近卫坦克旅等几支部队都已抵达了奥廖尔的近郊，已经能够从望远镜里看得到德军撤退前夕烧毁房屋建筑破坏工业设施所造成的烈焰浓烟。当晚，苏军开始向奥廖尔市区发起进攻，德军一路败退，一路破坏、烧毁建筑和市政、工业设施，并大量埋设地雷。

8 月 4 日，苏军第 269、第 308 步兵师首先攻入奥廖尔，和德军展开了激烈巷战，至黄昏前已经占领了奥廖尔东半部市区，并进抵奥卡河。8 月 5 日，苏军完全解放奥廖尔，但此时这座在战前拥有十万人口，曾是著名的工业城市和铁路枢纽，已经满目疮痍，遍地残垣断壁，所有的工业和铁路设施全部荡然无存。战后奥廖尔重建，在市中心建立了奥廖尔解放者苏军第 308 步兵师师长古尔基耶夫上校

▲ 第一个冲进奥廖尔的鲍里斯诺夫中尉。

▲ 进入奥廖尔的苏军坦克。

的纪念碑，并以他的名字命名了街道和公园，还命名了在解放奥廖尔战斗中荣获苏联英雄称号的舒利金大街，并建立了坦克兵公园，在公园里树立了坦克纪念碑，碑石上镌刻着在奥廖尔战斗中牺牲的坦克兵姓名，碑前是熊熊燃烧的长明火。8 月 10 日，苏军又解放了霍特涅茨。

至 8 月 17 日，德军在半个月的时间里连续后撤了约 100 千米，完全放弃了奥廖尔突出部，退至北起基洛夫，南到欧尔罗夫斯基的“哈根”防线。至此苏军在奥廖尔突出部地区进行的代号“库图佐夫”行动的战略反攻也落下了帷幕。

苏军此次在奥廖尔突出部地区的优势其实要比 1942 年在斯大林格勒更为明显，但却没能像在斯大林格勒那样上演围歼德军重兵集团的场景，主要是莫德尔这位被誉为“防御大师”的高超指挥，以及德军预先构筑的坚固防御工事可以依托。

最终苏军这场大反攻，将德军防线向西逼退了 150 千米，彻底消除了被纳粹德国宣传部长戈培尔称为“刺向莫斯科的匕首”的奥廖尔突出部，并击溃德军 15 个师。德军重兵集团虽然没有遭到围歼，也没有成建制的部队损失，但伤亡仍然非常惨重，损失高达 12 万人以上，几乎相当于中央集团军群总兵力的五分之一，这样巨大的损失是德军无法弥补的。

朱可夫制定的反攻计划

7 月 12 日，苏军在库尔斯克北线发起了战略大反攻“库图佐夫”行动，同一天，在库尔斯克南线则爆发了普罗霍罗夫卡坦克大战。

7 月 13 日，希特勒将中央集团军群司令克卢格和南方集团军群司令曼施坦因都召到“狼穴”，举行军事会议，中心议题就是库尔斯克战役，希特勒提出终止战役，克卢格表示同意，但曼施坦因认为苏军在 12 日的普罗霍罗夫卡坦克大战中损失惨重，预备队已经消耗殆尽，如果这时终止战役，那么前面的一切努力就都白费了，因此他要求在南线继续进攻。会议最后决定，北线终止进攻，南线则继续发动攻势。但至 7 月 17 日，南线德军的最后努力“罗兰”进攻也基本被苏军挫败，德军只得逐步撤回到别尔哥罗德一线——曼施坦因根本不知道，在沃罗涅日方面军的后面，还有实力雄厚的草原方面军，总兵力 57.3 万人，拥有 8 510 门大炮和迫击炮，1 639 辆坦克和自行火炮。

苏军尾追德军进至别尔哥罗德一线，至 7 月 23 日，战斗逐渐平息。这时斯大林就提出苏军应当立即发动战略大反攻，因为他认为南线德军 7 月下半月就陆续抽调部队增援顿巴斯和奥廖尔方向，从 7 月初的 21 个师减少到了 18 个师，而且很多师都在不久前的库尔斯克作战中损失惨重，尚未得到补充，整体实力已经大为削弱。到 8 月初，在别尔哥罗德—哈尔科夫地区的德军总兵力约 30 万人，火炮和迫击炮约 3 000 门，坦克和突击炮约 600 辆，空中支援力量也就只有第 4 航空队的约 1 000 架作战飞机。而苏军沃罗涅日方面军和草原方面军加在一起，总兵力约 98 万人，火炮和迫击炮 1.2 万门，坦克和自行火炮约 2 400 辆，担负空中支援的第 2 和第 5 空军集团军共有 1 300 架作战飞机，必要时还能得到远程航空兵、国土防空军和第 17 空军集团军的部分飞机支援。两相对比，苏军和德军在兵力上是 3:1，火炮是 4:1，坦克是 4:1，飞机是 1.3:1，所以苏军应当抓住这个时机，发动反攻，不给德军以喘息之机。

朱可夫是 7 月 12 日来到库尔斯克南线，和沃罗涅日方面军司令瓦杜丁、草原方面军司令科涅夫进行了充分沟通，还视察了多支部队，所以对情况比较了解。他认为立即发动反攻的条件并不成熟，别尔哥罗德—哈尔科夫地区是进出乌克兰的咽喉要道，同时又是顿巴斯方向的战略屏障，在整个东线战场上具有很高的战略价值，所以德军必然会全力坚守，而且目前德军已经在这一地区构筑了坚固完备的防御体系，在别尔哥罗德方向是纵深约 18 千米的两道防线，而在哈尔科夫方向更是达到了纵深约 90 千米的五道防线。苏军方面，虽然草原方面军除了第 5 近卫坦克集团军以外，其他部队都没有参战，齐装满员，但是沃罗涅日方面军已经连续作战近 20 天，人员和装备的损失相当严重，迫切需要时间补充和休整。何况，集中两个方面军近百万人实施的大反攻，也需要充分周密的计划和准备，如果贸然发起进攻，必然重蹈普罗霍罗夫卡坦克大战的覆辙，即便占据压倒性优势，也未必能够赢得胜利。斯大林最终接受了朱可夫的意见，不过他把朱可夫要求推迟 20 天打了个对折，只同意推迟 10 天。

▲ 苏军坦克正在加油。

和北线的“库图佐夫”行动

▲ 朱可夫正和苏军将领一起研究作战计划。

计划从两个月之前就已经开始制定不同，南线的反攻计划直到现在才刚刚开始制定。幸运的是，南线反攻计划的主要制定者也是朱可夫，他的这次反攻计划目标就是收复别尔哥罗德和哈尔科夫两处重镇。作为苏军最著名的战神，一出手果然不凡，他以草原方面军负责正面强攻别尔哥罗德—哈尔科夫轴线，沃罗涅日方面军则从德军第4装甲集团军和肯普夫战役集群的结合部突破，将德军战线一切为二，随后向西迂回哈尔科夫，同时西南方面军也将派出第57集团军和第1近卫集团军在哈尔科夫的东北方向发动进攻，从而对哈尔科夫形成三面围攻之势，最终收复哈尔科夫。战役代号“鲁缅采夫”行动。在历史上，鲁缅采夫的军事思想就是以强调正面强攻和侧翼突击相结合见长，而苏军在库尔斯克南线的大反攻也正是采取正面强攻和侧翼迂回突击相结合的战术，所以就用“鲁缅采夫”来作为战役的保密代号。

这个计划最关键的重头戏将由沃罗涅日方面军来承担，先以第5近卫集团军担负主攻，在德军战线上撕开突破口，然后第1坦克集团军和第5近卫坦克集团军从突破口进入战斗，这两支装甲矛头在突破当面德军之后就向左回旋，对哈尔科夫形成双层迂回。这是整个反攻计划成功的关键，而这两个坦克集团军在此前的战斗中都已经损失很大，所以朱可夫要求最高统帅部对这两个坦克集团军优先进行补充，至8月3日前，第1坦克集团军就得到了200辆新坦克，再加上修复的战损坦克，第1坦克集团军的实力迅速回升到742辆坦克和24辆自行火炮，同时第5近卫坦克集团军的实力也恢复到503辆坦克和40辆自行火炮。

▲ 沃罗涅日方面军司令瓦杜丁和军事委员赫鲁晓夫。

第5近卫集团军的右翼是第6近卫集团军和第27集团军，左翼则是第38集团军和第40集团军，两翼都配置有2—3个坦克军，攻击力量同样不容小觑。

鲁缅采夫

▲ 鲁缅采夫。

彼得·鲁缅采夫，俄罗斯帝国的陆军元帅。1725 年出生在彼得堡，他的家族是军人世家，祖上出过多位将军。受家庭的熏陶和影响，鲁缅采夫 6 岁从军，15 岁就担任军官。18 岁时参加俄瑞战争，已经是步兵团的上校团长。1748 年参加奥地利王位继承战争，1755 年 30 岁时就晋升为少将。七年战争（1756—1763 年）时期先后任旅长、师长，在 1757 年七年战争的大耶格尔斯多夫战役中反败为胜，全歼普鲁士军而一战成名。在 1768—1774 年的俄土战争中，鲁缅采夫担任集团军司令，于 1770 年 45 岁时晋升元帅。他数次率处于劣势的俄军以少胜多大败土军，迫使土耳其签订《小凯纳尔贾和约》，鲁缅采夫也因此获得“扎杜奈斯基”（直意为外多瑙河胜利者）称号。

1775 年任小俄罗斯总督兼重骑兵司令。1787—1791 年俄土战争期间，再度担任集团军司令，但因为与总司令波将金意见相左，1789 年从前线被召回。1794 年第三次瓜分波兰期间，与苏沃洛夫共同拟定作战计划，任侵波俄军总司令，但因年迈未到职。他继承和发展了彼得一世进攻作战的思想，不拘泥于传统的线式战术，重视建立和使用预备队，强调正面强攻和侧翼突击相结合以及诸兵种密切协同。著有《指南》《军规》等。

1796 年去世。

鲁缅采夫的军事思想对后世的亚历山大·苏沃洛夫、米哈伊尔·库图佐夫等俄国将领均有重大影响。

▲ 第 5 近卫坦克集团军司令罗特米斯特罗夫和第 5 近卫集团军司令扎多夫。

担负正面强攻的草原方面军，从左到右依次展开了第 53、第 69 集团军和第 7 近卫集团军，要突破德军坚固防御，对于只拥有唯一的一支装甲部队第 1 机械化军的草原方面军来说，绝不是一个轻松的任务。

面对德军平均每个师防御正面为 16 千米，朱可夫采取的是最典型的“牛刀杀鸡”战术。在

苏军“鲁缅采夫”行动参战部队

沃罗涅日方面军（司令尼古拉·瓦杜丁大将，44.5 万人，2 046 辆坦克，65 辆自行火炮）

- 第 5 近卫集团军（司令扎多夫中将，8 万人，185 辆坦克）
- 第 1 坦克集团军（司令卡图科夫中将，4 万人，724 辆坦克，24 辆自行火炮）
- 第 5 近卫坦克集团军（司令罗特米斯罗特中将，3.7 万人，503 辆坦克，40 辆自行火炮）
- 第 6 近卫集团军（司令奇斯佳科夫中将，8 万人，155 辆坦克）
- 第 27 集团军（司令卡沙克夫中将，7 万人，92 辆坦克）
- 第 38 集团军（司令奇比索夫中将，6 万人，150 辆坦克）
- 第 40 集团军（司令莫斯卡连科中将，7.7 万人，237 辆坦克）

草原方面军（司令科涅夫大将，19.38 万人，324 辆坦克）

- 第 53 集团军（司令马纳加罗夫中将，6.5 万人，78 辆坦克）
- 第 69 集团军（司令克留乔金中将，5.2 万人，）
- 第 7 近卫集团军（司令舒米洛夫中将，7.68 万人，246 辆坦克）

西南方面军（司令马利诺夫斯基大将）

- 第 57 集团军
- 第 1 近卫集团军

空中支援

- 空军第 2 集团军（司令克拉索夫斯基中将，600 架飞机）
- 空军第 5 集团军（司令戈留诺夫中将，700 架飞机）

第 5 近卫集团军、第 1 坦克集团军和第 5 近卫坦克集团军的主攻地段，投入了 3 500 门火炮和 1 300 辆坦克，达到了平均每千米 216 门火炮和 81 辆坦克的密度。

在 7 月 23 日—8 月 3 日这 10 天中，苏军除了制定并完善了作战计划，补充兵员装备，还囤积了大量作战物资，足够 12 天使用的弹药和燃料以及 8 天的粮食。

朱可夫还非常重视保密和以假情报欺骗、迷惑德军，苏军在苏吉地区精心准备了坦克集团军集结的假象，德军果然对这一地区极为关注，不断派侦察机和轰炸机对这一地区进行侦察和轰炸，甚至“鲁缅采夫”行动开始后，依然在这一地区布置了大量兵力。另外，德军也认为苏军在普罗霍罗夫卡坦克大战中损失惨重，沃罗涅日方面军可以说是元气大伤，至少在 8 月底之前是不可能发动进攻的，思想上比较麻痹大意，所以对苏军即将开始的大反攻毫无察觉。

“鲁缅采夫”行动

8 月 3 日清晨 5 时，苏军数千门火炮同时开火，密集的炮弹如雨点般落在德军阵地上，猛烈的炮火准备整整持续了 2 小时 55 分钟。当苏军以一轮喀秋莎火箭炮齐射作为炮击结束后，7 时 55 分，步兵和坦克的协同攻击就紧接着在 40 千米的正面战线上开始了。由于苏军的炮火准备相当有效，德军一线工事大部分被摧毁，士兵们也完全被如此强度的炮击所打懵，几乎丧失了抵抗的能力。

苏军主攻的第 5 近卫集团军兵分两路，左翼为第 33 近卫步兵军，在第 28 和第 57 重型坦克团、第 1 440 和第 1 549 自行火炮团的支援下，猛攻德军第 167 步兵师和第 332 步兵师的结合部，很快就突破德军第一道防线，并于 9 时 30 分强渡沃斯克拉河，至中午前后就突破了德军第二道防线，跟在第 33 近卫步兵军后面的第 5 近卫坦克集团军随即开始进入突破口。

在右翼的第 32 近卫步兵军，在第 93 坦克旅和第 1 547 自行火炮团的支援下，攻击德军第 332 步兵师 164 步兵团的阵地，迅速击溃了德军第 164 步兵团，至中午前后也突破了德军的第二道防线，在第 32 近卫步兵军后面跟进的第 1 坦克集团军也从突破口进入战斗。

当天，第 5 近卫集团军就成功突破德军防线，突入德军纵深 8—14 千米，为两个坦克集团军打开了向纵深突进的通道，第 1 坦克集团军和第 5 近卫坦克集团军都顺利通过突破口，向德军纵深推进。第 5 近卫坦克集团军的进展更为神勇，至当天日落时分就已经突入德军纵深 26 千米。

▲ 正在向前线开进的苏军炮兵部队。

在第 5 近卫集团军右翼的第 6 近卫集团军也于当天突破了德军防线，击溃了当面德军第 676 步兵团，但随即遭到了德军第

苏军第 5 近卫集团军作战序列

- 第 5 近卫集团军（司令扎多夫中将）
  - 第 32 近卫步兵军（军长罗季姆采夫少将）
    - 第 13 近卫步兵师
    - 第 66 近卫步兵师
    - 第 6 近卫空降师
  - 第 33 近卫步兵军（军长波波夫少将）
    - 第 42 近卫步兵师
    - 第 95 近卫步兵师
    - 第 97 近卫步兵师
    - 第 9 近卫空降师
  - 第 10 坦克军（军长希尔科夫少将）
    - 第 118 坦克旅
    - 第 183 坦克旅
    - 第 11 摩托化步兵旅
    - 第 1 450 自行火炮团
    - 第 727 反坦克炮团
    - 第 281 迫击炮团
    - 第 1 693 高射炮团

255 步兵师和第 503 独立重装甲营“虎”式坦克的反击，进攻受阻。尽管随后苏军投入了第二梯队的第 90 近卫步兵师和第 5 近卫坦克军，但由于德军的抵抗越来越强，第 6 近卫集团军至天黑前也没能突破德军的第二道防线。

▲ 科涅夫。

在第 5 近卫集团军左翼的草原方面军的第 53 集团军也于 8 时开始进攻，在中午前后突破了德军的第一道防线。但是草原方面军进攻的别尔哥罗德—哈尔科夫方向是德军防御的重点地区，本来就构筑有坚固的防御体系，而且在战斗打响后，德军立即将第 6 装甲师紧急调往这一方向，协助原来在这里守备的第 167 步兵师加强防御，因此苏军的进攻遇到了很大阻力，每个阵地都要经过反复争夺。草原方面军司令科涅夫见战局陷入胶着，不得不提前将方面军所属的唯一一支装甲部队第1机械化军投入战斗。第1机械化军果然不负众望，打开了苏军的进攻局面，至当天日落前，第53集团军已经突入德军防线8千米。

“鲁缅采夫”行动第一天，苏军主攻方向的第5近卫集团军打开了突破口，从而保障第1坦克集团军和第5近卫坦克集团军从突破口进入战斗，向德军纵深发展进攻，特别是第5近卫坦克集团军仅仅半天时间就已经突入德军纵深26千米。在两翼的第6近卫集团军和第53集团军虽然进展没有第5近卫集团军这么大，但也都突破了德军的第一道防线，同时给予了当面德军第167、第332步兵师以重创。对于这样的战果，朱可夫感到相当满意——对于德军在库尔斯克战役中的进攻表现，苏军第一天的进展确实非常不错了。但是，朱可夫同时也意识到，第一天能取得这样大的进展，主要是进攻的突然性，打了德军一个猝不及防，现在德军肯定已经基本搞清楚了状况，会调集预备队前来增援，并调整部署加强防御，这样的话，苏军在进攻的第二天8月4日能否继续取得令人满意的进展，朱可夫是有所担心的。

8月4日凌晨4时，苏军开始了猛烈的炮火准备，半小时的炮击之后，苏军又开始了第二天的进攻。第32近卫步兵军猛攻德军第164步兵团的防线，但此时德军的增援部队第19装甲师的第73装甲掷弹兵团和侦察营都已经赶到了，因此德军的力量大为增强。苏军第32近卫步兵军第66、第97近卫步兵师的进攻接连受挫，只推进了1 500米就再难往前推进了。只有第13近卫步兵师的进攻比较顺利，配合第1坦克集团军一路进军，切断了托玛洛夫卡到别尔哥罗德的公路，并从南面逼近了托玛洛夫卡。

第33近卫步兵军仍在第4装甲集团军和肯普夫战役集群的结合部继续发展进攻，将德军第19装甲师的第4装甲掷弹兵团和第167步兵师的残部驱离托玛洛夫卡到别尔哥罗德的公路。

▲ 搜索前进的苏军。

第1坦克集团军以第6坦克军从北面、第5近卫坦克军从东北正面进攻托玛洛夫卡，第3机械化军则从东南方向迂回托玛洛夫卡。德军拼尽全力顶住了第6坦克军和第5近卫坦克军的正面进攻，但苏军第3机械化军的迂回却大获成功，一天就突进了20千米。第1坦克集团军司令卡图科夫中将立即抓住战机，将第31坦克军也投入到这个方向，从而对德军第19装甲师、第255、第332步兵师形成了合围态势。

▲ 苏军步兵伴随KV1坦克冲向德军阵地。

第5近卫坦克集团军从凌晨5时开始进攻，由于该集团军前一天突入德军纵深达26千米，已经把第5近卫集团军的步兵远远拉在10千米之外，所以今天的进攻完全是由坦克部队来实施。至上午9时，第一梯队的第18、第29坦克军遇到了赶来堵塞苏军突入的德军第6装甲师，德军充分利用河流和村庄的地形，并在空军的有力支援下，将苏军两个坦克军的推进成功遏制。第5近卫坦克集团军司令罗特米斯特罗夫中将于是决定将第二梯队的第5近卫机械化军从德军左翼展开迂回突击，但却接到了沃罗涅日方面军司令瓦杜丁的命令。鉴于草原方面军的第53集团军对别尔哥罗德屡攻不下，所以瓦杜丁命令第5近卫机械化军转到第53集团军方向，从西面向别尔哥罗德展开进攻。天黑后，罗特米斯特罗夫得知第1坦克集团军取得了突破，便决定第18坦克军迅速从第1坦克集团军的突破地段通过，向德军左翼迂回，第29坦克军则在正面继续牵制吸引德军，然后配合迂回的第18坦克军夹击当面德军。

▲ 苏军坦克驶过德军坦克残骸。

从8月5日天亮开始，苏军第5近卫集团军的第32近卫步兵军和第5近卫坦克军，以及第6近卫集团军的第52近卫步兵军对托玛洛夫卡展开围攻，德军在托玛洛夫卡地区有第255、第332步兵师和第19装甲师的主力，在兵力上明显处于劣势，但德军凭借坚固工事，拼死抵抗，使得苏军每前进一步都要付出

苏军第 1 坦克集团军作战序列

第 1 坦克集团军（司令卡图科夫中将）
- 第 6 坦克军（军长格特曼少将）
  - 第 22 坦克旅
  - 第 112 坦克旅
  - 第 200 坦克旅
  - 第 6 摩托化步兵旅
  - 第 1 461 自行火炮团
  - 第 538 反坦克炮团
  - 第 1 008 反坦克炮团
  - 第 270 迫击炮团
- 第 31 坦克军（军长切尔尼琴科少将）
  - 第 100 坦克旅
  - 第 237 坦克旅
  - 第 242 坦克旅
- 第 3 机械化军（军长克里沃舍因少将）
  - 第 1 机械化旅
  - 第 3 机械化旅
  - 第 10 机械化旅
  - 第 1 近卫坦克旅
  - 第 49 坦克旅
  - 第 35 反坦克炮团
  - 第 265 迫击炮团
- 第 5 近卫坦克军（军长克拉夫琴科少将，7 月 8 日转隶第 1 坦克集团军）
  - 第 20 近卫坦克旅
  - 第 21 近卫坦克旅
  - 第 22 近卫坦克旅
  - 第 6 近卫摩托化步兵旅
  - 第 48 近卫坦克团
  - 第 1 499 反坦克团
  - 第 454 迫击炮团
  - 第 1 696 高射炮团
- 集团军直属部队
  - 第 309 步兵师

第 8 高射炮师
第 86 独立坦克旅
第 180 独立坦克旅
第 192 独立坦克旅
第 33 加农炮旅
第 27 反坦克炮旅
第 59 独立坦克团
第 60 独立重型坦克团
第 36 近卫迫击炮团
第 316 近卫迫击炮团
第 4 近卫反坦克炮团
第 12 反坦克炮团

很大代价。至 5 日黄昏，苏军才攻到了托玛洛夫卡北郊约 4 千米的地方，但随即被德军第 503 独立重装甲营的“虎”式坦克发起的反击所阻。在所有的苏军部队中，只有第 32 近卫步兵军的第 13 近卫步兵师不但已经深深地突破德军防线，而且开始向右回转，直接威胁德军在托玛洛夫卡防线的后方。

同时，第 1 坦克集团军在 8 月 5 日的进展也很成功，至黄昏前后已经进抵克里莫夫，切断了德军托玛洛夫卡守军向南后撤的退路。

第 5 近卫坦克集团军则向德军左翼进行了大纵深的大迂回，德军发现了苏军第 5 近卫坦克集团军的迂回行动，只能通过拉长防线来阻止苏军的迂回，但这需要大量的兵力，而这恰恰是德军眼下最缺乏的，因此随着防线逐渐延伸，防御也越来越弱，根本无法阻挡德军的突破。至傍晚时分，第 5 近卫坦克集团军已经完成了大迂回，威胁到了德军第 19 装甲师和第 167 步兵师的侧后。

▲ 西方方面军司令科涅夫。

面对如此危急的局面，德军肯普夫战役集群却已经没有任何预备队可以来挽回，距离最近的援军第 3 装甲师也至少在一天的路程之外，显然已经远水救不了近火了。

同时，苏军最外侧的两翼部队第 27、第 40 集团军从 5 日凌晨发起的进攻也卓有成效。左翼的第 27 集团军突破了德军的防线，并接连击退了德军几次反击，从西面逼近了托玛洛夫卡。右翼的第 40 集团军在 5 日的进攻中，仅仅只用了 3 小时就突入德军防线 4 千米，为跟进扩张战果的第 2 坦克军打开了通道，第 2 坦克军随即进入突破口，一下又向德军防线突进了 8 千米，迫使德军第 48 装甲军不得不将预备队第 7 装甲师调到这一地区，来反击苏军咄咄逼人的攻势。

在沃罗涅日方面军取得一连串进展的时候，草原方面军的表现却相形见绌，不过这也情有可原，毕竟草原方面军原来进攻最锐利的装甲铁矛第 5 近卫坦克集团军已经划归沃罗涅日方面军，以至于草原方面军自己只剩下第 1 机械化军这唯一的装甲力量。而且由于德军的顽强抵抗，不得不在 8 月 4 日就提前动用了第 1 机械化军，但依然无法突破德军的防线。草原方面军司令科涅夫只好向朱可夫求援，请求增派装甲部队。4 日晚，朱可夫同意将第 6 近卫机械化军从第 5 近卫坦克集团军中调出，划归草原方面军。

得到了这支装甲力量后，科涅夫的底气自然壮了不少。在 5 日的进攻中，他以第 53、第 69 集团军从正面，第 7 近卫集团军从东面进攻别尔哥罗德，而真正的打击铁拳则是第 5 近卫机械化军从西南方向的大迂回。尽管德军的防御还是非常顽强，但从正面强攻的第 53、第 69 集团军还是缓慢地逼近了别尔哥罗德，第 7 近卫集团军也强渡北顿涅茨河，从东面威胁别尔哥罗德。当德军发现苏军第 5 近卫机械化军的大迂回之后，曼施坦因立即意识到如果不当机立断放弃别尔哥罗德，那么在这一地区的德军将全部落入苏军的包围，于是他马上下令放弃别尔哥罗德，向哈尔科夫撤退。

8 月 5 日晚 18 时，苏军解放了别尔哥罗德，但在这一地区的德军却得以逃出了苏军的包围，有序地撤向哈尔科夫。8 月 5 日，苏军在库尔斯克北线解放了奥廖尔，在南线则解放了别尔哥罗德。消息传到莫斯科，斯大林下令在红场以 120 门礼炮鸣放 12 响以示庆贺，这也是苏联在战争中首次以鸣放礼炮的形式来庆贺苏军的胜利，此后这也就成了苏联一项惯例，正所谓先例既开，来日方长！

▲ 被苏军击毁的德军坦克残骸和德军士兵的尸体。

至 8 月 6 日，“鲁缅采夫”行动第一阶段胜利结束，别尔哥罗德和托玛洛夫卡都已落入苏军

▲ 苏军反坦克小组，旁边是被击毁的德军 III 号坦克。

之手，尽管没能大量歼灭德军有生力量，但战场态势还是在向苏军越来越有利的方向发展。朱可夫随即命令进入第二阶段战斗，草原方面军继续从正面进攻哈尔科夫，沃罗涅日方面军以步兵尽快解决被围的德军残部，装甲部队则继续向德军纵深突进，从西面迂回哈尔科夫。

高歌猛进中隐藏的危机

8 月 6 日清晨，在猛烈炮火准备后，苏军沃罗涅日方面军的左翼第 27 集团军首先发起了进攻，压迫德军第 57 步兵师和第 11 装甲师步步后退，尽管德军第 11 装甲师多次组织反击，但都未能阻止苏军的挺进。

天黑前，苏军西南方面军的第 57 集团军第 4 近卫坦克军的第 13 近卫坦克旅强渡佛斯卡拉河，并在对岸建立了一个桥头堡，德军随后对这个桥头堡发动了多次反击，都被苏军击退。与此同时，沃罗涅日方面军的第 6 近卫集团军第 32 近卫步兵军在第 1 坦克集团军第 31 坦克军的支援下切断了托玛洛夫卡以南的公路。这样一来，德军刚刚从托玛洛夫卡一线后撤的第 57、第 255、第 332 步兵师和第 19 装甲师都落入了苏军的合围。

第 1 坦克集团军除了第 31 坦克军支援第32近卫步兵军外，第 6 坦克军和第 3 机械化军在第 5 近卫集团军的配合下继续向德军纵深快速挺进，至 6 日黄昏前就已经突入德军防线纵深 50 千米。

▲ 苏军步兵、坦克兵协商作战计划。

从 7 日凌晨开始，苏联空军就对陷入重围的德军部队进行了猛烈空袭，轰炸一波接一波，

▲ 苏军机枪掩护步兵冲锋。

几乎没有停歇，此时苏军已经牢牢掌握了战场制空权，所以德军的处境就更为困难。天亮后，苏军强大的炮兵也加入到对被围德军的轰击，在苏军猛烈的空地一体火力打击下，德军伤亡极大，但他们仍冒着苏军炮火拼死突围，对苏军的包围圈发起了一次又一次冲击，希望能找出薄弱环节，但德军的努力最终还是付诸东流。苏军第 32 近卫步兵军开始肃清被围德军，当天就击毙 5 000 名德军，另外还俘虏了 2 000 人。

被围德军已经意识到自己身处险境，而且知道第 4 装甲集团军和肯普夫战役集群之间出现了缺口，只是他们不知道这个缺口足有 56 千米宽。因此第 19 装甲师师长施米特中将便将已经混乱的德军部队重新组织整顿，在第 19 装甲师的引领下开始突围。由于当时德国空军已经无力为突围部队提供空中掩护，零星出动的战机只好对突围的己方部队做出模仿空袭的假象，希望以此来迷惑苏军。一开始苏军确实被唬住了，但很快就确认在这一地区并没有苏军部队，断定这是德军玩的小伎俩，因此来了个将计就计，迅速将第 27 集团军的大部分炮兵调了过来，然后突然对这支长达数千米的行军纵队进行了猛烈的火力覆盖。数千发炮弹如雨点般落在德军队列中，坦克、车辆、人员都遭到了惨重损失，连第 19 装甲师师长施密特也在炮火突袭下丧生，最后仅有少数德军逃脱。

在接下来的几天里，其余被围的德军除了少数化整为零冲出苏军包围圈外，大部都被消灭了。

第 1 坦克集团军也继续推进，并在中午前后占领了德军最重要的后勤补给中心波洛杜科夫，缴获了包括 700 吨燃料在内的大量军需物资，这对于后勤供应已经相当窘迫的德军来说，简直就是雪上加霜。

同时第 27 集团军也是进展神速，攻占了距离出发线 50 千米外的格莱弗隆，本来德军是准备将从托玛洛夫卡撤出的部队在格莱弗隆—艾赫提卡一线组织新的防线，但随着苏军占领格莱弗隆，这个企图也破灭了。还好“大德意志”师派出的大约 50 辆坦克及时赶到，才将第 19 装甲师的余部接应出来，会合第 7、第 11 装甲师勉强组织了一条新的防线。

但是草原方面军进攻却没有这样顺利，当面德军配有“虎”式坦克和“斐迪南”坦克歼击车，这两款重型坦克都是盔坚炮利，在性能上全面压制苏军坦克，因此苏军进攻始终无法奏效。情急之下，草原方面军司令科涅夫采取了非常措施，将122毫米和152毫米重炮都调到最前线，进行近距离射击，这才打破了僵局，在7日午夜攻占了博格杜霍夫、卡扎奇亚洛潘和佐洛切夫三个重镇，从而将哈尔科夫西北方向的德军战线一切为二。

面对如此严峻的局面，曼施坦因只好将手头所有的机动力量——第3装甲师、党卫军第2“帝国”师和党卫军第3“骷髅”师全部都调往这一方向，以应付迫在眉睫的这场危机。

因此苏军第3机械化军就遭遇了火速赶来驰援的党卫军第2“帝国”师的先头部队，立即展开队形开始进攻，但第2“帝国”师的先头部队不想在主力到达前就卷入战斗，所以稍加抵抗就主动撤退了。

德军第6装甲师在得到了第3装甲师的增援后，防御大为增强，因此苏军第5近卫坦克集团军的进攻遇到了很大阻力，进展十分迟缓。

在6日和7日两天，苏军装甲机械化部队的推进非常迅速，但是这样一来就和步兵拉开了距离。瓦杜丁没有意识到这点，他完全被苏军的快速突进所陶醉，乐观地认为德军已经处在崩溃的边缘，就像一幢摇摇欲坠的破木板房，再来一脚就能整幢坍塌那样，只需要再来一次强力突击，就能赢得胜利。所以瓦杜丁一方面催促步兵部队尽快跟上来，一方面要求第1坦克集团军和第5近卫坦克集团军继续保持快速进军的态势，并决定将重点放在第1坦克集团军的地段，尽快切断哈尔科夫至波尔塔瓦的铁路。

曼施坦因敏锐地察觉了苏军这个破绽，他开始有意识地将机动力量集结、保留起来，而不是急于投入战斗，同时他还在等待时机，等待苏军装甲部队的力量进一步消耗后，再猛然出击——这种战术在过去曼施坦因曾经屡试不爽，这回他也想如法炮制。

▲ 被苏军击毁的德军“斐迪南”坦克歼击车。

7月8日，苏军第1坦克集团军第31坦克军和第3机械化军的进攻被德军党卫军第2“帝国”师击退，但通过战斗以及侦察，第1坦克集团司令卡图科夫中将了解到德军的增援部队正通过哈尔科夫至波尔塔瓦的铁路从顿巴斯源源不断运来，因此他更认识到切断这条铁路的必要性和紧迫性。

9日，卡图科夫又将第6坦克军也投入战斗，不过德军党卫军第3“骷髅”师也赶到了，苏军虽然取得了一些进展，但强渡莫切克河的计划依然没能实现。瓦杜丁也深知这条铁路对于德军的重要性，他限令第1坦克集团军务必在11日前彻底截断这条铁路。

10日，卡图科夫重新调整了部署，当步兵赶到后，他便立即命令第13近卫步兵师和坦克部队一齐展开攻势。至下午，第6坦克军第112坦克旅强渡莫切克河成功。渡过河之后，112坦克旅不等主力跟上来，就立即抽调1个坦克营（装备26辆坦克）、1个步兵营、1个反坦克炮连、1个自行火炮连、2门高射炮和1个工兵排组成战斗群，向德军纵深推进。这个战斗群一路粉碎德军的抵抗，于11日凌晨进抵集团军的预定目标——伐索科博里。

12日上午，德军就向这支孤军深入的苏军部队发起了猛攻，苏军战斗群在孤立无援的情况下浴血奋战，尽管损失了13辆坦克、1门自行火炮和2门高射炮，人员伤亡也超过了一半，但仍在伐索科博里北郊苦苦支撑，一直坚持到112坦克旅和第6摩托化步兵旅赶到，这才在12日下午再度占领伐索科博里。

和第1坦克集团军相比，第5近卫坦克集团军的进展很不顺利，德军第167步兵师、第6装甲师在得到第3装甲师的增援后，防御更为稳固，导致第5近卫坦克集团军的进攻一再受挫，即便将第5近卫机械化军从草原方面军重新调回来，进攻也是举步维艰。当党卫军第5“维京”师于11日赶来后，第5近卫坦克集团军的进攻就更为困难了。因此，朱可夫决定将第5近卫坦克集团军撤下，转到第1坦克集团军所在地域，将坦克力量全部集中在进展更为顺利的第1坦克集团军方向。朱可夫的这一改变，对后来的战役发

▲ 苏军一队正紧急开赴前线的美国援助的轻型坦克。

▲ 展开反攻的苏军坦克。

展至关重要。

在沃罗涅日方面军两翼的第27、第40集团军，也在继续发展攻势。至8月8日，瓦杜丁又将第38集团军也投入战斗。在苏军的强大压力下，德军第57、第68步兵师、第7、第11装甲师和“大德意志”师的防线只得缓缓后撤，但曼施坦因考虑到为了计划中的反攻，必须稳定住这个方向的局势，以赢得宝贵的时间，所以投入了大量预备队，使得苏军难以取得突破。

而在草原方面军方向，由于没有足够的装甲部队，进攻已经沦为第一次世界大战那样残酷的阵地战，每攻占一处阵地都要付出巨大代价，而且距离哈尔科夫越近，德军的防御就越来越强。

至8月11日，苏军虽然已经将战线前推了60—100千米，而且在战线中部已经接近了哈尔科夫至波尔塔瓦铁路，表面上看似乎进展很不错，但是曼施坦因精心策划的反击即将开始。

第十章　这就是结束的开始

曼施坦因又杀了个回马枪

曼施坦因最擅长的反击战术就是等对手的装甲部队孤军深入，逐渐和步兵拉开距离，以两翼钳击对方装甲部队。在苏军发起“鲁缅采夫”行动后，曼施坦因就一直在等待这样的战机。至 8 月 11 日，德军的预备队陆续到达，而苏军的装甲部队也因为急于向纵深推进，逐渐和步兵、炮兵拉开了距离，曼施坦因等待已久的机会终于到了。本来，曼施坦因计划以第 3 装甲军在南，第 24 装甲军在北，同时发起反击，但是由于苏军进展太快，曼施坦因只好放弃同时在两个方向的反击，先在南线展开反击。

曼施坦因投入了第 3 装甲军的党卫军第 2“帝国”师、第 3“骷髅”师和第 5“维京”师以及国防军第 3 装甲师，只是第 3 装甲师由于前几天已经投入作战，实力受到了很大损失，此时只剩下 30 辆坦克，已经无力承担重要的作战任务。

曼施坦因计划以第 3 装甲师和“维京”师在正面防御，牵制住苏军，然后以“帝国”师和“骷髅”师分别从两翼对苏军第 1 坦克集团军发起夹击。此时，苏军第 1 坦克集团军也在连日作战中损失很大，只剩下 268 辆坦克和自行火炮还能投入作战使用，只有开战时的 40%。苏军第 5 近卫坦克集团军情况更糟糕，只剩下了 115 辆坦克和自行火炮，损失高达 80%！

如果光看坦克数量，苏军的坦克数量比德军多了 1 倍，但苏军还处在高速追击状态，部队比较分散，而且经过连日战斗，不少坦克即便还能投入战斗，由于后勤没能及时跟上，弹药和燃料都已经所剩无几。相反，德军的坦克部队已经集结完毕，形成了拳头，而且弹药燃料都很充足，完全是以逸待劳的状态。

▲ 德军的坦克部队正在集结，准备发起反击。

▲ 德军坦克搭载步兵开进。

更严重的是苏军丝毫没有察觉德军即将发起的反击。沃罗涅日方面军司令瓦杜丁还被眼前德军节节败退的现象所误导，认为德军已经快要崩溃了，只需要再来一次强力进攻就能取得完全胜利。所以即使接到德军反击的报告，也认为这只不过是德军为了掩护主力撤退而进行的局部反击，因此还特别命令第1坦克集团军司令卡图科夫不要过于理睬德军的“骚扰”行动，继续全力向德军纵深挺进，切断德军后撤的退路。

8月11日中午，德军党卫军第2“帝国”师和第3“骷髅”师从两翼对苏军第1坦克集团军发起了攻击，苏军猝不及防，最深入德军战线的几支部队随即遭到了德军合围，第1近卫坦克旅和第112坦克旅经过苦战才在11日天黑后得以突围，而第49坦克旅则突围未成，最后全军覆灭。就这样，仅仅11日一天，苏军第1坦克集团军就损失了90辆坦克，但第1坦克集团军的危机还没有过去，德军正在积极组织力量，准备在苏军后续部队没有赶到前，一举歼灭第1坦克集团军。

好在苏军第5近卫坦克集团军及时赶来了。12日凌晨4时，第5近卫坦克集团军和配属的第5近卫集团军第32近卫步兵军到达波格杜科夫，成为第1坦克集团军坚实的后盾。第5近卫坦克集团军司令罗特米斯特罗夫立即敏锐察觉出德军不是为了掩护主力后撤的小规模反击，而是预有准备处心积虑的大规模反击，所以他审时度势马上命令部队转入防御，而不是贸然进攻。

▲ 德军坦克通过一处小村庄。

瓦杜丁没能像罗特米斯特罗夫那样准确判断出德军意图，仍命令苏军继续向德军纵深进攻。结果遵照瓦杜丁命令继续进攻的苏军部队都一头撞进了德军的包围圈，其中大部分都被德军歼灭，只有少数部队成功突围。直到12日晚上，面对苏军的进攻毫无成效，反而让德军将苏军战线整体逼退了约3千米的局面，瓦杜丁才算有点回过味来了，他命令第6近卫集团军向德军左翼发动猛攻，以便将德军注意力从第1坦克集团军的方向吸引开。

13日凌晨5时30分，苏军第6近卫集团军和第1坦克集团军的第6坦克军协同向德军左翼发起了猛攻，第6坦克军的进展尤其神速，迅速突入德军防线10千米，并从德军手里收复了伐索科坡里。尽管苏军在德军左翼的进攻打得有声有色，但还是没能将德军主要力量从第1坦克集团军方向吸引开。9时，在经过了60分钟的炮火准备后，德军还是向苏军第1坦克集团军和第5近卫坦克集团军发起了进攻，双方随即展开了激战。战斗开始后，第5近卫坦克集团军司令罗特米斯特罗夫不断接到瓦杜丁和科涅夫的命令，要求他立即以果断的进攻手段，摧毁当面的德军。好在罗特米斯特罗夫不是一个唯命是从的将领，他很清楚地意识到如果现在贸然展开进攻，必然和势头正盛的德军硬碰硬，以第5近卫坦克集团军现在的实力，是很难和锐气正盛的德军硬拼的，只有在防御中逐渐消耗德军力量，等落在后面的步兵和炮兵赶上来，再适时转守为攻。所以他顶住了瓦杜丁和科涅夫的压力，依然采取防御策略。直到13日晚上，瓦杜丁才算真正看清了形势，命令第1坦克集团军和第5近卫坦克集团军转入防御。

战斗进行到14日，德军的进展逐渐慢了下来，但在左翼的危机却越来越严重——14日，苏军第6近卫集团军和第6坦克军又推进了12千米，已经开始严重威胁到了德军第3装甲军的后方。眼看第3装甲军就要面临被合围的危险，德军没有别的选择，只能将正面波戈杜科夫地区的党卫军第2“帝国”师和第3“骷髅”师连夜撤下来，机动到左翼。德军的这次机动保密工作非常出色，苏军丝毫没有察觉在波戈杜科夫的德军2个主力装甲师已经撤下战场。这样，在波戈杜科夫的苏军只不过错过了乘虚进攻的战机，但对于左翼的苏军来说，那就是非常危险了。

14日凌晨，连夜赶到左翼的党卫军第2“帝国”师和第3“骷髅”师向苏军第6近卫集团军和第6坦克军发起了突然攻击，苏军根本没有想到会突然遭到德军强大装甲部队的攻击，毫无防范，措手不及，遭到了沉重打击，被迫全线后撤。突入德军战线最深的第52、第90近卫步兵师和第6坦克军陷入德军合围，经过一番苦战，只有第52近卫步兵师成功突围。

▲ 被击毁的德军坦克。

虽然第6近卫集团军遭到了重创，但却实现了瓦杜丁最初在左翼发动进攻的初衷，德军主力被从波戈杜科夫方向成功吸引到了左翼，此后在这一地区的战斗零零落落一直持续至8月17日。

德军的这轮反攻，双方都有重大损失，苏军第1坦克集团军总共损失了约120辆坦克，实力下降到160辆坦克。第5近卫坦克集团军由于罗特米斯特罗夫指挥得当，情况要好得多，损失轻微，再加上修复的战损坦克，至8月17日，坦克数量反而回升到了130辆。德军虽然在战场上赢得了主动，但同样付出了不小代价，党卫军第2“帝国”师只剩下32辆坦克和19辆突击炮，第5“维京”师更是只剩下18辆坦克和4辆突击炮，因此德军也没有力量再进一步扩大战果，不得不都停止战斗，忙着补充弹药、燃料和兵员、装备，为下一轮进攻做准备。

德军的最后一搏

在波戈杜科夫方向的战斗，苏德双方都因为损失惨重而不得不暂时偃旗息鼓，但在哈尔科夫方向，由于德军的预备队全部都被调到了波戈杜科夫，所以苏军草原方面军第53、第57、第69集团军和第7近卫集团军的进攻就相对比较顺利，逐渐逼近了哈尔科夫。

▲ 德军第4装甲集团军司令霍特在观察战场。

德军在哈尔科夫方向的部队包括8个步兵师——第39、第106、第161、第167、第168、第198、第282和第330步兵师以及第3、第6装甲师，兵力并不少，而且在这一地区还构筑有完备的防御工事，所以随着德军的逐步后撤，战线缩短，防御反而逐渐强化了，苏军越接近哈尔科夫，遇到的抵抗就越激烈，进展也就越慢。

8月12日，苏军的攻势逐渐被德军遏制。因此苏军又投入了第1近卫集团军，以加强突击威力，但德军也得到了第223和第355步兵师的增援，并对第1近卫集团军发动了反击，因此，苏军企图在行进间一举拿下哈尔科夫，显然已经不太可能了。

至8月18日，苏军对哈尔科夫的进攻被德军彻底阻止。但是德军也为此付出了极大代价，在哈尔科夫方向的各步兵师伤亡都极其惨重，大部分师还能战斗的人员都只剩下两三千人，个别师甚至还不到1 000人，仅仅相当于正常情况下一个营的实力！装甲力量方面第3装甲师还剩下10辆坦克，第6装甲师更是可怜，只有4辆坦克还有战斗力，第228和第905突击炮营分别只剩下17辆和5辆突击炮，可以说德军也已经耗尽了最后一点力量。

此时，尽管苏军在两个方向的进攻都被遏制了，但曼施坦因在南线的反击也并没有达到预期效果，苏军的装甲部队虽然遭到了一定损失，但主力依然完好，而随着装甲部队的后撤，和步兵、炮兵脱节的问题也无形中解决了，德军意图合围并歼灭苏军装甲部队的计划显然已经落空了，应该说，作为优秀的军事将领，从这个时候开始，曼施坦因就已经能够预见到这场战役的最终结局了。不过他还有一线希望，那就是德军在北线的反击。

相对于南线的战况，德军在北线要乐观得多。从8月13日起，北线的德军第4装甲集团军就已经建立了稳定的战线，预备队也集结到位，完成了反击的准备。

德军第4装甲集团军司令霍特的反击计划是以第52步兵军的第68、第75、第88步兵师和新近赶到的生力军第112步兵师以及第11、第19装甲师继续抗击苏军的进攻，而以“大德意志”师、第7装甲师和刚刚抵达前线的增援部队第10装甲掷弹兵师组成突击集群，攻击东南方向的苏军第27集团军和第6近卫集团军，在苏军战线上打开一个缺口，再一路南下和第3装甲军会合，对苏军主力形成合围。

这个计划看上去很不错，但是真正实施起来，并不容易。因为此时的德军经过连续不断的激战，实力已经受到了很大削弱，除了刚刚到达的第112步兵师和第10装甲掷弹兵师还勉强算得上齐装满员，其他部队都是残破不堪，第7装甲师只剩下了1辆可用的坦克，第11装甲师情况稍微好一些，也只有6辆坦克，就是优先得到补充的“大德意志”师也不过只有46辆坦克（其中包括该师装甲团3营的13辆“虎”式坦克）。霍特竭尽全力为担负突

▲ 德军 III 号突击炮上面铺着防空识别旗。

▲ 散兵坑里的苏军侦察兵。

击任务的部队补充装备和人员，总算使第7装甲师在进攻前实力恢复到了23辆坦克——还不到正常情况下一个装甲营的编制数量。

苏军沃罗涅日方面军司令瓦杜丁非常准确地判断出了德军即将在北线展开的反击行动，他认为德军还需要几天时间来为进攻补充装备和人员，所以决心先发制人，抢在德军之前发动进攻，以打乱德军的计划。瓦杜丁之所以有这样的底气，因为刚刚得到了一批生力军的增援。相比德军第4装甲集团军才得到1个步兵师和1个装甲掷弹兵师的生力军，沃罗涅日方面军得到的增援部队是整整一个集团军——拥有6个步兵师和装备213辆坦克的第3近卫机械化军的第47集团军。

瓦杜丁计划在8月17日——恰恰比德军的进攻发起日早了一天发起进攻，将投入第40和第47集团军总共10个步兵师再加1个机械化军的部队，这样雄厚的攻击部队，以目前德军的防御力量来看，根本是难以招架的。

果然，8月17日7时，在经过1小时猛烈炮火准备之后，苏军的进攻按时开始，德军第68、第75和第112步兵师的防线迅速被突破。尽管霍特投入了第11装甲师进行反击，也未能阻止苏军的推进，至当天日落时，苏军进攻的主力第47集团军已经突入德军战线约10千米。

面对苏军先发制人的进攻，霍特有两种选择来应对，一是放弃计划中的反击，将部队全部用来阻止苏军的突破；二是不顾苏军的进攻，仍按计划发起反击。第一种方案相对稳妥，但也更为消极，而第二种方案虽然更为积极，但前提必须是在反击部队合围当面苏军之前，防守部队能保证战线不被苏军洞穿，这显然要冒很大风险。霍特考虑再三，决定还是按计划发动反击。

因此，在8月18日的战场上出现了苏德两军在不同地段展开对攻的奇特场景，北面是苏军第47、第40集团军在进攻，南面是德军突击集群——以“大德意志”师为主攻，第7装甲师和第10装甲掷弹兵师分别掩护左右两翼，向阿赫特尔卡地区发动攻势。同时，南线的德军第3装甲军也以党卫军第3“骷髅”师（此时还有39辆坦克和16辆突击炮）在第223步兵师的支援下，强渡梅尔拉河，准备和“大德意志”师会师，从而实现对苏军第27集团军5个步兵师和1个坦克旅的合围。

德军的进攻还是相当成功，首当其冲的苏军第166步兵师防线很快就被撕开了一个缺口，“大德意志”师至中午前后就已经突入苏军战线12千米，严重威胁了苏军第57集团军的后路。面对这一严峻局面，苏军的反应非常快——这得益于朱可夫正巧在沃罗涅日方面军指挥部，他和瓦杜丁简单商量后就决定，第6近卫集团军务必全力阻止南线德军第3“骷髅”师的进攻，第27集团军则在稳定防御的基础上不断组织反击，第1坦克集团军向当面德军展开进攻，以牵制德军，最重要的应对措施是将刚刚从最高统帅部预备队划归沃罗涅日方面军的第4近卫集团军（下辖6个近卫步兵师和装备200辆坦克的第3近卫坦克军）投入作战，首先阻止北线德军“大德意志”师的进攻，然后再转入反攻。

至18日天黑时，在阿赫特尔卡方向的德军的进展很顺利，已经在苏军防线撕开了7千米宽的缺口，并深入苏军纵深24千米。但南线德军党卫军第3“骷髅”师几次强渡梅尔拉河都被苏军第6近卫集团军挫败，德军南北两线对进会师的企图因此被破灭，这就给了苏军调整部署，将生力军第4近卫集团军投入战场赢得了宝贵的时间。就在18日夜间，第4近卫集团军的第一支部队第8近卫空降师已经到达了战场，并在19日开始向德军展开反击，一举突入德军“大德意志”师后方约5千米，受到这一战果的鼓舞，苏军于20日将第3近卫坦克军从这个突破口投入战斗。第4近卫集团军主力也从20日开始展开总攻，不过由于所属各部队之间协调太差，即便拥有雄厚的实力，也没能对德军形成歼灭战，只不过迫使德军节节后退，反而自身损失也不小，因此不得不于21日停止了进攻。鉴于第4近卫集团军的表现实在太拙劣，斯大林很快就下令解除了第4近卫集团军司令库利克中将的职务，而且直到战争结束，再也没让他指挥过部队。

20日，南线德军党卫军第3“骷髅”师总算在苏军第6近卫集团军的防线取得了突破，打开了一条狭窄的通道，并和北线德军的第10装甲掷弹兵师会合，形成了对苏军第166步兵师和第4近卫坦克军的合围。但此时德军已经精疲力尽，即使对苏军形成了合围，也无力将其歼灭，最后不得不放弃了进攻。

▲ 瓦杜丁和部下合影。

而此时苏军在北面的进攻也不断取得进展，第47集团军越

▲ 德军第 11 装甲师的 III 号坦克。此时第 11 装甲师坦克数量已经下降到个位数。

来越深入德军战线，至 19 日已经进抵普肖尔河。尽管德军不断组织反击，但都只不过稍稍延缓一下苏军的推进，而根本无法完全阻止苏军的深入，而且德军的损失越来越大，第 11、第 19 装甲师加在一起也不过只有 13 辆坦克和 16 辆突击炮还能继续作战，凭借这点力量已经无法击退苏军。如果听任苏军继续深入，那么局面就更加被动，因此霍特不得不于 21 日放弃了在南面的反击，将实力最强的第 10 装甲掷弹兵师和刚刚从后方调来的第 34 步兵师，以及装备 31 辆突击炮的第 239 突击炮营都调去迎击苏军第 47 集团军的突进，这才将战线稳定了下来。

不过这样一来，曼施坦因和霍特寄予厚望的在阿赫特尔卡地区的反击最终无功而返，随着德军最后一搏的失败，也就意味着德军在哈尔科夫地区的最终失败已经无可挽回。

收复哈尔科夫

当沃罗涅日方面军正和德军展开激战的同时，草原方面军继续向德军第 8 集团军据守的哈尔科夫进攻。由于德军在哈尔科夫地区修筑有完备的防御工事，所以苏军进展十分缓慢，每向前推进一步都要付出很大代价。草原方面军司令科涅夫认识到这样正面平推的进攻，短时间里是难以攻占哈尔科夫的，而且还要付出很大伤亡，所以他就想到要改变策略，采取迂回攻击，只是草原方面军的装甲铁拳第 5 近卫坦克集团军已经调给了沃罗涅日方面军，现在手头上并没有强大的装甲突击力量，只好由右翼的第 53 集团军向哈尔科夫以西实施迂回，从德军左翼绕过德军防线，穿插到德军后方，切断哈尔科夫至波尔塔瓦铁路，截断德军后方交通。同时以第 7、第 57、第 69 集团军和第 1 近卫集团军继续在正面哈尔科夫以北加强进攻，牢牢牵制住德军，不让德军能够抽调兵力到左翼封堵第 53 集团军。

8 月 18 日 16 时，苏军草原方面军按计划发起进攻，在 45 分钟猛烈炮火准备之后，第 53 集团军投入了第 84、第 116 和第 299 步兵师展开猛攻，并很快就在德军防

▲ 苏军的炮兵阵地。苏军的炮兵在战役中发挥了巨大作用。

线上打开了突破口。因此在天黑后，第 53 集团军司令马纳格诺夫中将及时将第二梯队的第 252 步兵师也投入了战斗。尽管德军接连组织了几次反击，但都未能阻止苏军的推进。不过第 53 集团军虽然打开了突破口，但是没有足够强大的装甲部队，推进速度始终不够理想。

19 日，第 53 集团推进到了哈尔科夫西部的最后一道天然屏障——乌迪河的北岸，并已经有少数前锋部队渡过乌迪河。科涅夫为了加强第 53 集团军的力量，尽快打开局面，便将第 69 集团军的第 48 步兵军划归第 53 集团军。局势已经很明朗了，在哈尔科夫地区的战斗将取决于第 53 集团军的突破，一旦第 53 集团军迅速向德军纵深突进，就会对哈尔科夫地区的德军形成合围。

曼施坦因很清楚这一点，从这时开始他就有了放弃哈尔科夫的打算，现在德军的顽强抵抗，只不过是尽力延缓第 53 集团军的推进，为哈尔科夫地区的德军确保撤退的通道和时间。但是希特勒却要求不惜任何代价一定要坚守哈尔科夫，因为希特勒认为哈尔科夫一旦失守，将会产生严重的政治影响，土耳其、保加利亚、匈牙利等国家都会因此丧失对德国的信心。而曼施坦因则更多地从军事角度考虑，“我不会为了不确定的政治因素而牺牲 6 个师……我会放弃任何一个城市，却绝不会放弃任何一支部队”。

20 日，朱可夫鉴于沃罗涅日方面军当面的局势已经稳定，便同意了科涅夫多次提出的将第 5 近卫坦克集团军归还草原方面军的请求。将第 5 近卫坦克集团军调回草原方面军，这对于科涅夫来说，是翘首期盼了好久的大好消息，科涅夫立即命令第 5 近卫坦克集团军从第 53 集团军的突破口投入战斗。此时第 5 近卫坦克集团军能够作战的坦克还有 111 辆，其中 97 辆是装备 76 毫米炮的最新型 T–43 坦克，实力不容小觑。

不过，第 5 近卫坦克集团军 20 日上午 9 时投入战斗就很不顺利，坦克集群预定的前进路线是一大片因为大雨形成的泥泞地带，前进路线上的河流上也没有可供坦克通过的浮桥，更要命的是前进路线上还有大量地雷没有清除。因此第 5 近卫坦克集团军前进了没多久，就有好几辆坦克被地雷炸毁，而且德军很快就发现了在泥泞和雷

苏军第53集团军作战序列

第53集团军（司令马纳格诺夫中将）

- 第28近卫步兵师
- 第84步兵师
- 第116步兵师
- 第214步兵师
- 第233步兵师
- 第252步兵师
- 第256步兵师
- 第299步兵师
- 第16突击炮兵师
- 第34坦克团
- 第35坦克团

8月19日第69集团军第48步兵军划归第53集团军

第48步兵军（军长罗戈兹内少将）

- 第107步兵师
- 第183步兵师
- 第305步兵师

▲哈尔科夫外围苏军坦克纵队驶过德军坦克残骸。

区中蹒跚而行的苏军坦克，立即就调集炮火进行轰击，片刻之间就有11辆坦克被德军炮火击毁，第5近卫坦克集团军司令罗特米斯特罗夫见势不妙，只好赶紧命令部队后撤。这样一来，科涅夫希望利用第5近卫坦克集团军出其不意投入战场，来达成突然性效果的愿望就落空了。科涅夫只好让第53集团军继续扩张，突破德军乌迪河防线，为第5近卫坦克集团军打开突进的通道。

▲ 科涅夫向朱可夫汇报战况。

当天，第53集团军的第28近卫步兵师强渡乌迪河成功，并在对岸建立了桥头堡。接着，苏军第84、第252步兵师也渡过乌迪河，进一步扩大了桥头堡，并于20日晚上成功架设了一座载重达到60吨的浮桥，为第5近卫坦克集团军打开了通道。

21日，第5近卫坦克集团军终于在第53集团军的掩护下渡过乌迪河，开始大举向德军纵深推进，由此对德军后方构成了严重威胁。曼施坦因非常清楚苏军第5近卫坦克集团军的突入会造成怎样严重的后果，所以迅速调集了所有能够调集的部队——包括第168、第198步兵师，第3装甲师（此时仅剩下13辆坦克），党卫军第2“帝国”师（38辆坦克和19辆突击炮）以及装备42辆“豹”式坦克和8辆突击炮的党卫军独立装甲营都投入到了哈尔科夫以西地区，全力封堵苏军第5近卫坦克集团军的突入。双方随即在哈尔科夫以西展开了激战，经过整整一天白热化的鏖战，第5近卫坦克集团军终于切断了哈尔科夫至波尔塔瓦铁路，但是双方都损失惨重，第5近卫坦克集团军只剩下了50辆坦克——损失的坦克超过了60辆！而且即便已经达成了切断哈尔科夫至波尔塔瓦铁路的目标，却实在是再也无力继续挺进，实现在哈尔科夫以西彻底封闭德军退路的第二步目标。不过，第5近卫坦克集团军如此巨大的损失也没有白费，将德军全部的预备队都被吸引到了哈尔科夫以西，从而为苏军在哈尔科夫以北正面的进攻创造了非常有利的条件。

▲ 苏军步兵跟随坦克向德军阵地发起冲锋。

22日晚，苏军第53集团军的第89近卫步兵师和第107步兵师最先攻入了哈尔科夫，紧接着在23日凌晨2时，苏军第7近卫集团军和第69集团军的部

▲ 各种版本的曼施坦因回忆录。

队也先后攻入了哈尔科夫城区。眼看哈尔科夫已经不可能坚守，曼施坦因只好无奈地下令放弃哈尔科夫，同时命令德军在后撤时实施彻底的“焦土政策”，在顿涅茨河和第聂伯河之间的广大地区，所有的公路、铁路、桥梁必须全部破坏，所有的建筑物必须全部摧毁，所有的生产设备和牲畜必须全部带走，所有来不及收割的农作物必须全部焚毁，所有16岁以上60岁以下的男丁必须全部带走……

这样的命令确实非常残酷，尽管在军事上是有一定合理性，但对于生活在这一地区的普通民众却无异于灭顶之灾。曼施坦因在回忆录中提到这一段历史时，却说成是苏联百姓自愿毁掉家园跟随德军撤退，而且在过了第聂伯河之后，德军还向苏联百姓提供了食宿。如此颠倒黑白的叙述，也不得不使人对这位第二次世界大战德军三大名将之一的将领贴上虚伪和无耻的标签。

8月23日黎明，哈尔科夫城区的枪炮声逐渐平息，至中午前后，城区内的德军被全部肃清，苏军终于成功收复了哈尔科夫，这也是自从1941年6月战争爆发以来，这座重要的交通枢纽和军工生产城市第四次也是最后一次易手。

接到解放哈尔科夫的报告，科涅夫非常激动，他想亲自向斯大林报告这个喜讯。但斯大林的秘书波斯克列贝舍夫告诉他斯大林正在休息，不能打扰。科涅夫还是坚持要亲自报告斯大林，于是再次拨通了电话，第一遍铃声没人接，他就要求话务员再拨一遍，一切后果由他负责。第二遍铃声响过，科涅夫终于听到了

▲ 苏军坦克引导步兵攻击。

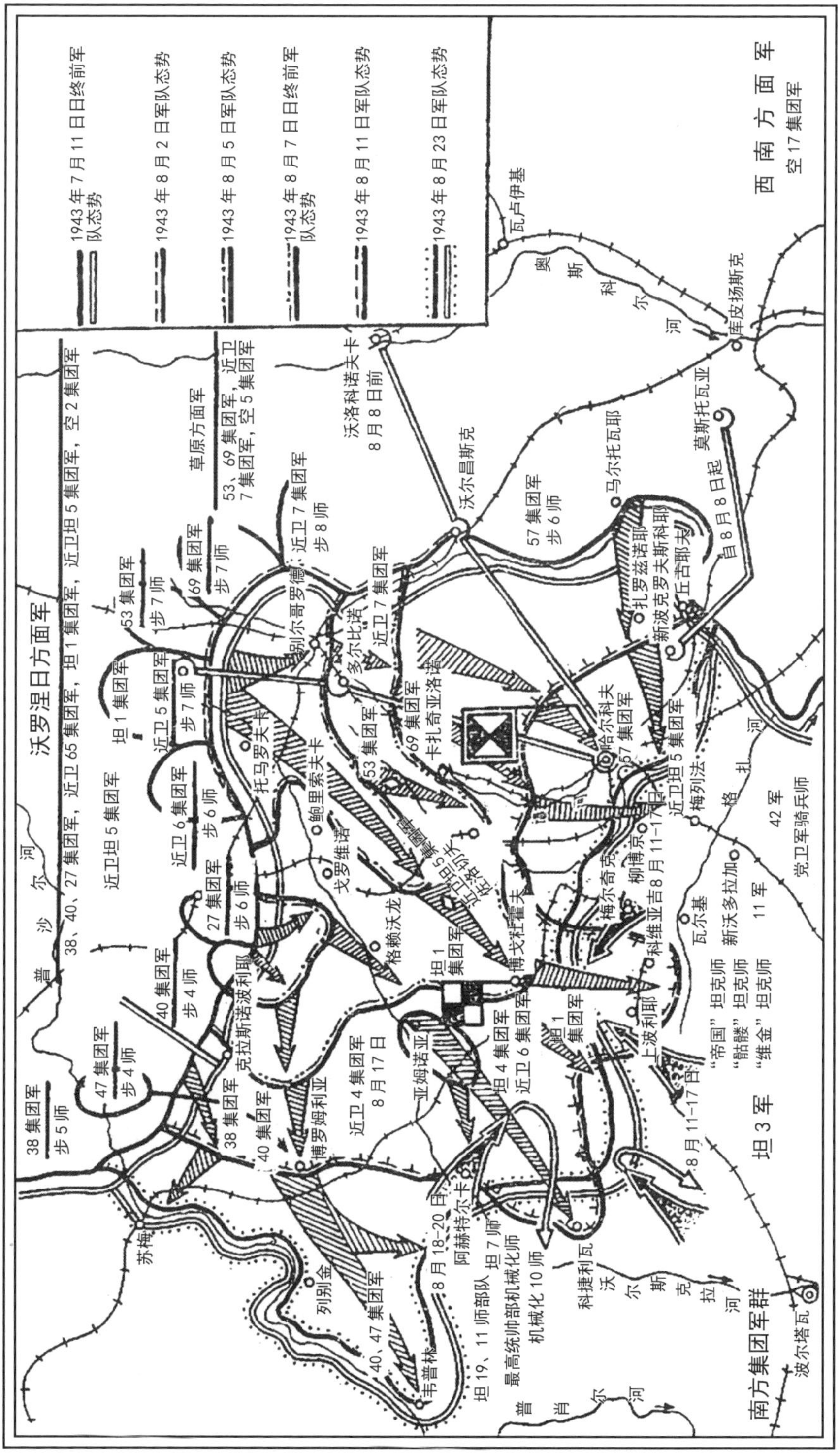

▲ 别尔哥罗德及哈尔科夫方向反攻示意图。

▲ 苏军 T-34 坦克纵队。

斯大林的声音，科涅夫赶紧报告："报告斯大林同志，草原方面军部队于今天凌晨解放了哈尔科夫！"电话里，斯大林的声音顿时兴奋了起来："祝贺你们！莫斯科将按最高等级鸣放礼炮表示庆祝！"当晚，莫斯科红场以 224 门礼炮鸣放 20 响向草原方面军解放哈尔科夫表示祝贺和致敬！同时为了表彰在哈尔科夫战役中表现出色的部队，苏军最高统帅部向草原方面军战功最高的 10 个师授予了"哈尔科夫"荣誉称号。

科涅夫后来回忆道："斯大林同志通常在夜间工作，这个时间是他休息的时间，我是知道这一点的，但是解放哈尔科夫是个重大事件，所以我不能不在第一时间向他报告！"

正如苏联《真理报》对解放哈尔科夫的报道中所说的："哈尔科夫重新回到了苏联大家庭中，红旗重新飘扬在乌克兰第二首都的上空。规模空前的大会战以苏联红军的辉煌胜利而告终，在哈尔科夫城下粉碎了德军的精锐师团，希特勒把整个乌克兰作为供应基地的计划破灭了，乌克兰解放的曙光在第聂伯河上空照亮，左右两岸备受煎熬的苏联人民热切地关注着从东方传来的令人兴奋的消息。"

苏军解放哈尔科夫，既是库尔斯克战役最后阶段南线大反攻的终点——沃罗涅日方面军和草原方面军在"鲁缅采夫"行动中总共重创了德军 15 个师（其中 4 个装甲师），将战线向西推进了 140 千米——也标志着库尔斯克战役最终以苏军的胜利而画上了句号，并揭开了苏军全面战略反攻，首先是解放第聂伯河左岸乌克兰地区和顿巴斯地区的序幕。

▲ 苏军步坦协同进攻。

哈尔科夫及四次哈尔科夫之战

哈尔科夫，位于乌克兰东北部，与俄罗斯接壤。地处乌克兰大平原，北有中俄罗斯丘陵，南为顿涅茨山。

1655年建为要塞以保护俄罗斯南部边境地区，至今仍存有部分古老城堡的遗迹。

19世纪后半叶随着附近顿涅茨克煤田的开发和铁路开通，逐渐成为工业中心和铁路枢纽。1917年十月革命后，哈尔科夫成为乌克兰首府。1934年，乌克兰首府改为基辅，哈尔科夫成为乌克兰第二大城市，也是苏联的第四大城市。

至1941年6月，哈尔科夫已经成为苏联最重要的具有战略意义的铁路枢纽，不仅是乌克兰的交通要冲，也是苏联克里米亚、高加索、第聂伯河流域和顿巴斯地区的中心城市，向北直通莫斯科、向南是克里米亚、向西是第聂伯河、向东是斯大林格勒和高加索。同时，哈尔科夫还是苏联最大的军事工业中心之一，著名的T-34坦克就是哈尔科夫拖拉机厂设计和生产的，该工厂也是苏联最大的坦克生产工厂。此外，哈尔科夫还有飞机制造厂、涡轮机制造厂，哈尔科夫的军工企业还能生产飞机、火炮牵引车、迫击炮、冲锋枪、弹药和其他军事装备，是苏联重要的军工基地。当时，哈尔科夫的人口就达到90万，在地广人稀的苏联，90万人口的城市就已经可以算是超级大城市了。

德军在侵略苏联时，也是将哈尔科夫作为重要的战略目标，希特勒就专门指示："……第二重要的就是南俄地区，特别是位于顿涅茨盆地，散布在哈尔科夫州的工业区，那里是整个俄国经济的基础，如果控制了这个地区，那么整个俄国的经济将会崩溃……"

围绕哈尔科夫的四次战役简要情况如下：

1. 第一次哈尔科夫战役

是在1941年6月，德军入侵苏联的"巴巴罗萨"行动的最后阶段，德国南方集团军群的第6集团军和苏军西南方面军为争夺哈尔科夫而发生的战术性城市攻防战役。不过当时德军占据全面优势，苏军想要坚守哈尔科夫是不现实的，所以苏军的防御也只是为将哈尔科夫军工企业的重要设备拆迁转移而争取时间。

1941年10月20日，德军到达哈尔科夫城西郊。10月22日，哈尔科夫所有工厂的生产设备都被拆下并装上了上火车，此时德军距离铁路线已经不足25千米。10月24日，德军第6集团军及第17集团军分别从南、北两翼包围哈尔科夫，并于当天黄昏占领哈尔科夫。第一次哈尔科夫战役规模是四次战役中最小的，只有师级规模。

▲哈尔科夫城区。

2. 第二次哈尔科夫战役

是在 1942 年 5 月 12—29 日，被苏联称为第一次哈尔科夫进攻战役。苏军计划以西南方面军分南北两路从巴尔文科沃突出部和沃尔昌斯克地域对哈尔科夫实施向心突击，收复哈尔科夫，为向第聂伯罗彼得罗夫斯克开展进攻创造条件；同时南方方面军坚守巴尔文科沃突出部南正面，保障西南方面军突击集团翼侧。

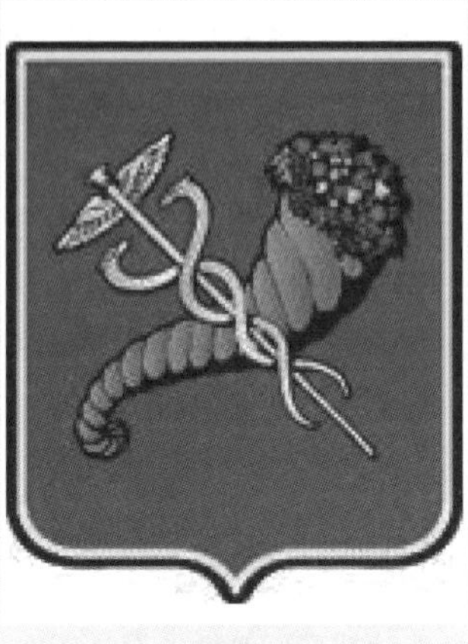
▲ 哈尔科夫市的市徽。

德军在哈尔科夫地区的部队是南方集团军群第 6 集团军，当时，该集团军正准备和克莱斯特集群实施代号为“腓特烈一世”的进攻战役，企图攻占北顿涅茨河以西、哈尔科夫东南地区。

战役开始后，苏军首先在巴尔文科沃突出部取得突破，向前推进了约 30 千米，为快速兵团投入战斗创造了有利条件。但西南方面军司令铁木辛哥被所谓兹米约夫地域有德军装甲重兵集团的不实情报所迷惑，没有及时果断投入后续主力，加上苏军在其他地段进展迟缓，致使德军毫无阻碍地将其预备队从其他方向调到突破口。

5 月 17 日，德军第 1 装甲集团军向苏军第 9 和第 57 集团军发起进攻。至当天日落时，德军就推进到苏军后方 40 千米，不但导致苏军突击部队的后勤保障和联系都受到很大威胁，而且部分苏军还面临被合围的危险。

5 月 18 日，苏军第 9 集团军的战线在德军猛攻的巨大压力下全线崩溃，德军突入苏军战线 80 千米。为了应对这种严峻局面，苏军对德军第 6 集团军发起攻击，但还是无济于事。

5 月 22 日，德军逐渐开始对苏军形成合围，苏军以第 38 集团军向西进攻，以打通与被围部队的联系，但未成功。

5 月 23 日，德军克莱斯特集群与第 6 集团军在巴拉克列亚以南会合，彻底切断了苏军由巴尔文科沃突出部向北顿涅茨河对岸退却的道路，合围了苏军第 6、第 57 集团军全部以及第 9、第 38 集团军的部分部队。随后被围苏军全力突围，遭到了德军猛烈炮火轰击和空袭，部队很快被打散，苏军第 6、第 9 和第 57 集团军主力，包括 20 个步兵师、7 个骑兵师和 14 个坦克旅的大部被歼。这一战苏军阵亡 7.5 万人，被俘 23.9 万人，损失坦克 1 249 辆、火炮和迫击炮 2 026 门，只有约 2.2 万人突围成功。

德军伤亡人数仅 2 万人。苏军在哈尔科夫的失败使西南方向的形势进一步恶化，失败的主要原因是：错误判断战略战役形势，协同不周，保障不力，指挥失误，快速部队进入战斗过迟等。

3. 第三次哈尔科夫战役

是在 1943 年 2—3 月，在哈尔科夫地区苏德双方展开的一系列攻防战。1943 年 1 月，苏军顺利实施了奥斯特罗戈日斯克—罗索什战役和沃罗涅日—卡斯托尔诺耶战役，德军在库尔斯克方向和哈尔科夫方向的战线中出现了一个 400 千米的缺口。2 月初，追击德军的沃罗涅日方面军未经战役间歇立即准备和实施哈尔科夫进攻战役。战役开始前，沃罗涅日方面军所属部队就已经连续作战将近两个半月，人员和装备都有很大损失，而且人困马乏，加上方面军后方正进行围歼德军 9 个师的战斗。从表面上看，苏军占尽上风，但实际上已经危机重重。相反，德军随着战线缩短，补给线也大为缩短，并且集结了第 1、第 4 装甲集团军和“肯普夫”战役集群 3 个重兵集团，对两翼暴露的苏军突击集团形成了夹击态势。

▲ 哈尔科夫成为双方争夺的焦点。

尽管苏军于 2 月 9 日和 2 月 16 日分别占领了别尔哥罗德和哈尔科夫，但已经是强弩之末，进攻逐渐停顿。

2 月 19 日，德军开始发起了反击，一开始苏军还以为是德军为掩护主力后撤而进行的局部反击，苏军前线部队还在继续向第聂伯河前进。但很快，苏军西南方面军就在德军强力反击下开始溃散。

2 月 28 日，德国第 4 装甲集团军直扑哈尔科夫。

3 月 6 日，德军开始总攻，经过惨烈的巷战之后，苏军被迫于 3 月 15 日放弃哈尔科夫——此时距离苏军占领哈尔科夫正好一个月。3 月 18 日，德军又攻占了别尔哥罗德，并继续一路推进，直到 3 月 27 日才在哈尔科夫以北 150 千米的地方停了下来，双方形成对峙局面。

这一战是德军南方集团军群司令曼施坦因的巅峰之作，10 万德军击败了 50 万苏军，苏军伤亡达到了 8 万人。尽管德军的伤亡也有 2 万人，但稳定了南方集团军群的战线，暂时避免了东部战线的崩溃。但从整个苏德战争的进程来看，德军这场局部胜利并不能扭转自斯大林格勒战役后出现的全面溃败局面，更无法阻止德军的最后失败。就在哈尔科夫战役结束不到四个月，由于第三次哈尔科夫之战而形成的库尔斯克突出部，又爆发了空前规模的库尔斯克会战。

4. 第四次哈尔科夫战役

是在库尔斯克战役之后苏军反攻阶段，详情请参见正文。直到第四次哈尔科夫战役之后，哈尔科夫的归属才算真正尘埃落定。

在战争中，围绕哈尔科夫，苏德两军展开了反复拉锯，先后进行了四次哈尔科夫战役，这座城市几经易手，遭到严重破坏。1943 年 8 月底，苏军最终收复哈尔科夫时，城区已经是一片瓦砾废墟，人口则锐减到不足 20 万。战后，哈尔科夫得到了重建。1991 年，苏联解体，乌克兰宣布独立，哈尔科夫脱离苏联并入乌克兰。

曼施坦因的谢幕

客观而言，曼施坦因如果不是果断放弃哈尔科夫，保存有生力量后撤，恐怕不但哈尔科夫还是保不住，还要白白搭进去更多的德军部队。

对于曼施坦因擅自放弃哈尔科夫，希特勒是非常不满的，但却不能马上就撤了曼施坦因的职务，因为此时严峻的苏德战场，他还需要曼施坦因这样能力出众又有丰富指挥经验的将领统兵作战。

8月27日，希特勒来到曼施坦因位于乌克兰芬尼特莎的南方集团军群司令部。曼施坦因准备了大量资料，来向希特勒说明目前南方集团军群所面临的困难局面：从7月5日开始库尔斯克战役到8月23日苏军收复哈尔科夫，德军南方集团军群总共损失了13.3万人，而同一时期得到的补充兵员才只有3.3万人，刚好补个零头。现在，不但在兵员数量上，苏军已经占有了很大优势，就是在德军最重要的支柱力量——装甲部队的数量上，苏军也开始占有较大的优势。曼施坦因将有关的数据放在希特勒面前，作为提出自己观点的依据：

“以目前我军的兵力，根本无法守住顿涅茨地区，除非能得到更多的增援——确切说至少需要12个师——否则就只有放弃顿涅茨地区，从而使南方集团军群能够腾出更多的机动兵力。除此之外，已经别无他法。”

在事实面前，希特勒最后终于同意了曼施坦因的意见，决定从中央集团军群和北方集团军群抽调部队来加强南方集团军群。但是就在希特勒来到曼施坦因司令部的第二天，8月28日，苏军在苏德战场全线发动了进攻，在苏军猛烈攻击的巨大压力下，德军中央集团军群和北方集团军群自顾不暇，根本不可能抽调部队来增援南方集团军群，因此曼施坦因想从其他战区得到增援的如意算盘最后还是彻底落空了。

苏军在8月28日发起的全线进攻相当凌厉。至当天深夜，南方集团军群所属的第6集团军本来就已脆弱不堪的防线迅速被苏军突破。至29日，苏军已经深入到德军纵深，并合围了德军第19步兵军。尽管第19军拼死突围，付出了惨重的伤亡，但仍无法突围。德军在苏德战场南线的局势进一步恶化，因此曼施

▲ 希特勒视察曼施坦因的南方集团军群司令部。

坦因不得不于当晚打电话给中央集团军群司令克卢格，说服克卢格一同前去面见希特勒，请求再向东线增派更多部队，还希望能让希特勒建立一个司令部，来专门负责指挥东线作战，等于变相劝说希特勒让出东线战场的指挥权。

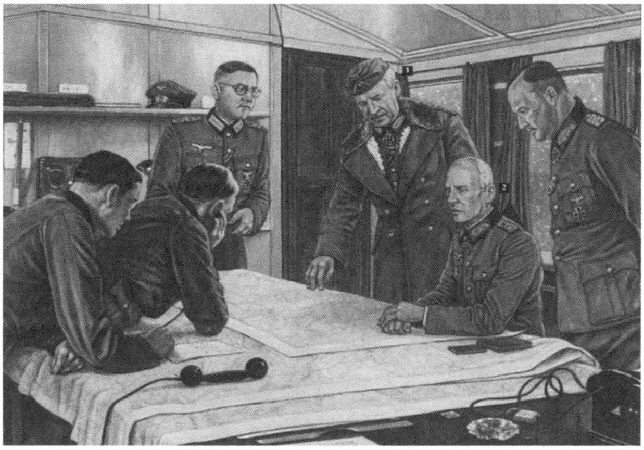
▲ 德军将领制定作战计划。

9 月 2 日，曼施坦因和克卢格一起来到希特勒位于东普鲁士的“狼穴”的总部，详细说明了东线战场目前的严峻形势，随后提出了自己的建议，但结果依然没有得到多大的收获——随着西线英美盟军在意大利的攻势，以及横渡英吉利海峡在欧洲大陆发动登陆作战的可能性越来越大，德军根本不可能从西线抽调部队增援东线。至于建立单独的东线司令部，更是不会得到希特勒的同意。退一步说，即便如愿成立了这样的东线司令部，又能对日益恶化的东线战场有什么实质性的改观？最后希特勒只同意曼施坦因可以在必要时放弃库班地区，克卢格则可以将中央集团军群的南翼战线撤过德斯纳河。就在两人带着这么一丁点微不足道的收获返回自己司令部的时候——9 月 3 日凌晨，英美盟军横渡墨西拿海峡，在意大利本土最南端的勒佐迪卡拉布里亚地区登陆了！

对于曼施坦因来说，从库尔斯克战役之后，曾经战无不胜的光环似乎就开始逐渐黯淡了，除了几场几乎不被人提及的小胜利之外，就再也没有能够赢得一场真正的战役胜利，而且在随后苏军不断发动的反攻面前，似乎失去了往日准确的判断力，对苏军的主攻方向屡屡判断错误。对于苏军的强大攻势，他能做的也就是指挥德军避免全军覆没的厄运，再也没有重演 1943 年 2 月那种以劣势兵力击破优势苏军的绝地大反击，可见库尔斯克战役的失败对这位德军名将的打击是多么沉

▲ 曼施坦因和部下。

重，几乎将他的信心和能力都一扫而空。随着德军在东线战场上的节节败退，他的表现也越来越令人失望，同时他又一再要求实施“弹性”机动防御，与希特勒坚守到最后一人的“静态”防御背道而驰，因此最终让希特勒对他彻底失望，于 1944 年 4 月解除了南方集团军群司令的职务，由第 9 集团军司令莫德尔——德军在战争后期最擅长防御、有着“防御大师”之称的著名将领接任。此后，曼施坦因就一直赋闲在家，直到 1945 年 5 月战争结束。

突破德军的“东方壁垒”

随着苏军解放哈尔科夫，现在德军从哈尔科夫到基辅和第聂伯河之间的广阔地带已经再没有可以凭借的坚固防御支撑点了。德军只有退守“东方壁垒”了。所谓“东方壁垒”就是从纳尔瓦、普斯科夫、维捷布斯克、奥尔沙以东，沿索日河到戈梅利，再从第聂伯河中游直到梅利托波尔和亚述海，总长约 800 千米的一条防线，这条防线主要依托第聂伯河，所以也被称为“第聂伯河防线”。在纳粹德国的宣传中，“东方壁垒”是和欧洲大陆西部沿岸的“大西洋壁垒”一样，都是固若金汤牢不可破的防线。但“东方壁垒”8 月 12 日才开始修建，仅仅只经过几星期，怎么可能谈得上坚固？而且担负守备的很多步兵师都是刚刚从残酷的战场下撤下来，还来不及补充，一个师的全部战斗人员都不足 1 000 人，防守的兵力明显不足。这样的防线不过只是给绝望中的德军一根充满希望的救命稻草而已，并没有多少实质效果。

9 月 6 日，苏军西南方面军的进攻在德军第 1 装甲集团军和第 6 集团军的防线之间打开了突破口，最终在德军中央集团军群和南方集团军群之间撕开了宽达 50 千米的缺口。同时苏军中央集团军也在德军第 2 集团军的防线取得了突破，这样苏军等于是打开了通往第聂伯河的大门。面对越来越恶化的战局，希特勒只能作出让步，同意南方集团军群和中央集团军群主力撤过第聂伯河和德斯纳河，只留下残破的第 6 集团军在第聂伯河和德斯纳河东岸防御黑海到第聂伯河一线，作为

▲ 苏军半履带车从一辆英国援助的丘吉尔坦克旁驶过。

“东风壁垒”的屏障。

▲ 苏军开始全面反攻。

库尔斯克战役之后，苏军并没有就此打住，而是继续乘胜追击，在从大卢基到黑海的 1 500 千米战线上展开全面总攻，重点就是西南方向的第聂伯河地区，计划歼灭德军南方集团军群主力，解放乌克兰和顿巴斯地区。

▲ 战场上遗留的德军坦克残骸。

第聂伯河地区对于苏德双方来说，同样都是极具战略意义的。苏军一旦渡过第聂伯河，就能收复乌克兰的第聂伯河右岸地区和白俄罗斯，进而把德军逐出苏联国土。而德军就是要依靠这条以第聂伯河为屏障的防线，尽力阻止苏军的进攻。

德军在纳夫利亚到塔甘罗格一线正面担负防御的是中央集团军群的第 2 集团军；南方集团军群的第 6、第 8 集团军，第 1、第 4 坦克集团军，总共 62 个师，124 万人，1.26 万门火炮，2 100 辆坦克和 2 000 架作战飞机。

苏军计划以中央方面军、沃罗涅日方面军和草原方面军为主攻，分别进攻科诺托普—基辅、波尔塔瓦—克列缅丘格方向；以西南方面军进攻第聂伯罗彼得罗夫斯克—扎波罗热方向；南方方面军进攻莫洛奇纳亚河方向作为助攻，苏军总共投入 5 个方面军的主力，总共 263 万人，5.12 万门火炮，2 400 辆坦克和 2 850 架作战飞机。苏军对德军，在兵力上是 2.1:1，火炮是 4:1，坦克是 1.1:1，作战飞机是 1.4:1。

▲ 苏军缴获的德军 III 号坦克。

对沃罗涅日方面军和草原方面军来说，第聂伯河会战就紧接着库尔斯克会战，中间几乎没有间隔——8 月 24 日，也就是在草原方面军解放哈尔科夫的第二天，在阿赫特尔卡地区的德军为了避免被苏军合围，开始主动

▲ 苏军指挥员在研究作战计划。

后撤，沃罗涅日方面军右翼部队随即展开了追击，并于25日攻占阿赫特尔卡，9月2日又攻占了苏梅，并继续向罗姆内、基辅方向开展进攻。沃罗涅日方面军的左翼部队则配合草原方面军部队继续在哈尔科夫以西地区展开作战，并一路尾追后撤的德军。9月21日，加强给沃罗涅日方面军的第3近卫坦克集团军第51近卫坦克旅首先利用轻便渡河器材在布克林附近强渡第聂伯河成功，并建立了登陆场。随后第27、第40、第47集团军也先后利用第3近卫坦克集团军的战果渡过第聂伯河。为了配合方面军的强渡行动，苏军还于9月23日夜间在卡涅夫地区空降了第3、第5空降兵旅总共5 000人，由于遭到了德军猛烈的对空火力射击，导致空降极为分散，因此也就无法在德军后方形成完整的战斗力，只能以小股部队在德军后方分散活动。尽管苏军空降行动没有起到预期效果，但主力兵团的强渡还是比较顺利。至24日，在第聂伯河西岸的登陆场已经扩展到了30平方千米。

草原方面军在8月底之前都一直在哈尔科夫以西、西南地区与德军第8集团军展开了反复拉锯争夺的激烈战斗，直到9月下旬才打破了僵局。9月23日，在沃罗涅日方面军的配合下攻占了波尔塔瓦，9月29日又攻占了克列缅丘格，并乘势强渡第聂伯河。

▲ 德军的防御阵地即将遭到苏军猛攻。

在沃罗涅日方面军和草原方面军主攻的同时，西南方面军从8月中旬开始投入6个集团军的兵力向巴尔温科方向发起攻势，尽管进展迟缓，但却大大牵制了德军兵力，为南方方面军的进攻创造了条件。8月18日，南方方面军投入5个集团军发起进

苏军在第聂伯河战役同时展开的其他进攻战役

为了配合中央方面军、沃罗涅日方面军、草原方面军在第聂伯河左岸地区的主要进攻，苏军在聂伯河战役的同时，还在斯摩棱斯克和布良斯克两个方向发起了进攻战役。

▲ 苏军步兵在坦克掩护下发起冲锋。

在斯摩棱斯克方向，8 月 7 日，苏军西方方面军以 6 个集团军对斯帕斯杰缅斯克发起进攻，在苏军的强大进攻面前，德军难以坚守，不得不放弃斯帕斯杰缅斯克突出部仓皇后撤，苏军于 8 月 20 日攻占斯帕斯杰缅斯克。

8 月 13 日，苏军加里宁方面军向杜霍夫希纳发起了进攻。由于苏军在斯摩棱斯克方向的进攻势头很猛，因此德军不得不从奥廖尔地区先后抽调了 13 个师转用于斯摩棱斯克地区，从而为苏军在奥廖尔的“苏沃洛夫”行动创造了有利条件。

8 月 28 日，西方方面军又以 8 个集团军的重兵集团在叶利尼亚—多罗戈布日地区发动了强大攻势，迅速击破当面的德军第 4、第 9 集团军，于 8 月 30 日攻占叶利尼亚，9 月 1 日攻占多罗戈布日。

9 月中旬，西方方面军和加里宁方面军又再次展开进攻。9 月 18 日，加里宁方面军占领杜霍夫希纳。9 月 25 日，西方方面军占领斯摩棱斯克。10 月初，苏军进入白俄罗斯东部地区。

在 9—10 月的斯摩陵斯克战役期间，苏军歼灭德军 7 个师，重创 14 个师，在 400 千米宽的战线上向西推进了 200—250 千米，收复了斯摩棱斯克州的全部和加里宁州的部分地区。

在布良斯克方向，苏军布良斯克方面军于 9 月 1 日投入 5 个集团军发起了进攻，在 9 月上旬强渡米斯纳河，9 月 17 日攻占布良斯克和别日茶，10 月初进抵索日河。此战，苏军沉重打击了德军第 9 集团军，收复了整个布良斯克地区和部分白俄罗斯地区。

苏军在这两个方向的进攻，极大牵制了德军力量，使其无法抽调兵力增援库尔斯克地区，从而保证了苏军在库尔斯克地区发动大反攻的顺利进行，德军兵力不足的窘境此时已经暴露无疑。

攻，迅速突破了德军的米乌斯河防线，至 8 月 30 日攻占了塔甘罗格。

9 月初，西南方面军的左翼部队对北顿涅茨河地区发起进攻，一举突破了德军第 1 坦克集团军的防线。在西南方面军的有力策应下，南方方面军部队也乘势加强攻势，于 9 月 8 日解放了顿巴斯的首府斯大林诺（今顿涅茨克）。在苏军强大的进攻压

▲ 正向德军防线冲锋的苏军。

力下，德军不得不于9月15日起全线退守“东方壁垒”。因此，西南方面军和南方方面军乘胜追击，于9月22日收复了整个顿巴斯地区。至9月底，西南方面军已经在第聂伯罗彼得罗夫斯克以南强渡第聂伯河，南方方面军则攻抵莫洛奇纳亚河，都达到了预期的战役目的。

至9月底，中央方面军、沃罗涅日方面军、草原方面军、西南方面军和南方方面军在洛耶夫至扎波罗热近750千米的战线上，先后进抵第聂伯河，并都组织了强渡行动，在第聂伯河西岸地区夺取了大大小小25个登陆场，基本收复了乌克兰的第聂伯河左岸地区和顿巴斯地区，德军将战线稳定在第聂伯河一线的企图也随之破灭。换言之，德军的“东方壁垒”已经被苏军洞穿，在接下来10—12月第聂伯河战役第二阶段中，苏军继续发展进攻，更是进一步将战线向西推，毫无疑问，这也是库尔斯克战役所带来的连锁效应。

库尔斯克会战，这就是结束的开始

说起库尔斯克大会战，首先就会想到坦克大决战，其实所谓的坦克大决战只是库尔斯克会战中发生在7月12日的普罗霍罗夫卡之战。对于这场被称为第二次世界大战中规模最大的坦克大决战，英国著名的军事历史学家普·扬格这样描述了战斗结局：“（7月12日）傍晚时候，苏军成了战场的主宰，历史上最伟大的坦克战就这样结束了。”

另一位军事历史学家姆·帕里斯写道：“德国人在1.6千米地段上约有150辆坦克，但是苏军坦克的数量更多一些，而且具有速度快和突击性好的优势，因而能够击败德军。地面和空中的交战沸腾了一整天，这是第二次世界大战中真正最激烈的交战。德军在进攻中损失了上万人，德国人想从库尔斯克会战中捞到点什么的最后希望就这样破灭了。”

苏军第5近卫坦克集团军司令罗特米斯特罗夫中将这样回忆：“普罗霍罗夫卡附近坦克战特别残酷和激烈，在这片并不算辽阔的地段上，双方参战的坦克和自行火炮总共约有1 200辆。在夜幕降临前，战场上响彻着经久不息的发动机轰鸣声和履带的滚动声，许多车辆在起火燃烧，烟尘像乌云一样遮住了整个天空！”

苏军最高统帅部派往库尔斯克南线的代表华西列夫斯基元帅对这场坦克战的描述是这样的：“我有幸目睹了两股钢铁洪流于7月12日在库尔斯克突出部进行的这场真正大规模的坦克决斗……数百门火炮和我们所拥有的全部火箭炮同时参加了战斗，结果在一个小时里燃烧的德军坦克和我军坦克遍布整个战场……交战的主要战果，依我看，是打败了敌人的坦克兵团，由此，在这一重要兵种出现了特别有利于我们的兵力对比，而这种优势在很大程度上是我们在距别尔哥罗德30千米的普罗霍罗夫卡以南的大规模坦克遭遇战的胜利所造成的。”

而苏军草原方面军司令科涅夫大将的评论或许最为形象：“普罗霍罗夫卡坦克大战，是德军装甲兵这只天鹅临终前的哀婉绝唱。”

从这些描述和回忆来看，普罗霍罗夫卡坦克战似乎规模宏大，惊心动魄，但显然这些描述和回忆都明显夸大了，本书第八章已经就这一问题进行了详细的论证和说明，在普罗霍罗夫卡核心区双方参战坦克加在一起也就500辆左右，而且这场坦克战的结局也不是德军损失惨重，相反是苏军坦克的损失数倍于德军。

▲ 普罗霍罗大卡坦克战纪念钟楼。

而广义的库尔斯克大会战其实是指从7月5日德军发起进攻到8月23日苏军解放哈尔科夫，在以库尔斯克突出部为中心的广阔地区进行的历时整整50天的大战役，其中7月5—23日是德军进攻苏军防御的第一阶段，从7月23—8月23日则是苏军反攻德军防御的第二阶段。

在这场波澜壮阔的大战役中，德军在第一阶段投入了总兵力约90万人，火炮和迫击炮约1万门，坦克和突击炮约2 700辆，作战飞机约2 050架。苏军在第一阶段中投入了2个方面军，总兵力约133.6万人，火炮和迫击炮约1.9万门，坦克和

库尔斯克战役

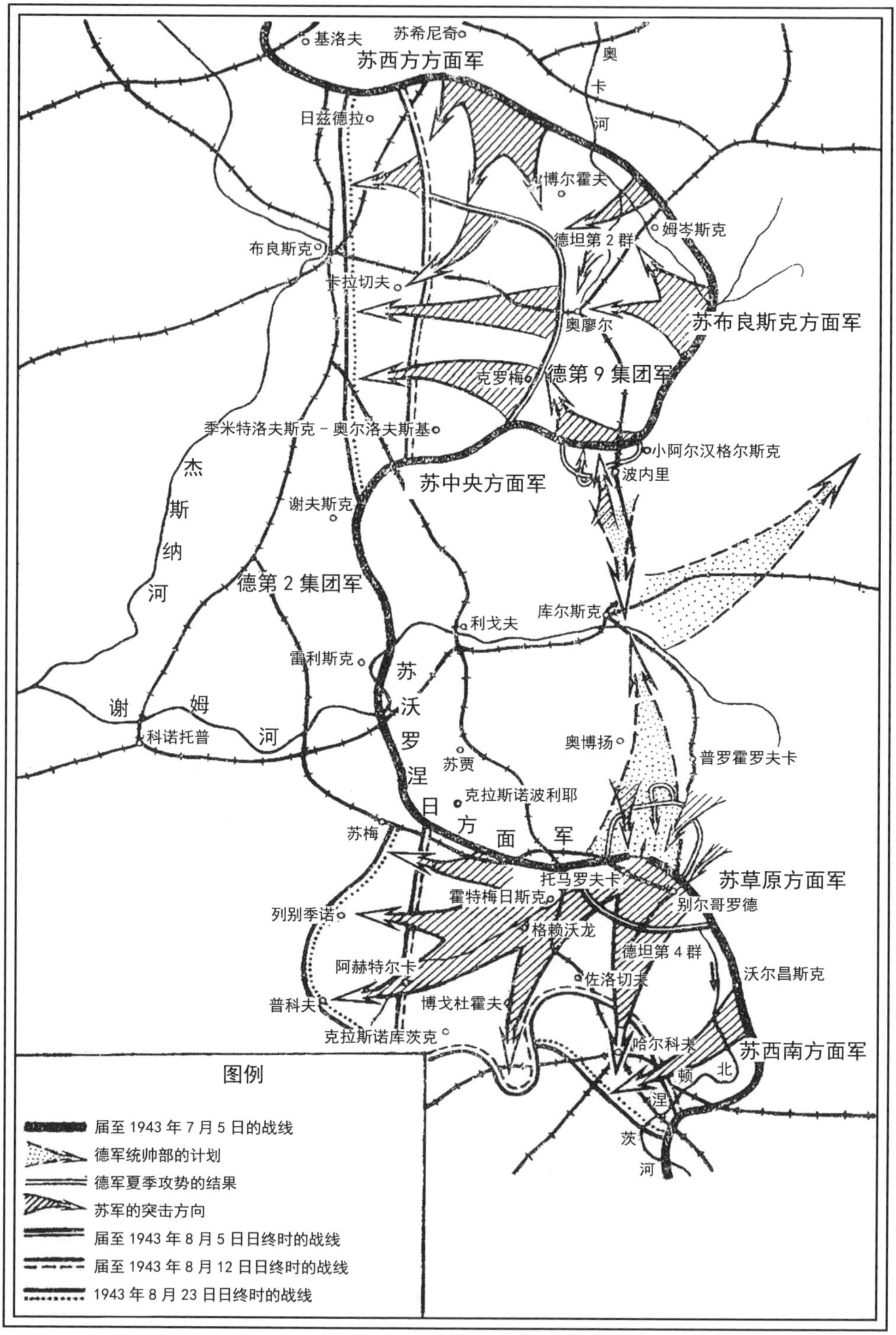

▲ 库尔斯克战役要图。

自行火炮约 3 400 辆，作战飞机约 2 170 架。

在第二阶段，苏军投入了 5 个方面军，总兵力约 230 万人，火炮和迫击炮约 3.3 万门，坦克和自行火炮约 4 800 辆，作战飞机约 4 300 架。第二阶段德军参战部队总兵力约 90 万人，火炮和迫击炮约 1 万门，坦克和突击炮约 1 800 辆，作战飞机约 2 100 架。

对于双方在战役中的损失，说法不一：

苏军宣称消灭德军约 50 万人，击毁德军坦克约 1 500 辆，火炮约 3 000 门，击落飞机 3 700 架。自身伤亡约 65 万人（其中阵亡约 14 万人），损失坦克 6 064 辆，火炮 5 244 门，飞机 1 716 架。

德军宣称造成苏军伤亡约 18 万人，击毁苏军坦克约 3 600 辆，击落苏军飞机约 2 000 架。自身伤亡约 7.5 万人（其中阵亡约 2 万人），损失坦克 248 辆，飞机 900 架。

西方历史学家认为德军伤亡约 36 万人（其中阵亡约 10 万人），损失坦克约 1 500 辆，飞机约 1 030 架。苏军伤亡约 86 万人（其中阵亡约 25 万人），损失坦克约 6 800 辆，飞机约 2 200 架。

无论哪一种资料，德军的损失都是小于苏军，但是德军不但没有达成预定的战役目标，在进攻阶段北线部队突入苏军战线约 12 千米，南线部队的进展相对更大一些，楔入苏军战线约 35 千米，但两个方向的德军距离还有 100 千米，距离南北会师合围并歼灭库尔斯克突出部苏军的战役目标可以说是遥不可及。而苏军在反攻阶段却一举根除了奥廖尔和别尔哥罗德—哈尔科夫两处突出部，将战线向西推进了约 150 千米。因此，苏军作为战役的胜利者是毫无疑问的。

▲ 苏军坦克兵在 T-34 坦克上。

德军的失利，最根本的原因是此时德军的实力，无论是从步兵、炮兵、装甲兵到航空兵，还是从装备，到战略战术，无一不处在劣势。《孙子兵法》曰：“十则围之，五则攻之，倍则战之。”全面劣势，怎么还能攻还能战？一句话，时机不对了。有人认为，假如这样，假如那样，德军就可能取胜。实际情况是，当时苏军和德军的实力对比，还是苏军稍占上风，按理说应该是苏军主动进攻，但苏军却选择了后发制人的防守反击，德军没能清醒地认识到这一点，还贸然地主动发起进攻，焉有不败之理。

苏军在防御阶段能够守得住，德军南北两线对攻，两头的进展加在一起还不到50千米，而苏军在反攻阶段却又攻得下，推进足足150千米，一举根除奥廖尔和别尔哥罗德—哈尔科夫两个突出部，两相对比，孰强孰弱，难道还不很清楚吗？差距如此悬殊，德军哪有取胜的机会啊。

至于德军放弃“堡垒”作战的原因，首先是损失比较大，不过这也要辩证来看，有一种观点认为，德军是因为损失太大而被迫终止了作战。客观来说，德军的损失是不小，但还没到严重到要终止作战的地步。当时德军南北总共取得了推进50千米的进展，就损失大约三分之一，照这样计算，要打到库尔斯克，至少还要再损失三分之一，那样即便合围了库尔斯克突出部的苏军，还能有足够力量将其歼灭吗？而且这样的损失，对于人员、装备本来就捉襟见肘的德军来说，显然是不值当的，加上英美盟军在意大利登陆，西线也急需部队，所以两方面因素加在一起也就终止作战。德军主动停止进攻时，认为苏军也已是元气大伤，至少在东线能平静一段时间，以便先腾出手来应付一下在意大利的燃眉之急。压根没有想到苏军还会雪藏着实力雄厚的预备队，也更没有预料到苏军会立即转入反攻。所以客观来说，德军的损失是大，但远没有到无法承受而终止作战的地步。

德军放弃作战的另一个重要原因就是英美盟军在意大利的登陆。对于德国来说，两线作战历来是最担心的，而英美盟军在意大利登陆，虽然是偏在一隅的南欧，还不是西欧大陆的正面，但已经揭开了西线作战的序幕，从此以后德国就要同时面对两线作战——东线吃紧，只能西线调兵；但很快西线也吃紧了，又只好再从东线调兵回来；一旦两线同时吃紧，那就只有死路一条了。

▲ 反映库尔斯克战役的绘画作品。

所以，损失比较大和英美盟军在意大利的登陆，这两大原因同时作用才促成了德军放弃了“堡垒”作战。

那么，如果德军再推迟一段时间，积蓄更多的力量之后再发动战役，是否会改变战役结局？首先，时间上再推迟三个月（少于三个月也就没有多大意义了）的话，就要进入秋季，紧接着就是苏联严寒的冬季了，要知道“冬将军”可一直是苏军的天然盟友啊！其次，就算不考虑气候的原因，推迟战役发动时间，德军固然可以增加实力，但同样苏军也会增加实力，而且苏联的军工生产已经上了轨道，加上美英的援助，苏军实力的增长绝对是大大超过德军的，所以时间拖得越久，对德军反而越不利。事实就是，至 1943 年 7 月，德军再想通过一两次决定性的战役，像之前基辅战役那样，重创苏军并重新赢得苏德战场的战略主动权，已经不可能了。

▲ 苏军拉 -7 战斗机。

古德里安费尽心机好不容易刚刚恢复了德军装甲部队——德国陆军最为倚重的中坚力量——的一些元气，就在库尔斯克战役中再次遭到了惨重损失，从而使古德里安重整装甲部队，再重新夺回战略主动权的美好愿望彻底落空，为此古德里安极为不满，也有不少人为之扼腕痛惜。只是，有没有想过，按照古德里安的计划，至少要到 1944 年 7 月，德军装甲部队的实力才能达到预期的水准，但可曾想过，苏军的装甲部队至 1944 年 7 月又会发展到怎样的地步？就算德军装甲部队实力恢复了，又能有几分胜算？所以，在 1943 年 7 月的库尔斯克，德军的失败在战役开始前就已经注定了。

苏军在防御阶段能够成功顶住德军的猛攻，主要原因一是准确预见到了德军进攻的时间和地点，在兵力装备都占优势的情况下仍然采取了先防御再反攻的战略，并进行了充分的准备，甚至还进行了战史上非常罕见的防御方炮火反准备；二是构筑了大纵深的防御体系，从前沿到师、军、集团军各级防御地域都采取了纵深梯次布置，同时还部署有强大的预备队，不断对进攻德军的侧翼实施反突击。苏军在防御作战中最大的特点是与之前战略防御阶段的防御作战截然不同，不再是被迫组织防御，而是主动以防御来消耗德军，为接下来转入反攻创造有利条件。

苏军在反攻阶段能够取得这么大的进展，最主要的原因就是在决定性的方向集中绝对优势的兵力和装备，特别是第一次将新组建的装甲部队最大编制单位的坦克集团军作为扩大战果的快速突击集群来使用。参加反攻阶段作战的5个方面军中，除了草原方面军是以1个机械化军作为快速突击集群，中央方面军、布良斯克方面军和西南方面军3个方面军都是各以1个坦克集团军作为快速突击集群，而沃罗涅日方面军则更是以2个坦克集团军作为快速突击集群。而且在主要方向上的每个诸兵种合成集团军都编有1—2个坦克军作为突击力量来使用。这样就保证了在主要进攻方向上在装甲部队对比拥有绝对优势，从而能有强大的突击威力。

库尔斯克战役，是苏军在战争中首次大规模运用装甲部队，装甲兵在战役中也担负了各种复杂而多样化的任务。在防御中，通常会在第一道防线中部署独立坦克团、自行火炮团或坦克旅，作为军或师的反坦克预备队，或者部署在反坦克支撑点，或者进行坦克伏击战。在第二道防线中则是部署坦克军或坦克集团军，负责对突入之敌发动反突击或者扼守关键的防御枢纽，这样就大大提高了防御的稳定性。同时，装甲部队在防御中将坦克的原地射击，利用掩体隐蔽射击、设伏和反突击紧密结合使用，收到了很好的效果。另外，在第二道防线及后方地域内部署坦克军甚至坦克集团军这样规模的坦克兵团，也是在库尔斯克战役中的创举。在反攻中更是将装甲部队集中使用，用以在突破德军防线后，将战术胜利扩张为战役胜利的主要手段。这也是苏军首次将坦克集团军集中作为装甲打击铁拳来使用。

▲ 凯旋的苏军坦克部队。

炮兵在苏军中历来深受重视，在库尔斯克战役中更是不负众望表现出色，无论是在防御还是在反攻阶段，苏军都很强调大量集中使用炮兵，效果非常显著，无愧于“战争之神”的赞誉。

航空兵的运用也是苏军在库尔斯克战役中的一大亮点，苏军将航空兵的主力用于夺取并保持制空权和支援地面部队这两大任务。由于通过积极实施空中战斗和对德军机场的突击，苏军在防御阶段就夺取了战役制空权，并一直牢牢保持到战役结束。苏军将航空兵以空军集团军为单位配置在不同方向上，对于诸兵种合成集团军主要用于支援对德军战术防御的突击，对方面军的战役行动则主要用于保障坦克集团军的作战。

在反攻阶段，苏军航空兵则首次采用了全新的作战样式——空中进攻战役，也就是以强击航空兵和轰炸航空兵不断对德军重兵集团和重要目标实施连续不断的空袭来为地面部队提供强有力的支援。

在整个库尔斯克战役中，苏联空军总共出动11.6万架次，宣称击落击毁德军战机约3 700架（一般认为德军在库尔斯克战役中损失飞机至少在1 000架以上），而且航空兵在战役中最大的特点就是争夺制空权的战斗尤其激烈，苏军航空兵为了执行这一任务而出动的架次占总出动架次的35%以上。在库尔斯克地区重创德国空军之后，德军已经再也无力弥补作战飞机和空勤人员的巨大损失，因此苏军也就顺势赢得了苏德战场上的战略制空权，并一直保持到战争结束。

但是苏军在战役中的表现也并不是完美无缺的，无论是高层的指挥判断还是各兵种各部队的协同，都暴露了很多问题。最主要的问题就在于缺乏迅速突破德军防线的能力，也就是苏军的步兵、炮兵和装甲兵的协同难以达成一致。而战争至1943年，像战争早期那样，仅仅单纯靠装甲兵一举突破，就能迅速深入对方战线纵深，从而造成对方战线的迅速崩溃，已经不太现实了。此时无论是苏军还是德军，都已经在各级部队中配备了大量的反坦克武器，一旦装甲部队和步兵、炮兵脱节，就会陷入孤掌难鸣被动挨打的困境。这一点在苏军第5近卫坦克集团军在脱离步兵和炮兵直接配合的情况下，遭到了惨重损失就是最明显的例证。苏军正是从库尔斯克战役中充分认识到了这一点，此后就给步兵和炮兵大量装备美国援助的“十轮卡”——美国援助的卡车，被很多战史研究学者认为是比坦克、飞机更为重要！如果没有美国援助的超过50万辆卡车，苏军的机动能力必然要大为下降，在战争中也必然会付出更大的代价，也会有更多的德军逃脱苏军的包围和打击。

虽然苏军付出了比德军更大的代价，人员和装备的损失都要大大超过德军，但却赢得了这场战役。对于苏军来说，付出代价有多大，并不重要，只要能赢得胜利，那么再大的代价都是值得的！

确实，库尔斯克战役的结果对于整个战争进程的影响，付出多大的代价也都是值得的。

首先，苏军从最基层的战士、各级指挥员到最高统帅部，都从这场战役中得到了极大的锻炼，苏军的作战能力、自信心都有了明显的提高，斯大林对将领们也越来越有信心，开始逐渐减少了对各级部队的越级直接指挥，这样就使苏军将领的主动性和责任心都有了提升。而德军的情况却正好相反，希特勒对德军将领的信任日渐丧失，因此他也就越来越固执己见，听不进高级将领正确的建议和意见，这样也就使德军

▲ 库尔斯克战役的结局对第二次世界大战进程影响很大。

高层更加离心离德，自然也就对德军战斗力的发挥产生了很大的负面影响。

库尔斯克会战的结局，对于整个战争来说，影响是非常深远的，甚至并不比莫斯科战役、斯大林格勒战役逊色。第一是破解了苏德战场上的“季节魔咒”，在库尔斯克战役之前，夏秋季是德攻苏守，德军占据上风；冬春季则是苏攻德守，苏军掌握主动。而库尔斯克战役后，德军在夏秋季再也难以占到便宜。

第二，经此一战，苏军牢牢掌握了苏德战场上的战略主动权，德军争夺战略主动权的最后努力彻底破灭。此后，德军就再没有主动发起战役规模的进攻作战，苏军则开始了一波接一波的大反攻。1944 年就接连发动了著名的十次突击，收复了全部国土，随后又一路高歌猛进，杀入德国本土，最终一直打到德国首都柏林。

在苏军看来，库尔斯克战役的结局具有里程碑式的重大意义，70 年代苏联领导人勃列日涅夫这样说：“1943 年，奥廖尔—库尔斯克弧形地带的大规模战役，打断了希特勒法西斯的脊梁骨，并将德军发挥骨干作用的装甲兵部队烧成了灰烬！让全世界看到了苏联红军在战斗技能、武器装备、战略指导上的优越性。”

斯大林在 1943 年 11 月纪念十月革命 26 周年的报告中这样评价库尔斯克战役对于整个战争的意义：“如果说斯大林格勒战役，预告了德国法西斯的覆灭，那么，库尔斯克战役就使得它已经处在了覆灭的边缘。”

美国总统罗斯福在给斯大林的贺电中说：“在一个月的大战中，贵国的武装力量以高超的技能、英雄的气概、无畏的精神、顽强的意志，不但阻止了德军策划已久的进攻，而且开始了具有深远影响的战略反攻。”

英国首相丘吉尔的评价，正体现了他作为杰出的政治家和诺贝尔文学奖获得者合体的特点，精辟，锋利，一针见血——“这就是结束的开始。”

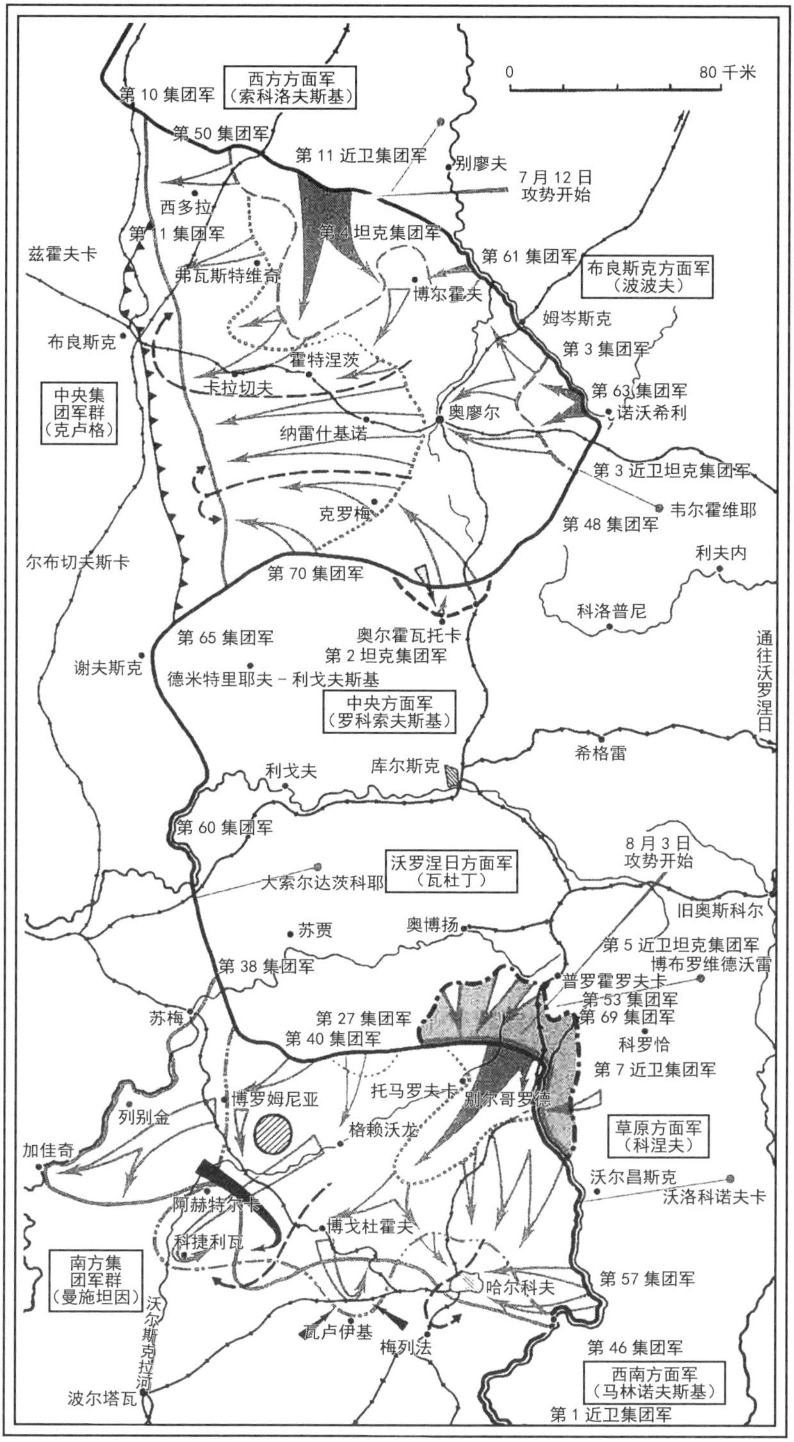

0
80 千米
西方方面军
（索科洛夫斯基）
第 10 集团军
第 50 集团军
第 11 近卫集团军
别廖夫
7 月 12 日
攻势开始
西多拉
第 11 集团军
第 4 坦克集团军
兹霍夫卡
弗瓦斯特维奇
博尔霍夫
第 61 集团军
布良斯克方面军
（波波夫）
姆岑斯克
布良斯克
霍特涅茨
第 3 集团军
卡拉切夫
第 63 集团军
诺沃希利
中央集
团军群
（克卢格）
奥廖尔
纳雷什基诺
第 3 近卫坦克集团军
韦尔霍维耶
克罗梅
第 48 集团军
尔布切夫斯卡
利夫内
第 70 集团军
科洛普尼
第 65 集团军
奥尔霍瓦托卡
第 2 坦克集团军
谢夫斯克
德米特里耶夫－利戈夫斯基
通往沃罗涅日
中央方面军
（罗科索夫斯基）
希格雷
利戈夫
库尔斯克
第 60 集团军
8 月 3 日
攻势开始
沃罗涅日方面军
（瓦杜丁）
大索尔达茨科耶
旧奥斯科尔
苏贾
奥博扬
第 5 近卫坦克集团军
博布罗维德沃雷
第 38 集团军
普罗霍罗夫卡
第 53 集团军
苏梅
第 27 集团军
第 69 集团军
第 40 集团军
科罗恰
第 7 近卫集团军
博罗姆尼亚
托马罗夫卡
别尔哥罗德
列别金
格赖沃龙
草原方面军
（科涅夫）
加佳奇
沃尔昌斯克
沃洛科诺夫卡
阿赫特尔卡
科捷利瓦
博戈杜霍夫
南方集
团军群
（曼施坦因）
哈尔科夫
第 57 集团军
沃尔斯克拉河
瓦卢伊基
梅列法
第 46 集团军
西南方面军
（马林诺夫斯基）
波尔塔瓦
第 1 近卫集团军

▲ 苏军反攻示意图。